中华经典名著全本全注全译丛书

张松辉◎译注

帛书老子

中华书局

图书在版编目(CIP)数据

帛书老子/张松辉译注. —北京：中华书局，2024. 7(2025.1 重印).
—(中华经典名著全本全注全译). —ISBN 978-7-101-16649-1

Ⅰ. B223.1

中国国家版本馆 CIP 数据核字第 2024QT3030 号

书　　名	帛书老子
译 注 者	张松辉
丛 书 名	中华经典名著全本全注全译丛书
责任编辑	舒　琴
装帧设计	毛　淳
责任印制	陈丽娜
出版发行	中华书局
	(北京市丰台区太平桥西里 38 号　100073)
	http://www.zhbc.com.cn
	E-mail：zhbc@zhbc.com.cn
印　　刷	北京中科印刷有限公司
版　　次	2024 年 7 月第 1 版
	2025 年 1 月第 4 次印刷
规　　格	开本/880×1230 毫米　1/32
	印张 17¾　字数 320 千字
印　　数	50001-70000 册
国际书号	ISBN 978-7-101-16649-1
定　　价	45.00 元

目录

　　说明：帛书《老子》原未分章，为了阅读方便，也为了便于与王弼本对照，笔者依据王本，对帛书作了分章处理。由于帛书《老子》的"德经"在前，"道经"在后，一些具体章节顺序也有差异，这里就按照帛书《老子》的行文次序排列各章，并在"某某章"的后面，用（）标出与之相对应的王本章数。如"三十八章（王本三十八章）""六十七章（王本八十章）"。

前言

　　《老子》又称《老子经》《道德经》《道德真经》，是中国早期哲学经典之一，不仅对中国的文化、政治、经济、军事产生过重大影响，也受到国外学界的普遍赞扬。在帛书《老子》出土之前，人们看到的主要是王弼的注本与河上公的注本。这些《老子》注本经过千年传抄，传抄者或有意或无意对其文字有所增减，没能保持原貌，因此抄写于汉代的帛书《老子》甲本、乙本的出土，引起了学界轰动，对《老子》研究产生了极大影响。

一、老子生平与帛书《老子》

　　《老子》的作者为春秋末年的大哲学家老子，关于老子生平及其著作，《史记·老子韩非列传》有一个迄今为止最为可信的简要介绍：

　　　　老子者，楚苦县厉乡曲仁里人也。姓李氏，名耳，字聃，周守藏室之史也。

　　　　孔子适周，将问礼于老子。老子曰："子所言者，其人与骨皆已朽矣，独其言在耳。且君子得其时则驾，不得其时则蓬累而行。吾闻之：良贾深藏若虚，君子盛德，容貌若愚。去子之骄气与多欲、态色与淫志，是皆无益于子之身。吾所以告子，若是而已。"

　　　　孔子去，谓弟子曰："鸟，吾知其能飞；鱼，吾知其能游；兽，吾知其能走。走者可以为罔，游者可以为纶，飞者可以为矰。至于龙，吾不能知，其乘风云而上天。吾今日见老子，其犹龙邪！"

老子修道德，其学以自隐无名为务。居周久之，见周之衰，乃遂去。至关，关令尹喜曰："子将隐矣，强为我著书。"于是老子乃著书上、下篇，言道德之意五千余言而去，莫知其所终。

准确讲，老子应是春秋末期陈国苦县（今河南鹿邑）人，大约在老子去世后不久，陈国即被并入楚国，所以《史记》又说他是楚国人。老子姓李，名耳，字聃。其生卒年不可详考，大约生于公元前580年（周简王六年），死于公元前500年（周敬王二十年）。他曾担任过周朝藏书室史官，是一位知识渊博的学者。孔子三十多岁时，曾专程去向他请教有关礼制的问题。后来孔子在自己的弟子面前，赞叹老子就像"乘风云而上天"的龙一样，因此后人又称老子为"犹龙"。

老子对当时的政治状况极为不满和失望，为此而辞官隐居。当他出关（后人认为是函谷关，一说为散关）时，守关的官员尹喜为这位大学者的隐退甚感惋惜，便劝他著书立说，以便为社会留下宝贵的精神财富。于是老子著书上、下两篇，这就是我们今天看到的《老子》。至于老子此后的情况，人们就不太清楚了。

《史记·老子韩非列传》接着还有一段记载："盖老子百有六十余岁，或言二百余岁，以其修道而养寿也。自孔子死之后百二十九年，而史记周太史儋见秦献公曰：'始秦与周合，合五百岁而离，离七十岁而霸王者出焉。'或曰儋即老子，或曰非也，世莫知其然否。老子，隐君子也。"当时社会上传说老子活了两百岁左右，又说战国时期的太史儋即老子，一些学者把这条记载作为证据之一，说老子为战国时期的人。仔细研味《史记》记载的这些传言，全属无法确证的游言虚辞，连司马迁也不太相信。

由于老子被后来的道教尊为太上老君，所以一些方士、道人就慢慢为老子的出身、经历增添了不少神话传说，其一为："老子西游，关令尹喜望见有紫气浮关，而老子果乘青牛而过也。"（《列仙传》）说尹喜因为看到一团紫气从东方飘浮而来，马上意识到将有圣人来到函谷关，于是仔细查访，不久，果然看到一位老人乘坐着青牛，神情从容而凝重地来到关下，这位老人就是尹喜所要寻找的圣人——老子，于是尹喜就拜老子为师，一起隐居修道去了。这就是后人所津津乐道、带有神秘色彩的"紫气东来""骑青牛过关"典故的来历。

《老子》只有五千多字，后人把它分为八十一章。《史记》说"老子乃著书上、下篇"，是指《老子》中的上篇《道经》（前三十七章）和下篇《德经》（后四十四章）。这样划分，是因为前三十七章主要阐述"道"，而后四十四章主要阐述"德"。

魏晋以后，人们使用的《老子》版本主要是王弼的《老子道德经注》、河上公《老子道德经章句》等版本。这些版本在传抄过程中，被后人有意或无意地进行了改动，很难视之为《老子》原貌。唐代初年的太史令傅奕依据《古本老子》撰《老子注》，所谓"古本老子"，据说是北齐后主高纬武平五年（574）彭城人打开项羽妾冢所得，其年代与马王堆帛书《老子》甲本相当，但傅奕参考了其他数家注本进行整理、校勘，共5556字，未能保持《古本老子》原貌。此书现存于《道藏》中。其后校订《老子》者也很多，其所据版本，多以唐碑、唐文为最古。严遵的《老子指归》残缺将半，而且被《四库全书总目提要》判为后人伪作。可以说，能够保持汉代《老子》原貌的传本几乎绝迹。

1973年底，考古人员对湖南长沙马王堆二号墓和三号墓进行发掘整理，三号墓首先清理完毕，其中出土的大量帛书，是这座古墓中最有价值的文物。在这批帛书中，又以《老子》甲、乙本及《老子》乙本卷前的古佚书《经法》《十大经》（有的学者认为应是《十六经》）《称》《道原》四篇最引人注目。《老子》甲本用篆书抄写，没有避刘邦的名讳，说明该本抄写于刘邦称帝之前。《老子》乙本用隶书抄写，避刘邦的名讳，说明抄写于刘邦称帝之后。另外，帛书《老子》作"道可道也，非恒道也；名可名也，非恒名也"，而王本则作"道可道，非常道；名可名，非常名"，帛书之所以写作"恒道""恒名",这说明帛书《老子》出现在汉文帝刘恒之前,不用避文帝之名讳。简言之,甲本抄写于刘邦称帝之前,乙本抄写于刘邦称帝之后、文帝之前。

帛书《老子》的出土,是中国学界的一大幸事,使今天的人们能够一睹两千多年之前的《老子》原貌。当然,也必须承认,帛书《老子》是否就是《老子》的真正原貌,还有待进一步的探究,因为1993年湖北郭店出土了比帛书《老子》更为久远的竹简《老子》。学界认为竹简《老子》大约写定于战国时期,但也不可因此确定竹简《老子》就是《老子》的原始本,因为:一是无法确定在竹简《老子》的同时,就没有其他《老子》版本流行。二是该版本距离老子已有一段时间,很可能还能够发现更早的版本。

但无论如何,不能否认帛书《老子》出土的重大意义,它不仅使后人看到汉初《老子》的原貌,还能够通过这一出土文物,判断道家思想在汉初的地位、影响,以及当时的文字、语法等学术问题。

二、帛书《老子》与通行本《老子》的不同

帛书《老子》与通行本《老子》(以王弼本为例)的不同,可以从三个层面予以介绍:一是行文次序的不同,二是用字的不同,三是内容的不同。介绍完之后,再对这些不同作一评论。

(一)行文次序的不同。

帛书《老子》与通行本《老子》行文次序的不同,也表现出层次的差异。

首先,两者最大的不同,就是"道经"与"德经"先后次序的不同。古人把《老子》一书分为上、下两篇,从第一章"道可道,非常道"至三十七章"道常无为而无不为"为上篇,称为"道经";从三十八章"上德不德,是以有德"至八十一章"信言不美,美言不信"为下篇,称"德经"。通行本是"道经"在前,"德经"在后。帛书《老子》则刚好相反,是"德经"在前,"道经"在后。据此,不少人认为《道德经》不应再称之为"道

德经"，而应称之为"德道经"。实际上，如果从内在哲学逻辑上看，"道经"在前、"德经"在后的安排是合理的，因为"道"是老子思想中的最高概念，是万物根源，而"德"也来自"道"。换言之，"道"是源，"德"是流，由源到流，顺理成章。反之，其逻辑就显得混乱不清。

其次，章节次序的不同。

除了"道经"与"德经"的次序不同之外，一些具体章节的安排也有差异。如：帛书四十章，相应于王弼本四十一章；帛书四十一章，相应于王弼本四十章；帛书六十七章，相应于王弼本八十章；帛书六十八章，相应于王弼本八十一章；帛书六十九章，相应于王弼本六十七章；帛书七十章，相应于王弼本六十八章；帛书七十一章，相应于王弼本六十九章；帛书七十二章，相应于王弼本七十章；帛书七十三章，相应于王弼本七十一章；帛书七十四章，相应于王弼本七十二章；帛书七十五章，相应于王弼本七十三章；帛书七十六章，相应于王弼本七十四章；帛书七十七章，相应于王弼本七十五章；帛书七十八章，相应于王弼本七十六章；帛书七十九章，相应于王弼本七十七章；帛书八十章，相应于王弼本七十八章；帛书八十一章，相应于王弼本七十九章；帛书二十二章，相应于王弼本二十四章；帛书二十三章，相应于王弼本二十二章；帛书二十四章，相应于王弼本二十三章。

这种章节次序安排的不同，究竟是帛书本与通行本抄写者的无心安排，还是依据各自的理解而做出的逻辑上的安排，至今学界并无明确解释。

再次，句序的不同。

除了以上两种次序的不同之外，一些章节内的句序也有不同。如：甲、乙本的五十六章分别作"和其光，同其尘；坐其阅，解其纷"与"和其光，同其尘；銼其兑，而解其纷"，而王本作"挫其锐，解其分；和其光，同其尘"，句序相反。再如帛书甲本六十六章作"故居前而民弗害也，居上而民弗重也"，而乙本、王本分别作"故居上而民弗重也，居前而民弗害"与"是以圣人处上而民不重，处前而民不害"，甲本与乙本、王本的句序也是颠倒的。

类似这一类句序的不同,书中还有很多,但其含义基本一致。出现这类句序不同的原因,很可能是抄写者误抄造成的。

(二)用字的不同。

帛书本与通行本在用字方面有许多不同,这种文字的不同,是由许多原因造成的,这些原因主要有:

第一,因避讳造成的。人们提起用字的不同,往往以第一章的"常"与"恒"为例:

> 甲、乙本:道可道也,非恒道也;名可名也,非恒名也。

> 王本:道可道,非常道;名可名,非常名。

王本改"恒"为"常",并没有改变二者的含义,只是为避汉文帝刘恒的名讳而已。类似例子还有第五十七章,甲本作"以正之邦,以畸用兵,以无事取天下",乙本与王本分别作"以正之国,以畸用兵,以无事取天下"与"以正治国,以奇用兵,以无事取天下",乙本与王本改甲本的"邦"为"国",是为了避刘邦的名讳。这种因避讳而改动的字,可以帮助我们确定抄本的时代,但没有太多的思想方面的索隐价值。

第二,还有更多的用字不同,是通假字与本字之间的差异。通假字的使用是古书中的常见现象,而且使用的情况也比较复杂,比如五十章"虎无所昔其蚤"中的"蚤"通假为"爪",五十五章"不道蚤已"与五十九章"是以蚤服"中的"蚤"又可通假为"早"。帛书中的"谓",基本上都被写作"胃"。这种通假字在帛书中俯拾即是,不胜枚举。

第三,误抄引起的不同。先秦两汉古籍的传播靠的都是人工抄写,这就难免会出现手误,帛书甲、乙本中误抄的情况自然也难以避免。如乙本三十八章中的这段文字:

> 上德无为而无以为也,上仁为之而无以为也,上德为之而有以为也,上礼为之而莫之應也,则攘臂而乃之。

其中第二个"上德",毫无疑问是误抄,理由有二:第一,就文义来看，"上德为之而有以为也"与第一句"上德无为而无以为也"出现了难以调和的观点冲突，肯定有一句是误抄。第二，依据甲本与王本也可以断定其为误抄。甲本作"上德无为而无以为也，上仁为之而无以为也，上义为之而有以为也，上礼为之而莫之应也，则攘臂而乃之"，王本作"上德无为而无以为，下德为之而有以为。上仁为之而无以为，上义为之而有以为，上礼为之而莫之应，则攘臂而扔之"。所以高明《帛书老子校注》说："乙本缺点是，误将'上义'之'义'字写成'德'，抄写不慎所致，可据甲本更正。"

另如六十四章，乙本作"九成之台，作于蔂土；百千之高，始于足下"，根据甲本与王本，其中的"百千之高"，要么为甲本的"百仁之高"之误，要么为王本"千里之行"的误抄。在帛书中，这种误抄情况应该还不少，只是判断起来有一定困难，可能许多误抄的字，后人把它视为通假字了。

第四，虚词使用的不同。帛书与王本差异处最多的还是虚词的使用。如王本使用"兮"字的地方，帛书甲、乙本使用的是"呵"。另如四十一章，甲、乙本作"反也者，道之动也；弱也者，道之用也"，王本作"反者，道之动；弱者，道之用"，甲、乙本每句都多一"也"字。再如第七十二章，甲、乙本分别作"吾言甚易知也，甚易行也；而人莫之能知也，而莫之能行也"与"吾言甚易知也，易行也；而天下莫之能知也，莫之能行也"，而王本作"吾言甚易知，甚易行；天下莫能知，莫能行"，甲、乙本每句都比王本多一"也"字。从总体看，帛书本比王本使用的虚词要多一些，但这些虚词的使用一般没有造成内容上的差异。

因为各种原因造成的这种用字不同，虽然没有太多的索隐必要，但也有其价值。比如在第一章中，帛书本中的"恒道"之"恒"，就告诉后人，王本中的"常道"不能被理解为"寻常"之"常"，更不能把"道可道，非常道"译为"大道是可以言说的，这个道不是寻常的'道'"。同样在第一章中，王本作"故常无欲，以观其妙；常有欲，以观其徼"，有不少学者认为断句应作："故常无，欲以观其妙；常有，欲以观其徼"，而帛书本作："故恒无欲也，以观其眇；恒有欲也，以观其所噭"，帛书本于两个"欲"字后有"也"字，而"也"字是断句的标志，多出的两个"也"字基本上解决了从宋代就开始争论的这一断句问题。

（三）内容的不同。

最应该关注的是内容的不同。从总体看，帛书《老子》与王本《老子》在内容方面并没有本质的区别，但也有一些局部的差异。试举几例。

如四十章，甲、乙本作"大方无禺，大器免成"，而王本作"大方无隅，大器晚成"。"大器免成"的意思是最大的器具，是不求最终完成的。因为最终的"成"就意味着完结，不仅失去更进一步的可能，甚至会走向衰落，这就是《老子》二十五章说的："大曰逝，逝曰远，远曰反。"本句讲的和"大成若缺"（《老子》四十五章）是一个道理。高明《帛书老子校注》："帛书乙本'大器免成'，世传今本皆作'大器晚成'，'免''晚'虽可通用，但孰为本字还须研究。楼宇烈云：'愚谓经文"大器晚成"疑已误。本章言"大方无隅""大音希声""大象无形"，二十八章言"大制无割"等，一加"大"字则其义相反。"方"为有隅，"大方"则"无隅"；"音"为有声，"大音"则"无声"；"象"为有形，"大象"则"无形"；"制"为有割，"大制"则"无割"。唯此"大器"则言"晚成"，非"器"之反义。长沙马王堆汉墓出土帛书《老子》经文，此句《甲》本残缺，《乙》本作"大器免成"。"免"或为"晚"之借字。然据以上分析，又似非"晚"之借字，而当以"免"本字解为是。二十九章经文"天下神器"，王弼注："神，无形无方也；器，合成也。无形以合故谓之神器也。""器"既为合成者，则"大器"当为"免成"者，亦即所谓"无形以合"而使之成者。如此，则与"大方无隅""大音希声""大象无形"等文义一致。'楼说甚是。"1993年湖北郭店出土的竹简《老子》则作"大器曼成"。有人认为"曼"应读作"晚"，有人认为应为"慢"的借字，有人认为"曼"是"无""不"的意思。《广雅·释言》："曼，无也。"因此，把本句解释为"大器无成"，于义较王本更为可取，若作"大器晚成"，则与上下句例、文意不甚合。王本"大器晚成"的意思是最大的器物总是最后完成。本句虽不如"大器免成"义长，但也没有违背老子的思想。《老子》二章："是以圣人……功成而弗居。夫唯弗居，是以不去。"七章："是以圣人后其身而身先，外其身而身存。非以其无私邪？故能成其私。"三十四章："以其终不自为大，故能成其大。"此类言论在《老子》中还有很多。由此可以看出，老子最终还是追求成功的，只是提醒人们不可走向极致，因为物盛必衰；更不可居功自傲，因为自傲者必被众人抛弃。

王本三十七章说："道常无为而无不为。"四十八章也说："为学日益，为道日损，损之又损，以至于无为。无为而无不为。""无为而无不为"这一理念被后人所普遍接受，被视为道家的重要原则之一。然而帛书《老子》却无此句。其三十七章对应句作"道恒无名"，四十八章对应句则残缺，有人认为依据王本作"无为而无不为"，有人认为依据河上公本应作"无为而无以为"，至今争议不决。相比较而言，"无为而无不为"比"道恒无名"义长，因为"无为而无不为"带有辩证意蕴。所谓"无为"，就是顺应规律，不去人为干涉，做到清净而不多事。这实际就是积蓄力量的过程。一旦需要做事，因为有了"无为"阶段的力量积蓄，那么就必然成功，这就是"无不为"。

第六十八章，王本作"善者不辩，辩者不善；知者不博，博者不知"，而甲、乙本作"知者不博，博者不知；善者不多，多者不善"，不仅用字不同，而且语序也有差异。王本中的"善者不辩，辩者不善"，甲、乙本作"善者不多，多者不善"。王本的意思很清楚，而甲、乙本的这两句含义不明，"善者不多"，不多的是什么？没有讲清楚，根据下文"圣人无积，既以为人，己愈有；既以予人矣，己愈多"，"不多"的应该是名利。尹振环《帛书老子再疏义》则把这两句话翻译为："善人不多，多数人不善。"

类似内容不同的例子还很多，但这些不同并非本质的不同。因此不应夸大帛书《老子》与王本《老子》的差异。相反，通过帛书《老子》的验证,说明王本《老子》基本上保存了老子的原有思想。

经常听到有人提出疑问,既然帛书《老子》时代更早,更接近《老子》原貌,为什么不能以帛书替代王本《老子》呢? 对此,高明先生有一个回答:"帛书《老子》《甲》《乙》本在当时只不过是一般的学习读本,皆非善本。书中不仅有衍文脱字、误字误句,而且使用假借字也极不慎重。出土时又因自然损坏,经文均有残缺。"(《帛书老子校注》)这里结合笔者自己的看法,谈谈帛书《老子》为何难以替代王本《老子》的原因。

第一,帛书《老子》与王本《老子》在思想方面没有本质区别。虽然在一些具体问题上,两者有所不同,但从整体看,并无本质差异。过去一些学人夸大了两者的不同,甚至说后人有意"篡改"了原始《老子》。这种说法是不符合实际的。正是因为二者没有本质不同,所以帛书《老子》也就没有必要去替代王本《老子》。

第二,正如高明先生所说,帛书《老子》不少用字过于生僻,且不规范,残缺也较多,这也是难以取代王本《老子》的重要原因。

第三,帛书《老子》只是当时流传的版本之一,并非经过官方或学者严格审查过的公认善本。特别是郭店竹简《老子》出土后,进一步证明当时有不同的《老子》版本流传于世,究竟哪个版本更接近原始《老子》,至今很难定论。

帛书《老子》虽然与王本《老子》没有本质区别,但它的出土仍具有重大意义。首先,它使我们能够一睹汉代《老子》真容。第二,它印证了王本《老子》是基本可信的版本。第三,它纠正了王本中的部分错误。第四,它的用字区别,如王本中的"兮",而帛书本全用"呵",这种现象可能为我们进一步了解《老子》的流传情况提供某种有价值的线索。

三、《老子》的思想

《老子》只有五千言,但言简意赅,内容非常丰富,涉及哲学、政治、军事、人生处世等方方面面。特别是《老子》把人放置于大自然这一无限的时空中去探求人与自然、人与人、身与心之间的关系,通过逆向思维,提出了许多为时人所忽略的重大问题,显得大气恢宏,发人深省。

第一,哲学思想。

老子的最终关注点依然是现实的政治与人生,但他把自己的政治思想及人生处世原则都上升到哲学的高度去加以论证,因此本书的哲学意味就显得特别浓郁。这也是《老子》能够在全世界范围内受到重视的重要原因。

在本体论方面,《老子》提出了其思想体系中的最高概念"道"和与之密切相关的"德"。这也是老子开创的学派被称为道家、本书又被后人称为《道德经》的原因所在。但老子讲的"道德"与我们今天讲的"道德"在内涵上具有极大差异,因此这里首先要讲清楚老子的"道"与"德"的含义及二者之间的关系。

老子的最高概念"道"究竟是什么,百年来的学界解释分歧很大,主要有:(一)道是精神性的、能够产生万物的根源。本派学者据此定老子为唯心主义者。(二)道是细微物质性的、能够产生万物的根源。本派学者据此定老子为唯物主义者。(三)以上两派在承认道是产生万物根源的同时,也都承认道是宇宙总规律。由于赋予道可以直接产生万物的功能,所以这些解释都带有一定的神秘色彩。笔者认为,道没有任何神秘性,道就是所有规律、真理、原则的总称。

"道"的本义是道路,人们从某地到某地,必须通过某条道路,否则就无法到达目的地。同样的道理,包括人在内的万物要想达到某种目的,必须遵循某种规律、原则,否则就无法成功。于是在词汇比较贫乏的古代,老子就把道路的"道"拿来作规律、真理、原则等含义来使用。"道"是天地间所有规律、真理的总称。老子所讲的规律同今天所讲的规律虽然在概念上一样,都是指万物所必须遵循的客观法则,但在阐述规律的具体内容时,却有所不同。除了自然、社会规律外,老子还把一些伦理道德、甚至一些与规律相违背的东西也视为规律。

　　所谓"德"，就是具体事物的规律、本性。德大约有两层含义：一是指先天的德。万物一旦产生，就必定具备各自的本性和本能，比如人一生下来就知道呼吸、吃喝，这就是人的最初本能。而这个本能，古人认为就是道赋予的。二是指后天的德。道是客观存在，人们学习的目的就是为了得道，然而又不可能把所有的道全部掌握，已经被人掌握的这一部分道就叫作"德"。

　　由此可见，"道"是所有规律的总称，是整体，是客观存在；而"德"是指具体事物的规律、本性，是个别，是主观存在。打个比方："道"好比浩瀚无边的江海之水，我们去饮用江海之水，只能喝取其中很少一部分，喝到肚子里的那些水就叫作"德"。所以古人说：

　　　　德者，得也。……何以得德？由乎道也。（王弼《老子道德经注》）

　　从"道"那里得到的、属于个人所有的那一部分就是"德"。简言之，"道"是整体，"德"是部分；"道"是客观的，"德"是个人的。因为"德"是从"道"那里得来的，因此二者的内容又是一致的，这就是《老子》二十一章所说的"孔德之容，唯道是从"。

　　在方法论方面，老子特别重视辩证地去观察、处理问题。他认识到有与无、高与下、前与后、好与坏、善与恶等都是在相互对立中才能出现，便据此提出"无为"方能"无不为"的政治主张。他认识到事物都存在着向相反方向发展的可能性，因此写下了"祸兮，福之所倚；福兮，祸之所伏"（五十八章）、"多藏必厚亡"（四十四章）、"金玉满堂，莫之能守"（九章）等留传至今的格言。

　　在事物发展观方面，《老子》认为天地万物都是在道的支配下，不停地进行着一种周而复始的循环运动。万物由无到有、由弱到强，发展到极盛，然后再走回头路，由强到弱、由有到无，这就是二十五章所说的："大曰逝，逝曰远，远曰反。"这种循环是闭合式的，是无限的，一个旧循环周期的结束，将是一个新循环周期的开始，如此终而复始，永无终结，这就是十六章讲的"夫物芸芸，各复归其根。归根曰静，是谓复命，复命曰常"。

在认识论方面，老子提醒人们"常无欲，以观其妙；常有欲，以观其徼"（一章），在认识客观世界时，一定要保持清静的心态，因为深重的欲望会遮蔽人的眼睛，使人无法认识真理，从而做出不理智的行为。与此同时，老子还提出了认识过程的反复性问题："天下有始，以为天下母。既得其母，以知其子；既知其子，复守其母，没身不殆。"（五十二章）人的认识过程是"实践、认识、再实践、再认识……"，是不断地从特殊走向一般、再由一般走向特殊的辩证运动过程，而老子则要求人们由一般（母、道）到特殊（子、具体事物）、再由特殊到一般，也即先掌握大道，然后依据大道原则去认识特殊事物；认识特殊事物之后，还要回头把握大道，以道为依据去处理具体事务。

老子的哲学思想非常丰富，比如他在主张循环论的同时，并不否认递进论；他的"复归于婴儿"（二十八章）这一命题中，包含着性善论的雏形，如此等等。可以说，老子是中国第一位具有完整思想体系的大哲学家。

第二，政治思想。

在政治观方面，老子对当时的统治者进行了无情的批判和强烈的抗议。他认为百姓受饥挨饿，是由于统治者食税太多；国家混乱不堪，是由于统治者欲望太大。他痛骂统治者是不走大道专行邪路的强盗头子："朝甚除，田甚芜，仓甚虚。服文彩，带利剑，厌饮食，财货有余。是谓盗夸。"（五十三章）批判当时的社会是"损不足以奉有余"（七十九章）的极不公平的罪恶社会。

在政治理想方面，老子向往的是"小国寡民"社会。在这个美好的社会里，国家小，人口少，没有繁杂的文化，不用先进的器具，更无残酷的战争，百姓吃饱穿暖，安居乐业，不思远徙，国与国之间，"邻国相望，鸡犬之声相闻，民至老死，不相往来"（八十章）。很明显，老子的理想社会是一个不重科技、没有压迫、相对封闭的美好社会。老子的"小国寡民"类似于陶渊明的桃花源,属于理想主义的产物,但也不能否认其中蕴含着许多合理因素。

《老子》治国的核心理念,可以用八个字概括——顺应自然,无为而治。所谓"无为",就是反对人为干涉,一切顺应自然而为。《文子·自然》引用老子的话,对"无为"做了明确的解释:"老子曰:'所谓无为者,非谓其引之不来,推之不去,迫而不应,感而不动,坚滞而不流,卷握而不散。谓其私志不入于公道,嗜欲不枉正术,循理而举事,因资而立功,推自然之势,曲故不得容,事成而身不伐,功立而名不有。……夏渎冬陂,因高为山,因下为池,非吾所为也。'"简言之,"无为"就是要求人们理政时顺应客观规律,不可掺进私心杂念。除此,老子还提出诸如反对苛政暴敛、保证百姓温饱、维护社会安定等一系列具体的政治措施。

在对待战争的问题上,老子的态度与墨子相似,他反对侵略战争,《老子》三十一章说:"夫佳兵者,不祥之器,物或恶之,故有道者不处。"指出"夫乐杀人者,则不可得志于天下矣",三十章中的"大军之后,必有凶年"这一千古名言为后世反战人士提供了极佳的理论支撑。老子在反对侵略战争的同时,又态度鲜明地支持反侵略之战,并为后世留下"哀兵必胜"这一重要的军事理论:"故抗兵相加,哀者胜矣。"(六十九章)

第三,人生处世思想。

老子的人生处世原则,主要是引导人们贵柔守雌、和光同尘、知足抱朴,恢复到无知无欲的婴儿状态。因为在他看来,"物壮则老"(五十五章)、"兵强则不胜"(七十六章),保持婴儿状态,不仅有利于自我保全,也能促进社会和谐。老子特别重视守柔:"天下之至柔,驰骋天下之至坚。"(四十三章)"夫唯不争,故天下莫能与之争。"(二十三章)可见其重"柔"的目的,还是为了取强、取胜,也即"柔弱胜刚强"(三十六章)。

除上述之外,老子在养生、用人等方面,也提出了不少精辟见解,因篇幅所限,读者可以参阅有关正文,这里就不再全面详细介绍了。

四、《老子》对后世的影响

《老子》对后世的影响，可以说是全方位的。对此，明代开国文臣之首宋濂有一个总结："老聃，孔子所尝问礼者。……道家祖之……神仙家祖之……兵家祖之……庄列祖之……申韩祖之……张良祖之……曹参祖之。"（《诸子辨》）这就是说，儒家、道家、兵家、法家、道教以及一些政治家，都曾受到《老子》的影响，老子成了众派之祖，《老子》实为诸子之源。

在哲学方面，老子思想影响极大，有学者甚至认为老子哲学思想是中国古典哲学的"主干"。在此后两千多年里，道家以各种方式、从不同角度影响着人们的哲学思维方式。魏晋玄学与老子思想的密切关系，已是公认事实。就连以儒家正统自居的宋明理学，在构建自己的理论体系时，也大量地吸收了道家思想营养。周敦颐的太极图说、邵雍的天象数学、朱熹的"理""气"思想、心学家的"安坐""去欲"主张，无不与老子思想有着源与流的关系。

在宗教方面，老子的影响同样是巨大的。东汉时，老子已被皇室视为神灵而进行祭祀。东汉末年，道教正式创立，老子被尊为教主。特别是天师道，对老子更是推崇备至，《老子》被奉为圣书，每个信徒都要诵读。佛教传入中国初期，更是大量地借用道家的思想概念，以解说佛教的理义，以至于今天的佛教还念念不忘道家的"接引之谊"。不少高僧大德致力于《老子》的研究，如释惠琳、释惠严、憨山德清等，都有《老子》注释本问世。

老子思想对政治的影响，最明显地体现在西汉前期的政治上。西汉前期的几代皇帝崇尚黄老，主张清静无为，窦太后更是要求皇子"读《老子》，尊其术"（《汉书·外戚传》），竭力维护道家的政治地位。执行老子清静无为思想的效果，就是在中国历史上出现了辉煌的、至今仍为人所称道的"文景之治"。到了唐代，太宗视老子为皇家先祖，高宗又追封其为"太上玄元皇帝"，规定《老子》为上经，王公大臣都要学习，并定为科举考试内容。玄宗时,老子先后三次被加封为"大圣祖玄元皇帝""圣祖大道玄元皇帝"和"大圣祖高上大道金阙玄元皇帝"。此时的老子,成为集人主、皇祖、教主于一身的最高偶像。太宗在政治上也坚持老子的贵清静、重无为的思想原则,他罕动干戈、抑情损欲、安抚百姓、宽刑简法,有效地保证了百姓休养生息,促进了经济发展,开创了中国历史上第二次辉煌的政治局面——贞观之治。汉唐两大王朝的兴盛,有力地证明了老子政治思想的积极意义。

以上只是简略地介绍了老子对哲学、宗教、政治的一些影响。其实老子思想对后世的影响是多方面的。比如他的重"自然"思想,先后在中国的文学、音乐、绘画、建筑等领域发挥过巨大作用。他的一些思想原则,还被广泛地运用到军事、管理和外交方面。

在两千多年的中国历史中,儒、道两家互为表里,相辅相成,不仅共同铸就了中华民族的心理品格,甚至对于整个民族的生活习俗、思维方式的形成,都起到了主导作用。可以说,不了解儒、道两家,就不了解中国的过去,因而也无法深刻理解中国的现在和未来。

《老子》不仅在中国产生了巨大影响,对世界的影响也不容忽视。至晚在唐代,《老子》即走出国门:

> 五天竺所属之国数十,风俗物产略同。有伽没路国,其俗开东门以向日。王玄策至,其王发使贡以奇珍异物及地图,因请老子像及《道德经》。(《旧唐书·西戎列传》)

> 寻又下敕,令翻《老子》五千文为梵言,以遗西域。(玄)奘乃召诸黄巾,述其玄奥,领叠词旨,方为翻述。道士蔡晃、成英等竞引释论《中》《百》玄意,用通道经。(《续高僧传》卷四)

其后,《老子》在国外的影响越来越大,流传范围也越来越广。王华玲、辛红娟《〈道德经〉的世界性》(见《光明日报》2020年4月18日国学版)介绍说:近世以来,译介和研究老子思想已经成为国际汉学界的一种风尚,学界甚至把《老子》翻译和研究成果的多寡看作衡量一个国家汉学研究是否发达的重要标准之一。《老子》是被译介得最多的中国典籍,据统计,已经被译为73种语言文字,凡数千种,其在英语世界的发行量仅次于《圣经》和《薄伽梵歌》。结合芝加哥大学博士论文《美国经典中的〈道德经〉:文本、传统与翻译》文后提供的《老子》英译目录与南开大学哲学系副教授、美国学者邰谧侠(Misha Tadd)整理的"《老子》译本总目",通过对孔夫子旧书网、亚马逊图书网和中国国家数字图书馆文献联合检索确认,截至2020年4月共有各类《老子》英译本562种。

从以上资料不难看出,《老子》已经成为整个人类取之不尽的思想宝库。

五、《老子》版本及注疏

《老子》的版本较多,主要有王弼的《老子道德经注》、河上公《老子道德经章句》(又称《老子道德经注》)、马王堆帛书《老子》(甲本、乙本)、郭店竹简本《老子》等等。这些版本的主旨内容基本相同,但在文字方面存在较大差异,有些版本甚至篇章结构也不相同。

至于《老子》的注释本,其古今数量多得无法确切统计,据说至元代已达三千多种:"《道德》八十一章,注者三千余家。"(杜道坚《道德玄经原旨·序》,"序"为元代道士张与材撰写)。注释者的身份更是千差万别,有至尊天子,也有普通士人,还有道真释子。这些注释者因集苑集枯而见仁见智,有的主要从哲学角度诠释《老子》,如王弼的《老子道德经注》;有的主要从政治视角解释《老子》,如唐玄宗李隆基、明太祖朱元璋的御注;有的则从宗教角度去理解《老子》,如传为张道陵撰写的《老子想尔注》。即便是站在同一角度去注释《老子》,也因为对一些具体字句的理解不同,对同一句话做出不同的解释,甚至断句、篇章安排都出现诸多差异。正如憨山德清所说的那样:"搜诸家注释,则多以己意为文……因谓注乃人人之《老》《庄》,非老庄之《老》《庄》也。"(《老子道德经解·注道德经序》)可以说,历史上对《老子》的解释纷纭复杂,莫衷一是。

　　本次奉献给读者的这本帛书《老子》，以高明先生的《帛书老子校注》（中华书局2022年新版）为底本。张岱年先生在《序》中介绍说："高明同志系考古学专家，对于古文字学有很深的研究。一九七八年曾发表《帛书老子甲乙本与今本老子勘校札记》，提出许多精辟的见解。近又撰著《帛书老子校注》一书，对于帛书《老子》作了更进一步的考释。此书考校之细，勘察之精，俱超过近年同类的著作。"本书除了借鉴高明先生的研究成果之外，还参考了许抗生先生的《帛书老子注译与研究》（浙江人民出版社1982年版）、尹振环先生的《帛书老子再疏义》（商务印书馆2007年版）等其他研究成果，在此一并表示感谢。

　　由于帛书《老子》甲、乙本的残缺、用字不够规范等原因，笔者选择被学界经常引用、被称为通行本的王弼《老子道德经注》（以中华书局1980年出版的楼宇烈《王弼集校释·老子道德经注》为底本）作为参照。整体安排是：

　　（一）把帛书《老子》甲、乙本与王弼本的《老子》原文列出，然后加以统一注释。如果这三个版本的原文没有大的分歧，就统一写出"译文"，如果三种版本原文分歧较大，就分别写出"译文"。

　　（二）对于甲、乙本中的残缺文字，采取三种版本相互校订的方式予以补齐，被补充的文字以［］号标出。至于误字、通假字，则在注释中予以说明。

　　（三）关于分章问题。帛书《老子》原文没有分章，为了阅读方便，也为了便于与王本对照，依据王本对帛书作了分章处理。由于帛书《老子》的"德经"在前，"道经"在后，具体的章节顺序也有差异，就按照帛书《老子》的行文次序排列各章，并在"某某章"的后面，用（）号标出与之相对应的王本章数。如"三十八章（王本三十八章）""六十七章（王本八十章）"。

　　（四）在前言、注释中需要引用《老子》原文时，只要甲、乙本的文字与王本在含义上没有本质区别，一般使用王本的文字，这是因为：第一，甲、乙本的文字彼此也有许多不同，如果同时列出甲、乙本原文，显得非常繁琐，影响阅读。第二，更重要的是，甲、乙本用字比较生僻，假借字较多，用字也不够规范，甚至还有误抄、脱字，会为读者带来很多阅读困难，不如王本文字简明易懂。

《老子》用词简洁，不易理解，连司马迁都说老子"著书辞称微妙难识"（《史记·老子韩非列传》），再加上老子由于逆向思维而产生的一些看似反常的观点不太好懂，所以在必要时我增加了注释的内容，以求把一些命题讲解清楚。

阅读本书，读者可以在对比中同时看到三个《老子》版本——帛书《老子》甲本、乙本和王弼本（正文中的帛书《老子》为校订复原的形式，被补充的文字以［］号标出；附录则为残卷原貌，缺字以□代替），然而由于笔者学识所限，本书的译注肯定会有许多不当之处，恳请专家与读者不吝赐教。

张松辉

2024年5月

德经

三十八章（王本三十八章）

【题解】

本章把"上德"与"下德"做一比较，认为"上德"之人的仁爱行为不带任何个人功利目的，更不会去有意炫耀自己的美德，因此他们是真正具备美德之人，而不具备美德的人刚好与此相反。本章指出："失道而后德，失德而后仁，失仁而后义，失义而后礼。"为道、德、仁、义、礼做出了各自的价值定位。这一点，对后世影响较大。

本章的甲、乙本与王本大同小异，王本仅多出"下德为之而有以为"一句。另外，甲、乙本多出一些虚词"也"字。除此之外，还有一些用字的不同，如甲、乙本作"则攘臂而乃之"，王本作"则攘臂而扔之"；乙本作"忠信之泊也"，王本作"忠信之薄"等等。

甲本　[上德不德①，是以有德②；下德不失德③，是以无]德④。

乙本　上德不德，是以有德；下德不失德，是以无德。

王本　上德不德，是以有德；下德不失德，是以无德。

【注释】

①上德不德：真正崇尚美德的人并不会有意去炫耀自己的美德。上，用如动词，以……为上，崇尚，重视。一般把"上"解释为"最高的"，"上德"即最高尚的美德，亦通，两种解释没有本质区别。但考虑到下文的"上仁""上义""上礼"中的"上"不便解释为"最高的"，故不采用后一种解释。

②是以：因此。

③下德不失德：品德低下的人却处处要表现自己的美德。老子认为，人的美德就是顺应自然，无私无欲。而那些品德低下的名利之徒，却处处想表现出恬淡寡欲的样子，这种装模作样的行为本身就是与美德相矛盾的，其目的就是为了骗取名利。不表现个人美德的人，才真正具有美德；刻意表现自己美德的人，正说明他已失去了美德。这与"信言不美，美言不信"（八十一章）的思想是一致的。这一观点深刻揭示出现象往往与本质不统一这一客观事实，启示人们不要被假象所迷惑。

④是以无德：因此没有美德。关于本段，帛书甲本残缺严重，仅存一个"德"字，乙本保存完好，今据乙本、王本补甲本残缺。本段文字与王本完全相同。

【译文】

真正崇尚美德的人并不去有意炫耀自己的美德，所以他才真正具有美德；不是真正崇尚美德的人却处处要表现自己的美德，所以他并不具有美德。

甲本　上德无［为而］无以为也①，上仁为之［而无］以为也②，上义为之而有以为也③，上礼［为之而莫之应也④，则］攘臂而乃之⑤。

乙本　上德无为而无以为也，上仁为之而无以为也，上德为之而有以为也⑥，上礼为之而莫之应也⑦，则攘臂而乃之。

王本　上德无为而无以为，下德为之而有以为⑧。上仁为之而无以为，上义为之而有以为，上礼为之而莫之应，则攘臂而扔之。

【注释】

①上德无为而无以为也：真正崇尚美德的人清静无为，是因为他们没有个人功利目的需要去多为。无为，不要人为地去干涉。《老子》治国、处世的核心理念，可以用八个字概括——顺应自然，无为而治。所谓"无为"，就是反对人为干涉，一切顺应自然而为。《文子·自然》引用老子的话，对"无为"做了明确解释："老子曰：'所谓无为者，非谓其引之不来，推之不去，迫而不应，感而不动，坚滞而不流，卷握而不散。谓其私志不入于公道，嗜欲不枉正术，循理而举事，因资而立功，推自然之势，曲故不得容，事成而身不伐，功立而名不有。……夏渎冬陂，因高为山，因下为池，非吾所为也。'"简言之，"无为"就是要求人们做事时顺应客观规律，不可掺进私心杂念。无以，没有任何个人功利目的。为，多为，追求。本段所缺字，据乙本、王本补。

②上仁为之而无以为也：真正崇尚仁爱的人去做好事，做好事不是为了满足个人私欲。之，代指仁爱之事。

③义：人们制定的各种原则、法规。《韩非子·解老》在解释"上仁为之而无以为"时说："仁者，谓其中心欣然爱人也。其喜人之有福而恶人之有祸也，生心之所不能已也，非求其报也。故曰'上仁为之而无以为'也。"这是说，"上仁"之人施惠于人是出于爱

人之心，并不是为了求人报答，不是为了某种个人目的，而"上义"之人则与此相反，他们是站在个人利益的角度去制定有利于自己的各种原则、制度，至于"上礼"之人，就更是等而下之。

④为之：行礼。之，代指礼。莫之应：即"莫应之"。没有人响应他、回应他。

⑤则攘（rǎng）臂而乃之：就会卷起袖子，生拉硬拽地强人回礼。攘臂，捋起袖子，伸着胳膊。形容奋起争斗的样子。乃，通"扔"。牵拉，拉扯。儒家讲究"礼尚往来。往而不来，非礼也；来而不往，亦非礼也"（《礼记·曲礼上》）。重礼之人对别人行礼，如果得不到对方的回礼，便会生气，甚至要奋起拉扯对方，强索对方回礼。老子对重"礼"者的这种行为表现出极大的反感。

⑥上德：应为"上义"之误。高明《帛书老子校注》："乙本缺点是，误将'上义'之'义'字写成'德'，抄写不慎所致，可据甲本更正。"

⑦瘧（yìng）："应"的本字。

⑧下德为之而有以为：不是真正崇尚美德的人碌碌多为，多为是为了达到个人的功利目的。有以，有个人功利目的。与"无以"义相反。甲本、乙本没有本句。

　　关于本句，高明《帛书老子校注》认为是误衍："帛书《甲》《乙》本无'下德'一句，世传本皆有之。此是帛书与今本重要分歧之一。《老子》原本当如何？从经文分析，此章主要讲论老子以道观察德、仁、义、礼四者之不同层次，而以德为上，其次为仁，再次为义，最次为礼。德、仁、义、礼不仅递相差次，每况愈下，而且相继而生。如下文云：'失德而后仁，失仁而后义，失义而后礼。夫礼者，忠信之薄而乱之首也。'德、仁、义、礼之间各自差距如何？老子用'无为'作为衡量四者的标准，以'无为而无以为'最上，'为之而无以为'其次，'为之而有以为'再次，'为之而莫之应，则攘臂而扔之'最次。据帛书《甲》《乙》本分析，德、仁、义、礼四者的差别非常整齐，逻辑意义也很清楚。今本衍'下德'一句，不仅词义重叠，造成内容混乱，而且各本衍文不一，众议纷纭。……'下德'一句在此纯属多余，绝非《老子》原文所有，当为后人妄增。"

尹振环《帛书老子再疏义》持相同观点："帛书及《韩非子·解老》均无今本之下句'下德为之而有以为'（或作"下德为之而无以为""下德无为而有以为"）。帛书证明此句为后人所加，也证明前人对'上德''下德'之理解是不能成立的。正出于理解是错误的、不同的，所以所加之文句也各有不同。但前人都忽视了一点：上仁、上义、上礼之后，并没有下仁、下义、下礼。"

笔者认为，"'下德'一句在此纯属多余，绝非《老子》原文所有"的结论有点过于武断，因为下文虽然没有"下仁、下义、下礼"与"上仁、上义、上礼"相对应，也不能忽略本章一开始的"上德不德，是以有德；下德不失德，是以无德"中的"下德"句，而"下德为之而有以为"正是对上文"下德不失德，是以无德"的回应。因为那些并非真正崇尚美德的人却处处要表现自己的美德，所以他们才会"为之而有以为"，整天忙忙碌碌多为多事，多为多事就是为了达到个人的功利目的。结合全章来看，文从字顺，逻辑严密，并没有出现"词义重叠，造成内容混乱"的现象。这样讲，并非断定《老子》原本肯定有此一句，只是希望不要过早下结论，为进一步研究留下余地。

【译文】

甲本、乙本：

真正崇尚美德的人清静无为，是因为他们没有个人功利目的需要多为；真正崇尚仁爱的人去做好事，做好事不是为了满足个人私欲；那些非常重视人为原则的人去制定各种规则，制定各种规则是为了满足个人私心；那些非常重视礼仪的人去推行礼仪，如果没有人响应，他们就会卷起袖子，生拉硬拽地强人回礼。

王木：

真正崇尚美德的人清静无为，是因为他们没有个人功利目的需要多为；不是真正崇尚美德的人碌碌多为，多为是为了达到个人的功利目的。真正崇尚仁爱的人去做好事，做好事不是为了满足个人私欲；那些非常重视人为原则的人去制定各种规则，制定各种规则是为了满足个人私心；那些非常重视礼仪的人去推行礼仪，如果没有人响应，他们就会卷起袖子，生拉硬拽地强人回礼。

甲本　故失道而后德①，失德而后仁②，失仁而后义，［失义而后礼。夫礼者，忠信之薄也③，］而乱之首也④。

乙本　故失道而后德，失德而句仁⑤，失仁而句义，失义而句礼。夫礼者，忠信之泊也⑥，而乱之首也。

王本　故失道而后德，失德而后仁，失仁而后义，失义而后礼。夫礼者，忠信之薄，而乱之首。

【注释】

①失道而后德：失去了"道"而后才去提倡"德"。要想明白本句讲的道理，首先要弄清楚《老子》中关于"道"与"德"的含义及二者之间的关系。"道"和"德"是老子思想中最重要的两个概念，这也是《老子》又被称为《道德经》及老子所开创的学派被称为"道家"的原因所在。

我们今天讲"道德"，老子也讲"道德"，但二者的含义有很大不同，我们今天讲的"道德"只是老子"道德"中的一个组成部分。

"道"是老子思想体系中的最高概念，其权威超过了天帝、鬼神，因此老子开创的学派被称为"道家"。"道"的本义是道路，人们从某地到某地，必须通过某一条道路，否则，就无法到达目的地。同样的道理，包括人在内的万物要想达到目的，必须遵循某一种规律、原则，否则就无法成功。于是在词汇比较贫乏的古代，老子就把道路的"道"拿来作规律、真理、原则等含义来使用。"道"是天地间所有规律、真理的总称。必须说明，老子所讲的规律同我们今天所讲的规律虽然在概念上一样，都是指人或物所必须遵循的客观法则，但在阐述规律的具体内容时，却有很大不同，除了自然、社会规律外，老子还把一些伦理道德、甚至一些与规律相违背的东西也视为规律，这是时代的局限性造成的。

所谓的"德"，就是具体事物的规律、本性。德大约有两层含义：一是指先天的德。万物一旦产生，就必定具备自己的本性和本能，比如人一生下来就知道吃喝，这就是人的最初本能。而这个本能，老子认为就是道赋予的。二是指后天的德。道是客观存在，人们学习的目的就是为了得道，然而人们又不可能把所有的道全部掌握，已经被人掌握的这一部分道就叫作"德"。

"道"是所有规律的总称，是整体，是客观存在；而"德"是指具体事物的规律、本性，属于个别。打个比方："道"好比长江的水，浩浩汤汤；我们去喝长江的水，只能喝取其中很少一部分，喝到我们肚子里的那些水就叫作"德"。所以古人说："德者，得也。……何以得德？由乎道也。"（王弼《老子道德经注》）从大道那里得到的、属于个人所有的那一部分就是"德"。

简言之，"道"是整体，"德"是部分；"道"是客观的，"德"是个人的。因为"德"是从"道"那里得来的，因此二者的内容又是一致的，这也就是《老子》二十一章所说的"孔德之容，唯道是从"。道家还认为，道是美好的，那么从道那里获取的德自然也是美好的,因此老子属于性善论者。至于后来有的人品德变坏,那是社会环境污染造成的。

　　正因为道是规律的总称,是规律的全部,德是具体规律,是规律的一部分,因此掌握不了整体大道的人,就只能退而求其次,去保护好个人的美好天性。

② 失德而后仁:失去美好天性之后,人们被迫去提倡仁爱。道家认为,大道赋予人们的德(天性)是美好的,如果人们能够保护好这个美好天性,彼此相亲相爱,就不用再去人为地提倡仁爱。只有在人们失去美好天性之后,彼此尔虞我诈,才被迫去提倡人为的仁爱。这就是《老子》十八章说的:"大道废,有仁义;慧智出,有大伪。六亲不和,有孝慈;国家昏乱,有忠臣。"

③ 忠信之薄也:忠信不足。甲本的本段残缺十三字,据乙本与王本补。为什么说"夫礼者,忠信之薄也"? 对此庄子讲得比较清楚:"蹍市人之足,则辞以放骜,兄则以妪,大亲则已矣。"(《庄子·庚桑楚》)踩住了陌生人的脚,赶紧赔礼道歉;踩住了兄弟的脚,只需表示一下关心既可;踩了父母的脚,什么表示都不必要。道家认为,两人关系密切,是用不上"礼"的,而"礼"的出现,刚好是人与人关系变得疏远的一种标志。庄子太理想化了一点,他认为人与人之间的关系就应该像父子关系一样,既然是父子,哪里用得着繁文缛节呢?

④ 首:开端,开始。为什么说礼仪的出现是"乱之首"呢?《论语·学而》:"礼之用,和为贵。"人们制定礼制的目的是为了维护人际关系的和谐,然而在现实生活中,礼制又往往成为双刃剑,在维护和谐的同时,也会破坏和谐。分别举国家和家庭两个例子。《左传·僖公二十三年》记载,当晋国公子重耳流亡曹国时,"曹共公闻其骈胁,欲观其裸。浴,薄而观之"。曹国君主曹共公听说重耳的肋骨连成一片,十分好奇,便趁着重耳洗澡的时候,趴

在重耳身边观赏。这是十分失礼的行为。曹国大夫僖负羁的妻子对此就忧心忡忡地说："吾观晋公子之从者，皆足以相国。若以相，夫子必反其国；反其国，必得志于诸侯；得志于诸侯，而诛无礼，曹其首也。"重耳返国当上君主之后，第一个灭掉的果然是曹国。另一个谭国也是因为失礼而亡国："齐侯之出也，过谭，谭不礼焉。及其入也，诸侯皆贺，谭又不至。冬，齐师灭谭，谭无礼也。谭子奔莒。"（《左传·庄公十年》）

再看礼仪对家庭和谐生活的破坏。《韩诗外传》卷九记载："孟子妻独居，踞，孟子入户视之。白其母曰：'妇无礼，请去之。'母曰：'何也？'曰：'踞。'其母曰：'何知之？'孟子曰：'我亲见之。'母曰：'乃汝无礼也，非妇无礼。《礼》不云乎："将入门，问孰存；将上堂，声必扬；将入户，视必下。"不掩人不备也。今汝往燕私之处，入户不有声，令人踞而视之，是汝之无礼也，非妇无礼也。'于是孟子自责，不敢出妇。"踞是指蹲坐在地上，古人认为这是一种不合礼仪的坐姿。妻子仅仅因为坐姿不合礼仪，竟要被孟子抛弃；只是在母亲的干预下，孟子才"不敢出妇"，而"不敢"不等于"不愿"。在这一记载中，夫以礼责妻，母以礼责子，在相互责备中，亲情不会不受到损害。据《荀子·解蔽》说，孟子最终还是出妻了："孟子恶败而出妻，可谓能自强矣。"

正是从这一角度看问题，老子认为"夫礼者，忠信之薄，而乱之首"。当然，也不能否认礼制对维护人际关系和谐的重要作用。

⑤句：或为"后"之误抄。

⑥忠信之泊也：是忠信变得淡薄之后的产物。泊，通"薄"。淡薄。

【译文】

因此说失去了"道"而后才去提倡"德"，失去了"德"而后才去提倡"仁"，失去了"仁"而后才去提倡"义"，失去了"义"而后才去提倡"礼"。"礼"，是忠信变得淡薄后的标志，是社会混乱的开始。

甲本 ［前识者^①，］道之华也^②，而愚之首也^③。是以大丈夫居其厚而不居其泊^④，居其实不居其华^⑤。故去皮取此^⑥。

乙本 前识者，道之华也，而愚之首也。是以大丈夫居［其厚而不］居其泊，居其实而不居其华。故去罢而取此^⑦。

王本 前识者，道之华而愚之始。是以大丈夫处其厚，不居其薄；处其实，不居其华。故去彼取此。

【注释】

①前识：超前意识，这里指超越时代的思想主张与行为。比如在普遍提倡父母之命、媒妁之言的古代，却去提倡、践行恋爱自由，这显然是不明智的。《韩非子·解老》："先物行、先理动之谓前识。前识者，无缘而往（妄）意度也。"河上公《老子道德经章句》："不知而言知为前识。"王弼《老子道德经注》："前识者，前人而识也，即下德之伦也。"这三种解释，以韩非的解释最为恰当而明确。本句据乙本补。

②华：同"花"。虚华，华而不实。

③愚之首：愚昧的开始。首，始，开始。

④厚：忠厚，忠信。泊：通"薄"。浇薄，指上文讲的"礼"。高明《帛书老子校注》："假'泊'字为'薄'。"

⑤实：根据前文，指"道"。华：根据前文，指"前识"。

⑥皮：通"彼"。高明《帛书老子校注》："假'皮'字为'彼'。"代指"礼""前识"等不符合大道的言行。此：代指"道"。

⑦罢：通"彼"。"罢"与"彼"为同音假借，在古代，罢有bà、pí、ba、bǐ等多个读音。高明《帛书老子校注》："假'罢'字为'彼'。"

【译文】

那些超越时代的思想与行为,站在道的角度来看,属于华而不实的东西,是愚昧的开始。因此大丈夫要笃守忠信,排除虚礼;要遵循规律,不要提倡超越时代的思想与行为。所以要舍弃虚礼和超越时代的思想与行为,坚守着大道。

三十九章（王本三十九章）

【题解】

本章认为，包括天地、神灵、侯王在内的万事万物，都必须依赖大道，遵循大道，否则将难以存在。接着又阐述"贵"与"贱"、"高"与"下"的辩证关系，要求人们不要自视太高，应该安守谦卑地位。

王本有"万物得一以生""万物无以生，将恐灭"两句，而甲本、乙本没有这两句。这两句话的有无，对本章的主旨没有太大影响。另外，在字词的使用上，甲本、乙本与王本差异较多，如甲本、王本作"昔之得一者"，乙本作"昔得一者"；甲、乙本分别作"神得一以霝，浴得一以盈，侯王得一而以为天下正"与"神得一以霝，浴得一盈，侯王得一以为天下正"，王本则作"神得一以灵，谷得一以盈，万物得一以生，侯王得一以为天下贞"。如此等等。

甲本　昔之得一者[①]：天得一以清，地得[一]以宁，神得一以霝[②]，浴得一以盈[③]，侯[王得一]而以为[天下]正[④]。

乙本　昔得一者：天得一以清，地得一以宁，神得一以霝，浴得一盈，侯王得一以为天下正。

王本　昔之得一者：天得一以清，地得一以宁，神得一以灵,谷得一以盈,万物得一以生,侯王得一以为天下贞⑤。

【注释】

①得一:能够与大道保持一致。得,能够。一,一致。学界多把"得一"解释为"得道","一"就是"道"。这种解释几成定论。这样注译,可以说文从字顺,也符合老子思想。本书之所以没有采用这一解释,原因如下:

《老子》通行本提到"一"的地方共十五处,其实可以归纳为八处,因为本章的七个"一"是一个用法,四十二章中的两个"一"是一个用法。另外,"三十辐共一毂"(十一章)、"而王居其一焉"(二十五章)、"一曰慈"(六十七章)三处的"一"作数目字是毫无疑问的,那么再来看看其他五处的用法。

"载营魄抱一"(十章):这句话的意思是要把精神和肉体合而为一,不要神不守舍,所以紧接着问"能无离乎","一"与"离"相对,意思非常明确。

"故混而为一"(十四章):这是说"视之不见""听之不闻""搏之不得"三种特性混合于一体,成为一个东西。这个东西虽然指的是"道",但"一"并不是"道"的名字,正如我们讲"一个东西",它可以指某一个具体的东西,但它并不是这一具体东西的名字。

"是以圣人抱一为天下式"(二十二章):在这一章中,老子先摆出"曲则全,枉则直……"这些普遍原则,紧接着说"是以圣人抱一为天下式",意思是讲圣人能够成为天下的楷模,原因就在于他能够与以上原则保持一致。接着就具体讲圣人是如何运用这一原则的,即"不自见,故明;不自是,故彰……",如果把"一"解释为"道",反而割断了全章的联系,"是以"也没有了着落。

"道生一,一生二"(四十二章):这个"一"指什么,众说纷纭，或说指"道"，或说指"元气"，或说指"天"，众家各持一说，谁也说服不了谁，这正好说明了各家都是出自臆测，并无足以驳倒对方的证据。特别是把"一"解释为"道"以后，这句话就成了"道生道"，显然不合逻辑，因此把"一"解释为"某一种事物（笔者把它解释为元气）"更为合理。

至于本章的"一"，如果解释为"道"，根据上下文，确实很通顺，而各家之所以如此解释，也的确仅仅是根据上下文而已，在全书中找不到扎实的根据。因为《老子》曾说过那个先天地而生的事物叫作"道"，也叫作"大"，而从没有讲过它还叫作"一"，对"一"也从没有做过任何解释。总之，笔者认为把"一"解释为"道"是缺乏说服力的，且与"道生一"的"一"相互矛盾。

当然，也不能排除这种可能："一"为后人所误抄。因为韩非在引用这段话时，没有"一"字。他说："天得之以高，地得之以藏，维斗得之以成其威，日月得之以恒其光……"（《韩非子·解老》）很可能"得一"原作"得之"，"一"为"之"之误。本章下文即作"其致之"，而不作"其致一"。

如果按照一般看法，势必会把"一"解释得支离破碎。高亨说："《老子》书中之'一'，厥义有三：一曰，'一'者身也，说见十章。二曰，'一'者太极也，说见四十二章。三曰，'一'者道也。"（《老子正诂》）再加上用如数字的"一"，就"厥义有四"了。全书用"一"的地方实际只有八处，就被解释为四种意思，可见这是一种随文生义、曲为求通的做法。

根据以上意见，笔者不认为"一"的意思是"道"，而把全书的"一"都解释为数目字或它的引申义。

关于"得一"，《晋书·裴楷列传》记载了一件有趣的用"得一"化解尴尬局面的故事：

> 武帝初登阼，探策以卜世数多少，而得一，帝不悦。群

臣失色,莫有言者。(裴)楷正容仪,和其声气,从容进曰:
"臣闻天得一以清,地得一以宁,王侯得一以为天下贞。"武
帝大悦,群臣皆称万岁。

　　晋武帝即位时,用拈阄的方法来预测一下自己的王朝能够存
在多少代,结果竟然抓出个"一"字。这就是说,晋朝只能存在一
代人。面对如此隆重的场面,这是何等令人不悦而尴尬的事啊!
而裴楷不慌不忙地拈出老子"天得一以清,地得一以宁,王侯得
一以为天下贞"的名言,化解了尴尬局面,使君臣皆大欢喜。

②霝(líng):通"靈"。简化为"灵"。

③浴:假借为"谷"。河谷。

④正:首领。王念孙《读书杂志》:"《尔雅》曰:'正,长也。'《广雅》
　　曰:'正,君也。'《吕氏春秋·君守篇》:'可以为天下正。'高注:
　　'正,主也。''为天下正',犹《洪范》言'为天下主'耳。……王
　　弼本'正'作'贞',借字耳。"

⑤贞:通"正"。首领。

【译文】

甲本、乙本:

从前所有能够同大道保持一致的事物:天保持一致,因而能够清明;
地保持一致,因而能够安宁;神保持一致,因而能够有灵;河谷保持一致,
因而能够充盈;侯王保持一致,因而能够做天下人的首领。

王本:

从前所有能够同大道保持一致的事物:天保持一致,因而能够清明;
地保持一致,因而能够安宁;神保持一致,因而能够有灵;河谷保持一致,
因而能够充盈;万物保持一致,因而能够滋生;侯王保持一致,因而能够
做天下人的首领。

甲本　其致之也①,胃天毋已清②,将恐[裂];胃地毋

［已宁］，将恐［发］③；胃神毋已霝，［将］恐歇④；胃浴毋已盈，将恐渴⑤；胃侯王毋已贵［以高⑥，将恐蹶］⑦。

　　乙本　其至也⑧，胃天毋已清，将恐莲⑨；地毋已宁，将恐发；神毋［已灵，将］恐歇；谷毋已［盈］，将渴⑩；侯王毋已贵以高，将恐欮⑪。

　　王本　其致之，天无以清，将恐裂；地无以宁，将恐发；神无以灵，将恐歇；谷无以盈，将恐竭；万物无以生，将恐灭；侯王无以贵高，将恐蹶。

【注释】

①其致之也：如果各种事物放弃了大道。致，送出去，引申为放弃。《说文》："致，送诣也。""致"是一个具有正反两义的字，既有献出、送出的意思，如"致敬"一词；也有招引、取得的意思，如"招致"一词。之，代指道。高明《帛书老子校注》把本句订正为："其致（诚）之也。"认为"致"应为"诚"字，但既没有说明理由，也未对"诚"做出解释。

②胃天毋已清：可以说天就没有办法保持自己的清明。胃，通"谓"。说。毋已，即"无以"。没有凭借，没有办法。高明《帛书老子校注》的理解与此相反："帛书《甲》《乙》本则作'天毋已清'，'地毋已宁'，'神毋已灵'，'谷毋已盈'，'侯王毋已贵以高'，今本将'毋已'二字改作'无以'，尤其是将其中一个关键字'已'改作'以'，则原意全失。……'毋已'即无休止，无节制之义。如帛书《甲》《乙》本云'天毋已清将恐裂'，正如河上公注：'言天当有阴阳施张，昼夜更用，不可但欲清明无已时，将恐分裂不为天。'"这种解释较为牵强，如果依此解释，那么"神毋已灵，将恐歇"的意思就是，神如果一直有灵气，那么神就会消失。这在逻

辑上是讲不通的。

③发：通"废"。废弃，废掉。

④歇：停歇，绝灭。

⑤渴：通"竭"。枯竭，干涸。

⑥贵以高：即贵高、高贵。以，连词。用法相当于"而"。

⑦蹶（jué）：跌倒。引申为失败、亡国。本段所缺字，据王本补。

⑧至：通"致"。尹振环《帛书老子再疏义》认为，"至"通"窒"。窒息，消失。笔者认为，依据甲本与王本，应通"致"。

⑨莲：据王本，应为"裂"。一说"莲"假借为"裂"。

⑩渴：通"竭"。

⑪欮：通"蹶"。跌倒。

【译文】

甲本、乙本：

如果万物放弃了大道，天无法清明，可以说怕要破裂了；地无法安宁，可以说怕要废掉了；神无法有灵，可以说怕要绝灭了；河谷无法充盈，可以说怕要枯竭了；侯王无法保持高贵的地位，可以说怕要亡国了。

王本：

如果万物放弃了大道，天无法清明，恐怕要破裂；地无法安宁，恐怕要废掉；神无法有灵，恐怕要绝灭；河谷无法充盈，恐怕要枯竭；万物无法滋生，恐怕要灭绝；侯王无法保持高贵的地位，恐怕要亡国。

　　甲本　故必贵，而以贱为本①；必高矣，而以下为基。夫是以侯王自胃〔孤〕、寡、不橐②，此其〔贱之本与，非也〕③？故致数与无与④。是故不欲〔禄禄〕若玉⑤，硌〔硌若石〕⑥。

　　乙本　故必贵，以贱为本；必高矣，而以下为基。夫是以侯王自胃孤、寡、不橐，此其贱之本与，非也？故至数與无舆⑦。是故不欲禄禄若玉，硌硌若石。

　　王本　故贵以贱为本，高以下为基。是以侯王自谓孤、寡、不穀，此非以贱为本邪⑧？非乎？故致数舆无舆。不欲琭琭如玉⑨，珞珞如石⑩。

【注释】

①故必贵，而以贱为本：所以要想保持高贵的地位，就要以低贱者为基础。没有低贱的百姓，就不会有高贵的君主、贵族。这是在讲贵与贱的辩证关系。

②自胃：自称。胃，通"谓"。说。这里是称呼的意思。孤、寡、不棄（gǔ）：都是君主、王侯的谦称。孤，是君主谦称自己无德，从而成为孤独无助之人。寡，又称"寡人"，是"寡德之人"的简称，即缺少美德之人。不棄，即不穀，不善。棄，同"穀"，即稻谷的"谷"。穀可以养人，因此在先秦，"穀"有善、好的意思。先秦诸侯王多自称"不穀"。

③此其贱之本与，非也：这大概就体现了要以低贱的民众为基础，难道不是这样吗？与，句末语气词，表示疑问或感叹。后来多写作"欤"。

④故致数与无与：因此要想得到很多的美誉反而会得不到任何美誉。致，招致，获取。数，多。与，通"誉"。荣誉。

⑤故不欲禄禄若玉：因此一个人不要把自己视为一块美好的玉石。禄禄，美好的样子。这里形容玉的美好。本句是要求人们为人要低调。

⑥硌硌（luò）：丑陋、卑贱的样子。老子告诫我们：一个人不要把自己定位于一块美好的玉石，要把自己定位于一块丑陋的顽石。如果一个人自以为是块美玉，他对生活待遇的要求就高，而且不屑于从小事做起，甚至会目中无人，结果反而害了他一生。唐末著名诗人罗隐就是其中一例："黄寇事平，朝贤议欲召之。韦贻范沮

之曰：'某曾与之同舟而载，虽未相识，舟人告云："此有朝官。"罗曰："是何朝官！我脚夹笔，可以敌得数辈。"必若登科通籍，吾徒为粃糠也。'由是不果召。"（《北梦琐言》卷六）黄巢军被平息后，朝廷原打算召罗隐进京为官，结果曾任唐朝宰相的韦贻范给大臣们讲了这么一件事："有一次我与罗隐同舟，彼此并不认识，但船工告诉他船上有朝廷大臣，罗隐轻蔑地说：'什么朝廷大臣！我用脚指头夹着笔写文章，抵得过他们许多人！'"自视太高、目中无人的结果使罗隐失去了一次施展政治抱负的机会。反之，如果一个人把自己定位低一点，那么他对生活待遇的要求就不会太高，这不仅有利于自我心理平衡，而且也能够踏踏实实从小事做起，这样就会成就他的一生。

⑦舆：通"誉"。美誉。

⑧邪（yé）：语气词。通"耶"。

⑨琭琭（lù）：与甲、乙本的"禄禄"同义。美好的样子。

⑩珞珞（luò）：同甲、乙本的"硌硌"。丑陋的样子。

【译文】

甲本、乙本：

因此一定想要保持高贵的地位，就要以低贱者为根本；一定想要保持自己的高位，就要以自己的属下为基础。所以那些侯王自称"孤""寡""不穀"，这不正是以低贱为根本的表现吗？难道不是这样吗？想要获取过多的美誉反而会失去美誉，因此不要把自己看作高贵的美玉，而应定位为一块丑陋的石头。

王本：

因此贵要以贱为根本，高要以下为基础。所以那些侯王自称"孤""寡""不穀"，这不正是以低贱为根本的表现吗？难道不是这样吗？想要获取过多的美誉反而会失去美誉，因此不要把自己看作高贵的美玉，而应定位为一块丑陋的石头。

四十章（王本四十一章）

【题解】

本章认为，素质不同的人会对大道采取不同的态度；接着指出现象与本质之间有时看似矛盾，然而二者之间却有着内在的统一性；最后指出虽然大道很难被常人所理解，然而就是这个看不见、摸不着的大道，成就了万事万物。

本章帛书与王本较大的不同有两处：第一，甲本与乙本虽然没有分章，但根据帛书原文次序，实际是把王本的第四十章与四十一章的文字颠倒了。也就是说，按照甲、乙本，王本的第四十一章应该在第四十章的前面。第二，文字不同，比如王本作"大器晚成"，而甲、乙本作"大器免成"；王本作"道隐无名，夫唯道，善贷且成"，而甲、乙本作"道褒无名，夫唯道，善始且善成"等。

甲本　［上士闻道①，堇能行之②；中士闻道，若存若亡③；下士闻道，大笑之④，弗笑，不足以为道。］

乙本　上［士闻］道，堇能行之；中士闻道，若存若亡；下士闻道，大笑之，弗笑，［不足］以为道。

王本　上士闻道，勤而行之；中士闻道，若存若亡；下士闻道,大笑之,不笑,不足以为道。

【注释】

①上士:素质最高的人。下文中的"中士"指素质一般的人,"下士"指素质低下的人。甲本中的本段文字全部残缺,依据乙本补。

②董能行之:就能够努力按照大道去做人做事。董,通"勤"。积极努力。

③若存若亡(wú):若有若无,将信将疑。亡,通"无"。意思是说,素质一般的中士听说大道以后,因为一知半解,似懂非懂,所以他们对待大道的态度是将信将疑。

④大笑之:应理解为"大而笑之"。认为它大而无用、迂阔空洞而加以嘲笑。大,用如意动词,认为道大而无用、迂阔而不切实际。笑,嘲笑。这句话的意思是说,下士素质低下,无法理解大道,所以嘲笑大道。如果把"大笑之"理解为"大声地嘲笑大道",亦通。古人把人类的知识分为两个层次——道、术。"术"指各种技术,它可以为人们直接带来切实利益;"道"类似于今天说的哲学原理,而哲学原理无法为人们直接带来切实利益。但古人认为,一个人不仅要有"术",而且还要把"术"上升到"道"的高度去把握,这才算得上高层次的人。

【译文】

素质最高的上士听到了大道,就能够尽心尽力地按照它去做人做事;素质一般的中士听到了大道,若有若无,将信将疑;素质最低的下士听到了大道,就会认为它大而无用、迂阔空洞而加以嘲笑,如果不被素质低下的人所嘲笑,大道也就不足以成为大道了。

甲本 ［是以建言有之曰①:明道如费②,进道如退③,夷道如类④。］

乙本　是以建言有之曰:明道如费,进道如退,夷道如类。

王本　故建言有之:明道若昧,进道若退,夷道若颣⑤。

【注释】

①建言:立言,讲话。类似今天说的"格言"。一说"建言"是书名。甲本的本段全部残缺,据乙本补。

②明道如费:明白易懂的道理听起来好像难以理解。费,假借为"昧"。高明《帛书老子校注》:"'费'字假借为'昧'。"幽暗不易看清,引申为不易理解。

③进道如退:鼓励人前进的道理听起来好像是在让人后退。以退为进、反败为胜的一个著名例子是田完子与越人之战,《吕氏春秋·似顺》记载:"田成子之所以得有国至今者,有兄曰完子,仁且有勇。越人兴师诛田成子,曰:'奚故杀君而取国?'田成子患之。完子请率士大夫以逆越师,请必战,战请必败,败请必死。田成子曰:'夫必与越战可也。战必败,败必死,寡人疑焉。'完子曰:'君之有国也,百姓怨上,贤良又有死之,臣蒙耻。以完观之也,国已惧矣。今越人起师,臣与之战,战而败,贤良尽死,不死者不敢入于国。君与诸孤处于国,以臣观之,国必安矣。'完子行,田成子泣而遣之。夫死败,人之所恶也,而反以为安,岂一道哉?"田成子篡夺姜氏齐国政权之后,其兄田完子认识到田氏新政权的真正敌人不是在国外,而是国内那帮希图恢复老王朝的旧臣宿将,于是就借越国来犯的机会,率领他们痛痛快快地打了一次败仗,让齐国的大部分旧臣宿将死于战场,少数侥幸逃脱者也不敢回国。田完子就这样借刀杀人,铲除了田成子的国内潜在政敌。

④夷道如类:很容易做到的道理听起来好像难以施行。夷,平坦。比喻容易办到。类,通"颣"。朱谦之《老子校释》:"今按:'颣''类'古通用。"颣原指丝线上的结节,形容不平坦,不顺畅。

引申为难以做到。

⑤颣（lèi）：原指丝线上的结节，形容不顺畅，引申为难以做到。

【译文】

因此格言说：明白易懂的道理听起来好像难以理解，鼓励人前进的道理听起来好像让人后退，容易做到的道理听起来好像难以施行。

甲本　［上德如浴①，大白如辱②，广德如不足，建德如偷③，质真如渝④。大方无禺⑤，大器免成⑥，大音希声⑦，天象无刑⑧。道褒无名⑨，夫唯］道，善［始且善成］⑩。

乙本　上德如浴，大白如辱，广德如不足，建德如［偷］，质［真如渝］。大方无禺，大器免成，大音希声，天象无刑。道褒无名，夫唯道，善始且善成。

王本　上德若谷，大白若辱，广德若不足，建德若偷，质真若渝，大方无隅，大器晚成⑪，大音希声，大象无形。道隐无名⑫，夫唯道，善贷且成⑬。

【注释】

①浴：假借为"谷"。谷，山谷。引申为空虚，一无所有。甲本本段残缺较多，据乙本、王本补。

②辱：通"黣"。黑垢，黑色。憨山德清《老子道德经解》："圣人纯素贞白，一尘不染，而能纳污含垢，示同庸人，故'大白若辱'。"

③建德如偷：能够有所建树的品德反而好像不厚道。建，建立，建树。偷，刻薄，不厚道。比如，刘邦建立大汉王朝，是中国第一位从平民登上帝位的人，然而他的许多行为看似不厚道，甚至被人们误解而称他为"无赖皇帝"。

④质真如渝（yú）：品质最纯真的反而好像变化无常。本质最纯真

的人,不会固执于个人成见,能够因民顺物而变。渝,变化。

⑤禺(yú):通"隅"。角。

⑥大器免成:最大的器具,是不求最终完成的。因为最终的"成"就意味着完结,不仅失去更进一步的可能,甚至会走向衰落,这就是《老子》二十五章说的:"大曰逝,逝曰远,远曰反。"本句讲的和"大成若缺"(四十五章)是一个道理。高明《帛书老子校注》:"帛书乙本'大器免成',世传今本皆作'大器晚成','免''晚'虽可通用,但孰为本字还须研究。楼宇烈云:'愚谓经文"大器晚成"疑已误。本章言"大方无隅""大音希声""大象无形",二十八章言"大制无割"等,一加"大"字则其义相反。"方"为有隅,"大方"则"无隅";"音"为有声,"大音"则"无声";"象"为有形,"大象"则"无形";"制"为有割,"大制"则"无割"。唯此"大器"则言"晚成",非"器"之反义。长沙马王堆汉墓出土帛书《老子》经文,此句《甲》本残缺,《乙》本作"大器免成"。"免"或为"晚"之借字。然据以上分析,又似非"晚"之借字,而当以"免"本字解为是。二十九章经文"天下神器",王弼注:"神,无形无方也;器,合成也。无形以合故谓之神器也。""器"既为合成者,则"大器"当为"免成"者,亦即所谓"无形以合"而使之成者。如此,则与"大方无隅""大音希声""大象无形"等文义一致。'楼说甚是。"1993年湖北郭店出土的竹简《老子》则作"大器曼成"。有人认为"曼"应读作"晚",有人认为应为"慢"的借字,有人认为"曼"是"无""不"的意思。《广雅·释言》:"曼,无也。"因此,把本句解释为"大器无成",于义较王本更为可取,若作"大器晚成",则与上下句例、文意不甚合。

⑦希声:无声。《老子》十四章:"听之不闻,名曰希。"

⑧天象无刑:最大的形象反而看不清它的形状。天,应为"大",一说假借为"大"。刑,通"形"。一说"大象"指大道,大道是无形

无象的。

⑨道褒无名：伟大的道是无形无象的。褒，广大，伟大。无名，空虚。也可理解为不可名状。本句王本作"道隐无名"。

⑩善始且善成：既有良好的开始，也有良好的结局。本句王本作"善贷且成"。

⑪大器晚成：最大的器物总是最后完成。本句虽不如"大器免成"义长，但也没有违背老子的思想。王本《老子》二章："是以圣人……功成而弗居。夫唯弗居，是以不去。"七章："是以圣人后其身而身先，外其身而身存。非以其无私邪？故能成其私。"三十四章："以其终不自为大，故能成其大。"此类言论在《老子》中还很多。由此可以看出，老子最终还是追求成功的，只是提醒人们不可走向极致，因为物盛必衰；更不可居功自傲，因为自傲者必被众人抛弃。

⑫道隐无名：大道无形无声。隐，无形无象，看不见摸不着。

⑬贷：施恩惠，帮助。

【译文】

甲本、乙本：

最崇高的品质反而好像一无所有，最洁白的颜色反而好像是黑色的，伟大的品德反而好像有许多欠缺，能够有所建树的品德反而好像不厚道，品质纯真反而好像变化无常，最大的方形看不到它的棱角，最大的器物是不求最终完成的，最大的声音反而无法听到，最大的形象反而看不清它的形状。虽然伟大的大道是无形无声、看不见摸不着的，然而就是这个大道，能够使万物既有良好的开始，也有良好的结局。

王本：

最崇高的品质反而好像一无所有，最洁白的颜色反而好像是黑色的，伟大的品德反而好像有许多欠缺，能够有所建树的品德反而好像不厚道，品质纯真反而好像变化无常，最大的方形看不到它的棱角，最大的器物总是最后完成，最大的声音反而无法听到，最大的形象反而看不清它的形状。大道虽然无形无声、看不见摸不着，然而就是这个大道，善于帮助万物并且成就万物。

四十一章（王本四十章）

【题解】

本章的文字虽然很少，却阐述了老子思想中的两大原则：一是在大道的支配下，万物是在向相反的方向发展，二是再次强调守柔的主张。最后重温"有无之相生也"（二章）的辩证观，强调有"无"才有"有"，为有"弱"才有"强"这一处世观寻找理论依据。

本章在王本中，则为第四十章。甲、乙本与王本的文字基本一致，甲、乙本各自多了四个"也"字，另外，甲、乙本的"天下之物生于有"，王本作"天下万物生于有"，含义没有本质区别。

甲本　［反也者，］道之动也①；弱也者，道之用也②。

乙本　反也者，道之动也；［弱也］者，道之用也。

王本　反者，道之动；弱者，道之用。

【注释】

①反也者，道之动也：向相反的方向发展，是道的运动特点。实际上道作为规律，本身无所谓动与不动。本句的实际意思是说，在大道的支配下，万物是在向相反的方向发展。万物总是由弱而变强，当发展到最强盛时，则出现物盛必衰的现象，又由强而变弱。

这就是王本二十五章中讲的"大曰逝,逝曰远,远曰反",于是老子就得出"反者,道之动"这一结论。

关于"反也者,道之动也",还有其他不同解释。第一,王弼《老子道德经注》:"高以下为基,贵以贱为本,有以无为用,此其反也。"说明万事万物既相互依存,又相互转化。第二,河上公《老子道德经章句》:"反,本也。"即返回根本,这个根本就是大道。第三,林希逸《道德真经口义》:"反,复也,静也。"即返回清净的状态。

②弱也者,道之用也:大道的作用就在于它能够提醒万物保持柔弱的状态。王本三十六章:"柔弱胜刚强。"七十六章:"故坚强者死之徒,柔弱者生之徒。"使用柔弱的策略能够战胜刚强的对手,处于柔弱状态的事物才具有生命力。

【译文】

向相反的方向发展,这是万物在大道支配下的运动特点;提醒万物保持柔弱的状态,这就是大道的作用。

甲本　天[下之物生于有①,有生于无]②。
乙本　天下之物生于有,有[生]于无。
王本　天下万物生于有,有生于无。

【注释】

①有:存在的物质。如阴阳二气、五行(金木水火土)等。本段甲本仅存"天"字,残缺部分依乙本补。本句王本作"天下万物生于有",王弼《老子道德经注》:"天下之物,皆有以为生。"说明原本应作"天下之物生于有"。文字稍异,含义相同。

②无:虚无的空间。王弼《老子道德经注》:"有之所始,以无为本。"只有有了"无(空间)",才会有"有(物质)"。这是在讲"有"与

"无"的辩证关系。可参见本书第一章关于万物生成的理论。

关于"有生于无"，不少学者认为这是讲"无中生有""无能生有"，也就是说，"无"是"没有"，而"有"是从"没有"中产生出来的。从绝对虚无中产生万物，是一件不可思议的事情，所以西晋的裴𬱟撰写《崇有论》一文，对这一观点进行批判。

更多的学者把"无"解释为"道"，因为大道看不见、摸不着，故称之为"无"。如果把"无"解释为大道，那么第二章中的"有无相生"就应该解释为"万物与大道相互产生"，这更是一种逻辑上的混乱，因此杨柳桥在他的《老子译话·附录：老子的哲学是唯物主义的吗》中责怪老子说："既主张'天下万物生于有，有生于无'，又说'有无相生'，他的思想体系是不够周延的。"在杨柳桥先生看来，"有生于无"的"无"是指作为宇宙本体的大道，"有无相生"的"无"是"有"存在的条件，于是老子在使用"无"这个概念时就自相矛盾了。

其实《老子》全书中的"无"，除了用于"虚无""没有"等本义外，其他指的都是空间，而"空间"正是由"虚无"引申而来。既然"有无"能够"相生"，那么现在强调其中的一面——"有生于无"，当然是可以的。这句话的意思是说，物质只有相对于空间才能存在，如果没有空间，也就无所谓物质。

在现实生活中，人们往往只知道物质带来的好处和作用，而不注意空间带来的好处和作用，因此在第十一章中，老子就专门强调空间的作用，认为各种器物之所以有用，原因就在于它本身存在着"有""无"两个对立面，如果全是物质，而没有空间，那么物质就失去它的作用，器物也就没用了。老子把这一观点引入政治领域，就是要提醒人们不要只注意"无不为"的好处，还要注意"无为"的好处，"无不为"是以"无为"为基础的，就像物质是以空间为基础一样。具体到本章，老子强调有"无"才有"有"，是为他的有"弱"才有"强"的处世原则服务的。

可以说,老子如此反复强调空间的作用,其最终目的仍是想通过自然现象来为他的政治主张、处世原则寻找理论根据。

【译文】

天下的万物都产生于某些物质元素,而物质相对于空间而产生。

四十二章（王本四十二章）

【题解】

本章一开始就提出了"道生一，一生二，二生三，三生万物"这一名言，这几句话以极为简洁的文字阐述了万物生成的过程，指出是在大道的作用下，由阴阳二气慢慢演化为具体的万物。老子接着提醒人们，事情发展的结果往往出乎个人的意愿与预料，因此做事不可强悍霸道。强悍霸道者不过是为了争名夺利，结果却会使自己身败名裂。

本章各本文字稍有不同：比如王本作"或损之而益，或益之而损"，甲本与王本同，唯乙本颠倒为"或益之而云，云之而益"，估计为抄写之误，含义没有差别。再如甲、乙本作"学父"，王本作"教父"，而含义也基本一样。

甲本　[道生一①，一生二②，二生三③，三生万物④。万物负阴而抱阳⑤，]中气以为和⑥。

乙本　道生一，一生二，二生三，三生[万物。万物负阴而抱阳，中气]以为和。

王本　道生一，一生二，二生三，三生万物。万物负阴而抱阳，冲气以为和。

【注释】

①道生一：在大道的支配下，唯一的元气出现了。关于本段中的"道生一，一生二，二生三"的解释分歧很大。笔者认为，"道生一"并不是说规律能够直接产生出万物，而是说规律是万物得以产生的前提，没有规律的规定性，事物就无法出生、发展。这与朱熹的思想是一致的。朱熹在《答黄道夫》中说："天地之间，有理有气。理也者，形而上之道也，生物之本也；气也者，形而下之器也，生物之具也。"朱熹同样认为"理"并不能直接产生万物，必须与"气"相配合才行，因为"无是气，则是理亦无挂搭处"（《朱子语类》卷一）。朱熹的"理"虽然不能直接产生万物，但他仍说"理"是"生物之本"。老子的这一"生"字用法与朱熹的一样，所以在五十一章中，老子谈到万物产生的过程时说"道生之""物形之"，这个"物"就相当于朱熹的"气"。

老子、朱熹所说的"生"类似"和气生财"中的"生"。"和气"属于精神性的东西，它并不能直接产生物质性的"财"，所谓"和气生财"只是说"和气"是"生财"的前提。没有"和气"，固然不能"生财"，但"和气"要想"生财"，还必须通过物质的手段。

"生"用作间接产生义，在本书其他地方也有。如王本二章说："圣人处无为之事，行不言之教，万物作焉而不辞，生而不有，为而不恃。"圣人显然是不能直接产生万物的，这个"生"也只是"帮助产生"的意思。

对于本段"道生一，一生二，二生三"的解释，分歧极大，各家意见举不胜举，因此这里不再抄列各家意见原文，只简单地摆出几种主要观点：

其一，"一"是元气，"二"是阴、阳二气，"三"是指天、地、人。

其二，"一"指"道"，"二"指阴气、阳气，"三"指阴、阳二气与"和气"。

其三，"一"是"冲气"，"二"是阴、阳二气，"三"泛指众多事物。

其四，认为"一""二""三"没有特殊的意义，只是说事物由混沌的气分化为万物，代表一个由简单到复杂的过程罢了。

笔者比较认同第一种意见，结合本书第一章中讲的道理，万物生成的过程是：在天地万物形成之前，在大道的支配下，唯一的混沌之气——元气出现了，这是"道生一"。随着时间的推移，元气又一分为二，其中又清又轻的气叫作阳气，又浊又重的气叫作阴气，这是"一生二"。阳气逐渐上升，慢慢形成了天；阴气逐渐下降，慢慢形成了地。天地形成之后，一部分天气（又称阳气）下降，一部分地气（又称阴气）上升，天地二气、也即阴阳二气在天地之间相互冲荡交融，从而形成了人，这是"二生三"。天、地、人相互配合，生出万物来，这就是"三生万物"。

②一生二：元气一分为二，分化出阳气和阴气。一，指元气。二，指阴、阳二气。

③二生三：由阴、阳二气相互配合，生出天、地、人。三，指天、地、人。

④三生万物：天、地、人相互配合，生出万物。

⑤负阴而抱阳：包含着阴气与阳气。负，背上背着。引申为包含。抱，怀抱。引申为包含。

⑥中气：即王本的"冲气"。阴、阳二气相互冲荡、交融。中，通"冲"。冲荡，激荡。气，阴、阳二气。以为和：把阴、阳二气调和起来。阴、阳二气调和好了，就可以演化出万物。

【译文】

在大道的支配下出现了唯一的元气，由元气分解为阴、阳二气，由阴、阳二气生出天、地、人，天、地、人相互配合产生了万物。万物都包含着阴气和阳气两个对立面，它们通过互相激荡而得以调和。

甲本　天下之所恶①，唯孤、寡、不榖②，而王公以自名也③。

乙本　　人之所亚^④，唯［孤］、寡、不橐，而王公以自［名也］。

王本　　人之所恶，唯孤、寡、不穀，而王公以为称^⑤。

【注释】

①天下之所恶（wù）：天下所有人所讨厌的名称。恶，厌恶。本句的“天下”，乙本、王本作“人”。含义相同。

②孤、寡、不橐（gǔ）：都是君主、王侯的谦称。孤，是“孤独无助之人”的简称。寡，是“寡德之人”的简称，即缺少美德之人。不橐，即“不穀”。不善。穀，即稻谷的“谷”。穀可以养人，因此在先秦，“穀”有善、美的意思。

③自名：自己的名称。

④亚：假借为“恶”。厌恶。

⑤称：称呼。与甲、乙本的“名”同义。

【译文】

甲本：

天下的人们所讨厌的名称，就是“孤”“寡”“不穀”这些名称，然而王公却用它们当作自己的称号。

乙本、王本：

人们所讨厌的名称，就是“孤”“寡”“不穀”这些名称，然而王公却用它们当作自己的称号。

甲本　　勿^①，或敓之［而益^②，益］之而敓。

乙本　　［物，或益之而］云^③，云之而益。

王本　　故物，或损之而益，或益之而损。

【注释】

①勿：通"物"。事。这里指办事。

②或败之而益：本意也许是想减少它，结果反而增加了它。或，或许，可能。败，同"损"。减少。益，增加。

③或益之而云：本意也许是想增加它，结果反而减少了它。云，假借为"损"。王本作"或损之而益，或益之而损"，甲本与王本同，唯乙本颠倒为"或益之而云，云之而益"，估计为抄写之误，含义没有差别。

【译文】

甲本、王本：

所以说做事情往往如此，本意也许是想减少它，结果反而增加了它；本意也许是想增加它，结果反而减少了它。

乙本：

所以说做事情往往如此，本意也许是想增加它，结果反而减少了它；本意也许是想减少它，结果反而增加了它。

　　甲本　故人［之所］教，夕议而教人①："故强良者不得死②。"我［将］以为学父③。

　　乙本　［故人之所教，夕议而教人："故强良者不得死。"我］将以［为学］父④。

　　王本　人之所教，我亦教之："强梁者不得其死⑤。"吾将以为教父⑥。

【注释】

①故人之所教，夕议而教人：因此别人用来教育我的，我也主张用它去教导别人。故人，一说应为"古人"。高明《帛书老子校

注》："'故'字当假为'古','故人'应读作'古人'。"夕，假借为
"亦"。也。议，主张。一说"议"通"我"。因为"强良者不得
死"是前人流传下来的格言，老子从中受到启发，因而主张也要
用它去启发别人。

② 强良者不得死：强悍霸道的人不得正常死亡。强良，即王本的
"强梁"。强悍，霸道。死，这里指正常死亡。道、儒、释三家都反
对强梁。老子这里痛骂强梁者不得正常死亡。孔子同样反对强
梁行为。在孔子弟子中，子路的性格最为强梁。《论衡·率性》描
写子路早年的形象时说：

> 世称子路无恒之庸人，未入孔门时，戴鸡佩豚，勇猛无
> 礼，闻诵读之声，摇鸡奋豚，扬唇吻之音，聒贤圣之耳，恶至
> 甚也。

子路姓仲名由，在他未入孔门时，经常打架斗殴，他头戴公
鸡状的帽子，腰佩公猪的尾巴，以示有勇。他甚至大声鼓噪，羞
辱孔子，让孔子师生无法读书，简直就是一个流氓。他当了孔子
弟子后，孔子曾讲过一句十分幽默的话："自吾得由，恶言不闻于
耳。"（《史记·孔子弟子列传》）也就是说，在子路当孔子弟子之
前，还有人当面说孔子坏话；自从子路成为弟子以后，孔子的耳根
清净了，因为如果有人再敢说孔子坏话，子路就会与他拼命。子
路一生以好勇闻名，所以孔子曾经毫不留情地批评他："若由也，
不得其死然。"（《论语·先进》）最后，子路果然死于卫国内乱。

佛教更是反对强梁，把能够忍辱视为成佛的前提条件之一。
《大般涅槃经》卷二十七说："雪山有草，名为忍辱，牛若食者，则
出醍醐（酥乳）。"牛如果以忍辱草为食，就能生出香甜可口的醍
醐；人如果具有忍辱精神，自然能够干出一番事业，甚至成圣成
佛。佛教把忍辱视为僧人最可贵的品质之一，他们甚至把僧衣叫
作"忍辱铠"：

浊劫恶世中，多有诸恐怖，恶鬼入其身，骂詈毁辱我。

我等敬信佛，当著忍辱铠。（《法华经·劝持品》）

后来，人们就直接把袈裟叫作"忍辱铠"或"忍辱衣"。如梁简文帝《谢赉纳袈裟启》说："蒙赉郁金泥细纳袈裟一缘，忍辱之铠，安施九种。"江总《摄山栖霞寺碑》说："整忍辱之衣，入安禅之室。"

清人金埴《不下带编》卷五记载了一首关于小猪的诗歌，也涉及反强梁的问题。这首诗歌不仅道理讲得透彻，而且写得生动形象：

倚栏闲看小猪儿，一个强梁把众欺。纵使糟糠独食尽，先肥未必是便宜。

语言非常通俗，含义却非常深刻。强梁的人即使"先肥"了，也未必就是一件占便宜的事情。

③学父：学习的重要内容。父，父亲。"父"与"子"相对，父为主，子为次。比喻主要的、重要的。或把"父"解释为"始"，"学父"即教育的最初内容，亦通。

④乙本本段残缺极多，据甲本补。

⑤不得其死：不得正常死亡。本句与甲本相比，多一"其"字，于义较长。因为"不得死"，是"不能死"的意思，强梁者不能死，于逻辑、情理皆不通。"不得其死"则为不得正常死亡，其，代指正常情况。多一"其"字，既合情理，又合逻辑。

⑥教父：教育的主要内容。与"学父"基本同义。

【译文】

别人用来教导我的，我也主张用它去教导别人："强悍霸道的人不得正常死亡。"我将把这一原则当作教育人的重要内容。

四十三章（王本四十三章）

【题解】

本章用虚无的空间可以存在于看似没有间隙的坚固物体之中这一自然现象，再次强调"无"的重要性，以此来印证自己所倡导的"不言之教""无为"等原则的正确性。

本章的文字，各本基本一样，只是一些用字、虚词不同而已。如甲本"驰骋于天下之致坚"，王本作"驰骋于天下之至坚"，"致"与"至"虽不同，但"致"假借为"至"。在其他用字及虚词使用方面也有一些不同，如甲本"天下希能及之矣"，王本作"天下希及之"。王本虽然少"能""矣"二字，但含义一致。

甲本 天下之至柔①，[驰]骋于天下之致坚②，无有人于无间③。五是以知无为[之有]益也④；不[言之]教⑤，无为之益，[天]下希能及之矣⑥。

乙本 天下之至[柔]，驰骋乎天下[之致坚]⑦，[无有人于]无间。吾是以[知无为之有益]也；不[言之教，无为之益，天下希能及之]矣。

王本 天下之至柔，驰骋天下之至坚，无有人无间。吾是以知无为之有益。不言之教，无为之益，天下希及之。

【注释】

①至柔：最柔和的。一般注者认为"至柔"指水或气，王弼《老子道德经注》："气无所不入，水无所不经。"《老子》一书的确多次用水来说明柔的作用，但根据下文"无有"一词，笔者认为应指空间，因为空间才是"无有"，而水与气不是"无有"。另外，空间的阻力比水与气更小，因此说是"至柔"。

②驰骋（chěng）：奔驰。引申为存在。致坚：最坚硬的物体。如金属、石头之类。致，通"至"。

③无有入于无间：虚无的空间可以存在于看似没有间隙的坚固物体之中。无有，什么也没有，即空间。《庄子·知北游》："光曜问乎无有。""光耀"指光明，"无有"指空间。无间，看似没有间隙的东西，即物体。任何看似没有间隙的坚固物体中都会存在着大小不等的空间，因此说"无有入于无间"。憨山德清《老子道德经解》："若以有入有，即相触而有间；若以空入有，则细无不入。如虚空遍入一切有形，即纤尘芒芴，无所不入，以其虚也。"本章又一次清楚地表明老子的政治主张是对自然规律的效法。这种效法，有些颇具合理性，但也有一些较为生硬、机械，从"无有入于无间"推理出"无为之有益"就显得不伦不类。像这样的推理，在《老子》一书中还不少，如第七章中从天地"不自生，故能长生"这一自然现象推理出圣人"以其无私，故能成其私"的处世方法，第七十六章中从"人之生也柔弱，其死也坚强"推理出"兵强则不胜"这一用兵原则。由于人类社会和自然现象有相通的一面，也有不同的一面，所以老子的这些推理有其合理的一面，也有其不太恰当的一面。

④五是以知无为之有益也：我从这里认识到了清静无为的好处。

五,通"吾"。我。无为,不人为干涉,一切顺应自然。

⑤不言之教:不用语言的教育。圣人之所以推行"不言之教",原因有二:第一,是对"道可道,非常道"(王本第一章)的实践。既然最高真理不可言说,那么即使口才最好的老师,他的语言教育充其量也只能是二流的教育。第二,该命题也含有身教重于言教的意思。在中国古代,心口不一、言行脱节是教育失败的最主要原因,这也是王阳明主张知行合一的重要原因之一。

在古代,的确有实践"行不言之教"的实例。《庄子·德充符》记载:"鲁有兀者王骀,从之游者与仲尼相若。常季问于仲尼曰:'王骀,兀者也,从之游者与夫子中分鲁。立不教,坐不议,虚而往,实而归。固有不言之教、无形而心成者邪?'"鲁国王骀的弟子与孔子弟子一样多,而他无论何时何地从不给人以言语教诲,却能够使弟子们空怀而来,满载学识而归。这就是"不言之教"。如果说《庄子》多寓言,那么《晋书·隐逸列传》记载了一则真实的"不言之教"的故事。晋代道家学者张忠隐于泰山,他"恬静寡欲,清虚服气,餐芝饵石,修导养之法。……无琴书之适,不修经典"。他带了一批弟子,其教育方法是:

其居依崇岩幽谷,凿地为窟室,弟子亦以窟居,去忠六十步,五日一朝。其教以形不以言,弟子受业,观形而退。

张忠每五天才教授弟子一次,而且一言不发,让弟子们看看自己的形体举止就可以了。这种教育方法是独特的。然而这位行不言之教的道士受到前秦朝廷的极大尊重,被苻坚召至长安,归来时,死于途中华山。他临死时感叹说:"我东岳道士,没于西岳,命也,奈何!"

⑥希能及之:很少能比得上这些原则。希,同"稀"。少。及,赶上,比得上。之,代指"不言之教""无为之益"。

⑦乎:介词。用法相当于"于"。

【译文】

天下最柔弱的东西,能够存在于最坚硬的物体之中,虚无的空间可以存在于看似没有间隙的坚固东西之中。我从这里认识到清静无为的好处。不用语言的教育,清静无为的好处,天下很少有能够比得上这些原则的。

四十四章（王本四十四章）

【题解】

本章主要阐述的道理有三条：第一，前三句（也即第一段）告诫人们，不要为了名利去伤害自己的生命健康。第二，接着两句（也即第二段），提醒人们对于财富越吝啬，造成的损失就会更大。第三，最后三句（也即第三段），说明只有懂得知足和适可而止的人，才能够平安度过一生。

本章的甲本、乙本与王本的文字基本一样，仅王本的"是故甚爱必大费"，比甲本、乙本多出"是故"二字；甲本的"故知足不辱"，比王本多一"故"字。

甲本　名与身孰亲①？身与货孰多②？得与亡孰病③？

乙本　名与［身孰亲？身与货孰多？得与亡孰病？］

王本　名与身孰亲？身与货孰多？得与亡孰病？

【注释】

①名与身孰亲：美名和生命，哪个更值得亲近？身，身体，生命。孰，谁，哪个。本段甲本、王本的文字一样，主要告诫人们，生命健康比名利更为重要。乙本残缺很多，据甲本、王本补。

②身与货孰多：生命与财富，哪个更值得重视？货，财富。多，重要，

重视。

③得与亡孰病：获得名利与丧失生命哪个更有害处？得，指得到名利。亡，失去。指失去生命。病，害处。以上三句都是用反问的口气，提醒人们不要为了名利而损害自己的生命与健康。王弼《老子道德经注》："尚名好高，其身必疏；贪货无厌，其身必少。得名利而亡其身，何者为病？"求名、贪财就是"得"的内容，人们本想通过获得更多的名利使自己过得更舒适一些，然而往往事与愿违，名利的获得反而给自己招来灾难，使自己失去健康和生命。自古以来，人们对名利的热情一直未减。关于古人对名利的贪求，这里各举两例。

假托名人为祖先以求得高名，是古今人们常用的一种手法。唐朝的李氏皇帝以老子李耳为先祖，宋代赵氏皇帝没有唐皇室那样幸运，找不到一位有大名大德的赵姓祖先，于是就虚构了一个神仙赵玄朗为先祖。皇帝尚且如此，更何况一般的布衣草民呢！《玉堂丛语》卷八记载了这样一件事情：

陈太史嗣初家居，有求见者称林逋十世孙，以诗为赞。嗣初留之坐，自入内手一编，令其人读之，则《和靖传》也，读至"终身不娶，无子"，客默然。公大笑，口占一绝以赠之云："和靖先生不娶妻，如何后代有孙儿？想君别是闲花草，未必孤山梅树枝。"

林逋是宋代大隐士，品行高洁，名声极大，但一生未婚，被赞为"梅妻鹤子"，去世后被谥为"和靖先生"，然而竟然有人自称是他的十代孙。自称为名人之后，是博取名利的一个捷径，至今还有人在四处寻觅这一捷径。有些人得不到真名声，对假名声也是一往情深。《古今谈概》第三《痴艳部》就记载了这样一件事：

山人某姓者，自负其才，傍无一人。途中闻乞儿化钱，声甚凄惋，问曰："如此哀求，能得几何？若叫一声太史公爷爷，当以百钱赏汝。"乞儿连呼三声，某倾囊中钱与之，一笑而去。乞儿问人："太史公是何物，值钱乃尔？"

当不上太史公爷爷，能听到别人虚叫一声也是很舒心的事情。

"名"，特别是稍大一点的"名"，并非每个人都有资格谋取，而"利"，或大或小，人人都能得到。对于利，抢得到就抢，抢不到就骗，骗不到的就要无赖。这里不妨举一个最为典型的例子：

一翁好施，天大雪，见一人避雪于门，怜而延入，暖酒与故寒，遂留一宿。次日雪又大下，不可行，又留之。如是三日。

天晴，此人将别去，因向翁借刀一用。翁取刀出，持以谓翁曰："素不相识，承此厚款，无可以答，唯有杀此身以报耳。"遂欲自刃。翁惊，止之曰："如此则害我矣！"其人曰："何也？"翁曰："家中死了一个人，零碎吃官司不必说，一些无事，烧埋钱也要十二两。"其人曰："承翁好意，不好算得许多零碎，竟拿烧埋钱十二两与我去罢。"翁大怒，遂喧嚷惊动邻里，为之劝解，减其半，以六两与之。

临去，翁叹息曰："谁想遇此凶人！"其人曰："不说你凶，倒说我凶。"翁曰："如何是我凶处？"其人曰："即不凶，如何留得我三夜，就扣除我二两一夜？"（明人陈皋谟《笑倒》）

这可能只是一个笑话，但它却包含了毋庸置疑的真实性，社会上的无赖用来赚钱的无赖手段不知要比这高明、龌龊多少倍。这个无赖想讹诈一点银子，就要用刀自杀，这自然是假装的，但历史上的确有人愿意用自己的生命去换银子：

元祐末，宇文昌龄聘契丹，皇城使张璪价焉。张頿龄，枢府难其行，璪衰请。故事，死于虏庭，恩数甚渥，北虏棺银装校三百两。既行，璪饮冷食生无忌，昌龄戒之不听。既至虏境，益甚，昌龄颇患之，禁从者无供。璪怒骂，果病喋，不纳药粥，至十许日。既而三病三愈，复命登对。上面哂之，

退语近臣者："张璪生还，奈何诣政事堂？"诸公大笑。(《宋人轶事汇编》卷十一)

张璪不是一个普通百姓，家里也不会太缺钱，然而他竟然愿意拿自己的老命去换取一点抚恤金，那么金钱在他心目中的位置之高也就可想而知了。然而出乎意料的是，这位一心寻死想换取金钱的张璪虽然一路上生冷不忌、拒绝药粥，受尽自我折磨，竟然"三病三愈"，不得不又活着回来了。张璪这次出使的唯一收获是：自己为皇上、同僚平添了一份笑料。

关于名利与个人的关系，元代道士姬志真曾写过一首《名利》诗：

仆马车身历险艰，区区名利两相关。细思本来图安稳，却使身心不暂闲。

博取名利的目的本来是为了过上安稳日子，结果反而被名利闹得一刻也不得清闲。诗中所讲的道理是值得人深思的。

【译文】

美名和生命哪个更值得亲近？生命和财富哪个更值得重视？获得名利与丧失生命哪个更有害处？

甲本　甚 [爱必大费①，多藏必厚] 亡②。

乙本　[甚爱必大费，多藏必厚亡。]

王本　是故甚爱必大费，多藏必厚亡。

【注释】

①甚爱：过分吝惜。爱，吝啬。费：破费，损失。这两句主要提醒人们对于财富不可过于吝啬，否则会造成更大损失。本段甲本、乙本残缺很多，据王本补。

②亡：失去，损失。范蠡是老子的再传弟子，是一位杰出的道家学

者、政治家,成为后世人们效法的榜样,然而他的长子却干了一件"甚爱必大费,多藏必厚亡"的蠢事。范蠡功成身退之后,几经迁徙,最后定居于陶(在今山东菏泽定陶区)。他在那里率领全家发家致富,史称"朱公"或"陶朱公"。这一"甚爱必大费"的悲剧就发生在他的晚年。故事虽然出自正史,但其曲折、生动程度绝不亚于"小说家言"。《史记·越王句践世家》记载:

朱公居陶,生少子。少子及壮,而朱公中男杀人,囚于楚。朱公曰:"杀人而死,职也。然吾闻千金之子不死于市。"告其少子往视之。乃装黄金千溢,置褐器中,载以一牛车。且遣其少子,朱公长男固请欲行,朱公不听。长男曰:"家有长子曰家督,今弟有罪,大人不遣,乃遣少弟,是吾不肖。"欲自杀。其母为言曰:"今遣少子,未必能生中子也,而先空亡长男,奈何?"朱公不得已而遣长子,为一封书遗故所善庄生。曰:"至则进千金于庄生所,听其所为,慎无与争事。"长男既行,亦自私赍数百金。

至楚,庄生家负郭,披藜藋到门,居甚贫。然长男发书进千金,如其父言。庄生曰:"可疾去矣,慎毋留!即弟出,勿问所以然。"长男既去,不过庄生而私留,以其私赍献遗楚国贵人用事者。

庄生虽居穷阎,然以廉直闻于国,自楚王以下皆师尊之。及朱公进金,非有意受也,欲以成事后复归之以为信耳。故金至,谓其妇曰:"此朱公之金。有如病不宿诚,后复归,勿动。"而朱公长男不知其意,以为殊无短长也。

庄生间时入见楚王,言:"某星宿某,此则害于楚。"楚王素信庄生,曰:"今为奈何?"庄生曰:"独以德为可以除之。"楚王曰:"生休矣,寡人将行之。"王乃使使者封三钱之府。楚贵人惊告朱公长男曰:"王且赦。"曰:"何以也?"曰:"每王且赦，常封三钱之府。昨暮王使使封之。"朱公长男以为赦，弟固当出也，重千金虚弃庄生，无所为也，乃复见庄生。庄生惊曰："若不去邪？"长男曰："固未也。初为事弟，弟今议自赦，故辞生去。"庄生知其意欲复得其金，曰："若自入室取金。"长男即自入室取金持去，独自欢幸。

庄生羞为儿子所卖，乃入见楚王曰："臣前言某星事，王言欲以修德报之。今臣出，道路皆言陶之富人朱公之子杀人囚楚，其家多持金钱赂王左右，故王非能恤楚国而赦，乃以朱公子故也。"楚王大怒曰："寡人虽不德耳，奈何以朱公之子故而施惠乎！"令论杀朱公子，明日遂下赦令。朱公长男竟持其弟丧归。

至，其母及邑人尽哀之，唯朱公独笑，曰："吾固知必杀其弟也。彼非不爱其弟，顾有所不能忍者也。是少与我俱，见苦，为生难，故重弃财。至如少弟者，生而见我富，乘坚驱良逐狡兔，岂知财所从来？故轻去之，非所惜吝。前日吾所为欲遣少子，固为其能弃财故也。而长者不能，故卒以杀其弟，事之理也，无足悲者。吾日夜固以望其丧之来也。"

陶朱公成为巨富之后，其中子在楚国杀人被囚，陶朱公便派少子前去营救，而长子认为自己身为老大，家中发生如此大事，本应自己出面。长子以死相求，陶朱公只好让长子前去。营救本来已经成功，却功亏一篑。陶朱公总结失败原因说："长子不是不爱自己的弟弟，只是因为从小与我一起艰苦创业，知道财富来之不易，所以他在花钱方面比较吝啬。而少子不同，少子生而富贵，花钱大手大脚，根本不知道爱惜钱财。我就是看重他舍得花钱这一点，才派他前去营救。而长子做不到这一点，最终害了弟弟。"可以说，长子救弟失败是"甚爱必大费"的典型例子，因为"甚爱"，结果"大费"丢了弟弟的性命。

【译文】

所以说过分的吝啬反而会招致更大的破费,过多的聚财反而会招致严重的损失。

　　甲本　　故知足不辱,知止不殆①,可以长久。

　　乙本　　［故知足不辱,知止不殆,可以长久。］

　　王本　　知足不辱,知止不殆,可以长久。

【注释】

①知止不殆(dài):知道适可而止就不会遇到危险。殆,危险。本段乙本全部残缺,据甲本补。与王本相比,甲本仅多一"故"字。

【译文】

因此懂得满足,就不会遭到困辱;知道适可而止,就不会遇到危险,可以长久平安。

四十五章（王本四十五章）

【题解】

本章再次阐述了老子的辩证思想，指出"大成若缺，其用不币……大直如诎，大巧如拙，大赢如炳"等现象与本质之间的差异。其中"大巧如拙"（王本作"大巧若拙"）为千古名言。本章最后提醒君主，清静无为是修身治国的最根本原则。

本章各本最大的不同：一是王本"大辩若讷"，甲、乙本分别作"大赢如炳"与"大赢如绌"，这不仅是文字有异，含义也不同。二是各本用字有很多不同，比如王本"其用不弊"，甲本作"其用不币"；王本"清静为天下正"，甲本作"请靓可以为天下正"，甲本不仅用字不同，而且多出"可以"二字。如此等等。

> 甲本　大成若缺，其用不币^①；大盈若浧^②，其用不鄙^③。
>
> 乙本　［大成若缺，其用不币；大］盈如冲，其［用不鄙］。
>
> 王本　大成若缺，其用不弊；大盈若冲，其用不穷。

【注释】

①其用不币：它的作用却不会消失。币，通"敝"。破败，坏掉。这里引申为消失。以上两句意思是说，最成功的好似有所欠缺，也

即第四章说的"道冲,而用之或不盈",做人做事留有一定的余地,不求盈求满,就会从中受益。

②盅(chōng):空虚,一无所有。后写作"冲"。

③窮(qióng):同"穷"。穷尽,消失。《汉语大字典》:"窮,尽。也作'穷'。"高明《帛书老子校注》:"'窮'乃'穷'的别体。"

【译文】

最成功的好似有所欠缺,而它的作用却不会消失;最圆满的好似一无所有,而它的作用却不会穷尽。

甲本　大直如诎^①,大巧如拙^②,大赢如炳^③。

乙本　[大直如诎,大巧]如拙,[大赢如]绌^④。

王本　大直若屈^⑤,大巧若拙,大辩若讷^⑥。

【注释】

①大直如诎(qū):最直的看起来好似弯曲。诎,弯曲。

②大巧如拙:最巧妙的看似笨拙。"大巧如拙"可分为两种情况,一种是"装拙",也即假装糊涂,而这种假装出来的"拙"里却隐藏着"巧"。《论语·公冶长》记载:

　　子曰:"宁武子,邦有道,则知;邦无道,则愚。其知可及也,其愚不可及也。"

　　宁武子是卫国大夫,他在国家政治清明时,就显得十分聪明能干;一旦国家政治混乱,他就装作糊里糊涂。孔子感叹说:"宁武子的聪明我学得到,但他的装糊涂我就学不到了。"唐昭宗时,奸臣朱全忠当权,有一个叫柳璨的大臣助纣为虐,想把有名望的大臣一网打尽,以便早日推翻唐朝廷,于是就把名臣司空图召到京城任职。司空图在朝堂上装作连笏都拿不住的样子,而且思维糊涂,言行粗野。柳璨认为这样一个行将就木的糊涂老人,不足为虑，就准许他退休回家。后来不少朝臣被杀，而司空图因"愚"而终其天年。

第二种情况不是"装拙"，而是表现形式看似拙，但实际上却是一种大巧。《淮南子·道应训》记载九方堙相马的故事：

> 秦穆公谓伯乐曰："子之年长矣。子姓有可使求马者乎？"对曰："……臣之子，皆下材也，可告以良马，而不可告以天下之马。臣有所与供儋缠采薪者九方堙，此其于马，非臣之下也。请见之。"穆公见之，使之求马。三月而反，报曰："已得马矣，在于沙丘。"穆公曰："何马也？"对曰："牡而黄。"使人往取之，牝而骊。穆公不说。召伯乐而问之曰："败矣！子之所使求者。毛物、牝牡弗能知，又何马之能知？"伯乐喟然大息曰："一至此乎！是乃其所以千万臣而无数者也。若堙之所观者，天机也。得其精而忘其粗，在内而忘其外，见其所见而不见其所不见，视其所视而遗其所不视。若彼之所相者，乃有贵乎马者！"马至，而果千里之马。
>
> 故老子曰："大直若屈，大巧若拙。"

伯乐推荐九方堙（《列子·说符》作"九方皋"）为秦穆公相马，九方堙花了三个月的时间终于找到一匹千里马，秦穆公问是什么样的马，九方堙回答说是匹黄色的公马，结果牵回来一看，却是一匹黑色的母马。秦穆公认为伯乐所荐非人，因为九方堙连公马、母马和毛色都搞不清楚。而伯乐认为这正是九方堙的超人之处，因为九方堙相马时，只注意关键问题，而忽略次要问题；只看自己应该看的问题，而不去关心不必要看的问题。从表面上看，九方堙连牝牡、黑黄都没弄明白，可以说是"拙"到了极点，然而在这种"拙"的背后，却是超人的"巧"。后来事实证明，他找到的这匹马的确是一匹千里马。

③大赢如炪：最大的盈满看似有所欠缺。赢，盈满。另外，"赢"还

有赢利的意思。炳，本读nèn，这里通"朒"，读音为nǔ。《汉语大字典》："朒，同'朒'。""朒 nǔ，不足，亏缺。《九章算术·盈不足》'盈不足'晋刘徽注：'盈者为之朓，不足者为之朒。'"本句与王本大不同，详见注释⑥。

④ 大赢如绌（chù）：最大的盈满看似有所亏损。与"大赢如炳"同义。绌，不足，短缺。《正字通·纟部》："赢绌，犹盈歉也。"高明《帛书老子校注》认为"绌"通"朒"，似无必要，因为"绌"本来就有不足、亏缺的含义。

⑤ 屈：弯曲。

⑥ 大辩若讷（nè）：最善辩的好似不善言谈。讷，不善言谈。高明《帛书老子校注》："帛书'大赢如朒'当是《老子》原文，今本'大辩若讷'乃为后人窜改。窜改的迹象也很清楚，因为它们都是用从'内'得音的字收尾，'朒'与'讷'又音同通假，帛书《甲》本则假'炳'为'朒'，这就是后人将'大赢如朒'误改作'大辩若讷'的主要原因。"这种说法很有道理，但无论是哪一句话，其要说明的道理是一样的。

【译文】

甲本、乙本：

最直的好像弯曲，最巧的好像笨拙，最盈满的好像有欠缺。

王本：

最直的好似弯曲，最巧的好似笨拙，最善辩的好似不善言谈。

甲本　趮胜寒①，靓胜炅②，请靓可以为天下正③。

乙本　趮朕寒④，［靓胜炅，请靓可以为天下正。］

王本　躁胜寒，静胜热，清静为天下正。

【注释】

① 趮(zào)胜寒：运动能够战胜寒冷。趮，同"躁"。躁动，运动。一说"趮"指炉火。朱谦之《老子校释》认为"躁"应通"燥"："又'躁'字，马叙伦曰：'"躁"，《说文》作"趮"，疾也，今通作"躁"。此当作"燥"。'按，马说是也。……实则'躁'者燥也，'躁'乃《老子》书中用楚方言，正指炉火而言。"笔者没有采用朱谦之的解释，因为炉火可以驱寒这一解释讲的是一般生活常识，失去其哲学意味。

② 靓(jìng)胜炅(jiǒng)：安静能够克服暑热。靓，通"静"。《增韵·静韵》："靓，又与静同。"炅，热。《素问·举痛论》："卒然而痛，得炅则痛立止。"王冰注："炅，热也。"高明《帛书老子校注》认为"炅"应通"热"。似乎没有这个必要，因为"炅"本身就有"热"的含义。朱谦之《老子校释》认为"静(靓)"应通"瀞"："'躁胜寒'与'静胜热'为对文，'静'与'瀞'字同，《楚辞》'收潦而水清'，注作'瀞'。《说文》：'瀞，从水，静声。'意为清水可以胜热，而炉火可以御寒也。"朱谦之把"躁胜寒，静胜热"解释为一般性的生活常识，失去了它们的哲学、政治意蕴。"动"与"静"是古代哲学中两个重要概念，特别是下一句"清静为天下正"反映的正是道家一贯主张的清静无为思想。

③ 请靓可以为天下正：清静无为是天下最重要的原则。请，通"清"。正，长官，首领。引申为最重要的。一说"正"为正确标准。"躁胜寒，静胜热，清静为天下正"三句的意思是，动有动的作用，静有静的作用，但归根结底，静是根本，因为要想运动，必须先安静下来以积蓄力量，然后才能运动。

④ 朕：通"胜"。本段乙本残缺较多，据甲本补。

【译文】

运动能够战胜寒冷，安静能够克服暑热，清静无为是天下最重要的修身、治国原则。

四十六章（王本四十六章）

【题解】

在本章中，老子首先描述了战争给民众带来的灾难，接着提醒人们要根除贪欲，因为贪欲是引起战争的根本原因，消除了贪欲，也就消除了战争，避免了许多灾难。老子把战争归因于人们对物质利益的贪求，是符合客观事实的。

本章各本不同处主要有：第一，在第一段中，甲本、王本作"天下无道"，乙本作"无道"。第二，在第二段中，甲本、乙本有"罪莫大（于）可欲"，王本没有此句；甲本"咎莫憯于欲得"，王本作"咎莫大于欲得"；甲本"恒足"，王本作"常足"。这些不同都属于枝节问题，全章各本内容没有大的区别。

　　甲本　天下有［道①，却］走马以粪②；天下无道，戎马生于郊③。

　　乙本　［天下有］道，却走马［以］粪；无道④，戎马生于郊。

　　王本　天下有道，却走马以粪；天下无道，戎马生于郊。

【注释】

①天下有道：指按照大道行事的安定、太平社会。

②却走马以粪：连跑得很快的马也可以拉回去种地。却，驱赶，拉回去。走马，快马。走，跑。这里指跑得很快。粪，施肥。这里泛指精耕细作。

③戎马生于郊：连怀孕的马也要上战场，以至于在战场上生出小马。本句意思是说，在无道的社会里，连马的日子都很艰难，更何况人？戎马，战马。郊，郊野。这里指战场。

④无道：指不按照大道行事的黑暗、动乱社会。本句承前文省"天下"二字。

【译文】

在按照大道行事的安定、太平社会里，就连跑得很快的马也可以拉回去种地；国家的政治措施如果违背了大道，那么连怀孕的母马也要用来作战，以至于在战场生子。

甲本　罪莫大于可欲①，旤莫大于不知足②，咎莫憯于欲得③。［故知足之足，］恒足矣④。

乙本　罪莫大可欲⑤，祸［莫大于不知足，咎莫憯于欲得。故知足之足，恒］足矣。

王本　祸莫大于不知足，咎莫大于欲得。故知足之足，常足矣。

【注释】

①罪莫大于可欲：最大的罪过就是欲望太多。王本没有本句。《韩诗外传》卷九引《老子》："罪莫大于多欲，祸莫大于不知足。""多欲"比"可欲"义长，《老子》三章："不见可欲，使民心不乱。""可欲"是指可以引起欲望的事物，用在本句中，不甚通顺。

②旤：通"祸"。

③咎（jiù）莫憯（cǎn）于欲得：最惨痛的灾难就是贪得无厌。咎，
　灾难。憯，痛，惨痛。欲得，贪得无厌。本句王本作"咎莫大于欲
　得"。关于贪得无厌造成的灾难，《左传·桓公十年》记载了一例：

> 虞叔有玉，虞公求旃，弗献。既而悔之，曰："周谚有之：
> '匹夫无罪，怀璧其罪。'吾焉用此，其以贾害也。"乃献之。
> 又求其宝剑。叔曰："是无厌也。无厌，将及我。"遂伐虞公，
> 故虞公出奔共池。

　虞是周代诸侯国，在今山西平陆东北一带。虞公是虞国的君
　主，虞叔是虞公的弟弟。虞公先向虞叔索要宝玉，得手后又向虞
　叔索要宝剑。虞叔感到虞公如此贪得无厌地索求下去，总有一天
　会危及自己的生命，于是就起兵赶走了虞公。由于虞公的贪得无
　厌，不仅使兄弟反目，而且也丧失了自己的国家，为国家、自己和
　弟弟都带来了极大的伤害。

④恒足：永恒的满足。王本作"常足"。《老子》原本应为"恒足"。
　因避汉文帝刘恒的名讳，改"恒"为"常"。

⑤罪莫大可欲：本句缺一"于"字。本段乙本残缺较多，据甲本补。

【译文】

甲本、乙本：

最大的罪过就是欲望太多，最大的祸害就是不知满足，最大的灾难
就是贪得无厌。因此懂得满足的这种满足，才是一种永恒的满足。

王本：

最大的灾祸是不知满足，最大的危险是贪得无厌。因此懂得满足的
这种满足，才是一种永恒的满足。

四十七章（王本四十七章）

【题解】

　　本章提醒君主要深居简出，以免受到外界各种事物的诱惑，应该坐在室内静心思考治国方略，利用臣民的力量，做到"不行而知，不见而名，不为而成"。

　　本章各本文字基本相同，只是在用字方面有所差异：比如甲本、乙本分别把"窥"写作"规""规"，把"弥"写作"弪""埜"。另外，与王本相比，甲本与乙本多出一些虚词或介词，如"于""也""以"等。

　　甲本　不出于户^①，以知天下；不规于牖^②，以知天道^③。

　　乙本　不出于户，以知天下；不规于[牖^④，以]知天道。

　　王本　不出户，知天下；不窥牖，见天道。

【注释】

①户：门。双扇门叫门，单扇门叫户，这里泛指门。本句的主语是君主。老子主张君主"不出于户，以知天下"，因为他认为君主出门太多会受到外界事物的诱惑与干扰，因此君主只需坐在室内静静思考，就可以认识大道，治理好天下。这与今人的认识观是相悖

的。今人认为，一般存在于个别之中，要想认识一般规律，必须先通过实践去认识特殊规律。具体到治国问题上，更是要注重实地调查研究，然后才能拿出正确的治国方案。

实际上，老子在具体认识过程中，他还是不自觉地、或者说不得不走着一条由个别到一般的道路。他所说的有关普遍规律（大道）的一些特点都是从自然或社会等特殊规律（德）中抽象出来的。如"反者，道之动"即来自"甚爱必大费，多藏必厚亡"（四十四章）、"兵强则不胜"（七十六章）等社会现象的启示；"弱者道之用"则来自"天下莫柔于水，而攻坚强者莫之能胜"（七十八章）、"人之生也柔弱，其死也坚强"（七十六章）等自然现象的启示。然而老子或有意或无意地把这一段从个别抽象出一般的过程给抽掉了。他忘记自己之所以能够登上一般规律的高楼，完全是由一级一级特殊规律的阶梯走上来的，反而认为能够直接站在一般规律上，居高临下，去认识特殊规律。老子要求君主"不出户，知天下"，无疑是抽掉楼梯而迫人上楼。尽管如此，古代还是有不少学者认同老子的这一认识方法，他们的理解大约有三种：

其一，使用众人智慧。

文子强调，老子讲的"不出户，知天下"主要是针对君主而讲的。君主不用出门，可以通过大臣来了解天下情况。《文子·下德》说："夫人君者，不出户以知天下者，因物以识物，因人以知人。"《淮南子·主术训》也认同这一解释，说："是故不出户而知天下，不窥牖而知天道，乘众人之智，则天下之不足有也。"君主自己不出门，他是通过别人来了解天下情况的。这种解释没有否认实地调查的重要性。

其二，以己推人。

认为圣人之所以能够"不出户，知天下"，是因为圣人能够根据自己的感受而推知别人的感受。《韩诗外传》卷三说："昔者不出户而知天下，不窥牖而见天道。非目能视乎千里之前，非耳能闻乎千里之外，以己之度度之也，以己之情量之也。己恶饥寒焉，则知天下之欲衣食也；己恶劳苦焉，则知天下之欲安佚也。"圣人根据自己讨厌饥寒，就知道天下人都需要衣食；根据自己讨厌劳苦，就知道天下人都喜欢安逸。这也就是孔子说的"己欲立而立人，己欲达而达人"（《论语·雍也》）。

其三，排除欲望干扰以静心思考。

古人认为，考虑问题时，应该闭门静思，不可被外物勾起的欲望所扰乱。《淮南子·道应训》记载白公胜的故事："白公胜虑乱，罢朝而立，倒杖策，锐上贯颐，血流至地而弗知也。郑人闻之，曰：'颐之忘，将何不忘哉！'此言精神之越于外，智虑之荡于内，则不能漏理其形也。是故神之所用者远，则所遗者近也。故老子曰：'不出户以知天下，不窥牖以见天道。其出弥远，其知弥少。'此之谓也。"楚国贵族白公胜一心思索自己如何取楚王而代之，结果马杖上的马刺把自己的下巴刺破，血流至地，他都没有感觉到。欲望充满了他的内心，使他忘记了自身的安全。最后白公胜反叛失败，逃入山中自杀。马钰的《十六障》也说明了自身的一些欲念是如何给自己带来灾难的：

　　　火风地水结皮囊，眼耳鼻舌四魔王。人我是非招业种，
气财酒色斩人场。

按照佛教的说法，人的肉体是由火风地水四大结合而成，只有勘破四大，才能获得精神的自由；人的眼耳鼻舌不停地与外界交往，从而逐步勾起各种欲望；有了各种欲望，于是就有了人我、是非之分，从而为下一生种下各种孽障；至于逞气、争财、酗酒、好色，更是损人健康、折人寿命的杀人场。

②不规（kuī）于牖（yǒu）：不朝窗外望一眼。规，通"窥"。从小孔里看。牖，窗。本段"不出于户"与"不规于牖"都比王本多一

"于"字。

③天道:自然规律。

④窥:通"窥"。

【译文】

不用走出门户,就能够了解天下大事;不必朝窗外看一眼,就能够知道自然运行规律。

甲本　其出也弥远①,其[知弥少②。是以圣人不行而知,不见而名③,弗]为而[成]④。

乙本　其出也弥远者⑤,其知弥[少。是以圣人不行而知,不见]而名,弗为而成。

王本　其出弥远,其知弥少。是以圣人不行而知,不见而名,不为而成。

【注释】

①其出也弥(mí)远:君主出门走得越远。其,指君主。弥,通"弥"。越,更加。与王本相比,本句多一"也"字。

②知:知识。这里说的知识是指道家的真知,而非世俗知识。老子认为,如果一直在外奔波,就会受到外界各种事物的诱惑,使自己的欲望变得越来越多。这样一来,就会使自己越来越远离大道。本段所缺字,据乙本、王本补。

③名:通"明"。明白,清楚。《韩非子·解老》引《老子》即作"不见而明"。

④弗为而成:是说圣王顺应万物本性,不去人为地干涉,而万事万物也就自然成功了。为,人为地干涉。一说,"不为而成"是指君主不用亲自动手,而是依靠臣民的力量,一切事情都办成功了。

⑤㴱：通"弥"。乙本所缺字，据甲本、王本补。

【译文】

君主出去走得越远，获得的真知越少。因此那些圣明的君主不必亲自去实践就能懂得，不必亲自去观察就能明白，不必亲自去做就能成功。

四十八章（王本四十八章）

【题解】

本章要求君主不要从事世俗学问的修习，而是一心修习大道，减少欲望，最终做到清静无为。清静无为的过程实际就是积蓄力量的过程，积蓄了强大的力量，做事就会成功。这就是为人们所津津乐道的"无为而无不为"。反之，如果君主多为多事，不断消耗人力、物力，是无法治理好天下的。

本章的甲本、乙本残缺了王本的"无为而无不为"一句，那么这一句究竟应该是王本的"无为而无不为"，还是"无为而无以为"，学界存在争议，笔者的观点见第一段注释④。其他还有许多文字不同，如王本作"为学日益，为道日损"，甲、乙本作"为学者日益，闻道者日云"；再如王本作"取天下常以无事，及其有事，不足以取天下"，甲本作"取天下也，恒无事；及其有事也，不足以取天下"。如此等等。

甲本　［为学者日益①，闻道者日云②，云之有云③，以至于无为。无为而无不为④。］

乙本　为学者日益，闻道者日云，云之有云，以至于无［为。无为而无不为］。

王本 为学日益，为道日损，损之又损，以至于无为。无为而无不为。

【注释】

① 为学者日益：研究世俗学问的人，情欲一天比一天增多。为，研究。学，泛指世俗的学问。益，增多。这里指欲望的增多。人类获取的知识越多，所想获取的物质利益也就会越多，因为获取知识的目的就是为了占有更多物质利益。本句王本作"为学日益"，无"者"字。另外，甲本本段全部残缺，据乙本、王本补。

② 闻道者日云：学习大道的人，情欲一天比一天减少。闻，听闻，学习。云，假借为"损"。减少。本句王本作"为道日损"。《庄子·知北游》作"为道者日损"。

③ 有：通"又"。

④ 无为而无不为：做到清静无为，就能够做成一切事情。清静无为实际上是在积蓄力量，有了强大的力量，一旦办事，就会成功。关于"无为而无不为"的命题，除了这一解释外，唐代无能子又赋予这一命题新的解释，无能子的解释可以作为我们常人的座右铭。《无能子·答华阳子问》说：

> 夫无为者，无所不为也；有为者，有所不为也。故至实合乎知常，至公近乎无为，以其本无欲而无私也。……故圣人宜处则处，宜行则行。理安于独善，则许由、善卷不耻为匹夫；势便于兼济，则尧、舜不辞为天子。

无能子认为："只有那些能够做到清静无为的人，才能够去承担一切事务；主观上有所作为的人，有些事情就不会去做。因此只有那些具备了最真实天性的人才懂得永恒的大道，只有大公无私这种思想才接近清静无为，因为这些人本来就不存在欲望和私心。……因此圣人该隐居时就去隐居，该做官时就去做官。按照道理应该安心隐居以独善其身的时候，那么许由和善卷就不会因为自己是一个普通百姓而羞愧；根据形势应该出去当官以兼济天下的时候，那么尧和舜就不会拒绝去当天子。"无能子的意思很清楚：只有做到了清静无为，才能够去承担一切应该承担的事务（无不为）。所谓的"无为"，就是顺应外物而为。换句话说，就是根据客观情况，该干什么就去干什么，也即文中说的"宜处则处，宜行则行"。相反，如果需要我们去干某事的时候，而我们不去干，那就是没有做到"无为"了。而"有为"的人就不同了，"有为"的人主观目的性非常明确，与主观目的无关的事情就坚决不会去做。比如以科举考试为目的的人，就不愿去务农经商；反过来，以经商赚钱为目的的人，就不愿去花工夫舞文弄墨了。

人生在世，不可能事事如意。我们想做某一个工作，但这个工作未必就需要我们；我们想做某一件事情，但这件事情未必就一定能够做成功。当我们无法改变客观环境的时候，就应该调整心态，勇敢地改变我们自己。只有具备了无能子说的"无不为"的心理准备，才能更好地融入这个社会，才能使自己具有相对平和的心态。如果一个人坚决要当一个高贵的"天子"，不给自己留下一点回旋余地，那么他不仅是在为难社会，更是在为难自己。

关于"无为而无不为"一句，因为甲本、乙本均残缺，高明《帛书老子校注》认为应该是"无为而无以为"："最后一句，《甲》《乙》本均残无痕迹，世传今本经文句型虽有不同，但内容一致，多同王本作'无为而无不为'；唯严遵《道德真经指归》作'而无以为'。过去我在《帛书老子甲乙本与今本老子校勘札记》中对此曾有这样的说明：'今本"损之又损，以至于无为，无为而无不为"，《庄子·知北游》引文也与此相同。《甲》本残，《乙》本此段前文仅存"损之又损，以至于无"八字，但下文保存较好，作"将欲取天下，恒无事；及其有事也，又不足取天下矣"。"无为""无事”连用之语在《老子》中多见，此文若依今本作“无为而无不为”者，上下语义相违背，足证今本有误。汉严遵《道德真经指归》保存此句正作“损之又损之，至于无为而无以为”，当为《老子》原本之旧。’……‘无为’‘无事’是《老子》习惯用语，经文常见。反之，‘无不为’与‘恒无事’互不相谐。”

高明认为“无为而无不为”应作“无为而无以为”。实际上，这两种观念都符合老子思想。高明之所以认为“无不为”与“无为”“无事”相违背，是因为他把“无不为”理解为“多为”“多事”。实际上“无为而无不为”讲的是“无为”与“无不为”的辩证关系，只有做到“无为”，才能做到“无不为”，这与老子的“圣人后其身而身先，外其身而身存。非以其无私邪？故能成其私”（七章）、“夫唯不争，故天下莫能与之争”（二十二章）讲的道理是一样的。因此，“无不为”与“恒无事”并不存在相互违背的问题，“恒无事”是因，“无不为”是果，二者是因果关系。因此笔者认为王本“无为而无不为”是正确的，这除了《庄子·知北游》“为道者日损，损之又损之，以至于无为，无为而无不为也”可以佐证外，郭店出土的竹简《老子》也作：“学者日益，为道者日员（损）。员之或员，以至于亡（无）为也，亡为而亡不为。”

【译文】

研究世俗学问的人，情欲一天比一天增多；学习大道的人，情欲一天比一天减少，减少了再减少，最后达到清静无为的境界。清静无为的人反而能够做成一切事情。

甲本　取天下也①，恒［无事②；及其有事也③，不足以取天下④］。

乙本　取天下，恒无事；及其有事也，［不］足以取天［下］。

王本　取天下常以无事，及其有事，不足以取天下。

【注释】

①取：治理。也：乙本、王本无"也"字。

②恒无事：永远靠的是清静无为，不要多事。王本作"常以无事"。
《老子》原本应为"恒无事"。因避汉文帝刘恒的名讳，改"恒"
为"常"。另外本句与王本相比，少一"以"字。王本有一"以"
字义长，"以"是"凭借""依靠"的意思。

③及其有事也：如果他多事多为。及，如果。有事，多事。另外本句
与王本相比，多一"也"字。

④不足以：不能够。

【译文】

治理好天下，永远依靠的是清静无为，如果多为多事，就无法治理好
天下。

四十九章（王本四十九章）

【题解】

本章提出了做君主的三条原则：第一，君主在治国时要顺应民心，不可固执己见，这可以说是民本思想的先声。第二，君主对待民众，重在教育感化，而非礼制与刑罚的强制矫正。第三，反对智巧，要让天下人都变得像无知无欲的孩子一样。

本章各本不同处有：第一，乙本作"圣人恒无心"，王本作"圣人无常心"，相比较而言，乙本于义较长。第二，本章中甲、乙本的"善之""亦善之""信之""亦信之"，与王本相比，均省"吾"字。第三，王本"圣人在天下，歙歙为天下浑其心"，甲、乙本分别作"圣人之在天下，愉愉焉，为天下浑心"与"耵人之在天下也，欱欱焉，为天下浑心"。这些细枝末节的不同，不影响它们主旨的一致。

甲本　［圣人恒无心①，］以百［姓］之心为［心］②。

乙本　［圣］人恒无心，以百省之心为心③。

王本　圣人无常心④，以百姓心为心。

【注释】

①圣人恒无心：圣明的君主永远没有个人的意愿。恒，永恒不变。圣

君顺应自然,顺应客观,因时而变,因民而变,所以说"恒无心"。

②以百姓之心为心:把百姓的想法当作自己的想法。也即一切顺应民意。

③百省:百姓。省,假借为"姓"。

④圣人无常心:圣人没有固执不变的思想。本句与甲本、乙本"圣人恒无心"不同。高明《帛书老子校注》:"'恒无心'与'无恒心'意义不同,其中必有一因词序颠倒而误。按:老子一贯主张'知常'和'常知',第十六章'知常曰明,不知常妄作凶';第六十五章'常知楷式,是谓玄德'。'知常曰明'与'常知楷式'意义相近,皆谓深知自然永恒之法则。若'圣人无恒心',焉能达到如此之境界? 此句经文显然是今本有误。"高明得出这一结论,是因为他把用作"大道"义的"恒"或"常"与用作"不变"义的"恒"或"常"混为一谈。"知常曰明"的"常"是指永恒的大道,"常心"是指固执不变的思想。相比较而言,尹振环《帛书老子再疏义》的解释更为合理:"帛书甲本掩损,乙本作'恒无心'。河、严、王、傅等诸本作'无常心'。张松如、陈鼓应以帛书为据,认为乃'无常心',引论颇详,最后疏译为:'常常是无私心的。'以下文审之,老子意在圣人无个人主观的意愿,而以百姓之意愿为意愿。这似比无私心意思深广。"简言之,无论是"恒无心",还是"无常心",都符合老子思想,但作"恒无心"义更长。"无心"则达到了内心空净的境界,内心空净故能顺应一切;"无常心"是说圣人没有固定不变的心,但毕竟还有"心"的存在,比"无心"低了一个境界。

【译文】

甲本、乙本:

圣人永远没有个人意愿,把百姓的意愿当作自己的意愿。

王本:

圣人没有固执不变的思想,而是把百姓的思想当作自己的思想。

甲本 善者，善之[①]；不善者，亦善[之；德善也[②]。信者，信之[③]；不信者，亦信之，德]信也[④]。

乙本 善[者，善之；不善者，亦善之，德]善也。信者，信之；不信者，亦信之，德信也。

王本 善者，吾善之[⑤]；不善者，吾亦善之，德善。信者，吾信之；不信者，吾亦信之，德信。

【注释】

①善者，善之：善良的人，我要以善意对待他。本段中的"善之""亦善之""信之""亦信之"，与王本相比，均省略"吾"字。这里的"吾"，主要指圣明的君主。

②德善：得到了善。德，通"得"。意思是说，不善良的人，我也善待他，这样就会感化他，得到好的结果，使他也变成了善人。

③信者，信之：诚实的人，我相信他。信，第一个"信"是诚实的意思，第二个"信"是"相信"的意思。下一句同。

④德信也：得到了诚实。意思是把那些不诚实的人也感化为诚实的人。与王本相比，多一"也"字。

⑤吾：我。主要指圣明的君主。老子提倡不管别人是善是恶，都一视同仁，都用自己那善良、纯真的高尚品质去诚恳地对待他们，感化他们，而不必用礼制、刑罚去强行矫正，这样他们就会自然变得善良、诚实。不少思想家都很认同这一观点：

> 夫爱人者，人必从而爱之；利人者，人必从而利之；恶人者，人必从而恶之；害人者，人必从而害之。（《墨子·兼爱中》）

> 仁者爱人，有礼者敬人。爱人者人恒爱之，敬人者人恒敬之。（《孟子·离娄下》）

种豆得豆,种瓜得瓜,爱别人的人也会得到别人的爱,施恩惠于别人的人也会得到别人的恩惠。在"善者,吾善之;不善者,吾亦善之,德善"这一方面做得比较好的是汉文帝。《史记·孝文本纪》记载:"南越王尉佗(原名赵佗,真定人,秦汉时先后任南海郡龙川令、南海尉,最后创建南越国)自立为武帝,然上召贵尉佗兄弟,以德报之,佗遂去帝称臣。……吴王(刘邦兄长刘仲之子刘濞)诈病不朝,就赐几杖。群臣如袁盎等称说虽切,常假借用之。群臣如张武等受赂遗金钱,觉,上乃发御府金钱赐之,以愧其心,弗下吏。专务以德化民,是以海内殷富,兴于礼义。"汉文帝对一切人施行的几乎都是以德感化的策略,而不是用刑制惩罚去强制纠正,结果人们反而能够"兴于礼义",因此文帝在位时期,社会非常安定祥和,从而出现了历史上少有的"文景之治"。

投桃报李,以诚换诚,历史上不乏其例。但如果认为只要这样就能感化所有的人,也太天真了点。农夫与蛇的故事充分说明了这一点。所以庄子提出"外物不可必……人主莫不欲其臣之忠,而忠未必信,故伍员流于江,苌弘死于蜀……人亲莫不欲其子之孝,而孝未必爱,故孝己忧而曾参悲。"(《庄子·外物》)如何解决这一难题,《吕氏春秋·必己》讲的非常好:

> 君子之自行也,敬人而不必见敬,爱人而不必见爱。敬爱人者,己也;见敬爱者,人也。君子必在己者,不必在人者也,必在己,无不遇矣。

君子能够把握住的是自己去敬人、爱人,无法把握的是能否得到别人相应的回报;那么君子就只管做自己能够把握住的事情,不必考虑自己把握不住的事情。这就是冯道说的"但知行好事,莫要问前程"(《天道》)。笔者很欣赏类似的两句话:只求耕耘,不问收获。因为我相信只要耕耘不辍,肯定会有收获。恩将仇报的"蛇"毕竟还是极少的。

【译文】

善良的人，我善待他；不善良的人，我也善待他，结果就会使他们也变得善良。诚实的人，我相信他；不诚实的人，我也相信他，结果就会使他们也变得诚实。

甲本　［圣人］之在天下①，愉愉焉②，为天下浑心③。百姓皆属耳目焉④，圣人［皆孩之］⑤。

乙本　耶人之在天下也⑥，欲欲焉⑦，［为天下浑心。］［百姓］皆注其［耳目焉⑧，圣人皆孩之］。

王本　圣人在天下，歙歙为天下浑其心⑨，［百姓皆注其耳目⑩，］圣人皆孩之。

【注释】

①圣人之在天下：圣人在治理天下的时候。在，在位。即治理国家。一说是“生活在”的意思。

②愉愉（xī）焉：形容思想混沌、憨愚的样子，也即下文所说的“浑心”。另外“愉愉”还有其他多种解释：河上公《老子道德经章句》作“怵怵”，恐惧、警惕的样子。王弼《老子道德经注》作“歙歙”，解释为“心无所主”的样子。蒋锡昌《老子校诂》认为是描写“无欲之状”。高亨《老子正诂》认为“犹汲汲”，描写急急忙忙的样子。任继愈《老子新译》认为是描写“谐和的样子”。如此等等。笔者认为，根据下文“为天下浑心”“圣人皆孩之”，“愉愉”是混混沌沌的意思，这里用作使动词，使全国百姓都变得混混沌沌、无知无欲，像儿童一样。

③浑：混混沌沌、无知无欲的样子。

④皆属（zhǔ）耳目焉：向他们的耳朵、眼睛里灌注世俗知识，也即多

闻博见的意思。属,通“注”。专注,灌注。引申为学习、汲取。

⑤孩之:使他们像无知无欲的孩子一样。孩,使动词。使……像孩
　子一样。

⑥耳:同“圣”。

⑦欱欱(hē)焉:与上文“惵惵”同义。

⑧注:专注,灌注。引申为学习、汲取。

⑨歙歙(xī):与上文“惵惵”同义。

⑩百姓皆注其耳目:王弼本无“百姓皆注其耳目”一句,今据道藏
　本、帛书本补。另外,王弼本的《老子道德经注》原文中虽然没有
　这一句,但王弼的注中也能证明应有该句:“言者言其所知,行者
　行其所能,百姓各皆注其耳目焉,吾皆孩之而已。”

【译文】

　　圣人在治理天下的时候,要使天下人的思想都变得混沌、憨愚一些。
百姓都喜欢多闻博见,而圣人要使他们都变得像无知无欲的婴儿一样。

五十章（王本五十章）

【题解】

本章主要论述人的生存方式，认为人生在世，利于生存的生活方式大约占了三分之一，如诚实做人、努力工作；引起死亡的生活方式也大约占了三分之一，如为非作歹、沉溺酒色；努力追求生存反而陷入死地的生活方式同样占了大约三分之一，如服食金丹、妄求福佑。最后再次提醒人们只要不争，就不会受到别人的伤害。

与王本相比，甲本、乙本最大的不同，是甲、乙本作"而民生生，动皆之死地之十有三。夫何故也？以其生生也。"而王本作"人之生、动之死地亦十有三，夫何故？以其生生之厚"。王本多一"厚"字，显得合理多了。另外，王本作"陆行"，而甲、乙本作"陵行"，"陵行"更为合理。除此，各本还有一些用字的不同。

甲本　［出］生［入死①，生之徒十］有［三②，死之］徒十有三③，而民生生④，动皆之死地之十有三⑤。夫何故也？以其生生也⑥。

乙本　［出］生入死，生之［徒十有三，死］之徒十又三⑦，而民生生，僮皆之死地之十有三⑧。［夫］何故也？以其生生。

王本　出生入死，生之徒十有三，死之徒十有三，人之生、动之死地亦十有三⑨。夫何故？以其生生之厚⑩。

【注释】

①出生入死：从出生到死亡，也即人的一生。《韩非子·解老》："人始于生而卒于死，始谓之出，卒谓之入，故曰出生入死。"本段的甲本与乙本残缺较多，可以互补完整。

②生之徒十有三：能够使人顺利生存的生活方式占十分之三。徒，通"途"。道路。这里指生活方式。所谓的"生之途"，如诚实做人、努力工作等。十有三，十分之三。

③死之徒十有三：引起死亡的生活方式占了十分之三。所谓"死之徒"，比如偷盗、抢劫、干不仁不义的事情。

④而民生生：而人们在养生的时候。民，人。在先秦，"民"与"人"通用，并非专指人民、百姓。生，第一个"生"为动词，保养。第二个"生"为名词，生命。本句为王本所无。

⑤动皆之死地之十有三：这些养生活动使他们都走向死亡，这样的生活方式也占了十分之三。动，指养生活动。第一个"之"字是"到，走向"的意思，第二个"之"字是句中语气词。

⑥以其生生也：就是因为他们养生的活动造成的。本句与王本"以其生生之厚"相比，不够合理，见王本该句的注释。

⑦又：通"有"。

⑧僮：假借为"动"。

⑨人之生：一个人本来是为了追求生存。之，到……去。引申为追求。动之死地：为求生存碌碌多为反而走向了死亡。动，指求生的活动。之，走向。最能够说明"人之生、动之死地亦十有三，夫何故？以其生生之厚"这一道理的大概要属古人的服食金丹了。

古代不少人为了追求长生,便辛辛苦苦地去烧炼金丹,服用仙药,结果适得其反,中毒早死。皇甫谧是晋代的大名士,《晋书·皇甫谧列传》记载:"又服寒食药,违错节度,勤苦荼毒,于今七年。隆冬裸袒食冰,当暑烦闷,加以咳逆,或若温疟,或类伤寒,浮气流肿,四肢酸重。……初服寒石散,而性与之忤,每委顿不伦,尝悲恚,叩刃欲自杀,叔母谏之而止。"寒石散就是金丹的一种。皇甫谧为了健康长寿才去服用金丹,结果中毒,使自己浑身发热,隆冬季节只能裸体饮冰,痛苦不堪,意欲自杀。

唐宋时期,服食金丹的风气依然强劲。唐朝的几位皇帝,如太宗、宪宗等都是因服金丹而死的,服食金丹的还有高宗、玄宗、武则天、武宗等。服食金丹的文人学士就更多了,以反对佛教和服食金丹著称的韩愈就是因为服用金丹而去世的。韩愈深知金丹有毒,这是他反对服丹的主要原因,但他又抵挡不住长生的诱惑,于是他就拿出文人的智慧,想出了一个"两全其美"的办法,据五代人陶毂《清异录》卷上记载,韩愈先用琉磺拌粥喂鸡男(公鸡),不使交配,养千日而食,号之为"火灵库"。琉磺是炼丹的主要原料之一,直接服用恐中毒,于是就让鸡从中发挥缓冲的中介作用,让鸡先吃琉磺,自己再吃鸡。大概这种做法的效果不太好,韩愈干脆直接服食金丹,结果为此付出了生命的代价。

⑩生生之厚:用来保养生命的办法太过分了。第一个"生"为动词,保养。第二个"生"为名词,生命。厚,多。引申为过分。与甲本、乙本相比,本句多一"厚"字,就合理多了。仅仅把走向死亡的原因归咎于"生生",无论从事实还是情理来看,都是难以说通的。实际上,道家是非常重视养生的。加一"厚"字,说明老子在讨论养生时,提醒人们要重视"度"以及养生方法的正确性,否则会适得其反。

【译文】

甲本、乙本：

从出生到死亡的一生之中，利于生存的生活方式占了十分之三，引起死亡的生活方式占了十分之三，世人讲究养生，然而他们开展的养生活动反而都把他们送向了死亡，这样的生存方式也占了十分之三。这是为什么呢？就是由于他们的养生活动造成的。

王本：

从出生到死亡的一生之中，利于生存的生活方式占了十分之三，引起死亡的生活方式占了十分之三，为了追求生存而碌碌多为、结果反而陷入死亡的生活方式也占了十分之三。这是为什么呢？这是因为他们用来保养生命的手段太过分了。

甲本　盖［闻善］执生者①，陵行不［辟］矢虎②，入军不被甲兵③。矢无所樨其角④，虎无所昔其蚤⑤，兵无所容［其刃⑥。夫］何故也？以其无死地焉⑦。

乙本　盖闻善执生者，陵行不辟累虎⑧，入军不被兵革⑨。累无［所樨其角，虎无所昔］其蚤，兵［无所容其刃。夫何故］也？以其无［死地焉］。

王本　盖闻善摄生者⑩，陆行不遇兕虎，入军不被甲兵。兕无所投其角⑪，虎无所措其爪，兵无所容其刃。夫何故？以其无死地。

【注释】

①盖闻善执生者：听说那些善于保护生命的人。盖，句首语气词。执生，保护生命，养生。执，执守，保护。

②陵行：在山里行走时。陵，大土山，山陵。王本作"陆行"。相比

较而言,甲本"陵行"更为合理,因为在山里遇到兕虎的可能性更大一些。不辟(bì)兕虎:不用躲避犀牛与猛虎的伤害。因为人不去伤害犀牛与猛虎,犀牛与猛虎也不去伤害人。辟,通"避"。躲避。兕,假借为"儿"。动物名。雌性的犀牛。

③入军不被甲兵:在战争中不会遭到兵器的伤害。被,受到。这里指受到伤害。甲兵,战衣和兵器。这里泛指兵器。

④兕无所椯其角:因为犀牛没有必要用角去触击他。无所,没有因由,没有必要。椯,原读duǒ,这里假借为"揣(chuǎi)"。持,抓。《汉书·贾谊传》:"忽然为人,何足控揣?"一说,"椯"假借为"投":"假'椯'字为'投'。"(高明《帛书老子校注》)

⑤昔:假借为"措"。放置。这里指用爪子抓人。蚤:假借为"爪"。爪子。

⑥兵无所容其刃:不会受到兵器的伤害。容,容纳。这里引申为插入、刺入。

⑦以其无死地焉:因为他本身不存在引起死亡的原因。死地,死亡的领域。引申为被杀死的原因。善于养生的人不会造成自身被杀的原因就是"不争"。上文说,"动之死地"的原因之一是"生生之厚",也就是欲望太多,而欲望太多,势必就要与人相争,与人相争,当然就有危险。而善于养生的人清心寡欲,山行不与犀牛、猛虎相争,犀牛与猛虎当然也不与他相争;入军不与对手相争,对手当然也不与他相争。第八章说:"夫唯不争,故无尤。"第二十一章说:"夫唯不争,故天下莫能与之争。"本章就是用夸张的手法描写"无欲""不争"给人带来的好处。

⑧聚(sì):同"儿"。

⑨革:战衣,用皮革制成的甲胄。

⑩摄(shè)生:养生。摄,保养。

⑪投:碰触,刺杀。

【译文】

甲本、乙本：

听说那些善于保护生命的人，在山里行走时不用躲避犀牛和猛虎的伤害，在战争中也不会受到兵器的伤害。因为犀牛没有必要用角去触击他，猛虎没有必要用爪子去撕抓他，兵器没有必要去刺伤他。这是什么缘故呢？因为他本身不存在引起死亡的原因。

王本：

听说那些善于保护生命的人，在陆地行走不会遇到犀牛和猛虎的伤害，在战争中不会遭到兵器的伤害。因为犀牛没有必要用角去触击他，猛虎没有必要用爪子去撕抓他，兵器没有必要去刺伤他。这是为什么呢？因为他本身不存在引起死亡的原因。

五十一章（王本五十一章）

【题解】

本章以简洁的语言，明确指出道、德、物、势是万物生存必需的四个基本条件。老子特别强调道、德是万物得以生存的前提，因此万物莫不尊道重德。道、德虽然成就了万物，但从不占有万物，更不求万物回报，这就是人们应该效法的高尚品德。

甲、乙本与王本相比，有三大不同。第一，甲、乙本作"器成之"，而王本作"势成之"，由于"器"与"势"不同，学界产生了不同的理解。第二，甲、乙本分别作"夫莫之时"与"夫莫之爵也"，而王本作"夫莫之命"。含义一样。第三，甲、乙本作"道生之畜之，长之遂之"，王本作"故道生之，德畜之，长之育之"，王本多"故""德"，改"遂"为"育"，但含义基本相同。另外，还有少数字词不同，但皆无关大旨。

甲本　道生之①，而德畜之②，物刑之③，而器成之④。

乙本　道生之，德畜之，物刑之，而器成之。

王本　道生之，德畜之，物形之，势成之。

【注释】

①之：代指万物。本章除"道之尊，德之贵"中两个"之"字外，其他

所有的"之"全部代指万物。

②畜（xù）：蓄养，养育。

③物刑之：物质使万物得以成形。物，物质。如古人说的阴阳二气、金木水火土五行等等。实际上，五行也是来自阴阳二气。换言之，在中国哲学里，阴阳二气是比五行更为抽象的物质元素。刑，通"形"。使动用法。使……成形。

④器成之：环境使万物得以成长。器，假借为"势"。环境。指万物生长所需的诸如土地、气候等各种环境。高明《帛书老子校注》则把"器"理解为"器械"："《甲》《乙》本'器成之'，今本多同王本作'势成之'。'器''势'古读音相同，可互相假用，但是彼此意义不同。何为本字，则须作出说明。旧注皆以'势'为本字，解释为形势、趋势、气候或环境等多种意义。……按，今本'势'字注释，恐皆未达《老子》本义。按物先有形而后成器。《老子》第二十八章'朴散则为器'……《周易·系辞》上'形乃谓之器'，韩康伯注：'成形曰器。'皆'形''器'同语连用。从而可见，今本中之'势'应假借为'器'。其所由生者道也，所畜者德也，所形者物也，所成者器也。"这两种意见，笔者以前者为确。如果按照高明的解释，事物有形之后，然后再成为具体可用的器物，那么这段就要翻译为："'道'使万物得以产生，'德'使万物得以养育，物质使万物得以成形（或万物有了形体），然后成为各种器具。"这不仅不符合老子原义，而且也违背了原有的语法句式。所谓"势成之"，"势"指环境，"之"代指万物，环境使万物得以长成。如果按照高明的解释，那么"器成之"就应是"之成器"："万物最终成为各种器具。"这不仅不符合原语法句式，也不符合老子对万物生成原因的解释本义。

"道生之，德畜之，物形之，势成之"这四句的确是《老子》中的一个理解难点。这四句讲的是万物生存所需的四个基本条件。

《老子》认为必须首先要有规律（道），万物才能根据这些规律的安排而出现，没有规律，一切都将杂乱无章，万物就无法产生。王弼《周易略例·明象》说："物无妄然，必由其理。"《老子道德经注》说："道者，物之所由也。"可见"理""道"都是指规律。这就是本章说的"道生之"。

万物的产生和发展，还必须有各自的特殊规律，也即各自的本性、本能，这叫作"德"，而"德"是来自"道"："德者，得也。……何以得德？由乎道也。"（《老子道德经注》）万物只有具备了各自的"德"——各自的本性和规律，才能顺利成长。这就是本章说的"德畜之"。

但是只有"道"和"德"还远远不够，因为它们都属于无形无影、看不见、摸不着的东西，所以还必须有物质（如阴阳二气）才能使万物具有形体，没有这些物质，万物同样不能出现。这就是本章说的"物形之"。

势，则指某种事物所处的环境，比如禾苗，土地、阳光、雨露等对它来说，就是生存环境，没有这种环境，禾苗的生长和成熟则是不可能的。对于人来说，自然环境、社会环境、家庭环境，就是他们生存所需的"势"。这就是本章说的"势成之"。

老子提出的万物生长所必需的几个条件——道、德、物、势，其中前三种类似朱熹讲的万物产生的条件——理、性、气。试比较下面两段话：

人物之生，必禀此理，然后有性；必禀此气，然后有形。（朱熹《答黄道夫》）

道生之，德畜之，物形之。（《老子》五十一章）

朱熹认为人或物要想产生，必须先得到"理"，"理也者，形而上之道也，生物之本也"（《答黄道夫》），而老子就简单地说："道生之。"表达得虽然简古一些，但"道""理"相同这一点还是很清楚的。朱熹认为人或物得到了"理",就形成了各自的"性",而老子的"德"也是"惟道是从"(二十一章),所谓"德"就是各种具体事物所得到的那一份"道"。在天叫作"道""理",在己叫作"德""性",老子的"德"即朱熹的"性"。有"道"有"理"、有"德"有"性"虽然是产生万物的先决条件,但还必须有"气""物",才能使万物具有形体,所以朱熹说:"必禀此气,然后有形。"老子说:"物形之。"朱熹说的"气"实质上就是老子说的"物",只是朱熹把各种具体的物质抽象、统一为最细微的物质颗粒"气"而已。

这四句特别重要,它使我们更清楚地知道老子的"道"不能直接产生万物。万物的生成必须是"道"与"物"的结合,这样,万物才能既有各自的本性("道"的产物),又有可视可触的形体("物"的产物)。

关于道、德、物、势对万物生存的作用,这里再打个比方:建筑师在学校时学的是设计、材料、美术、绘图、力学等等,这是建筑的一般性的"道";建筑具体房屋时,因为房屋有圆的、方的、高的、矮的,各不相同,建筑师就要依据学到的一般性建筑知识,为这些具体的房屋设计出具体图纸与修筑步骤,这就是各种房屋的"德";建筑师掌握了建房的"道"和"德",要想建成房屋,还必须有砖瓦木料等物质的东西,这就是建房的"物";有了建房的"道""德""物",还必须为房屋找到坐落的地方,这坐落的地方就是建房的"势"。四者缺一,房屋都不可能建成。

【译文】

"道"使万物得以产生,"德"使万物得以养育,物质使万物得以成形,环境使万物得以成长。

甲本　是以万物尊道而贵 [德。道] 之尊,德之贵也,夫莫之时^①，而恒自然也^②。

　　乙本　是以万物尊道而贵德。道之尊也，德之贵也，夫莫之爵也，而恒自然也。

　　王本　是以万物莫不尊道而贵德。道之尊，德之贵，夫莫之命而常自然^③。

【注释】

①莫之时：即"莫时之"。没有人给它任何爵位。时，同"爵"。爵位。高明《帛书老子校注》："成玄英云：'世上尊荣必须品秩，所以非久，而道德尊贵无关爵命，常自然。'此之谓道德所以尊贵，非为世俗所封之品秩爵位，它以虚净无为，任万物之本能，按照自然规律而发展。此之尊贵，亦非世俗品秩、爵位所能比也。"

②恒自然也：是万物本身自然而然地永远去这样做。恒，《老子》原本应为"恒自然"，因避汉文帝刘恒的名讳，王本改"恒"为"常"。自然，自己成为这个样子。自，代指万物。然，……的样子。

③莫之命：即"莫命之"，没有人命令它们如此。

【译文】

甲本、乙本：

因此万物都尊崇"道"和重视"德"。"道"受到尊崇，"德"受到重视，并没有人授予"道""德"任何爵位，而是万物本身自然而然地永远去尊崇、重视它们。

王本：

因此万物没有不尊崇"道"和重视"德"的。"道"受到尊崇，"德"受到重视，并没有人命令如此，而是万物本身自然而然地永远去这样做。

　　甲本　道生之畜之，长之遂之^①，亭［之毒之^②，养之复之③。生而]弗有也,为而弗寺也④,长而弗宰也⑤,此之谓玄德⑥。

乙本　道生之畜之,[长之遂]之,亭之毒之,养之复之。[生而弗有,为而弗寺也,长而]弗宰,是胃玄德⑦。

王本　故道生之,德畜之,长之育之,亭之毒之,养之覆之。生而不有,为而不恃,长而不宰,是谓玄德。

【注释】

①长(zhǎng)之遂之:使万物顺利生长。长,生长。这里是使动用法,使……生长。遂,顺利地长成。

②亭之毒之:使万物成熟。亭、毒,都是成熟的意思。高亨《老子正诂》:"'亭之毒之',河上本作'成之熟之',古本多与河上同。亨按:'亭'当读为'成','毒'当读为'熟'。皆音同通用。"本段所缺字,甲、乙本互补。

③复:通"覆"。覆盖,遮护。这里引申为保护。

④为而弗寺也:帮助万物而从不依赖万物。即养育万物而不求万物的回报。为,帮助,养育。寺,通"恃"。依赖。引申为追求回报。

⑤长而弗宰也:成就了万物却不做万物的主宰者。长,使万物得以顺利生长。宰,主宰者。

⑥此之谓玄德:这就叫作高尚的品德。玄德,高尚的品德。玄,高深,高尚。

⑦胃:通"谓"。叫作。

【译文】

甲本、乙本:

大道使万物得以产生与养育,使万物得以顺利成长,使万物得以成熟与保护。大道养育了万物却不去占有万物,帮助了万物却不求它们的回报，成就了万物却不做它们的主宰者，这可以说是最高尚的品德。

王本：

所以说道使万物得以产生，德使万物得以养育，道、德使万物成长发育，使万物顺利成熟，对万物加以抚养保护。道、德养育了万物却不据万物为己有，帮助了万物却不求它们的回报，成就了万物却不做它们的主宰者，这可以说是最高尚的品德。

五十二章（王本五十二章）

【题解】

本章主要阐述三个内容：首先，老子要求人们掌握大道，并依据大道去认识具体的万事万物，回头再固守大道，这是在讲认识过程的反复性。其次，老子要求人们闭目塞听，避免外界诱惑，以免在相互攀比中为自己带来痛苦。最后，老子要求人们以小见大、守柔谦退，以避免灾难的发生。

与乙本、王本相比，甲本脱漏"既知其子"一句。其他字词不同处还很多，如乙本、王本的"既"，甲本作"悤"；甲本、王本的"殆"，乙本作"佁"；王本的"兑"，甲本作"闷"，乙本作"挩"；王本作"勤"，甲、乙本作"堇"。如此等等。

甲本 天下有始，以为天下母①。悤得其母②，以知其［子］③，复守其母，没身不殆④。

乙本 天下有始，以为天下母。既得其母，以知其子；既知其子，复守其母，没身不佁⑤。

王本 天下有始，以为天下母。既得其母，以知其子；既知其子，复守其母，没身不殆。

【注释】

①天下有始，以为天下母：天下万物都有一个源始，可以把这个源始
　看作万物的根本。天下，指天下万物。母，根本。指大道。二十
　五章："有物混成，先天地生……可以为天下母。吾不知其名，字
　之曰道。"

②怒：同"既"。已经。得：得到，掌握。

③其子：指万物各自具有的特殊规律、本性，即"德"。"德"来自
　"道"，所以称它为"道"之子。

④没（mò）身：一直到死，终身。没，通"殁"。死亡。殆（dài）：危险。

⑤佁：通"殆"。

【译文】

甲本：

　　天下万事万物都有一个源始（大道），可以把这个源始看作万物的
根本。掌握了这一根本，就可以凭此来认识万事万物各自的特性，然后
再回头坚守这一根本，终身不会遇到危险。

乙本、王本：

　　天下万事万物都有一个源始（大道），可以把这个源始看作万物的
根本。掌握了这一根本，就可以凭此来认识万事万物各自的特性；认识
了万事万物各自的特性之后，再回头坚守这一根本，终生不会遇到危险。

　　甲本　塞其闷，闭其门①，终身不堇②。启其闷③，济其
事④，终身［不救］⑤。

　　乙本　塞其坑，闭其门，冬身不堇⑥。启其坑，齐其
［事⑦，终身］不棘⑧。

　　王本　塞其兑⑨，闭其门，终身不勤。开其兑，济其事，
终身不救。

【注释】

①塞其闷（duì），闭其门：闭目塞听。闷，据乙本通"兑"，又同王本
"兑"。高明《帛书老子校注》："帛书《甲》本'闷'字，《乙》本
'兑'字，今本'兑'字，古皆为双声叠韵，可互相通假。"兑，孔窍，
这里指耳、目、口、鼻。门，与"兑"义同。这两句为同一个意思，
即闭目塞听、无识无欲的意思。老子提出这一主张的目的是为了
减少外界的诱惑，降低人们的欲望。对于常人来讲，他的幸福或
苦恼一般不是来自个人已经占有名利的多少，而是来自与他人的
比较。一个人如果不能安心修习大道，总是睁大眼睛盯着别人的
富贵，那么他就是自寻苦恼。《韩非子·喻老》记载：

> 子夏见曾子。曾子曰："何肥也？"对曰："战胜，故肥
> 也。"曾子曰："何谓也？"子夏曰："吾入见先王之义则荣之，
> 出见富贵之乐又荣之，两者战于胸中，未知胜负，故臞。今
> 先王之义胜，故肥。"

子夏与曾子（即曾参）都是孔子的弟子。有一次，子夏遇见
了曾参。曾参问："你最近怎么长胖了？"子夏回答说："因为打了
胜仗，所以长胖了。"曾参说："你说的是什么意思啊？"子夏说：
"过去我在家里学习前代圣王的大道时心中很是羡慕，出门看到
荣华富贵给人带来的快乐时心中又是很羡慕。这两种羡慕在我
的胸中交战，分不出谁胜谁负，因此我身体消瘦。现在是前代圣
王的大道获胜了，因而我也就长胖了。"如果子夏一直盯着别人
的富贵而羡慕不已，不仅会使他一直处于羡慕、嫉妒、矛盾的泥淖
里饱受精神上的折磨，也会极大地伤害他的肉体健康。

②董：通"勤"。辛苦，痛苦。

③启其闷：博闻多见。主要指睁大眼睛盯着外界的名利。启，开，
睁开。闷，通"兑"或"兑"。高明《帛书老子校注》："帛书《甲》
本作'塞其闷'，'闷'字也写作'闷'。过去读为'门'或'闷'，皆

不确。此字绝非作'懑'解的'闷'字。《甲》本中之'闷'字乃
'阊'之省，正体当写作'闾'，读音必与'兑'字相同。"

④济其事：一定要多为以求成功。济，成功。这里指碌碌多为以获
　取更多名利富贵。

⑤终身不救：终身不可救药。指一生就要生活在痛苦、烦恼之中。

⑥冬：假借为"终"。董：通"勤"。

⑦齐：假借为"济"。

⑧棘：假借为"救"。

⑨兑：孔窍，这里指耳、目、口、鼻。

【译文】

闭目塞听、无识无欲，终身没有痛苦。博见多闻，碌碌多为以求成
功，终身不可救药。

甲本　[见]小曰[明]①，守柔曰强②；用其光③，复归
其明④，毋遗身央⑤，是胃袭常⑥。

乙本　见小曰明，守[柔曰]强；用[其光，复归其明，
毋]遗身央，是胃[袭]常。

王本　见小曰明，守柔曰强；用其光，复归其明，无遗身
殃，是为习常⑦。

【注释】

①见小曰明：观察细微叫作明智。见小，通过细枝末节，能够看到大
　问题。本段文字，三个版本基本一样。关于"见小曰明"，《韩非
　子·喻老》记载一例：

　　　昔者纣为象箸，而箕子怖，以为："象箸，必不加于土铏，
　　必将犀玉之杯；象箸玉杯，必不羹菽藿，则必旄、象、豹胎；
　　旄、象、豹胎，必不衣短褐而食于茅屋之下，则锦衣九重，广

室高台。吾畏其卒,故怖其始。"居五年,纣为肉圃,设炮烙,登糟丘,临酒池,纣遂以亡。故箕子见象箸以知天下之祸。故曰:"见小曰明。"

　　从前商纣王制作了象牙筷子,大臣箕子对此感到恐惧,他认为:"象牙筷子肯定不会放置在粗糙的陶罐上,一定会使用犀牛角和美玉做的杯子;象牙筷子和玉制的杯子肯定不会用来吃野菜汤,一定会用来食用旄牛、大象和豹子的幼体;食用旄牛、大象和豹子的幼体就肯定不会穿着短小的粗布衣裳在茅草屋里进食,那么就会穿着多层的锦绣衣服,住在高台大楼之中。我是因为害怕这种事情发展下去的最终恶果,所以对他开始的这些行为感到恐惧。"过了五年,商纣王官中的肉多得如树林,设置了烤肉用的铜烙,登上了酒糟堆成的山丘,面对着装满酒的池子,于是商纣王也就因此而灭亡了。所以箕子看到象牙筷子就知道天下将要遭受到的灾难。因此说:"观察细微的地方以明白大问题,这就叫作明智。"

②守柔曰强:保持柔弱叫作强大。为什么说"守柔曰强",可详见三十六章的"柔弱胜刚强"注释。

③光:光芒。比喻优点、长处。

④复归其明:恢复自己的明智。

⑤毋遗身央:不给自己招来灾难。毋,无,不。遗,遗留,带来。央,通"殃"。灾难。

⑥是胃袭常:这可以说是符合了大道。是,代指以上行为。胃,通"谓"。说,叫作。袭,符合。常,永恒不变的真理,即大道。

⑦习常:掌握了大道。习,熟悉,掌握。

【译文】

　　观察细微叫作明智,保持柔弱叫作强大;发挥长处,恢复明智,不给自己招来灾难,这可以说是掌握了大道。

五十三章（王本五十三章）

【题解】

本章是对暴君批判最为严厉的一章。老子认为那些"朝甚除,田甚芜,仓甚虚。服文彩,带利剑,厌饮食,财货有余"的统治者就是一群不折不扣、杀人越货的强盗头子,可以说是无情地揭示了罪恶的统治者的本来面目。

本章各本不同处主要有:第一,甲本作"使我擦有知",而乙本、王本分别作"使我介有知"与"使我介然有知",含义稍有不同。第二,王本作"盗夸",而甲、乙本作"盗和(可能为竽)",但表达的含义无本质区别。第三,还有一些用字不同,如乙本作"唯他是畏",王本作"唯施是畏"等等。

甲本　使我擦有知①,[行于]大道②,唯[他是畏③。大道]甚夷④,民甚好解⑤。

乙本　使我介有知⑥,行于大道,唯他是畏。大道甚夷,民甚好解⑦。

王本　使我介然有知⑧,行于大道,唯施是畏。大道甚夷,而民好径。

【注释】

①使我揳（qiè）有知：假如我能够掌握一些知识的话。使，假使，假如。我，这里的"我"泛指人们，而不是专指个人。揳，同"挈"。携带，掌握。

②大道：大路。这里比喻大道。本段所缺字，据乙本补。

③唯他是畏：即"唯畏他"。只怕走斜路。他，假借为"迤"。斜，斜路。是，助词。

④甚夷：非常平坦。夷，平。

⑤民甚好解：人们特别喜欢走歪斜不平的小路。民，人。先秦时期"民""人"通用。根据下文，这个"民"主要指罪恶的统治者，而非民众、百姓。解，假借为"径"。小路，斜路。高明《帛书老子校注》："'径'与'解'字古音相同，可互相假用，在此'径'为本字。"

⑥使我介有知：如果我多少有点常识的话。介，据王本，应为"介然"之误。介然，很少的样子。介，通"芥"。"芥"是小草。这里用来形容细小、微小的样子。然，形容词词尾，……的样子。

⑦懈：为"解"的古字。"解"通"径"。崎岖不平的小路。

⑧介然：与乙本相比，多一"然"字。王本比乙本的用词更为合理。关于"介然"，不同的解释很多。河上公《老子道德经章句》把"介"解释为"大"："介，大也。老子疾时王不行大道，故设此言，使我介然有于政事，我则行大道，躬无为之化。"马叙伦《老子覈诂》把"介"解释为"哲"，引《说文》："哲，知也。"高亨《老子正诂》："亨按：介然犹惠然也。介读为黠。……《广雅·释诂》：'黠，惠也。'"楼宇烈《王弼集校释·老子道德经注》："劳健《老子古本考》则释'介然'为'坚确貌'。按，劳健说义较近。"而笔者认为"介"同"芥"。朱骏声《说文通训定声·泰部》："介，今俗以芥为之。"芥，小草。一说指芥菜的种子。古人常用来比喻微小的东西。

【译文】

甲本：

假如我掌握了知识，我就一定走大路，而只怕走崎岖不平的小路。大路非常平坦，而有些人偏偏喜欢走小路。

乙本、王本：

如果我多少有一点儿常识的话，我就一定走大路，而只怕走崎岖不平的小路。大路非常平坦，而有些人偏偏喜欢走小路。

　　甲本　朝甚除①，田甚芜②，仓甚虚。服文采③，带利［剑，猒饮］食④，［赍财有余⑤。是谓盗和⑥，非道也哉！］

　　乙本　朝甚除，田甚芜，仓甚虚。服文采，带利剑，猒食而赍财［有余］。是谓盗和，非［道也哉］！

　　王本　朝甚除，田甚芜，仓甚虚。服文彩，带利剑，厌饮食，财货有余。是谓盗夸⑦，非道也哉！

【注释】

①朝(cháo)甚除：官殿修建得整洁雄伟。朝，朝堂，宫殿。除，修整，治理。引申为修建得整洁雄伟。

②芜：荒芜。

③服文采：穿着华丽的衣服。服，穿。文采，同“文彩”。华丽的衣服。

④猒(yàn)：同“厌”，简体作“厌”。吃饱喝足。本段所缺字，据乙本、王本补。

⑤赍(zī)财：资财，财富。赍，通“资”。钱财。

⑥盗和(yú)：强盗头子。和，甲本此字残缺，乙本仅存一偏旁“木”，另一半残缺。高明《帛书老子校注》：“帛书研究组校云：‘《韩非子·解老篇》作“盗竽”，此本“盗”字下仅存右部木旁，或是一

从木于声之字.' 按帛书《乙》本'盗'字已毁,帛书研究组误校。但估计其残字为'从木于声之字',似有可能,故此据王本及《解老篇》补。"这就是说,仅存"木"旁的字可能是"竽"的一个通假字。关于"盗竽",《韩非子·解老》:"竽也者,五声之长者也,故竽先则钟瑟皆随,竽唱则诸乐皆和。"竽在古代属"五音之长",每次演奏,一般是竽先发音,然后是其他乐器相和,所以用竽来比喻首领。

⑦盗夸:强盗头子。夸,通"竽"。高亨《老子正诂》:"亨按:夸竽同声系,古通用。"一说,"夸"是奢侈的意思,"是谓盗夸"是说统治者的奢侈生活是他们盗取来的。楼宇烈《王弼集校释·老子道德经注》:"夸,《说文》:'奢也。'《荀子·仲尼篇》:'贵而不为夸。'杨倞注:'夸,奢侈也。'《道藏集注》本'夸'均作'诧'。按,旧说据《韩非子·解老》引《老子》经文'盗夸'作'盗竽',均以为'夸'为'竽'之借字。'盗竽'犹盗首。姚鼐说:韩非虽古而讹。今观王弼注文之义似亦不当作'竽'解。'夸而不以其道得之',意谓其奢侈生活是以不正当手段(盗)得来的。"笔者倾向于认同前一种解释。

《老子》把荒淫无道的统治者称为强盗头子,可谓一针见血,实在是既深刻又恰当。《庄子·胠箧》说:

窃钩者诛,窃国者为诸侯,诸侯之门仁义存焉。

偷盗小财物的人受到惩处,偷盗整个国家的人却成了帝王。当看到大大小小的窃贼和强盗入室偷盗、拦路抢劫时,我们会感到无比的蔑视和愤慨;当看到帝王、特别是开国皇帝攻城略地、所向无敌的事迹时,我们会感到无限地向往和敬佩。这是人们的一种普遍心理感受。但当看到庄子的这些话以后,我们又是什么感受呢?难道不会静下心来,认真反思这样一个问题:历史上除了一些被逼无奈、揭竿而起的义军之外,还有大批的开国皇帝,如秦始皇、王莽、魏国的曹氏集团、晋朝的司马氏集团等等，难道不就是一群不折不扣的"强盗"吗？

一个小头目，领着一小群喽啰，占山为王，掠人财物，他们可以自称"劫富济贫，替天行道"；一个大头目，领着一大群喽啰，屠城灭国，杀人无数，他们可以自诩为"奉天承运，救民水火"。这两种头目的手段和目的并没有本质的区别，都是依靠暴力的手段以达到把别人的财物（包括国土和百姓）占为己有的目的。

更为可恶的是，无论一般的盗贼如何自我标榜，人们大多不会相信，他们在人们心目中的地位是卑下的。而一些带有盗贼性质的开国皇帝则不同，他们不仅要窃取天下所有的财物，而且还要窃取天下所有的美名。结果，这些皇帝不仅成为天下最富有的人，而且也成为"正义"的化身，至少在他们活着的时候是如此。

虽然大、小两种盗贼在本质上没有什么区别，后者甚至比前者更可恶，但他们在人们心目中的地位却大不一样。这是因为后者的势力太大，大得让人晕头转向，看不清他们的本来面目；大得让人感到压抑，以至于在他们面前直不起腰来。再加上他们用各种理论进行精心的自我文饰，通过千万遍的重复把谎言打扮成"真理"。时间久了，老百姓慢慢地就真的认为他们是自己的救星，真的认为没有这些皇帝，就没有自己的今天。于是就歌颂他们，忠于他们。然而此时的这些皇帝，正率领大大小小的官员，像强盗一样对百姓敲骨吸髓，百般盘剥，然后依据官位高低进行分赃，过着比一般强盗、小偷富裕百倍、千倍的奢侈生活。

我们不能不佩服老庄思想的深刻和目光的敏锐，他们使人们看到了一些残暴皇帝的真相，使人们在这一问题上有一种大梦初醒的感觉。唐末有一位道家学者叫无能子，他对唐末政治局势的态度，没在自己的《无能子》一书中明确说明。生活在这样一个动荡不安、朝不保夕的社会环境之中，无能子不敢明确表态是可以理解的，但没有明确表态，不等于没有表态。《无能子·质妄》说：

> 天下所共趋之而不知止者，富贵与美名尔。所谓富贵者，足于物尔。夫富贵之亢极者，大则帝王，小则公侯而已。……夫物者，人之所能为者也，自为之，反为不为者感之。乃以足物者为富贵，无物者为贫贱，于是乐富贵，耻贫贱，不得其乐者，无所不至。自古及今，醒而不悟。壮哉物之力也！

从这段文字中不难看出无能子对统治者是非常不满的。物质财富是百姓创造的，而创造财富的百姓却不能享受自己创造的财富，而不创造财富的统治者却可以享受这些财富，社会是多么的不平等啊！无能子接着说，正因为一些人得不到享受财富、美名的乐趣，于是他们就"无所不至"，什么事情都干得出来。这完全是对当时黄巢兵乱现象的一种合理解释。

无能子对统治者不满，并不意味着他就支持黄巢的行为。实际上他对黄巢一类人的行为也是不满的，因为在他看来，黄巢起兵同样是为了争夺富贵，正像他在《无能子·严陵说》中借严陵之口讲的那样：

> 且王莽、更始之有天下，与子（指刘秀）之有天下何异哉？同乎求为中国所尊者，岂忧天下者耶？

这实际就是说，无论是唐天子在位，还是黄巢称帝，都是一样，因为他们都是为一己之私利在"战争杀戮，不知纪极，尽人之性命，得己之所欲"（《无能子·严陵说》），没有一个是真正忧国忧民的人。无能子同庄子一样，深刻地认识到"兴，百姓苦；亡，百姓苦"（张养浩《山坡羊·潼关怀古》）这一历史真相。

基于这种政治态度，无能子既不像司空图、王徽、林慎思等文人那样在动乱中继续忠于朝廷，也不像皮日休、刘允章等文人那样投入黄巢的怀抱，而是游离于当时激烈的政治、军事斗争之外。因为在他看来,无论是朝廷,还是黄巢,都不过是在为争夺赃物而争斗的一群盗贼而已,都无正义可言。于是他就做了一个独善其身的人,袖手旁观去了。

当然,也必须承认,从客观上看,历史上还是有好皇帝的,如汉文帝等,他们的确为百姓做了不少好事,为社会进步做出过自己的贡献。

【译文】

宫殿修建得十分整洁雄伟,而农田却非常荒芜,仓库也很空虚。身上穿着华丽的服装,腰里佩着锋利的长剑,吃饱喝足,财富有余。这样的人就叫作强盗头子,他们的行为不符合大道。

五十四章（王本五十四章）

【题解】

本章主要阐述"善建""善抱"的道理，而"善建""善抱"的前提就是要具备美好品德，因此老子紧接着提出了与儒家修身、齐家、治国、平天下类似的观点，要求人们以修身为起点，把美德逐次推向整个天下，并提出要以"道"为标准去衡量一个人、一个社会的好坏。

本章各本不同处：第一，甲、乙本作"不绝"，王本作"不辍"。第二，更大的不同是乙本脱漏"以乡观乡"一句。第三，用字有许多不同，如乙本"修之天下，其德乃博"，王本作"修之于天下，其德乃普"等等。虽有诸多不同，但甲、乙本与王本在主旨方面完全一致。

甲本　善建［者不］拔①，［善抱者不脱，］子孙以祭祀［不绝］②。

乙本　善建者［不拔，善抱者不脱］，子孙以祭祀不绝。

王本　善建者不拔，善抱者不脱，子孙以祭祀不辍③。

【注释】

①善建者不拔：善于建立某种事物，别人是无法把它拔掉的。比喻

善于建功立业者,其功业永远不会消失。如何叫作"善建"? 用以民为本的理念去治国、平天下,用仁义、勤俭的原则去修身、齐家,以达到"忠厚传家久,诗书继世长"的目的,这就是"善建"。这一道理明白易懂,接下来讲讲"以不利为利"的"善建"故事。

　　春秋时期,有一位大智大勇之人,名叫孙叔敖,他三次担任楚国的令尹(相当于宰相)而不得意扬扬,三次罢相而不忧愁苦恼。《吕氏春秋·异宝》记载了他临死前的一件事情:

　　　　孙叔敖疾,将死,戒其子曰:"王数封我矣,吾不受也。为我死,王则封汝,必无受利地。楚、越之间有寝之丘者,此其地不利,而名甚恶。荆人畏鬼,而越人信禨(一本作"机")。可长有者,其唯此也。"孙叔敖死,王果以美地封其子,而子辞,请寝之丘,故至今不失。孙叔敖之知,知以不利为利矣,知以人之所恶为己之所喜,此有道者之所以异乎俗也。

　　"寝之丘"即寝丘,在今河南固始与沈丘之间。寝丘这个地方不仅土质贫瘠,而且"寝丘"这一名字也不吉利,在古代,"寝"有丑恶的意思。别人把这些因素看作不利,故而不去争夺,而孙叔敖则把这些不利因素看作利,这正是大智之人的超人之处。孙叔敖是春秋人,吕不韦主编《吕氏春秋》时已到了战国末年,而书中说"故至今不失",可见孙氏家族保有寝丘这块土地长达数百年之久。汉代的开国宰相萧何也学会了这种做法,《汉书·萧何曹参传》记载:

　　　　何买田宅必居穷僻处,为家不治垣屋。曰:"令后世贤,师吾俭;不贤,毋为势家所夺。"

　　作为极有权势的开国宰相,只在穷乡僻壤买田置地,这就是"善建者不拔,善抱者不脱"。

②子孙以祭祀不绝:子孙凭此可以世世代代祭祀祖先而不会中断。也即世代可以保有先祖所建立的基业。以,凭借。后省略宾语

"善建""善抱"。祭祀,指祭祀祖先。

③不辍(chuò):与上文"不绝"同义。辍,停止,断绝。

【译文】

　善于建立一种事物而这种事物就无法被拔掉,善于抱持一个东西而这个东西就不会脱落,子孙凭此可以世世代代祭祀祖先而不会中断。

　甲本　[修之身①,其德乃真②;修之家③,其德有]余④;修之[乡,其德乃长;修之国⑤,其德乃夆⑥;修之天下,其德乃博]⑦。

　乙本　修之身,其德乃真;修之家,其德有余;修之乡,其德乃长;修之国,其德乃夆;修之天下,其德乃博。

　王本　修之于身,其德乃真;修之于家,其德乃余;修之于乡,其德乃长;修之于国,其德乃丰;修之于天下,其德乃普⑧。

【注释】

①之:本段中的"之"全部指"道"。因为"德"来自"道",只能以"道"修身,才会有"德"。另外,与王本相比,"修之身……修之家……"这种句式,都少一"于"字。本段残缺很多,据乙本补。

②真:真正的美德。与带有功利目的世俗美德相对应。

③家:家庭。先秦时期,大夫的采邑也叫作"家",但考虑到本段中身、家、乡、国、天下为递进关系,"家"应是指家庭。

④余:丰余。"修之家,其德有余"意思是说,用"道"来治家,"德"就会变得多起来,以至于化及全家人。以下数句中的"长""夆""博"也是递进关系,表示修"道"的人越多,"德"的普及范围就越广。

⑤国：指天子分封的诸侯国。如秦、齐、楚、燕等。天子所统领的范
围叫作"天下"。

⑥夆：通"丰"。

⑦博：博大，普遍。

⑧普：与上文的"博"同义。儒家的修身、齐家、治国、平天下与老子
的这段论述十分相似，《礼记·大学》说：

> 古之欲明明德于天下者，先治其国；欲治其国者，先齐
> 其家；欲齐其家者，先修其身；欲修其身者，先正其心；欲正
> 其心者，先诚其意；欲诚其意者，先致其知。致知在格物，物
> 格而后知至，知至而后意诚，意诚而后心正，心正而后身修，
> 身修而后家齐，家齐而后国治，国治而后天下平。

儒家提出的治国程序是：格物——致知——诚意——正
心——齐家——治国——平天下。格物、致知、诚意、正心相当于
老子说的"修之于身，其德乃真"，齐家相当于老子说的"修之于
家，其德乃余"，治国相当于老子说的"修之于国，其德乃丰"，平
天下相当于老子说的"修之于天下，其德乃普"。

在先秦，儒道两家本为一家，老子与孔子是师生关系，庄子
被不少学者视为儒家弟子，如韩愈《送王埙秀才序》、章学诚《文
史通义·经解上》、郭沫若《十批判书》等等。从本章也可以清楚
地看出老、孔思想的相通之处。

【译文】

按照大道来修养自身，自身的美德就会变得纯真；按照大道来要求
全家，美德就会化及全家；按照大道来教育全乡，美德就会惠及全乡；按
照大道来整顿全国，美德就会遍及全国；按照大道来治理天下，美德就会
普及到整个天下。

甲本　以身[观]身①，以家观家，以乡观乡，以邦观

邦，以天［下观天下。吾何以知天下之然兹^②？以此］^③。

乙本　以身观身，以家观［家，以国观］国，以天下观天下。［吾何以知］天下之然兹？以［此］。

王本　故以身观身，以家观家，以乡观乡，以国观国，以天下观天下。吾何以知天下然哉？以此。

【注释】

①以身观身：用修身的原则来观察个人。这个原则就是指大道。以，用。

②吾何以知天下之然兹：我凭什么来了解天下情况的好坏呢？何以，凭什么。以，凭借。然，代词，这里具体代指天下情况的好坏。兹，语气词。相当于"哉"。王本即作"哉"。《尚书·立政》："周公曰：'呜呼！休兹！知恤鲜在！'"

③以此：就凭借这一原则。以，凭借。此，代指大道。

【译文】

甲本、王本：

所以要用修身的原则来观察个人，用齐家的原则来观察全家，用理乡的原则来观察全乡，用治国的原则来观察全国，用平天下的原则来观察天下。我凭什么来了解天下情况的好坏呢？就凭借这一原则。

乙本：

所以要用修身的原则来观察个人，用齐家的原则来观察全家，用治国的原则来观察全国，用平天下的原则来观察天下。我凭什么来了解天下情况的好坏呢？就凭借这一原则。

五十五章（王本五十五章）

【题解】

本章要求人们恢复到婴儿状态，做到柔弱不争，无识无欲，如此，自身安全就能够得到充分的保护；而放纵欲望，求壮逞强，就会导致灭亡。

本章主要不同处有三：第一，王本作"蜂虿虺蛇不螫，猛兽不据，攫鸟不搏"，而甲本作"逢渫蝎地弗螫，攫鸟猛兽弗搏"，乙本与甲本基本相同，用字有差异。第二，王本作"未知牝牡之合而全作"，乙本作"未知牝牡之会而朘怒"。第三，王本、乙本作"知和曰常，知常曰明"，甲本作"和曰常，知和曰明"，甲本少一"知"字。

甲本　[含德]之厚[者]，比于赤子①。逢渫蝎地弗螫②，攫鸟猛兽弗搏③。骨弱筋柔而握固④。

乙本　含德之厚者，比于赤子。蜂疠虿蛇弗赫⑤，据鸟孟兽弗捕⑥。骨筋弱柔而握固。

王本　含德之厚，比于赤子。蜂虿虺蛇不螫⑦，猛兽不据⑧，攫鸟不搏⑨。骨弱筋柔而握固。

【注释】

①比于赤子：能像婴儿一样。比，和……一样。赤子，婴儿。小孩刚出生时，身体呈红色，故称"赤子"。

②逢倮蠍地弗螫：各种毒虫不去叮咬他。逢，假借为"蜂"。毒蜂。倮，假借为"虿"。蝎子一类的毒虫。蠍，假借为"虺"。一种毒蛇。地，假借为"蛇"。螫，毒虫叮咬。

③攫：通"攫"。用爪抓取。攫鸟，指能用爪子搏击的凶猛之鸟。搏：搏击，攻击。

④握固：掌握得很牢固。"骨弱筋柔而握固"是说婴儿的身体柔弱无力而自身却保护得很好。王弼《老子道德经注》："赤子，无求无欲，不犯众物，故毒虫之物无犯于人也。含德之厚者，不犯于物，故无物以损其全也。"这一解释符合老子本意。如果纯真得像婴儿一样，清静无欲，与物无争，也就没有谁与他争，即六十六章所讲的"以其不争，故天下莫能与之争"。正因为如此，婴儿虽然柔弱无力，而安全却很有保障。本章与五十章一样，都是用夸张的手法来说明"无欲""不争"的好处。一说"握固"是指幼儿的拳头握得很紧。

⑤疠：假借为"虿"。虿：假借为"虺"。赫：假借为"螫"。

⑥据：假借为"攫"。孟兽：即"猛兽"。孟，通"猛"。捕：捕捉。与"搏"义近。一说"捕"假借为"搏"。

⑦蜂虿（chài）虺（huǐ）蛇：泛指各种毒虫。虿，蝎子一类的毒虫。虺，一种毒蛇。

⑧据：抓，扑杀。

⑨攫（jué）鸟不搏：凶猛的鸟不去搏击他。攫鸟，指能用爪子搏击的凶猛之鸟。如鹰、雕之类。攫，用爪抓取。

【译文】

甲本、乙本：

品德极为高尚的人，看起来就像婴儿一样。各种毒虫不去叮咬他，各种凶鸟猛兽也不去攻击他。他们的身体虽然柔弱无力然而自我保护得却很好。

王本：

品德极为高尚的人，看起来就像婴儿一样。各种毒虫不去叮咬他，猛兽不去扑抓他，凶鸟也不去搏击他。他们的身体虽然柔弱无力然而自我保护得却很好。

甲本　未知牝牡[之会而朘怒]①，精[之]至也②。终日号而不𡂴③，和之至也④。和曰常⑤，知和曰明⑥，益生曰祥⑦，心使气曰强⑧。

乙本　未知牝牡之会而朘怒，精之至也。冬日号而不嚘⑨，和[之至也]。[知和曰]常，知常曰明，益生[曰]祥，心使气曰强。

王本　未知牝牡之合而全作⑩，精之至也。终日号而不嗄，和之至也。知和曰常，知常曰明，益生曰祥，心使气曰强。

【注释】

①未知牝（pìn）牡之会而朘（zuī）怒：婴儿还不知道什么是男女交合，而小生殖器就能勃起。牝牡之会，雌性和雄性交配。牝，雌性。牡，雄性。会，会合。这里指交配。朘，河上公本作"峻作"，"峻"同"朘"，小儿的生殖器。《说文》："朘，赤子之阴也。"怒，勃起。

②精：精诚纯一，没有杂念。

③号（háo）：大声哭。𡂴：通"嗄（shà）"。声音嘶哑。

④和：心态平和。赤子的需求单一而且容易满足，不会像成年人那样产生许多复杂而矛盾的心理冲突，故曰"和"。

⑤和曰常：乙本、王本作"知和曰常"。懂得保持心态平和，可以说是懂得了大道。常，指道。道是永恒的，所以又把道叫作"常"。

⑥知和曰明：据乙本、王本，本句应为"知常曰明"。

⑦益生：对生命有好处。指精诚纯一、平和少欲有益于生命。祥：吉祥。学者多把"祥"解释为灾殃、妖孽。古代"祥"确有此种用法，但《老子》在谈到"灾殃"义时全部用"不祥"一词。如三十一章"夫唯兵者，不祥之器"，"兵者，不祥之器"，七十八章"受国不祥"。因此，这里的"祥"应解释为"吉祥"。

⑧心使气曰强：理智能够控制自己的肉体欲望就叫强大。心，指人的思想意志，也即理智、理性。气，指人的肉体欲望。古人认为人的肉体是由阴阳二气形成的。"心使气曰强"也即三十二章中所讲"自胜者强"。关于理智与欲望之间的矛盾与冲突，《庄子·让王》为我们举了一个典型例子：

> 中山公子牟谓瞻子曰："身在江海之上，心居乎魏阙之下，奈何？"瞻子曰："重生。重生则利轻。"中山公子牟曰："虽知之，未能自胜也。"瞻子曰："不能自胜则从，神无恶乎！不能自胜而强不从者，此之谓重伤，重伤之人，无寿类矣。"

中山公子牟是魏国国君的儿子，名牟，因封于中山（在今河北定州、唐县一带），故称"中山公子牟"。公子牟理智上清楚地知道重生轻利的道理，为了自身的生命安全，应该远离险恶的官场；但肉体欲望又使他难以忘怀王宫中的富贵荣华。于是在万般无奈的情况下，他去向瞻子求教。瞻子给出的解决方案是："如果实在克制不住自己的欲望，那就去干自己想干的事情，这样一来精神就不会受到伤害。克制不住自己的欲望还要勉强去克制，这可以说是受到了双重伤害，受到双重伤害的人，就不可能成为长寿之人。"瞻子的解决方案未必正确，但这个故事本身则说明了理智与欲望往往会处于一种激烈的矛盾状态之中。老子认为只有让理智控制欲望，才算是真正强大的人。"身在江海之上，心存魏阙之下"这一常用语即出自公子牟的这一故事。

⑨冬日：即"终日"。冬，通"终"。嚘：假借为"嚘"。声音嘶哑。

⑩未知牝牡之合而全作：婴儿连一般的常识都没有，却能安全生长。牝牡之合，雌性和雄性交配，这里代指一般生活常识。全作，安全成长。

【译文】

甲本、乙本：

幼儿还不知道什么是男女交合，而小生殖器就能勃起，这是因为他们精诚纯一到了极点。整天号哭而声音却不会嘶哑，这是因为他们心态平和到了极点。懂得保持平和无欲的心态可以说懂得了大道，懂得了大道叫作明智，行为有益于生命就叫作吉祥，理智能够控制自己的肉体欲望就叫作强大。

王本：

幼儿连一般的生活常识都没有，却能安全成长，这是因为他们精诚纯一到了极点。整天号哭而声音却不会嘶哑，这是因为他们心态平和到了极点。懂得保持平和无欲的心态可以说懂得了大道，懂得了大道叫作明智，行为有益于生命就叫作吉祥，理智能够控制自己的肉体欲望就叫作强大。

甲本　［物壮］即老①，胃之不道②，不道［早已］③。

乙本　物［壮］则老，胃之不道，不道蚤已④。

王本　物壮则老，谓之不道，不道早已。

【注释】

①即：就，就会。乙本、王本作"则"。

②胃：通"谓"。说，叫作。不道：不符合大道。

③已：停止，灭亡。

④蚤：通"早"。

【译文】

事物太强盛了就会走向衰老，这种追求过分强盛的行为不符合大道的原则，不符合大道就会很快灭亡。

五十六章（王本五十六章）

【题解】

本章主要描述了圣人的几种表现：第一，圣人不去谈论大道，因为"道可道，非常道"，大道是无法用语言表述清楚的。第二，圣人闭塞耳目，不受外物诱惑。第三，圣人能做到和光同尘，与万物混同一片。第四，圣人具有独立的人格，不会被外界的贵贱、毁誉所左右，因此受到世人尊崇。

本章甲本、乙本、王本的文字基本一样，仅仅一些假借字不同：如王本中的"塞其兑，闭其门；挫其锐，解其分；和其光，同其尘。是谓玄同"中的"兑""挫""锐""分""尘""谓"，甲、乙本作"闷（或"挩"）""铧（或"坐"）""阅""纷""垫""胃"等等。另外，句序也有所不同，王本作"挫其锐，解其分；和其光，同其尘"，而甲、乙本分别作"和其光，同其垫；坐其阅，解其纷"与"和其光，同其尘；铧其兑，而解其纷"。

甲本　　[知者]弗言，言者弗知①。

乙本　　知者弗言，言者弗知。

王本　　知者不言，言者不知。

【注释】

①知者弗言，言者弗知：真正懂得大道的人不去谈论大道，喜欢谈论大道的人并不懂得大道。这两句，王本作"知者不言，言者不知"。智者千虑，必有一失，老子提出"知者不言，言者不知"这一命题，把自己置于言行不一的矛盾之中。

老庄、佛教及绝大多数的世俗文人，都认为大道不可言说、说出即非大道，原因见第一章的"道可道，非常道"的"注释"。但他们的主张与他们的实践之间有很大的矛盾。既然大道是不可言说的，自然就得出"知者不言，言者不知"的结论，那么他们为什么还要去写书？按照他们自己的理论去推理，他们说的话、写的书，其中宣扬的道理，充其量不过是二流的东西，而且写作行为也会把自己划入"不知道"者之列。白居易就曾批评老子说：

言者不知知者默，此语我闻于老君。若道老君是知者，缘何自著五千文？（《读老子》）

老子还没有意识到自己理论与实践之间的矛盾，结果被白居易抓住了把柄。但庄子已经意识到了这个问题，所以当他面对自己写出的文字、说出的话时，感到十分尴尬。他说：

今我则已有谓矣，而未知吾所谓之果有谓乎？其果无谓乎？（《庄子·齐物论》）

提倡"至言去言"（《庄子·知北游》）的庄子喋喋不休地说了那么多，对此，他只好如此自我解嘲：我说了等于没说。庄子知道，如果按照自己的理论，自己就应该一言不发。他虽然知道这一点，但他还要说，还要写。因为他更知道，要想让人们都明白大道，离开了语言终究是不行的。语言是一种工具，是一座桥梁，只有通过它才能够把握大道。他说：

荃者所以在鱼，得鱼而忘荃；蹄者所以在兔，得兔而忘蹄；言者所以在意，得意而忘言。（《庄子·外物》）

荃是捕鱼的工具,蹄是捕兔的工具。大道是鱼兔,语言是荃蹄。没有荃蹄,人们就得不到鱼兔。得鱼兔是目的,设荃蹄是手段。同样,人们表意是目的,说话是手段。人们本就应该得鱼忘荃,得意忘言。这就是说,语言好比一个路标,在这个路标的指引下,行人可以到达自己的目的地。这个路标是少不得的,但必须明白,路标并不等于目的地。

佛教的思路同庄子基本一样,他们虽然大讲最高佛理是不可言说的,但还是写了许多佛经,讲了许多佛理。为什么会这样呢? 佛教作了同样解释:

> 如人以手指月示人,彼人因指当应看月,若复观指以为月体,此人岂唯亡失月轮,亦亡其指。(《首楞严经》卷二)

文字如手指,内容如月体,人要领会的是内容,文字不过是指示内容的工具。当别人指示月亮的时候,一个人如果不懂得顺着手指去看月亮,而只盯着别人的手指,那么这个人结果既没有看到月亮,也没有看懂手指。内容比文字重要,但文字又是必不可少的。

轻视语言而又不得不使用语言,这是一种无奈的行为。

【译文】

懂得大道的圣人不去谈论大道,而喜欢谈论大道的人并不懂得大道。

甲本　塞其闷,闭其[门[1];和]其光,同其塦[2];坐其阅,解其纷[3]。是胃玄同[4]。

乙本　塞其堄[5],闭其门;和其光,同其尘;锉其兑[6],而解其纷。是胃玄同。

王本　塞其兑,闭其门;挫其锐,解其分[7];和其光,同其尘。是谓玄同。

【注释】

①塞其闷,闭其门:闭目塞听。闷,据乙本通"挩",又同王本"兑"。兑,孔窍,这里指耳、目、口、鼻。详见五十二章"启其闷"注。门,与"兑"义同。这两句为同一个意思,即闭目塞听、无识无欲的意思。老子提出这一主张的目的是为了减少外界的诱惑,降低人们的欲望。

②和其光,同其垫:调和自身的光耀(优点),从而使自身也具有一定的缺陷。光,光芒。代指优点。垫,假借为"尘"。尘土。代指缺点。甲、乙本分别作"和其光,同其垫;坐其阅,解其纷"与"和其光,同其尘;锉其兑,而解其纷",王本作"挫其锐,解其分;和其光,同其尘",句序相反,含义一致。

③坐其阅,解其纷:挫去自身的锋芒,从而解脱人我之间的纷争。坐,通"挫"。挫去,减少。阅,假借为"锐"。锋芒。

④是:代词。代指以上行为。胃,通"谓"。叫作。玄同:微妙的混同。指与万物混同为一。玄,微妙。《老子》反复要求人们和光同尘,与物混同,为什么?《庄子·山木》对此有一个较好的解释。孔子受楚王之邀,计划去楚国为官,陈、蔡两国认为孔子到楚国后将对自己不利,于是就把孔子师徒围困起来。师徒们整整七天没能生火做饭,与死相邻。大公任前去看望孔子,为他讲了一番"不死"的道理:

> 予尝言不死之道。东海有鸟焉,其名曰意怠。其为鸟也,翂翂翐翐,而似无能;引援而飞,迫胁而栖;进不敢为前,退不敢为后;食不敢先尝,必取其绪。是故其行列不斥,而外人卒不得害,是以免于患。直木先伐,甘井先竭。子其意者饰知以惊愚,修身以明污,昭昭乎如揭日月而行,故不免

也。昔吾闻之大成之人曰："自伐者无功,功成者堕,名成者亏。"孰能去功与名而还与众人！道流而不明居,得行而不名处;纯纯常常,乃比于狂;削迹捐势,不为功名。是故无责于人,人亦无责焉。至人不闻,子何喜哉?

大公任这段话的大意是:"我试着给您谈谈'不死'的办法吧！东海有一种鸟,名叫意怠。意怠飞得很慢,似乎非常无能;它们总是看到别的鸟起飞后自己才起飞,栖息时也是与别的鸟挤在一起;前进时不敢飞在前面,后退时也不敢落在后头;有食物不敢先吃,总是吃别的鸟剩下的。因此它们不会受到别的鸟的排斥,而外人也始终无法伤害它们。笔直的树木先被砍伐,甘甜的井水先被汲干。而您总是把自己装扮成很有知识的样子以吓唬普通民众,修养好自我品德以反衬出别人的缺点错误,您光明正大的样子就像是高举着日月行路一样,所以您难免遇到灾祸。我听圣人说:'自我夸功者反而无功,功成不退者必将失败,名声太大就会受到伤害。'谁能放弃功名而回过头去当一名普通百姓呢！推行了大道而自己却韬光养晦,广施美德而自己却不求名声,纯朴憨厚,平平常常,就像一个愚笨人;削除自己的形迹,放弃自己的权势,不求任何功名。这样一来您就不会去责求别人,别人也不会来责求您。思想境界最高的人不求闻名于世,而您为什么偏偏喜欢名声呢?"孔子听了这番"直木先伐,甘井先竭"的道理之后,深受触动,于是改弦易辙,收到了极佳的效果:

（孔子）辞其交游,去其弟子,逃于大泽,衣裘褐,食杼栗,入兽不乱群,入鸟不乱行。鸟兽不恶,而况人乎！

因为孔子能够和光同尘,把自己混同于万物,竟然出现了"入兽不乱群,入鸟不乱行"的奇迹。连鸟兽都不讨厌他,更何况人呢！

⑤垸:通"兑"。

⑥铧其兑:挫去自身的锋芒。铧,通"挫"。兑,通"锐"。

⑦分:通"纷"。纷争。

【译文】

圣人闭目塞听,不受外界诱惑;挫去自身的锋芒,从而解脱人我之间的纷争;调和自身的光耀,从而使自身也具有一定的缺陷。这就叫作微妙的与人混同。

甲本　故不可得而亲①,亦不可得而疏②,不可得而利,亦不可得而害;不可[得]而贵,亦不可得而浅③。故为天下贵④。

乙本　故不可得而亲也,亦[不可得]而[疏;不可得]而利,[亦不可]得而害;不可得而贵,亦不可得而贱。故为天下贵。

王本　故不可得而亲,不可得而疏;不可得而利,不可得而害;不可得而贵,不可得而贱。故为天下贵。

【注释】

①不可得而亲:不可能与他十分亲近。不可得,不可能。

②疏:疏远。

③亦不可得而浅:也不可能使他们变得卑贱。浅,假借为"贱"。"不可得而亲,亦不可得而疏……不可得而浅(贱)"几句是说圣人清静无为,寡言少行,能够像大道那样"万物作焉而不辞,生而不有,为而不恃,功成而弗居"(二章)。既然能够像大道一样,因此人们对他既无法特别亲近,也无法疏远,既不能使他尊贵,也不能使他卑贱,因为他已超然物外,任何名利灾祸也影响不了他的思想情感,他们具有独立的人格。而世俗人就不是如此,《孟子·告子上》说:

孟子曰："欲贵者,人之同心也。人人有贵于己者,弗思耳。人之所贵者,非良贵也。赵孟之所贵,赵孟能贱之。《诗》云:'既醉以酒,既饱以德。'言饱乎仁义也,所以不愿人之膏粱之味也;令闻广誉施于身,所以不愿人之文绣也。"

意思是说,由于世俗人的贵贱标准是指官位的高低,那么像晋国执政大臣赵孟(名盾)这样的人,就能够凭借着自己的权力,既能使一个世俗人变得高贵,也能使这个人变得低贱。由此可见,世俗人的贵贱是控制在别人的手里,而圣人是以道德的高低作为贵贱的评判标准,那么圣人的贵贱就不是别人左右得了的。

④故为天下贵:所以他被天下人所尊崇。为,被。贵,看重,尊崇。

【译文】

所以既不可能与这样的圣人亲近,也不可能与他们疏远;既不可能使他们得利,也不可能使他们受害;既不可能使他们尊贵,也不可能使他们卑贱。所以他们被天下人所尊崇。

五十七章（王本五十七章）

【题解】

本章主要阐述老子的核心治国理念，那就是清静无为。老子反对制定过于繁杂的制度、禁令，甚至反对过多的技巧。本章最后揭示了"其身正，不令而行"（《论语·子路》）这一普遍社会现象，指出社会风气的好坏，国家的富强与贫弱，百姓能否安居乐业，关键在于统治者。

各本不同处：第一，甲本作"以正之邦"，乙本、王本分别作"以正之国"与"以正治国"。第二，与甲、乙本相比，王本多出"以此"一句。第三，甲、乙本作"是以圣人之言曰"，王本作"故圣人云"，含义一样。第四，甲、乙本作"我欲不欲"，王本作"我无欲"，用字不同，含义一样。

> 甲本　以正之邦①，以畸用兵②，以无事取天下③。
>
> 乙本　以正之国，以畸用兵，以无事取天下。
>
> 王本　以正治国，以奇用兵，以无事取天下。

【注释】

①以正之邦：用正规的方法治理诸侯国。以，用。正，指正规的方法，也即清静无为的方针。之，假借为"治"。治理。邦，国，指诸侯国。如晋国、齐国、楚国等。所有的诸侯国都属于周天子的臣

下，而周天子所管理的范围，叫作"天下"。甲本用"邦"字，说明
甲本早于乙本，因为甲本没有避汉高祖刘邦的名讳。

②畸：通"奇"。权诈。这里指权诈的手段。与"正"相对。

③以无事取天下：用清静无事的策略来管理整个天下。无事，清静
无事。取，治理。六十章："治大国若烹小鲜。"所以治理天下不
可多事。

【译文】

用正规的方法治理诸侯国，以权诈的手段用兵打仗，用清静无事的
策略来管理整个天下。

甲本　吾何［以知其然］也哉①？夫天下［多忌讳］②，
而民弥贫③；民多利器④，而邦家兹昏⑤；人多知⑥，而何物兹
［起⑦；法物兹章，而］盗贼［多有］⑧。

乙本　吾何以知其然也才⑨？夫天下多忌讳，而民弥
贫；民多利器，［而国家兹］昏；［人多知巧，而奇物兹起；
法］物兹章，而盗贼［多有］。

王本　吾何以知其然哉？以此⑩：天下多忌讳，而民弥
贫；民多利器，国家滋昏；人多伎巧⑪，奇物滋起；法令滋彰，
盗贼多有。

【注释】

①何以：即"以何"。凭什么。以，凭。然：这样。代指"以正治国，
以奇用兵，以无事取天下"这些主张。本句与王本相比，多一
"也"字。

②忌讳：泛指不许做的事、不许说的话，也即各种禁令。憨山德清
《老子道德经解》："'忌'，谓禁不敢作；'讳'，谓不敢言。"与王本

　　相比，甲、乙本多一"夫"字。

③弥（mí）贫：更加贫穷。弥，更加。

④利器：优良的器具。一说泛指智慧、技巧。

⑤邦家：国家。兹昏：更加混乱。兹，通"滋"。更加。昏，混乱。与
　　王本相比，本句多一"而"字。

⑥知：同"智"。指世俗智慧。理解为知识亦通。

⑦而何物兹起：而邪恶的事情就越会出现。何物，权诈的事情，邪恶
　　的事情。何，假借为"奇"。奸邪。兹，假借为"滋"。高明《帛书
　　老子校注》："'何'字假借为'奇'，'兹'字假借为'滋'。'何'为
　　匣纽歌部字，'奇'属见纽歌部，古为同音。'兹'与'滋'双声叠
　　韵。"

⑧法物兹章，而盗贼多有：法令制定得越清楚，犯罪者越众多。彰，
　　明白，清楚。一说"法物"指美好财物。高明《帛书老子校注》：
　　"河上公注：'法物，好物也。珍好之物滋生彰著，则农事废，饥
　　寒并生，故盗贼多有也。'蒋锡昌云：'"令"字景龙、河上本皆作
　　"物"，以《老》校《老》，当从之。三章"不贵难得之货，使民不为
　　盗"，十九章"绝巧弃利，盗贼无有"，五十三章"财货有余，是谓
　　盗夸"，皆以货物与盗贼连言，均其例证。'吴荣曾据帛书《乙》本
　　进一步证明《老子》原作'法物兹彰'，今本作'法令滋彰'者，乃
　　浅人所改，从而使此文得以订正。"虽然这一看法也符合老子思
　　想，但笔者并不赞成这种看法，而认为"法令滋彰，盗贼多有"这
　　一观念更具深意。我国早期的法律掌握在少数贵族手中，是不
　　公开的。春秋时期，郑国子产和晋国先后铸刑鼎（刻有法律的大
　　鼎），把法律公布于众。这是中国法制进步的一个标志性事件。
　　但孔子和晋国大夫叔向对此都表示反对，其理由大致有：

　　　　第一，当法律掌握在少数贵族手中时，民众就会尊重贵族，
　　看贵族脸色行事，一旦"为刑鼎，民在鼎矣，何以尊贵"（孔子语，

见《左传·昭公二十九年》）。法律公布之后，民众看重的是法律，而不是贵族，于是贵族就失去了自己的权威。

第二，民众不知道法律时，做事时战战兢兢，生怕触犯法律；一旦知道了法律，就会钻法律的空子，整天琢磨着如何做坏事而不受制裁。比如，凡是法律没有明文限制的，都可以去做；甚至会打法律的擦边球。试举一例：

> 郑国多相县以书者，子产令无县书，邓析致之；子产令无致书，邓析倚之。令无穷，则邓析应之亦无穷矣。（《吕氏春秋·离谓》）

郑国人喜欢悬书（类似今人说的贴大字报）以攻击别人，子产就下令禁止，于是邓析就把大字报的内容以信件的方式分寄给人们传阅；子产又下令禁止这种方式，于是邓析就把这些内容依托在其他物品中（比如把大字报作为包装物）传递出去。结果是"令无穷，则邓析应之亦无穷"，与今天说的"上有政策，下有对策"简直一模一样。

第三，民众知道法律之后，当判决案件时，就会引起官府与犯罪嫌疑人之间的争执。邓析是一位法律学家，写过一本《竹刑》。因为他精通法律，所以平时就靠为人打官司、调解民间纠纷谋生。看他是如何调解民间纠纷的：

> 洧水甚大，郑之富人有溺者，人得其死者。富人请赎之，其人求金甚多，以告邓析，邓析曰："安之。人必莫之卖矣。"得死者患之，以告邓析，邓析又答之曰："安之。此必无所更买矣。"（《吕氏春秋·离谓》）

洧河（在今河南境内）涨水，一位富人被淹死，尸体顺流而下，被别人打捞起来。富人家属想把亲人的尸体赎回来埋葬，而捞尸者索要的赎金极高。富人家属无奈，便去找邓析出主意。邓析说："您别着急，只管把赎金压低，这件'商品（尸体）'没有人与你们抢购!"富人家属觉得此话甚为有理,于是不再着急赎回尸体。这下轮到捞尸者着急了,也去找邓析出主意,邓析说:"您别着急,只管把赎金抬高,这件'商品'他们必买不可!"邓析就这样两边出主意,两边收钱。通过这件事情,可以想象在打官司时,他是如何与官府纠缠的。因为邓析比官员更懂法律,官府拿他无可奈何,最后干脆把他杀了。

这些案例告诉我们,依法治国是正确的,但仅仅依法治国,上下就会斗智斗勇,结果必然使人们变得越来越奸诈,国家也越来越难治理。因此在强调依法治国的同时,更应该强调以德治国。

⑨才:假借为"哉"。

⑩以此:根据如下情况。以,依据,根据。此,代指以下所讲的情况。

甲、乙本没有本句,王本有了本句,逻辑线索更为清晰。

⑪伎巧:即技巧。伎,通"技"。

【译文】

甲本、乙本:

我根据什么知道应该这样做呢?天下禁令越多,百姓越贫穷;人们的优良器具越多,国家越混乱;人们的世俗智慧越多,邪恶的事情就越会出现;法令制定得越清楚,盗贼越众多。

王本:

我根据什么知道应该这样做呢?根据如下情况:天下禁令越多,百姓越贫穷;人们的优良器具越多,国家越混乱;人们的技术越巧妙,邪恶的事情越会出现;法令制定得越清楚,盗贼越众多。

甲本 [是以圣人之言曰①:]"我无为也,而民自化②;我好静,而民自正;我无事,民[自富;我欲不欲③,而民自朴]。"

乙本　　是以〔圣〕人之言曰："我无为,而民自化;我好静,而民自正;我无事,而民自富;我欲不欲,而民自朴。"

王本　　故圣人云："我无为,而民自化;我好静,而民自正;我无事,而民自富;我无欲,而民自朴。"

【注释】

①是以:因此。王本作"故"。意思一样。圣人:这里专指治国的圣人,也即圣明的君主。本句残缺,据乙本补。

②我无为也,而民自化:只要我们这些领导者不去人为干涉,百姓就会自然而然地发展生产。我,统治者自称。无为,不去人为干涉,一切顺应自然。化,化育发展。关于本段讲的道理,数千年以来的人们都一致认同。在中国古代,几乎所有人都认为,一个社会的风气好坏,民众的品德高低,关键取决于领导者。有关这方面的论述极多,这里择其要者,罗列数条:

　　季康子问政于孔子曰:"如杀无道,以就有道,何如?"孔子对曰:"子为政,焉用杀?子欲善,而民善矣。君子之德风,小人之德草。草上之风,必偃。"(《论语·颜渊》)

　　吴王好剑客,百姓多创瘢;楚王好细腰,宫中多饿死。(《后汉书·马援列传》)

　　上有所好,下必甚焉。(《资治通鉴》卷二百二)

这类言论极多。这就提醒统治者,当自己的臣民在品行方面出现问题时,不必去责怪他们,而应该在自己身上找原因。相关的实例,这里仅举一个:

　　齐桓公好服紫,一国尽服紫。当是时也,五素不得一紫。桓公患之,谓管仲曰:"寡人好服紫,紫贵甚,一国百姓好服紫不已,寡人奈何?"管仲曰:"君欲止之,何不试勿衣

紫也？谓左右曰：'吾甚恶紫之臭。'于是左右适有衣紫而进
者，公必曰：'少却，吾恶紫臭。'"公曰："诺。"于是日，郎中
莫衣紫；其明日，国中莫衣紫；三日，境内莫衣紫也。(《韩非
子·外储说左上》)

　　齐桓公喜欢穿紫色衣服，于是全国臣民都跟着喜欢穿紫色衣
服，结果导致紫色衣服价格飞涨，五匹白色布都换不到一匹紫色
布。齐桓公对此忧心忡忡，就对管仲说："我喜欢穿紫色衣服，紫
色衣料就变得特别昂贵，全国民众都喜好穿紫色衣服而且没完没
了，该怎么办呢？"管仲说："您如果想制止这种情况，为什么不试
着自己先不穿紫色衣服呢？您就告诉身边人说：'我非常讨厌紫
色衣服的气味。'如果此时有穿紫色衣服的侍从走到您的跟前，
您一定要对他说：'你往后退一点，我讨厌紫色衣服的气味。'"齐
桓公说："好。"就在当天，宫中的郎中没有谁再去穿紫色衣服了；
到了第二天，都城中就没有人再去穿紫色衣服了；到了第三天，齐
国整个境内就没有人再去穿紫色衣服了。

③我欲不欲：只要我们希望得到的东西是一般人不愿意得到的。这
个东西就是"道"，就是淡泊名利。"欲"的主语是圣君，"不欲"的
主语是常人。本句王本作"我无欲"，内涵与甲、乙本一样。

【译文】

甲本、乙本：

　　所以那些治国的圣人说："只要我们这些领导者不去人为干涉，百姓
就会自然而然地发展生产；只要我们这些领导者做到内心清静，百姓就
会自然而然地变得品行端正；只要我们这些领导者不去多事，百姓就会
自然而然地变得富足；只要我们这些领导者遵循大道，而不去贪求名利，
百姓就会自然而然地变得淳朴。"

王本：

　　所以那些治国的圣人说："只要我们这些领导者不去人为干涉，百姓

就会自然而然地发展生产；只要我们这些领导者做到内心清静，百姓就会自然而然地变得品行端正；只要我们这些领导者不去多事，百姓就会自然而然地变得富足；只要我们这些领导者做到无欲，百姓就会自然而然地变得淳朴。"

五十八章（王本五十八章）

【题解】

本章用政令与民风的关系，揭示了祸与福、善与恶相互转化这一普遍社会现象。老子提醒人们，为了防止福转化为祸、善转化为恶，做人做事时一定要做到"方而不割，廉而不刿，直而不肆，光而不耀"，也即把握好一定的"度"，这与第四章"道冲，而用之或不盈"的原则是一致的。本章中的"祸兮，福之所倚；福兮，祸之所伏"为千古名言。

本章用字不同处很多，如王本作"其政闷闷""其民淳淳""其民缺缺"，甲、乙本作"其正阅阅""其民屯屯""其邦夬夬"等等。其中王本"其政察察，其民缺缺"，甲、乙本作"其正察察，其邦夬夬"，改"民"为"邦"，含义更为周延。在最后一段，甲、乙本比王本少"圣人"二字。

甲本　［其正阅阅①，其民屯屯②，］其正察察③，其邦夬夬④。祸，福之所倚⑤；福，祸之所伏。［孰知其极⑥？］

乙本　其正阅阅，其民屯屯；其正察察，其［邦夬夬］。［祸，福之所倚；福，祸之所伏。］孰知其极？

王本　其政闷闷⑦，其民淳淳⑧；其政察察，其民缺缺⑨。祸兮⑩，福之所倚；福兮，祸之所伏。孰知其极？

【注释】

①其正闷闷：国家政令模模糊糊。正，通"政"。政令，法令。闷闷，通"闷闷"。糊涂、模糊的样子。

②其民屯屯：百姓反而会变得淳朴善良。屯，通"纯"。纯朴。屯屯，与王本"淳淳"义同。忠厚的样子。以上两句是说，"其正闷闷"看似坏事，却会转化为"其民屯屯"的好事。以上两句缺，据乙本补。

③其正察察：国家政令清清楚楚。察察，清清楚楚的样子。

④其邦夬夬：整个国家就会变得奸诈狡猾。夬夬，奸诈狡猾的样子。夬，通"缺"。败坏、奸诈。《睡虎地秦墓竹简·秦律十八种·置立律》："其有死、亡及故有夬者为补之，毋须待。"王本正作"缺缺"。一说"夬夬"通"狭狭"，癫狂混乱的样子。《篇海类编·鸟兽类·犬部》："狭，狂也。"与王本"其民缺缺"相比较，甲、乙本用词显得更为恰当。"其正察察，其邦夬夬"与前文"其正闷闷，其民屯屯"相互呼应，"邦"与"民"对举，视为互文，意蕴更长。

⑤祸，福之所倚（yǐ）：灾祸，幸福就紧靠在它的旁边。祸，通"祸"。倚，靠，紧紧地挨着。

⑥极：终极，最后的结果。"孰知其极"意思是说福变为祸，祸又变为福，如此反复转化，谁也不知道最后的结果是福是祸。本句甲本缺，据乙本补。

⑦闷闷：模糊的样子。

⑧淳淳：淳朴的样子。

⑨缺缺：奸诈狡猾的样子。缺，败坏，奸诈。司马光甚至认为政令太多、太繁琐是亡国的征兆，他说："叔向有言：'国将亡，必多制。'明王之政，谨择忠贤而任之，凡中外之臣，有功则赏，有罪则诛，无所阿私，法制不烦而天下大治。所以然者何哉？执其本故也。及其衰也，百官之任不能择人，而禁令益多，防闲益密，有功者以阂

文（碍于制度）不赏，为奸者以巧法免诛，上下劳扰而天下大乱。所以然者何哉？逐其末故也。"（《资治通鉴·汉纪》）用人为本，制令为末，重制令而轻用人，就是"逐其末"，而"逐其末"就会导致亡国。

"其政闷闷，其民淳淳；其政察察，其民缺缺"与上章"法令滋彰，盗贼多有"的意思一样。政令模糊一些，看似坏事，然而结果反而使人民变得淳朴，坏事也就转化为好事，所以老子感叹说："祸兮，福之所倚。"政令清楚一些，看似好事，然而结果反而使人民变得奸诈，好事也就转化为坏事，所以老子感叹说："福兮，祸之所伏。"

韩非从主观的角度去寻找祸福转化的原因，对"祸兮，福之所倚；福兮，祸之所伏"两句的意蕴做出自己的解释：

人有祸，则心畏恐；心畏恐，则行端直；行端直，则思虑熟；思虑熟，则得事理。行端直，则无祸害；无祸害，则尽天年。得事理，则必成功。尽天年，则全而寿。必成功，则富与贵。全寿、富贵之谓福。而福本于有祸。故曰："祸兮，福之所倚。"以成其功也。

人有福，则富贵至；富贵至，则衣食美；衣食美，则骄心生；骄心生，则行邪僻而动弃理。行邪僻，则身死夭；动弃理，则无成功。夫内有死夭之难而外无成功之名者，大祸也。而祸本生于有福。故曰："福兮，祸之所伏。"（《韩非子·解老》）

这种解释合乎情理。韩非主要是从人的思想变化、也即主观作用的角度来解释祸福转化的原因。实际上，在很多情况下，客观原因也能够使人的祸福转化，最著名的例子就是塞翁失马。《淮南子·人间训》记载：

夫祸福之转而相生，其变难见也。近塞上之人有善术者，马无故亡而入胡。人皆吊之。其父曰："此何遽不为福

乎?"居数月,其马将胡骏马而归。人皆贺之。其父曰:"此
何遽不能为祸乎?"家富良马,其子好骑,堕而折其髀。人皆
吊之。其父曰:"此何遽不为福乎?"居一年,胡人大入塞,丁
壮者引弦而战,近塞之人,死者十九,此独以跛之故,父子相
保。故福之为祸,祸之为福,化不可极,深不可测也。

塞翁就因为失马这件事情,家里的祸福转化了几次。知道祸
福转化的道理之后,当我们面临幸福之时,千万不可得意忘形,而
应更加小心谨慎,以免幸福转化为灾祸;反过来,当我们面临灾祸
之时,不必怨天尤人、气馁沮丧,而要想方设法,因势利导,争取让
灾祸转化为幸福。

⑩兮:语气词。王本加一"兮",虽然没有改变整个文义,但显得语
气更为深沉,意蕴更加隽永。

【译文】

甲本、乙本:

国家政令模模糊糊,百姓反而会变得淳朴善良;国家政令清清楚楚,
整个国家反而会变得奸诈狡猾。灾祸,幸福就紧靠在它的旁边;幸福,灾
祸就埋伏在它的里面。谁能知道最终的结果是祸是福呢?

王本:

国家政令模模糊糊,百姓反而会变得淳朴善良;国家政令清清楚楚,
百姓反而会变得奸猾狡诈。灾祸啊,幸福就紧靠在它的旁边;幸福啊,灾
祸就埋伏在它的里面。谁能知道最终的结果是祸是福呢?

甲本　[其无正也,正复为奇①,善复为妖②。人之悉
也③,其日固久矣。]

乙本　[其]无正也,正[复为奇],善复为[妖。人]
之悉也,其日固久矣。

王本　其无正,正复为奇,善复为妖。人之迷,其日固久。

【注释】

①奇:邪恶。七十四章:"而为奇者,吾得执而杀之。"本段甲本全部残缺,据乙本、王本补。乙本与王本相比,多了一些语气词,如"也""矣"。

②妖:妖孽,罪恶。不仅祸福可以相互转化,善恶也同样能够相互转化。对此,《庄子·秋水》解释得比较详细:

> 昔者尧、舜让而帝,之、哙让而绝;汤、武争而王,白公争而灭。由此观之,争让之礼,尧、桀之行,贵贱有时,未可以为常也。……帝王殊禅,三代殊继。差其时、逆其俗者,谓之篡夫;当其时、顺其俗者,谓之义之徒。

唐尧、虞舜因禅让而称帝天下,燕王哙、子之因禅让而几乎亡国;商汤王、周武王通过武力争夺而登上王位,白公胜却因为武力争夺而遭杀身之祸。远古帝王的禅让方式各不相同,夏、商、周三代继承王位的方法也各不一样。不符合时代要求,背逆了当时的风俗习惯,人们就称之为篡逆之徒;符合时代要求,顺应了当时的风俗习惯,人们就称之为高义之士。

由于时代变了,环境变了,自然就会出现"正复为奇,善复为妖"这种情况。古今一理,这种善恶相互转化的事情也普遍发生于现代社会。二十世纪五十年代,多山的湖南有很多华南虎,由于当时人们频繁开荒,导致野岭荒山不断减少,栖息地越来越少的华南虎开始袭击村民,伤害人畜,于是政府便组织百姓打虎。一位名叫陈耆芳(湖南耒阳人)的村民,率领打虎队,几年时间打死一百多只华南虎。因为他为民除害有功,先后被授予省劳模、国家劳模、打虎英雄的荣誉称号。从前的武松、陈耆芳打虎成了英雄,现在如果还有人去打虎,不仅成不了英雄,恐怕还要蹲在监狱里反省自新了。

③悉：通"迷"。迷惑。指不懂得"正复为奇，善复为妖"这一道理。

【译文】

没有永远正确的事情，正确会变为邪恶，善良会化作妖孽。人们不懂得这一道理，由来已久了。

甲本　［是以方而不割①，兼而不刺②，直而不绁③，光而不眺④。］

乙本　是以方而不割，兼而不刺，直而不绁，光而不眺。

王本　是以圣人方而不割，廉而不刿⑤，直而不肆⑥，光而不耀⑦。

【注释】

①是以方而不割：因此圣人做人方方正正却不去为难别人。割，损害，伤害。本句与王本相比，缺"圣人"二字，不如王本表达得清楚。甲本中的本段全部残缺，据乙本补。

②兼而不刺：有棱有角却不去刺伤别人。兼，假借为"廉"。棱角。刺，刺伤。高明《帛书老子校注》："从各本用字分析，《乙》本'兼'字假为'廉'，'眺'字假为'耀'，'绁'字假为'肆'，'刺''刿'二字音义相近。"

③直而不绁：自己正直，但不要求别人也正直。绁，假借为"肆"。延伸，扩张。这里引申为把自己的思想、行为推广开去，强求别人也这样做。

④光而不眺：发出光芒却不刺人眼睛。眺，假借为"耀"。过分明亮，刺眼。老子敏锐地感到任何事物都会向反面转化，那么圣人如何能够避免自己转化为恶人呢？办法就是"方而不割，兼而不

刺,直而不绁,光而不眺",也即办事留有余地,不走极端,因为一旦达到极端,就会走向反面。

⑤廉:棱角,有棱有角。刿(guì):划伤。

⑥肆:延伸,扩张。这里引申为把自己的思想、行为推广开去,强求别人也这样做。

⑦耀:过分明亮,刺眼。

【译文】

甲本、乙本:

因此要方方正正却不去为难别人,有棱有角却不去刺伤别人,自己坚持正直品德却不去强人所为,发出光芒却不刺人眼睛。

王本:

因此圣人做人方方正正却不去为难别人,有棱有角却不去伤害别人,自己坚持正直品德却不去强人所为,发出光芒却不刺人眼睛。

五十九章（王本五十九章）

【题解】

本章提醒人们，无论处理人事，还是对待自然，都要做到节俭。做到节俭，就是遵循了大道，就能够无往而不胜，就有能力治理好国家，就能够长期地生存下去。

本章各本不同处：王本作"是谓早服"，乙本作"是以蚤服"，根据上下文，乙本不够通顺。另外，甲、乙本使用的通假字较多，比如王本作"是谓深根固柢"，而甲本作"是胃深槿固氐"，如此等等。但各本主旨一致。

甲本　[治人、事天莫若啬①。夫唯啬，是以蚤服②。蚤服是胃重积德③，重积德则无不克④，无不克则莫知其极⑤。]

乙本　治人、事天莫若啬。夫唯啬，是以蚤服。蚤服是胃重积[德]。重积[德则无不克，无不克则]莫知其[极]。

王本　治人、事天莫若啬。夫唯啬，是谓早服⑥。早服谓之重积德，重积德则无不克，无不克则莫知其极。

【注释】

①治人、事天莫若啬（sè）：处理人事，对待自然，最好的办法就是勤俭节约。治人，处理人事。事天，对待自然。事，侍奉，对待。天，指自然。啬，节俭。这里泛指清静无为，积蓄力量。本段甲本全部残缺，据乙本、王本补。

关于"啬"的解释，主要有两种。一是韩非的解释："书之所谓'治人'者，适动静之节，省思虑之费也。所谓'事天'者，不极聪明之力，不尽智识之任。苟极尽，则费神多；费神多，则盲聋悖狂之祸至，是以啬之。啬之者，爱其精神、啬其智识也。故曰：'治人、事天莫如啬。'"（《韩非子·解老》）二是王弼的解释："啬，农夫。农人之治田，务去其殊类，归于齐一也。全其自然，不急其荒病，除其所以荒病。上承天命，下绥百姓，莫过于此。"（《老子道德经注》）

笔者基本赞成韩非的解释，但稍有不同的是，笔者认为，老子提倡的"啬"，不仅仅限于保养精神，而是体现在人们生活的方方面面。换句话说，老子主张过一种俭朴的生活，只有如此，才能做到"莫知其极"，才能"有国"。

节俭是中国的传统美德，这一美德对于个人品德修养和事业成功都有极大的积极作用。节俭，包括精力节俭和物质节俭两个方面。这里各举一例。

首先看精力的节俭。《庄子·知北游》记载：

> 大马之捶钩者，年八十矣，而不失豪芒。大马曰："子巧与，有道与？"曰："臣有守也。臣之年二十而好捶钩，于物无视也，非钩无察也。"是用之者，假不用者也，以长得其用。

大司马家有一位锻造衣带钩（一说"钩"是一种兵器）的老人，已经八十岁了，但他锻造的衣带钩没有丝毫误差。大司马问他："您是有什么技巧呢，还是有什么道术呢？"老人回答说："我一直坚持专心造钩。我从二十岁时就喜欢锻造衣带钩，对其他事情连看也不看，除了衣带钩我什么都不关心。"这位老人之所以能够具有如此精湛的锻造衣带钩的能力，凭借的就是不把精力运用到别的事情上。这也即人们常说的"人有所不为，然后才能有所为"。

其次，再看物质的节俭。陈录《善诱文•司马温公训俭》记载，北宋人张知白担任宰相时，生活依然像从前一样节俭，有人劝他从众，以免被讥为虚伪，张知白回答说：

> 吾今日之俸，虽举家锦衣玉食，何患其不能？顾人之常情，由俭入奢易，由奢入俭难。吾今日之俸，岂能常有？身岂能常存？一旦异于今日，家人习奢已久，不能顿俭，必至失所，岂若吾居位去位、身存身亡如一日乎？

《宋史•张知白列传》也说："知白在相位，慎名器，无毫发私。常以盛满为戒，虽显贵，其清约如寒士。"身居高位的张知白坚持节俭的生活，不仅可以使全家生活在物质上无后顾之忧，也为将来可能会出现的贫苦日子做好了充分的思想准备。特别是"居位去位、身存身亡"一句，使人备受启迪：虽然我高居相位，但我思想上把自己视为没有任何地位的平民；虽然我还活在世上，但我思想上把自己看作已经死亡的人。一个人如果能够真正做到"居位去位、身存身亡"，那么他就可以在物质、精神两个层面永远立于不败之地。

②是以蚤服：因此要及早遵循大道。是以，因此。本句根据王本，"是以"应为"是谓"之误。因为这里用"是以"，于上下文不够通顺。蚤，通"早"。服，服从。指服从大道。

③胃：通"谓"。叫作。重积德：很好地修养自己的品德。积，这里是不断修养美德的意思。

④无不克：无往不胜。克，胜。

⑤莫知其极：没有人知道他的力量极限。也即他具有无法估量的力量。从"早服"到"莫知其极"的过程，也即"无为而无不为"的过程。

⑥是谓早服：这就是及早地服从了大道。是，代指"啬"。早服，在困难来临之前，及早服从大道。服，服从，遵循。"服"后省略宾语"道"字。《韩非子·解老》："众人之用神也躁，躁则多费，多费之谓侈。圣人之用神也静，静则少费，少费之谓啬。啬之谓术也，生于道理。夫能啬也，是从于道而服于理者也。众人离于患，陷于祸，犹未知退，而不服从道理。圣人虽未见祸患之形，虚无服从于道理，以称'蚤服'。故曰：'夫谓啬，是以蚤服。'"

【译文】

甲本、乙本：

处理人事，对待自然，最好的办法就是清静节俭以积蓄力量。清静节俭以积蓄力量，因此就要及早地服从大道。及早服从大道也就是很好地修养了自己的美德，修养好自己的美德也就能无往而不胜。无往而不胜，就没有人能够估量出他究竟有多大力量。

王本：

处理人事，对待自然，最好的办法就是清静节俭以积蓄力量。清静节俭以积蓄力量，这就是及早地服从了大道。及早服从大道也就是很好地修养了自己的美德，修养好自己的美德也就能无往而不胜。无往而不胜，就没有人能够估量出他究竟有多大力量。

甲本　[莫知其极，]可以有国①。有国之母②，可以长久。是胃深槿固氐、[长生久视之]道也③。

乙本　莫知其[极，可以]有国。有国之母，可[以长久]。是胃[深]根固氐、长生久视之道也。

王本　莫知其极，可以有国。有国之母，可以长久。是谓深根固柢、长生久视之道④。

【注释】

①有国：占有一个国家。也即当国家的领导者。本段所缺字，据乙本、王本补。

②有国之母：掌握了治国原则。母，根本，也即大道、规律。二十五章："有物混成，先天地生。寂兮寥兮，独立不改，周行而不殆，可以为天下母。"《韩非子·解老》："所谓有国之母，母者，道也。"

③是胃深橿固氐、长生久视之道也：这就是巩固根基、长久生存的办法。是，代指"畓"这种生活方式。橿，同"根"。氐，假借为"柢"。根基。久视，与"长生"同义。即长期生存。视，活。

④深根固柢（dǐ）：加深加固自己的根基。柢，与"根"同义。《说文》："柢，根也。"

【译文】

有了无法估量的力量，就可以成为国家的领导者。掌握了治理国家的根本原则，就可以长久存在。这就是巩固根基、永世长存的办法。

六十章（王本六十章）

【题解】

"治大国若烹小鲜"是本章留给后人的千古名言,其含义是说,治理大国要像烹调小鱼一样,不可以朝令夕改,反反复复地去折腾它,否则就会导致国家衰败乃至灭亡。老子还指出,如果君主能够按照大道治国,鬼神就无法显示自己的神灵,甚至还会赐福于人,再次强调大道高于神灵。

本章的甲、乙本与王本基本一样,仅仅一些用字不同,如:王本作"若烹小鲜",乙本作"若亨小鲜";王本作"莅天下",乙本作"立天下";王本作"其神不伤人",甲本作"其申不伤人"。如此等等。

> 甲本　〔治大国若亨小鲜^①。〕
> 乙本　治大国若亨小鲜。
> 王本　治大国若烹小鲜。

【注释】

①治大国若亨小鲜:治理一个大国就像烹调小鱼那样不要经常折腾它。亨,通"烹"。煎,煮。小鲜,小鱼。鲜,鱼。烹调小鱼时,如果不停地翻来覆去,就会把小鱼折腾成碎渣;治理大国时,如果不停地改变政令,就会把国家折腾衰亡。本句甲本残缺,据乙本补。

　　"治大国若烹小鲜"是千古名言，这一治国观念起源很早，《诗经·桧风·匪风》说：

> 谁能亨（烹）鱼？溉之釜鬵。

　　意思是说："谁善于煎鱼，我愿意为他帮忙洗锅。"《毛传》解释说："亨鱼烦（经常翻动）则碎，治民烦则散。知亨鱼则知治民矣。"《韩非子·解老》说的更清楚："事大众而数摇之则少成功，藏大器而数徙之则多败伤，烹小鲜而数挠之则贼其泽，治大国而数变法则民苦之。是以有道之君贵静，不重变法。""治大国若烹小鲜"的主旨仍是清静无为，要求统治者保持政令的稳定性和连续性，不可朝令夕改。

　　历史上最不懂得"治大国若烹小鲜"这一道理、以至于把国家折腾灭亡的当属王莽。王莽篡汉当上皇帝后，凭借西汉遗留下来的强大国力，企图通过恢复西周制度来达到平天下的目的，于是开始推行一系列新政，史称"王莽改制"。主要有：将天下土地改名"王田"，以王田制为名恢复远古时代的井田制；奴婢改称"私属"，与王田一起均不得买卖；屡次改变币制；更改官制与官名；把盐、铁、酒、铸钱及山林川泽收归国有，施行五均六筦的经济政策；降低周边异族国家的等级并给予羞辱性的称号，如更名匈奴单于为"降奴服于"，改高句丽为"下句丽"等。史学家称"王莽'好'改变制度，政令'烦多'，朝令夕改，不讲功效，故变得快，吹得也快，花样多，收效小"（白寿彝《中国通史》第6册）。由于王莽的这些政策只求符合古制，悖逆社会现实，引起国内外民众的一致反对，结果仅仅十多年时间，不仅把自己绞尽脑汁、辛辛苦苦篡夺来的新朝彻底葬送了，而且还搭进去了自己的性命。

【译文】
治理一个大国就像烹调小鱼那样，不要经常折腾它。

甲本　［以道立］天下①,其鬼不神②。非其鬼不神也,其神不伤人也。非其申不伤人也③,圣人亦弗伤［也］。［夫两］不相［伤④,故］德交归焉⑤。

乙本　以道立天下,其鬼不神。非其鬼不神也,其神不伤人也。非其神不伤人也,［圣人亦］弗伤也。夫两［不］相伤,故德交归焉。

王本　以道莅天下⑥,其鬼不神。非其鬼不神,其神不伤人。非其神不伤人,圣人亦不伤人。夫两不相伤,故德交归焉。

【注释】

①以道立天下:君主按照大道来治理天下。立,立位,在位。也可理解为通"莅"。从上面监视着。这里指治理国家。本段所缺字,与乙本互补。

②鬼:这里实际上是泛指神鬼。神:神灵。这里用如动词,显示神灵。《韩非子·解老》对"以道莅天下,其鬼不神"解释说:"人处疾则贵医,有祸则畏鬼。圣人在上则民少欲,民少欲则血气治而举动理,举动理则少祸害。"少祸害自然不去疑神疑鬼。韩非认为怕鬼是心理造成的,这无疑是正确的。老子虽然没有明确否定鬼神的存在,但他认为只要人们按照大道生活,鬼神的力量也就不存在了,人的力量能压倒鬼神的力量。在这一点上,老子无疑站在时代前列。

③非其申不伤人也:不是它们的神灵不去伤害民众。申,通"神"。

④两不相伤:两者都不伤害民众。两者,圣人和鬼。相,表示一方对另一方的实施行为。王弼《老子道德经注》:"神不伤人,圣人亦不伤人;圣人不伤人,神亦不伤人,故曰'两不相伤'也。神圣合

道，交归之也。"

⑤故德交归焉：所以恩德都归于民众。交，都。焉，代指民众。

⑥莅（lì）：从上面监视着。这里指治理国家。

【译文】

君主如果能够按照大道来治理天下，此时的神鬼也就无法显示自己的神灵。并不是此时的神鬼无法显示自己的神灵，而是它们的神灵不能伤害民众。不是它们的神灵不去伤害民众，根本原因是圣人不去伤害民众。因为圣人与神鬼都不去伤害民众，所以他们的恩德都将施与民众。

六十一章（王本六十一章）

【题解】

本章主要是提醒君主，特别是大国君主，一定要虚心谦下，只有这样才能得到其他国家与民众的支持。老子认为只要国与国之间，能够相互谦让，那么整个天下就会一片祥和。有人认为，老子主张柔退谦和，是弱者的哲学，而本章最后"大者宜为下"的主张，明确说明老子哲学是弱者哲学的看法无法成立。

甲、乙本与王本最大的不同，是第一段句子顺序安排不同，甲、乙本先讲大国要处于下游，要效法雌性动物，然后分别解释其原因；而王本则分别阐释大国要处于下游、效法雌性动物及其原因；甲、乙本的后两句"牝恒以靓胜牡，为其靓也，故宜为下"也不如王本通顺。另外，第二段甲、乙本作"小邦以下大邦，则取于大邦"，与王本相比，多一"于"字，语义表达要清楚得多。于，作为介词，在被动句中引出动作的主动者。所谓"取于大邦"，也就是被大国所接受、庇护。除此，其他用字不同处也很多。

甲本 大邦者，下流也①，天下之牝②。天下之郊也③，牝恒以靓胜牡④，为其靓［也，故］宜为下⑤。

　　乙本　大国［者，下流也，天下之］牝也。天下之交也，牝恒以静朕牡⑥，为其静也，故宜为下也。

　　王本　大国者下流，天下之交。天下之牝，牝常以静胜牡，以静为下⑦。

【注释】

①大邦者，下流也：大国应该像大海一样居于百川的下游。大邦，大国。下流，下游。

②天下之牝（pìn）：还应该像雌性动物那样居于天下最文静、柔和的状态。牝，雌性的鸟兽。雌性性格安静柔和，因此这里的"牝"含有安静柔弱的意思。

③天下之郊也：下流是天下之水交汇的地方。郊，假借为"交"。交汇。本句是对"大邦者，下流也"的进一步解释：大国之所以应该处于下游，因为地势低的地方是天下之水交汇的地方。以此说明大国要谦虚，这样就会得到其他诸侯国的拥戴。

④牝恒以靓胜牡：雌性常常凭借自己的安静性格战胜雄性。靓，假借为"静"。牡，雄性鸟兽。

⑤宜为下：应该保持谦下。宜，应该。

⑥恒：常常。朕：假借为"胜"。

⑦以静为下：因为文静性格也是一种谦下的表现。以，因为。本章通过对大国与小国之间关系的描写，重点阐述"谦下"的好处。关于"谦下"的好处，《周易·谦卦·象》有一个哲学化的总结：

　　　天道亏盈而益谦，地道变盈而流谦，鬼神害盈而福谦，人道恶盈而好谦。谦，尊而光，卑而不可逾，君子之终也。

　　　上天的运行规律是减少盈满（傲慢）的而补益谦虚的，大地的运行规律是改变盈满的而补充谦虚的，鬼神的行事原则是损害盈满的而赐福谦虚的,人们的行事原则是讨厌盈满的而喜欢谦虚的。有了谦虚的品德,处于高位会更加昌盛繁荣;处于低下的位置,别人也无法在品质方面超越他,君子应该终身谦虚。后来,人们把《周易》的这一思想总结为"一谦而四益"(《汉书·艺文志》),意思是,一个人一旦做到谦虚,天、地、鬼神、人四者都会赐福于他。

【译文】

甲本、乙本:

大国,应该处于地势低下的下游,还应该像天下那些雌性动物一样。这是因为下游是天下的水汇集的地方,而雌性动物常常凭借安静柔和的性格战胜雄性动物,这就是因为它们的性格安静柔和,所以为人处世应该保持谦下柔和的态度。

王本:

大国应该像大海一样居于百川的下游,这样天下民众就会归附于它。大国还应该像雌性动物那样处于天下最柔和的状态,雌性动物总是凭着文静的性格战胜雄性动物,因为文静的性格也是一种谦下的表现。

甲本　大邦［以］下小［邦］①,则取小邦②;小邦以下大邦,则取于大邦③。故或下以取④,或下而取。

乙本　故大国以下［小］国,则取小国;小国以下大国,则取于大国。故或下［以取,或］下而取。

王本　故大国以下小国,则取小国;小国以下大国,则取大国。故或下以取,或下而取。

【注释】

①以下小邦:用谦下的态度对待小国。以,用。

②则取小邦：就能够取得小国的拥戴。

③则取于大邦：就能取得大国的庇护。本句与王本相比，多一"于"字，语义表达要清楚得多。于，作为介词，在被动句中引出动作的主动者。所谓"取于大邦"，也就是被大国所接受、庇护。

④或：不定代词。根据上下文，这一个"或"代指大国，下一句的"或"代指小国。

【注释】

因此大国用谦下的态度去对待小国，就能够取得小国的拥戴；小国用谦下的态度去对待大国，就能够取得大国的庇护。因此有的谦下能够取得别人的拥戴，有的谦下能够取得别人的庇护。

甲本　　[故]大邦者，不过欲兼畜人①；小邦者，不过欲入事人②。夫皆得其欲，[大者宜]为下③。

乙本　　故大国者，不[过]欲并畜人④；小国，不过欲入事人。夫[皆得]其欲，则大者宜为下。

王本　　大国不过欲兼畜人，小国不过欲入事人。夫两者各得其所欲⑤，大者宜为下。

【注释】

①兼畜：兼并占有。此处指得到他国的拥戴，就像春秋五霸那样，得到各小国的拥戴。

②入事人：事奉别人以求得到庇护。

③大者宜为下：大国更应该注意谦下。宜，应该。吴澄《道德经注》说，强调"大者宜为下"的原因是："小者素在人下，不患乎不能下；大者非在人下，或恐其不能下。故曰'大者宜为下'。"意思是，小国实力弱下，不得不谦下；而大国最容易傲慢，所以要特别

予以提醒。

④并畜：与甲本、王本的"兼畜"同义。

⑤两者：甲、乙本作"皆"。所指相同，都是指大国与小国。

【译文】

大国不过是想得到别人的拥戴，小国不过是想得到别人的庇护。如果大国、小国都能做到谦下，那么它们就能满足各自的需求，不过大国更应该注意谦下。

六十二章（王本六十二章）

【题解】

本章主要强调大道是万物之主，无论是好人还是坏人，大道对他们都极为重要。因此对于即位的天子和就职的重臣，与其赠送他们贵重的礼品，还不如把大道讲授给他们听。

本章各本的不同，重要的有三处：一是，王本作"道者，万物之奥"，甲、乙本作"道者，万物之注也"。二是，王本作"三公"，甲、乙本分别作"三卿"与"三乡"。三公与三卿的不同之处，在于三公指天子的最高官员，而三卿则指诸侯国的最高官员。三是，王本作"以求得"，甲、乙本作"求以得"。除此，在通假字使用方面，甲、乙本与王本则有多处不同。

甲本　［道］者，万物之注也^①，善人之葆也^②，不善人之所葆也^③。

乙本　道者，万物之注也，善人之葆也，不善人之所保也。

王本　道者，万物之奥^④，善人之宝，不善人之所保。

【注释】

①道者,万物之注也:大道,是万物的主宰者。注,通"主"。

②葆:通"宝"。法宝。

③所葆:用来安身保命的东西。葆,依据乙本、王本,应假借为
"保"。老子认为,如果人们都能够按照大道办事,就能善恶兼
容,不去苛苛明察,斤斤计较,甚至"报怨以德"(六十三章)。那
些懂得大道的人,其待人原则是"不善者,吾亦善之"(四十九
章),而且还提出善人要爱惜不善人的主张(见二十七章)。既然
如此,不善人即使做了坏事,也不会被抛弃,所以说"道"是不善
人借以安身保命的东西,也即下文说的"道"能使人"有罪以免"。

④奥:主,主宰者。一说"奥"义同"暖",庇护义。这两句意思是
"大道,是万物的庇护者"。王弼《老子道德经注》:"奥,犹暖也。
可得庇护之辞。"

【译文】

大道,可以说是万物的主宰者,是善人的法宝,也是坏人借以安身保
命的东西。

　　甲本　　美言,可以市①;尊行②,可以贺人③。人之不善
也,何[弃之]有④!

　　乙本　　美言,可以市;尊行,可以贺人。人之不善,何
[弃之有]!

　　王本　　美言,可以市;尊行,可以加人。人之不善,何弃
之有!

【注释】

①市:买卖,换取。此处指得到别人的尊重。

②尊行：值得尊重的行为，善行。

③可以贺人：可以处于别人之上，也即受到别人的拥戴。贺，假借为"加"。加人，居于别人之上。即得到别人的拥戴。一说，"加"是影响的意思，"加人"即影响别人，使别人也能够遵道行善。"美言，可以市；尊行，可以贺人"这几句，《淮南子》的《道应训》《人间训》作"美言可以市尊，美行可以加人"，《淮南子》的引文更为合理、顺畅。

④何弃之有：又何必抛弃他呢！怀疑"人之不善，何弃之有"句应在上文"不善人之所保"句后，这样文义才更为连贯。

【译文】

美好的言语，可以换来别人的尊重；美好的行为，可以获取别人的拥戴。即使有人做了坏事，又何必抛弃他呢！

甲本　故立天子，置三卿①，虽有共之璧以先四马②，不善坐而进此③。

乙本　［故］立天子，置三乡④，虽有［共之］璧以先四马，不若坐而进此。

王本　故立天子，置三公⑤，虽有拱璧，以先驷马，不如坐进此道。

【注释】

①三卿：指古代的司徒、司马、司空，是诸侯国的三位高级官员。《礼记·王制》："大国三卿，皆命于天子。"孔颖达疏："三卿者，依周制而言，谓立司徒，兼冢宰之事；立司马，兼宗伯之事；立司空，兼司寇之事。故《春秋左传》云：季孙为司徒，叔孙为司马，孟孙为司空，此是三卿也。"

②虽有共之璧以先四马：即使有大玉璧在先、驷马随后这样的重礼。虽，即使。共，假借为"拱"。两手合围。一说"拱"通"珙"，大玉璧。璧，平圆形的玉，中心有小孔。与王本相比，本句"共"字下多一"之"字。四，通"驷（sì）"。驷马，同驾一辆车的四匹马。这里指四匹马驾的车。先秦人送礼，往往先送一些小礼物，向收礼者打声招呼，然后再送重礼。这一礼俗是从远古时代流传下来的。远古时代部落众多，各部落人数相对较少，彼此送礼又往往送的是猎物，需要许多人肩扛手提，为了避免误会，所以送礼时，就先让少数人带少量的礼品去通知对方。后遂以此为礼制。如《左传·僖公三十三年》记载：

及滑，郑商人弦高将市于周，遇之。以乘韦先，牛十二，犒师。

秦军要偷袭郑国，当秦军走到滑（在今河南滑县）时，郑国商人弦高得知此事，就急中生智，擅自以郑国国君的名义，先送四张熟皮子（乘韦），后送十二头牛去犒劳秦军，意思是告诉对方：你们的偷袭行动已经被我们发现了。这种送礼方式还见于《左传·襄公十九年》："贿荀偃束锦，加璧，乘马，先吴寿梦之鼎。"鲁襄公送给晋国大臣荀偃一只吴寿梦之鼎，在此之前，还先送了丝绸、玉璧、马匹。这种送礼方式的记载，屡见于先秦史书。到了后来，金银、丝绸等便于携带的礼物出现后，送礼人数不需太多，这种两次送礼的礼仪也就没有存在的必要。所以《史记·郑世家》关于弦高送礼的记载也就与《左传》不同："缪公元年春，秦缪公使三将将兵，欲袭郑。至滑，逢郑贾人弦高诈以十二牛劳军，故秦兵不至而还。"

"虽有共之璧以先四马，不善坐而进此"意思是，送给当权者再贵重的物质礼物，也不如把大道传授给他们，因为他们如果掌握了大道，不仅本人受益无穷，而且天下人也能过上安乐的日子。

　　关于这几句的解释，学界意见纷纭。高亨先生说："'拱璧'聘问之物，'驷马'使者所乘，使者乘车抱璧以聘邻国，则拱璧何能先驷马哉！知其义不可通也。疑'以先'二字当在'驷马'二字下。'先'借为'诜'。《说文》：'诜，致言也。'《广雅·释诂》：'诜，问也。'《尔雅·释言》：'聘，问也。'是'诜'即'聘'义。……"（《老子正诂》）把这句话解释为使者乘驷马抱拱璧聘问诸侯，而且还要转这么多弯，显然是不正确的。任继愈先生把这句话译为"虽有拱璧在先驷马随后（这样隆重）的仪式"（《老子新译》），也是不确切的。至于张松如先生把它译作"虽然可以抱持大璧宝玉，乘坐四马高车以游聘"（《老子校读》），意思则与高亨先生的差不多。高明《帛书老子校注》则解释为："'四马'即'驷马'，一乘之数。'先'字当为'駪'，《说文》：'駪，马众多皃。''以'字训'与'或'及'，王引之《经传释词》卷一：'《广雅》曰："以，与也。"又云："以，犹及也。"'此之谓立天子，置三卿，纵有拱抱之宝璧与众多之乘马，莫若静坐无为尤进于道。"

③不善坐而进此：不如安坐在那里把大道传授给他们。善，假借为"若"。坐进，安坐而进言。进，此处指把大道讲给天子、三卿听。此，代指大道。

④三乡：即"三卿"。乡，假借为"卿"。

⑤三公：古代朝廷中三位最高官员，历朝所指不同。周代为太师、太傅、太保。三公与三卿的不同之处，在于三公指天子的最高官员，三卿指诸侯国的最高官员。卿是官职名、爵位名，其地位在公之下，大夫之上。

【译文】

　　因此在天子即位时，或者在三公（或三卿）就职时，即使有大玉璧在先、驷马随后这样的重礼，也不如安坐在那里把大道传授给他们。

　　甲本　古之所以贵此者何也？不胃［求以］得①，有罪以免舆②？故为天下贵③。

　　乙本　古［之所以贵此者何也］？不胃求以得，有罪以免与④？故为天下贵。

　　王本　古之所以贵此道者何？不曰以求得⑤，有罪以免邪⑥？故为天下贵。

【注释】

①不胃求以得：不就是因为遵循大道就能够有求而得。胃，通"谓"。说。以，连词。而。"求以得"，王本作"以求得"。

②有罪以免舆：有罪而能够被赦免吗？舆，假借为"欤"。句末语气词，表示感叹或疑问。

③故为天下贵：所以被天下人所尊崇。为，被。贵，看重，尊崇。

④与：同"欤"。句末语气词，表示感叹或疑问。

⑤以求得：凭借大道去追求，就能有所收获。以，凭借。本句甲、乙本作"求以得"。

⑥邪（yé）：疑问语气词，通"耶"。

【译文】

　　自古以来人们重视大道的原因是什么呢？不就是因为遵循大道就能够有求而得、有罪而被赦免吗？所以大道被天下人所尊崇。

六十三章（王本六十三章）

【题解】

本章提出多条行为准则，依次是：第一，坚持清静无为的原则，既不要多事，也不可轻视小事。第二，与人交往的时候，要做到报怨以德。第三，无论是为了解决困难，还是为了成就大业，都要从一点一滴的小事做起。第四，不要轻易许诺，因为轻诺必寡信。第五，做事要认真谨慎，千万不可掉以轻心。

本章各本没有大的不同，仅仅是一些用字有异，如：王本作"味无味"，甲本作"味无未"；王本作"图难于其易，为大于其细"，甲、乙本作"图难乎其易也，为大乎其细也"；王本作"故终无难矣"，甲本作"故终于无难"。这些都属于细枝末节的不同，各本主旨一样。

甲本　为无为①，事无事②，味无未③，大小多少④，报怨以德⑤。

乙本　为无为，[事无事，味无未，大小多少，报怨以德。]

王本　为无为，事无事，味无味，大小多少，报怨以德。

【注释】

① 为无为：要做到清净无为。第一个"为"是动词，做。

② 事无事：把无事当作自己要做的事情。第一个"事"是动词，做事。

③ 味无未：把没有任何味道的东西当作有味道的东西。第一个"味"为动词，有味道。无未，即"无味"。未，同"味"。这里说的"无味"的事物，实际就是指大道。第三十五章："道之出口，淡乎其无味。"

④ 大小多少：根据上下文，意思是"以小为大，以少为多"。大、多，都用如意动词。这与下文提出的要重视细微之事的主张是一致的。

⑤ 报怨以德：即以德报怨。关于如何"报怨"的问题，老子、孔子、佛教（以《四十二章经》为例）的看法有同有异，这里对比一下他们的言论：

　　大小多少，报怨以德。（《老子》六十三章）

　　或曰："以德报德，何如？"子曰："何以报德？以直报怨，以德报德。"（《论语·宪问》）

　　佛言：人愚，以吾为不善，吾以四等慈（慈悲喜舍）护济之。重以恶来者，吾重以善往。福德之气常在此也，害气重殃反在于彼。（《四十二章经》）

比较三者的思想，《四十二章经》与《老子》稍微接近一些。老子主张以德报怨，而孔子不赞成，提出"以直报怨"，也即用公平合理的方式来回报别人对自己的怨恨。实际上，孔子的许多言论是针对具体情况而发，所以，他在其他场合对以德报怨的原则也持赞成态度：

　　子曰："以德报怨，则宽身之仁也；以怨报德，则刑戮之民也。"（《礼记·表记》）

孔子承认以德报怨这一原则不仅对别人有益，对自己也有好处。

《四十二章经》主张"重以恶来者，吾重以善往"，也是以德报怨的意思。但与老子存在不同之处：老子认为，以德报怨的结果是既利己又利人，彼此皆大欢喜，所以他说："善者，吾善之；不善者，吾亦善之，德善。信者，吾信之；不信者，吾亦信之，德信。"（四十九章）只要能够坚持以德报怨，就能够把坏人也感化成好人。而《四十二章经》认为以德报怨的结果，会使自己得到更多的福报，使对方受到更多的惩罚：

> 有愚人闻佛道守大仁慈，以恶来，以善往，故来骂佛，佛嘿然不答，愍之，痴冥狂愚使然。骂止，问曰："子以礼从人，其人不纳，实理如之乎？"曰："持归。""今子骂我，我亦不纳。子自持归，祸子身矣！"

把不接受别人的辱骂比作不接受别人的礼物，礼物送不出去自然是带回去，带回去这样的"礼物"自然是害了自己。《四十二章经》提倡以德报怨的目的是为了利己害人。关于这种利己害人的做法，苏东坡就提出了批评。《东坡志林》卷二"改观音咒"条说：

> 《观音经》云："咒咀（诅）诸毒药，所欲害身者，念彼观音力，还著于本人。"东坡居士曰："观音，慈悲者也。今人遭咒咀，念观音之力而使还著于本人，则岂观音之心哉？"今改之曰："咒咀诸毒药，所欲害身者，念彼观音力，两家总没事。"

由此可见，与《四十二章经》相比，老子的思想境界更高一些。《四十二章经》的这个比喻也不伦不类，谁会把送不出去的有害"礼物"再带回自己的家中呢？当然，佛教宗派很多，也有不少佛家弟子主张不带有任何功利目的地去以德报怨。

【译文】

把清静无为当作自己的做事原则，把无事当作自己要做的事情，把无味的东西当作有味的东西，以小为大，以少为多，以德报怨。

甲本　图难乎［其易也①，为大乎其细也］②。天下之难作于易③，天下之大作于细。是以圣人冬不为大④，故能［成其大］。

乙本　［图难乎其易也，为大］乎其细也。天下之［难作于］易，天下之大［作于细。是以圣人冬不为大，故能成其大］。

王本　图难于其易，为大于其细。天下难事必作于易，天下大事必作于细。是以圣人终不为大，故能成其大。

【注释】

①图难乎其易：对付困难的事情要在它还容易解决的时候开始。图，设法对付。乎，介词。用法相当于"于"。

②为大乎其细也：成就大业要从很小的事情做起。为大，做大事业。细，微小。指细小事情。

③作于易：产生于容易的事情。作，产生，出现。与王本相比，"作于易"前少一"必"字。

④冬：通"终"。始终。

【译文】

对付困难的事情要在它还容易解决的时候开始，成就大业要从很小的事情做起。因为天下的难事都开始于容易的事，天下的大事都开始于一些小事。因此圣人始终不去直接做大事，所以才能成就大事。

甲本　　［夫轻若必寡信①，多易］必多难②。是［以耵］人犹难之③，故终于无难④。

乙本　　夫轻若［必寡］信，多易必多难。是以耵人［犹难］之，故［终于无难］。

王本　　夫轻诺必寡信，多易必多难。是以圣人犹难之，故终无难矣。

【注释】

①夫轻若必寡信：轻易许诺，势必缺少信用。若，通"诺"，许诺。寡信，缺少信用。甲、乙本所缺字，据甲、乙本及王本互补。为什么说"轻诺必寡信"？《管子·形势解》有一个很好的解释：

圣人之诺已也，先论其理义，计其可否。义则诺，不义则已；可则诺，不可则已。故其诺未尝不信也。小人不义亦诺，不可亦诺，言而必诺，故其诺未必信也。故曰："必诺之言，不足信也。"

圣人在答应别人的请求时，必须考虑两个前提，一是对方的请求是否合理，二是如果对方的请求合理，还要考虑自己是否有能力做到。所以圣人不会轻易地许诺。而小人就不是这样，小人为了讨好别人，无论别人的请求是否合理，也不管自己是否能够做到，他都满口答应，结果小人很难实现自己的诺言。

如何对待自己的诺言，孔子讲了一段十分中肯的话，可以作为我们为人处世的座右铭：

子曰："口惠而实不至，怨菑及其身。是故君子与其有诺责也，宁有已怨。"（《礼记·表记》）

孔子说："对别人口头承诺得非常好，就是不去实际兑现，这是自身招惹灾难的原因。因此作为君子，宁可落下拒绝别人要求的抱怨,也不可承担无法兑现诺言的责任。"为什么呢？因为"言诺而不与,其怨大于不许"(孙希旦《礼记集解》)多数人都有这种感受:当别人拒绝我的某种要求时,我心里虽不舒服,但也能谅解,因为别人也有别人的难处;如果有人已经答应我的要求,事后却无故失信,我就会非常生气。因此,不要轻易允诺,一旦允诺,就一定做到。

②多易必多难:把事情看得越容易,势必会遇到越多的困难。易,用作动词,把事情看得容易,也即做事时掉以轻心。为什么说"多易必多难"？关于"易"与"难"的辩证关系,《国语·晋语》有一个很好的说明:

> 晋文公问于郭偃曰:"始也,吾以治国为易,今也难。"对曰:"君以为易,其难也将至矣;君以为难,其易也将至焉。"

这个历史故事同老子的这几句话讲的是同一个意思:当你意识到办事困难、认真对待时,困难的事情也容易解决;当你认为办事容易、掉以轻心的时候,容易的事情也变得困难起来。

③耵:同"圣"。难之:以之为难,把办事看得很难。难,用如意动词。之,泛指办事。

④故终于无难:所以他最终不会遇到困难。与王本相比,甲本多一"于"字,少一"矣"字。

【译文】

轻易许诺,势必缺少信用;把事情看得越容易,势必会遇到越多的困难。因此连圣人都把办事看得很困难,所以他最终不会遇到困难。

六十四章（王本六十四章）

【题解】

本章提出的行为原则较多：首先，提醒人们要居安思危，要把各种不利因素消解于萌芽状态。其次，提醒人们要从小事做起，因为"合抱之木，生于毫末；九层之台，起于累土"。再次，提醒人们要做到清静无为，不可把任何东西据为己有。第四，告诫人们慎终如始，越是将要成功之时，越要小心谨慎。最后，指出由于人们思想境界不同，其好恶取舍会有很大差别。

本章各本较大的不同有：第一，甲、乙本分别作"百仁之高，台于足下"与"百千之高，始于足下"，王本作"千里之行，始于足下"，王本行文更合理。第二，乙本与甲本相比，"慎终若始"前多一"曰"字，与王本相比，多"故曰"二字。除此之外，还有一些虚词的使用不同。

甲本 其安也，易持也①；[其未兆也，易谋也②；其脆也，易泮也③；其微也，易散也④。为之于其未有也⑤，治之于其未乱也。]

乙本 [其安也，易持也；其未兆也，易谋也；其脆也，易泮也；其微也，易散也。为之于其未有也，治之于其未乱

也。〕

　　王本　其安易持，其未兆易谋，其脆易泮，其微易散。为之于未有，治之于未乱。

【注释】

　　①其安也，易持也：局面安定时，容易维护原状。持，维护。本句讲的是居安思危的问题。本段甲本仅存六字，乙本全部残缺，内容只能据王本补，但彼此句式稍有不同，本句王本作"其安易持"，少两个"也"字。以下句式同此。

　　②其未兆也，易谋也：国家还没有出现动乱苗头时，容易应对。兆，苗头，征兆。这里指动乱的苗头。

　　③其脆也，易泮（pàn）也：当事物脆弱时，容易消除。泮，消解，消灭。关于"泮"字，其他诸本或作"破"，或作"判"，或作"伴"，但含义都一样。

　　④其微也，易散也：当事物微小的时候，容易消散。散，消散，消灭。

　　⑤为之于其未有也：在患难还没有发生的时候就做好准备。也即防患于未然。为，动词，做准备。未有，没有动乱苗头。

【译文】

　　局面稳定时，容易维护原状；国家还没有出现动乱苗头时，容易应对；事物脆弱时，容易消除；事物微小时，容易消散。在危险局面还没有发生的时候就做好准备，在国家还没有混乱的时候就注意治理。

　　甲本　〔合抱之木，生于〕毫末①；九成之台②，作于羸土③；百仁之高④，台于足〔下〕⑤。

　　乙本　〔合抱之〕木，生于毫末；九成之台，作于纍土⑥；百千之高⑦，始于足下。

王本　合抱之木,生于毫末;九层之台,起于累土⑧;千里之行,始于足下。

【注释】

①毫末:毫毛的尖端,形容非常细小。毫,长而尖锐的毛。

②九成之台:九层高的高台。成,假借为"层"。

③作于蠃土:是由一筐一筐的土堆砌起来的。蠃,假借为"蔂(léi)"。装土的筐子。《淮南子·说山训》:"针成幕,蔂成城。事之成败,必由小生。"

④百仁之高:百仞高的高台。仁,假借为"仞(rèn)"。古代长度单位。七尺或八尺为一仞。

⑤台于足下:是从脚下一点儿一点儿累积起来的。台,假借为"始"。开始于。这两句,王本作"千里之行,始于足下"。王本更合理。

⑥蔂(léi):装土的筐子。

⑦千:应为"仞"字,"千"为误字。

⑧累:通"蔂"。

【译文】

甲本、乙本:

合抱粗的大树,是由细小如毫毛的萌芽成长起来的;九层高的高台,是由一筐一筐的土堆砌起来的;百仞高的高台,是从脚下一点儿一点儿积累起来的。

王本:

合抱粗的大树,是由细小如毫毛的萌芽成长起来的;九层高的高台,是由一筐一筐的土堆砌起来的;千里远的路程,是由一步一步走出来的。

甲本　[为之者败之①,执者失之②。是以耵人无为]

也③,[故]无败[也];无执也,故无失也。

　　乙本　为之者败之,执者失之。是以耵人无为[也,故无败也;无执也,故无失也]。

　　王本　为者败之,执者失之。是以圣人无为,故无败;无执,故无失。

【注释】

①为之者败之:按照个人意愿做事,就会失败。为,与"无为"相对,指不顺应自然规律、按照主观愿望去进行人为干涉。

②执者失之:想把东西占为己有,就会失去它。执,握持。这里指占为己有。

③耵:同"圣"。无为:不进行人为干涉,一切按照自然规律做事。

【译文】

按照个人意愿去做事,就会失败;想把东西占为己有,就会失去。因此圣人顺物而为,因而不会失败;不去占有,因而也不会失去。

　　甲本　民之从事也①,恒于其成事而败之②。故慎终若始,则[无败事矣]。

　　乙本　民之从事也,恒于其成而败之。故曰③:慎冬若始④,则无败事矣。

　　王本　民之从事,常于几成而败之。慎终如始,则无败事。

【注释】

①民之从事:人们在办事的时候。民,人。先秦时期"民""人"二字通用。从事,办事。

②恒于其成事而败之：往往在快要成功的时候失败了。恒，常常。其成，将要成功。其，假借为"几"。几乎，将要。高明《帛书老子校注》："'几''其'古音相同通假。"与乙本、王本相比，本句多一"事"字。古人常说：行百里者半九十。为什么这样说呢？因为胜利在望，人们往往会麻痹大意，更为重要的是，在即将走到终点时，也是最为困乏的时候，此时是否能够再坚持一下，就成为能否成功的关键。《晋书·朱伺列传》记载：

> （杨）珉又问："将军前后击贼，何以每得胜邪？"（朱）伺曰："两敌共对，惟当忍之。彼不能忍，我能忍，是以胜耳。"

晋代将军朱伺之所以能够每战必胜，就在于他能够在极为困难的情况下，再坚持一下子。

不仅做具体事情要慎终如始，人的整个一生也要慎终如始。毅力比聪慧更为重要，坚持是成功的基础，然而多数人很难做到这一点。《诗经·大雅·荡》说："靡不有初，鲜克有终。"人们开始时都能够志气豪迈，劲头十足，但坚持到底的却少之又少。才华横溢的子贡是孔子的得意弟子之一，他在学习时就产生过半途而废的念头：

> 子贡倦于学，告仲尼曰："愿有所息。"仲尼曰："生无所息。"子贡曰："然则赐（子贡姓端木名赐）息无所乎？"仲尼曰："有焉耳。望其圹，睾如也，宰如也，坟如也，鬲如也，则知所息矣。"（《列子·天瑞》）

子贡厌倦了学习，想休息，孔子提醒他活着就不能休息。子贡很失望，问老师："难道我就没有可以休息的时间和地方了吗？"孔子说："有啊。你什么时候看到那个圆圆的、高高的、如倒置的锅一样的坟墓，就知道到了该休息的时间和地方了。"在孔子看来，人的唯一休息场所就是自己的坟墓。孔子不仅这样教育弟子，而且身体力行，自己也是这样做的：

　　孔子病，商瞿卜期日中。孔子曰："取书来，比至日中，何事乎？"（《论衡·别通》）

　　孔子生了重病，让弟子商瞿占卜自己的死期，占卜结果是死期就在当天中午。孔子对商瞿说："拿本书来，从现在到中午，不读书干嘛呢！"孔子做到了他要求的"生无所息"，有始有终，始终如一，不愧为万世师表。

③故曰：乙本与甲本相比，多一"曰"字；与王本相比，多"故曰"二字。

④冬：假借为"终"。

【译文】

甲本、王本：

人们做事，往往在快要成功的时候失败了。如果结束时依然像开始时那样谨慎小心，就不会把事情办坏。

乙本：

人们做事，往往在快要成功的时候失败了。所以说：如果结束时依然像开始时那样谨慎小心，就不会把事情办坏了。

　　甲本　［是以耵人］欲不欲①，而不贵难得之胕②；学不学③，而复众人之所过④；能辅万物之自［然⑤，而］弗敢为⑥。

　　乙本　是以耵人欲不欲，而不贵难得之货；学不学，复众人之所过；能辅万物之自然，而弗敢为。

　　王本　是以圣人欲不欲，不贵难得之货；学不学，复众人之所过；以辅万物之自然，而不敢为。

【注释】

①耵：同"圣"。欲不欲：圣人希望得到的东西是一般人不愿意得到的，这个东西就是"道"。"欲"的主语是圣人，"不欲"的主语

是常人。由于认识水平、思想境界的不同，每个人所看重的东西也不相同。关于这一点，《吕氏春秋·异宝》有两段话说得很好。

第一段说：

> 宋之野人耕而得玉，献之司城子罕，子罕不受。野人请曰："此野人之宝也，愿相国为之赐而受之也。"子罕曰："子以玉为宝，我以不受为宝。"故宋国之长者曰："子罕非无宝也，所宝者异也。"

宋国有一个农夫耕地时，拾到一块美玉，便把它献给宋国的执政大臣子罕，子罕却不接受。农夫很奇怪，说这块美玉是一件宝物。子罕就解释说："您把美玉看作宝物，而我把不接受贿赂的品质看作'宝物'。"农夫和子罕都有自己所看重的东西，只是所看重的东西不同而已：农夫以美玉为宝，子罕以廉洁为宝。

《吕氏春秋》的第二段说：

> 今以百金与抟黍以示儿子，儿子必取抟黍矣；以和氏之璧与百金以示鄙人，鄙人必取百金矣；以和氏之璧、道德之至言以示贤者，贤者必取至言矣。其知弥精，其所取弥精；其知弥粗，其所取弥粗。

把百金（先秦时期，二十四两或二十两黄金为一金）与一碗小米饭拿来让小孩子选择，小孩子一定会选择小米饭而不要百金；把和氏璧与百金拿来让一个没有见过世面的人选择，这个人一定会选择百金而不要和氏璧；把至理名言与和氏璧拿来让贤者选择，贤者一定会选择至理名言而不要和氏璧。由此可见，认识水平越高的人，他的选择就越精；认识水平越低的人，他的选择就越粗。

②难得之肬：指金银财宝。肬，假借为"货"。财物。

③学不学：圣人学习的内容是一般人不愿意学习的，这个内容也是"道"。

④复：反，扭转。引申为纠正。过：过错。

⑤能辅万物之自然：能够顺应着万物的自然天性去帮助它们成功。辅，帮助。自然，自己原有的样子。本句的"能"，王本作"以"。

⑥而弗敢为：而不敢按照个人意志去做事。本句的"弗"，王本作"不"。

【译文】

因此圣人所想得到的东西是一般人所不想得到的，不看重一般人所喜爱的奇珍异宝；圣人学习的内容是一般人所不愿学习的，并以此来纠正众人的过错；圣人顺应着万物的自然天性去帮助它们成功，而不敢按照个人意志去做事。

六十五章（王本六十五章）

本章提出了"君民同愚"的愚人主义。老子认为，国家混乱的原因，就是人们的智巧太多，而这些智巧往往被运用于彼此的钩心斗角之中，因此要求君主与百姓一起变得憨愚一些。老子意识到自己的这些观点与常人的看法刚好相反，但他认为，如果能够按照自己的主张去治国，一切都会顺利。

本章甲本开始有"故曰"二字，而乙本、王本则为"古之"二字；王本作"不以智治国，国之福"，而甲、乙本分别作"以不知知邦，邦之德也"与"以不知知国，国之德也"，字序与用词都有不同；王本作"然后乃至大顺"，甲、乙本作"乃至大顺"。其他还有一些用词的不同，如王本作"知此两者亦稽式"，甲、乙本作"恒知此两者，亦稽式也"。如此等等。

甲本　故曰①：为道者②，非以明民也③，将以愚之也④。民之难［治也，以其］知也⑤。

乙本　古之为道者，非以明［民也，将以愚］之也。夫民之难治也，以其知也。

王本　古之善为道者，非以明民，将以愚之。民之难治,以其智多。

【注释】

①故曰:所以说。乙本、王本无此句,而代以"古之"二字。

②为道者:按照大道做事的人。这里主要指君主。为,学习,遵循。

③明民:使百姓变得聪明。这里说的"明",是指世俗聪明,而非道家提倡的大智。明,使动用法。使……变得聪明。

④愚之:使人们变得憨愚、纯朴。之,代指百姓。

⑤知:同"智"。"非以明民也,将以愚之也。民之难治也,以其智也",是在讲愚民。

【译文】

甲本:

所以说:那些善于遵循大道办事的君主,并不是用大道使百姓变得聪明伶俐,而是要用它使百姓变得憨愚纯朴。百姓难以治理,原因在于他们的智巧太多。

乙本、王本:

古代那些善于遵循大道办事的人,并不是用大道使百姓变得聪明伶俐,而是要用它使百姓变得憨愚纯朴。百姓难以治理,原因在于他们的智巧太多。

甲本　故以知知邦①,邦之贼也②;以不知知邦③,[邦之]德也④。

乙本　故以知知国,国之贼也;以不知知国,国之德也。

王本　故以智治国,国之贼;不以智治国,国之福。

【注释】

① 故以知知邦：因此使用世俗智巧去治理国家。第一个"知"同"智"，智慧，智巧；第二个"知"通"治"，治理。

② 邦之贼也：对国家是一种伤害。贼，伤害。

③ 以不知知邦：用愚朴的方式治理国家。不知，愚朴。第一个"知"同"智"；第二个"知"通"治"，治理。

④ 邦之德也：对国家是一种恩惠。德，恩德，恩惠。甲、乙本中的"故以知知邦（国），邦（国）之贼也；以不知知邦（国），邦（国）之德也"与王本中的"故以智治国，国之贼；不以智治国，国之福"，是在讲愚君。

老子看到"慧智出，有大伪"（十八章）这一社会现象，于是对症下药，提出君民同愚的治国方略。老子的这一主张虽然不够正确，而且也无法做到，但并不能因此就说老子的主观目的是残害百姓，因为老子不仅主张愚民，也主张愚君。即便是仅就愚民这一点来看，也不能否认老子的主观善意，因为老子愚民的出发点与现实社会的当权者不同，当权者愚民是为了维护既得利益，而老子愚民是为了根除虚伪，使民获利（十九章"绝圣弃智，民利百倍"）。虽然老子以"愚民"去求"利民"的目的很难实现，但绝不能因此就把老子划到百姓的对立面去。

可能会有人提出质疑，老子在谈到自己的政治主张时，总是站在统治者的立场上说话，这分明是替统治者出谋划策，怎么能说他是反对统治者呢？笔者认为，老子不是无君论者，他并不反对有个统治者来治理国家，但他所赞成的统治者是他一再提到的圣人，而不是当时的君主。老子往往把二者对举，褒扬前者，痛斥后者。老子心目中的圣人"处无为之事，行不言之教……生而不有，为而不恃"（二章），这个圣人"无常心，以百姓心为心"（四十九章），而且生活朴素，"为腹不为目"（十二章），这个圣人还能够

　　像"天道"那样均贫富,"能以有余奉天下"(七十七章)。总之,这个圣人是与当时的统治者完全不同的人,老子就把改变现实社会的希望寄托在这样的圣人身上。

【译文】

甲本、乙本:

所以说如果君主用智巧去治国,这是对国家的一种伤害;用愚朴的方式去治国,这是对国家的一种恩赐。

王本:

所以说如果君主用智慧治国,这是国家的灾难;不用智慧治国,是国家的福气。

　　甲本　恒知此两者①,亦稽式也②;恒知稽式,此胃玄德③。玄德深矣、远矣,与物[反]矣④,乃至大顺⑤。

　　乙本　恒知此两者,亦稽式也;恒知稽式,是胃玄德。玄德深矣、远矣,[与]物反矣,乃至大顺。

　　王本　知此两者亦稽式,常知稽式,是谓玄德。玄德深矣、远矣,与物反矣,然后乃至大顺⑥。

【注释】

①恒:常常,永远。两者:指"以知知国"的坏处和"以不知知国"的好处。与王本相比,甲、乙本多一"恒"字。

②亦稽式也:是治国的原则。亦,相当于"是"。稽式,原则,法则。蒋锡昌《老子校诂》:"'稽'为'楷'之借字。'稽''楷'一声之转。"楷、式都是法则的意思。河上公本"稽式"即作"楷式"。而王弼认为"稽,同也。今古之所同则(共有的法则),不可废"(《老子道德经注》)。

③此胃玄德:这就可以说是具备了微妙高尚的品德。胃,通"谓"。叫作。玄德,微妙而高尚的品德。

④与物反矣:好像与一般的事理相反。物,事物。这里指一般的事理。老子认为那些懂得大道、具有高尚品质的人是难以被一般人所理解的,十五章说:"古之善为士者,微妙玄通,深不可识。"他们之所以难以被理解,是因为具有"玄德"之人的做法往往与常人恰恰相反。二十章说:"俗人昭昭,我独昏昏;俗人察察,我独闷闷。"而且这样的人"欲不欲""学不学"(六十四章),他们想的、学的、做的都与常人不一样,所以笔者把"与物反矣"译作"好像与一般事理相反"。具体到本章,也就是说,老子认为圣人治国时主张"君民兼愚",从表面看来,这好像是违背了常理,是害了民众,而实际上却有利于民众。

⑤乃至大顺:办起事来就能够十分顺利。与王本相比,甲、乙本的本句前缺"然后"二字,句意不如王本明确。

⑥然后:这样以后。然,代词,指以上所讲的情况。大顺:非常顺利。是说具有高尚品德的人,办事好像与一般事理相背,然而如果能够按照他们的意见做事,就会十分顺利。

【译文】

甲本、乙本:

永远懂得用智巧治国的坏处和不用智巧治国的好处,就是懂得了治国的原则;能够永远懂得这两条原则,就可以说是具备了微妙高尚的品德。高尚的品德高远深邃,好像与一般事理相反,但做起事来就会十分顺利。

王本:

要懂得以上两条是治国的原则,能够永远把握住这些原则,就可以说是具备了微妙高尚的品德。高尚的品德高远深邃,好像与一般事理相反,然而具有这样的品质之后办起事来却十分顺利。

六十六章（王本六十六章）

【题解】

本章主要讨论做领导的人如何以后取先，以获得民众的拥戴。老子认为，既然处于百川之下的大江大海能够成为百川之王，那么领导者就应该效法自然，先处于百姓之下，自然也就能够成为百姓的领导者。老子最后指出，正是因为圣人"不争"，结果却是"天下莫能与之争"，这就是说，处下、不争只是手段，最终目的是要处上，是要让任何人都无法与自己相争。

本章第一段，甲、乙本以"浴"假借为"谷"，另外王本作"故"，甲、乙本作"是以"，甲本还多一"之"字。第二段，王本作"是以欲上民，必以言下之；欲先民，必以身后之"，甲、乙本作"是以圣人之欲上民也，必以其言下之；其欲先民也，必以其身后之"，比王本多出"圣人"二字、一个"之"字、两个"也"字、两个"其"字，甲、乙本不如王本简洁明了。第三段，甲本作"故居前而民弗害也，居上而民弗重也"，乙本作"故居上而民弗重也，居前而民弗害"，王本作"是以圣人处上而民不重，处前而民不害"，除了用字差别外，更重要的是甲本的句序与乙本、王本相比，是颠倒的；第四段，甲本作"非以其无静与，故天下莫能与静"，与王本相比，这两句多一"非"字、一"与"字，少一"之"字，甲、乙本还使用了通假字。

甲本　[江]海之所以能为百浴王者^①，以其善下之^②，是以能为百浴王^③。

乙本　江海所以能为百浴[王者，以]其[善]下之也，是以能为百浴王。

王本　江海所以能为百谷王者，以其善下之，故能为百谷王。

【注释】

①江海之所以能为百浴王者：大江大海之所以能够成为百川的首领。之，乙本与王本无此字。所以，……的原因。浴，假借为"谷"。小河流。

②以其善下之：因为大江大海善于处在百川的下游。以，因，因为。其，代指大江大海。下之，居于小河之下游。之，代指"百谷"。

③是以：因此。甲、乙本作"是以"，王本作"故"。意思一样。

【译文】

大江大海之所以能够成为百川的首领，就是因为大江大海善于处在百川的下游，所以才能够成为百川的首领。

甲本　是以圣人之欲上民也^①，必以其言下之^②；其欲先[民也]^③，必以其身后之^④。

乙本　是以耶人之欲上民也^⑤，必以其言下之；其欲先民也，必以其身后之。

王本　是以欲上民，必以言下之；欲先民，必以身后之。

【注释】

①是以圣人之欲上民也：因此圣人要想统领百姓。上民，处于民上。

也即做百姓的领导者。与王本相比,本句多"圣人""之"与"也"四字。

② 必以其言下之:必须用他们的言语对百姓表示谦下。比如"侯王自谓孤、寡、不毂"(三十九章)就体现了这一点。与王本相比,本句多"其"字。

③ 其欲先民也:圣人要想领导百姓。先民,处于民前,即领导百姓。与王本相比,本句多"其"与"也"二字。

④ 必以其身后之:必须先把他们自己置于百姓的后面。与王本相比,本句多"其"字。本章主旨就是阐述领导者"其欲先民也,必以其身后之"的道理,关于实施这一原则的方法与效应,《史记·孙子吴起列传》有一个故事做了很好的说明:

> (吴)起之为将,与士卒最下者同衣食。卧不设席,行不骑乘,亲裹赢粮,与士卒分劳苦。卒有病疽者,起为吮之。卒母闻而哭之。人曰:"子卒也,而将军自吮其疽,何哭为?"母曰:"非然也。往年吴公吮其父,其父战不旋踵,遂死于敌。吴公今又吮其子,妾不知其死所矣。是以哭之。"

吴起作为主帅,每次出兵打仗时,他的生活待遇与最下等的士兵一样,睡觉不用垫席,行军不乘车马,亲自背负军粮。有一次,一个年轻士兵身上长了疮,吴起就亲自用嘴巴为这个士兵吸出疮里的脓血。士兵的母亲听到这事,伤心得哭了起来,别人不理解她哭泣的原因,她回答说:"从前我丈夫也在吴将军手下当过兵,吴将军也曾为他吸过疮,结果我丈夫为了报答将军的恩德,打仗时宁死不退,最后死在战场上。换句话说,我丈夫当年就是被吴将军用嘴巴给'吸死'的,现在他又来吸我儿子,我不知道我儿子这次还能不能活着回来。"吴起就是靠这种"其欲先民也,必以其身后之"的管理方式取得了士兵的拥戴,使士兵甘心情愿地为他付出自己的生命。

⑤耵:同"圣"。

【译文】

甲本、乙本:

因此那些圣人要想统领百姓,必须要用他们的言语对百姓表示谦下;那些圣人要想领导百姓,必须先把他们自己置于百姓的后面。

王本:

因此要想统领百姓,必须用言语对百姓表示谦下;要想领导百姓,必须先把自己置于百姓的后面。

甲本　故居前而民弗害也①,居上而民弗重也②,天下乐隼而弗猒也③。

乙本　故居上而民弗重也,居前而民弗害,天下皆乐谁而弗猒也④。

王本　是以圣人处上而民不重,处前而民不害,是以天下乐推而不厌⑤。

【注释】

①害:伤害。这里引申为妨碍。

②民弗重:百姓没有感到有压力。甲本"故居前而民弗害也,居上而民弗重也",与乙本、王本相比,句序颠倒。可能抄写有误。

③乐隼:乐于推戴。隼,应为"推"之误,一说假借为"推"。推举,拥戴。弗猒:不会厌倦。猒,同"厌"。

④乐谁:乐于推戴。谁,假借为"推"。推举,拥戴。

⑤厌:厌倦,厌恶。

【译文】

甲本:

因此圣人处于百姓之前而百姓并不感到有妨碍,居于百姓之上而百姓并不感到有压力,因此天下人都乐于拥戴他而不会讨厌他。

乙本、王本:

因此圣人居于百姓之上而百姓并不感到有压力,处于百姓之前而百姓并不感到有妨碍,因此天下人都乐于拥戴他而不会讨厌他。

甲本　非以其无静与,[故天下莫能与]静①。

乙本　不以其无争与,故[天]下莫能与争。

王本　以其不争,故天下莫能与之争。

【注释】

①非以其无静与,故天下莫能与静:这不就是因为圣人不与人争,所以天下也没有人能够争得赢他。与王本相比,这两句多一"非"字、一"与"字,少一"之"字。静,假借为"争"。与,同"欤"。句末语气词。

纵观历史,"不争"的行为大约分为两种,一种是真正的不争,结果却从中受益。一种是表面不争,暗中做好争的准备,不争仅仅是一种争的手段。这里各举一例。

唐太宗李世民有三位嫡子:太子李承乾、魏王李泰、晋王李治。李承乾与李泰为了争夺太子之位,斗得你死我活,结果是两败俱伤,皆被流放。而李治对于两位兄长的争斗袖手旁观,从不参与,更无觊觎太子位的野心。一是因为李治当时年龄还小,二是与李治仁厚、软弱的性格也有关系。结果太子位却稳稳妥妥地落在了李治身上,使他成了唐朝第三代君主——高宗皇帝。李治是真正不争而得益的典型。

还有一种情况是把不争当成一种争的手段,最终目的是为了战胜一切对手。《明史·朱升列传》记载:

朱升，字允升，休宁人。元末举乡荐，为池州学正，讲授有法。蕲、黄盗起，弃官隐石门。数避兵逋窜，卒未尝一日废学。太祖下徽州，以邓愈荐，召问时务。对曰："高筑墙，广积粮，缓称王。"太祖善之。

"高筑墙，广积粮，缓称王"这一主张不仅深得朱元璋的赞赏，对明王朝的建立起到了极大的积极作用，而且影响深远，被当代人发展为"深挖洞，广积粮，不称霸"的斗争策略。朱元璋"缓称王"，目的是为了避免自己过早成为各军事集团攻击的主要目标，以便为自己赢得充分发展力量的时间与空间，其最终目的是为了达到"故天下莫能与之争"的称王目的。事实证明，朱元璋的这一表面不争的策略是成功的。

【译文】

甲本、乙本：

这不就是因为圣人不与人争，所以天下也没有人能够争过他。

王本：

因为圣人不与人争，所以天下也没有人能够争过他。

六十七章（王本八十章）

【题解】

本章描述了老子"小国寡民"的理想社会，对后世影响极大。老子认为，在美好的社会里，国家很小，人口也少；百姓生活安乐，不用迁徙；社会和谐，没有战争；生活简朴富足，没有各种技巧；邻国相望，但无交往。一切都是那样的祥和美满。这与《桃花源记》的内容十分接近，代表了古人那种美好的生活诉求。

本章甲、乙本与王本的较大的不同有：第一，是王本的本章为第八十章，而甲、乙本则提前至第六十七章，可能是因为错简造成的。第二，甲、乙本作"使民重死而远徙"，王本作"使民重死而不远徙"，甲、乙本少一"不"字，句意则相反。除此，还有许多用字不同，如：甲本作"小邦寡民"，乙本、王本作"小国寡民"；甲、乙本分别作"使十百人之器毋用"与"使有十百人器而勿用"，王本作"使有什伯之器而不用"；甲、乙本分别作"㨗邦"与"㷉国"，王本作"邻国"。如此等等。

甲本　小邦寡民①。使十百人之器毋用②，使民重死而远徙③。

乙本　小国寡民。使有十百人器而勿用④，使民重死而远徙。

　　王本　小国寡民。使有什伯之器而不用⑤，使民重死而不远徙⑥。

【注释】

①小邦募民：国家要小，人口要少。小，用如动词，使国小。募，同"寡"。少。用如动词，使民少。《国语·周语上》记载，周宣王进行过一次人口调查："宣王既丧南国之师，乃料民于太原。"但当时的人口数量没有记载下来。《文献通考·户口考》依据战国时期"苏、张之说，计秦及山东六国戎卒……推人口数尚当千余万"。就在人口如此稀少的情况下，我国的先哲们已经就人口数量多少及其利弊问题展开了论争。论争主要分为两派，一派以儒家、墨家为主，认为当时人口太少，应尽快提高人口数量；一派以道家、法家为主，认为应该控制人口数量。

　　儒家提倡仁政，主要目的是为了百姓福祉，但也希望能够顺便以此招徕人口。孔子说只要推行仁政，"四方之民襁负其子而至矣"（《论语·子路》），"远人不服，则修文德以来之"（《论语·季氏》）。《孟子·梁惠王上》记载梁惠王向孟子诉苦："寡人之于国也，尽心焉耳矣。河内凶，则移其民于河东，移其粟于河内。河东凶亦然。察邻国之政，无如寡人之用心者。邻国之民不加少，寡人之民不加多，何也？"孟子就告诉他说要推行仁政，要让百姓"不饥不寒"，那么"天下之民至焉"。孟子还为齐宣王出主意："今王发政施仁，使天下仕者皆欲立于王之朝，耕者皆欲耕于王之野，商贾皆欲藏于王之市，行旅皆欲出于王之涂……其若是，孰能御之？"孟子的总体施政方针之一就是"广土众民"（《孟子·尽心上》）。可以说儒家将人口多少视为评判一个国家政治好坏的标准。

墨子同样认为人口应尽快增加,并且提出了比儒家更为具体的措施,强力推行早婚多育政策:"然人有可倍也。昔者圣王为法曰:'丈夫年二十,毋敢不处家。女子年十五,毋敢不事人。'此圣王之法也。圣王既没,于民次也,其欲蚤处家者,有所二十年处家;其欲晚处家者,有所四十年处家。以其蚤与其晚相践,后圣王之法十年。若纯三年而字,子生可以二三年(疑为"人")矣。此不惟使民蚤处家,而可以倍与?"(《墨子·节用上》)墨子认为,如果一对夫妇能够提前结婚十年,那么就可以为国家多生两三个孩子。

道家与法家则主张控制人口数量。本章"寡民"二字明确表示老子希望控制人口增长。他认为要想实现理想社会,人口一定要少。这一主张颇具远见,因为自然资源有限,而人口增长一旦超出自然资源的承受力,对彼此都是严重伤害。现代自然资源与人口猛增之间所产生的张力,已充分证明这一点。

法家代表人物韩非就是站在这一角度,主张控制人口。韩非把战国动乱直接归咎于人口过多与自然资源匮乏这一矛盾:"古者丈夫不耕,草木之实足食也;妇人不织,禽兽之皮足衣也。不事力而养足,人民少而财有余,故民不争。是以厚赏不行,重罚不用,而民自治。今人有五子不为多,子又有五子,大父未死而有二十五孙,是以人民众而货财寡,事力劳而供养薄,故民争,虽倍赏累罚而不免于乱。"(《韩非子·五蠹》)韩非认为远古时期社会之所以安定,就是因为人口少而自然资源充裕,人们不用从事太重的体力劳动,就能够通过自然馈赠而满足衣食所需;而战国动乱的原因就是因为人口增长过快,自然界提供的衣食满足不了人们的需求,从而造成人们彼此间的争夺。

对古代影响最大的是儒、墨两家的人口思想。因为在地广人稀的古代,人口的增加就意味着财富与兵源的增加,人口增加是国富民强的基础。汉惠帝即位第六年，命令"女子年十五以上至三十不嫁，五算"（《汉书·惠帝纪》）。汉朝规定每人每年要缴纳一算（一百二十钱）的人头税，女子十五岁还不出嫁，每年要缴纳五算。惠帝运用经济手段敦促百姓早婚多育的目的与墨子一样。南朝周朗向朝廷也提出同样建议："女子十五不嫁，家人坐之。"（《宋书·周朗列传》）而道、法两家的主张，一直到近现代才慢慢受到重视。

②使十百人之器毋用：即使有十倍百倍功效于人工的器具，而不去使用它们。老庄反对使用机械，《庄子·天地》："子贡南游于楚，反于晋。过汉阴，见一丈人方将为圃畦，凿隧而入井，抱瓮而出灌，搰搰然用力甚多而见功寡。子贡曰：'有械于此，一日浸百畦，用力甚寡而见功多。夫子不欲乎？'为圃者仰而视之，曰：'奈何？'曰：'凿木为机，后重前轻，挈水若抽，数如泆汤，其名为槔。'为圃者忿然作色而笑曰：'吾闻之吾师，有机械者必有机事，有机事者必有机心；机心存于胸中，则纯白不备；纯白不备，则神生不定；神生不定者，道之所不载也。吾非不知，羞而不为也。'"一说，"十百人之器"指兵器。古代军制，五人为伍，十人为什，因此"十百人之器"即兵器。

③使民重死而远徙（xǐ）：要让民众特别重视生命而迁徙到远方去。重死，把死亡看得很重，也即重视生命。徙，搬迁，搬家。如果按照这一解释，就是老子认为中原动乱，要求百姓远离动乱地区，类似于《诗经·硕鼠》说的："硕鼠硕鼠，无食我黍！三岁贯女，莫我肯顾。逝将去女，适彼乐土。乐土乐土，爰得我所。"王本本句作"使民重死而不远徙"，相比较而言，王本更符合老子原义。"安土重迁"（《汉书·元帝纪》）是历朝历代所遵行的重要国策，而且本章也说："邻邦相望，鸡犬之声相闻，民至老死，不相往来。"不主张百姓四处流动。正因为"使民重死而远徙"的说法既不符合老

子原义,也不符合历代国策,所以有学者对"远徙"做出别样的解释,认为"远"不是"遥远"的意思,而是"远离",那么"远徙"就是"远离迁徙"的意思:"'远徙'之'远'字,非作'远近'解的副词,而是作'疏''离'解的动词。《广雅·释诂》:'远,疏也。'……帛书《甲》《乙》本'使民重死而远徙',犹言使民重死而离别迁徙,即使民重视生命而避免迁徙。"(高明《帛书老子校注》)笔者认为,还是应该依照王本,"使民重死而远徙"残缺一"不"字,应作"使民重死而不远徙",但译文仍按照原文翻译。

④使有十百人器勿用:本句与甲本相比,多一"有"字,改"毋"为"勿",含义一样。

⑤什伯之器:泛指众多的器具,包括下文所讲的舟舆、甲兵等。什伯,即"十百",泛指众多。

⑥使民重死而不远徙:这一句话,影响了中国数千年的政治。历朝历代执行的都是这一政策,古人称之为"安土重迁"。执行这一政策的目的有二:一是经济目的,人口固定下来,有利于税收。二是政治目的,历代朝廷最头疼的问题之一就是流民问题,因各种原因,民众不能安于故土,大规模流动起来,一旦为生活所迫,就会揭竿而起。

【译文】

甲本、乙本:

国家要小,人口要少。即使有十倍百倍功效于人工的器具,而不去使用它们,要让百姓看重生命而迁徙到远方去。

王本:

国家要小,人口要少。即使有各种各样的器具也不使用,使百姓看重生命而不随便迁徙到远方去。

甲本 有车周①,无所乘之②;有甲兵③,无所陈[之④;

使民复结绳而］用之⑤。

　　乙本　　又周车⑥，无所乘之；有甲兵，无所陈之；使民复结绳而用之。

　　王本　　虽有舟舆⑦，无所乘之；虽有甲兵，无所陈之；使人复结绳而用之⑧。

【注释】

①有车周：有车船。周，假借为"舟"。王本本句前有"虽"字。

②无所乘之：没有必要去乘坐它们。无所，没有因由，没有必要。所，代词。代指"乘之"的原因。因为人们不"远徙"，所以用不上车船。

③甲兵：战衣和兵器，这里泛指武器装备。甲，战衣。兵，兵器。

④陈：陈列，摆出来。引申为使用。社会安定，没有战争，所以用不上甲兵。

⑤结绳：远古时代的一种记事方式。远古没有文字，人们依靠在绳上打结以帮助记事，绳结形状、大小的不同则标志着不同的事情。这句话的意思是不要文字。老子反文字、科技的主张，受到学界的一致批判，认为是在开历史倒车，而笔者认为应该重新审视老子的这一主张。

　　原始社会的基本特征就是生产力极度落后，人们的文化水平非常低下。而老子的"小国寡民"社会并不具备这些特征，因为在"小国寡民"的社会里，还有舟船、甲兵、文字等先进工具，只是不去使用它们而已。笔者过去阅读这段话时，总有一个疑问：既然"不用"，为什么还要提出"使有什伯之器""有舟舆""有甲兵"？其答案只能是：老子所描绘的这个社会并非我们常说的原始社会，而是要求人类经过文明发展后再自觉回归自然生活。人类初期阶段,没有车船、甲兵等什伯之器,也没有文字,后来人们创造、使用这些东西,使用一个阶段之后,又发现使用这些东西给自己带不来多少幸福,反而平添了不少麻烦,于是又自觉地把这些东西放置一边不再使用,重新回到结绳而治的纯自然生活状态。这是一个否定之否定的历史过程:

没有什伯之器,过纯自然生活

↓

发明什伯之器,过所谓文明生活

↓

虽有什伯之器而不用,重新恢复纯自然生活

通过这一过程,不难明白,老子所提倡的理想社会,不是蒙昧落后的原始时代,而是经过否定之否定后,对所谓文明的抛弃和对自然的回归。这就像老子多次提到的"复归于婴儿"(二十八章)一样。老子提倡的婴儿状态,绝非一般所说的婴儿状态,而是经过"婴儿——成人——复归婴儿"三个过程,后一种婴儿状态是大智大勇、至刚若柔的"婴儿状态"。同样,"小国寡民"是一种看似原始社会、而实际属于文明形式更高的社会。

⑥又:通"有"。周:假借为"舟"。本句为"周车",甲本作"车周",字序颠倒,含义一样。

⑦虽:即使。舆(yú):车。

⑧人:甲、乙本作"民"。先秦时期,"人"与"民"通用,泛指民众、人们。

【译文】

即使有船只车辆,也没有必要去乘坐它们;即使有武器装备,也没有必要去使用它们;让人们重新使用结绳的方法去记事。

甲本　甘其食①,美其服,乐其俗②,安其居。𨟠邦相

　　朢③，鸡狗之声相闻，民至［老死，不相往来］④。

　　乙本　甘其食，美其服，乐其俗，安其居。嬰国相朢⑤，鸡犬之［声相］闻，民至老死，不相往来。

　　王本　甘其食，美其服，安其居，乐其俗。邻国相望，鸡犬之声相闻，民至老死，不相往来。

【注释】

①甘：用如使动词，"甘其食"即"使其食甘"，让他们吃好。下面的"美""安""乐"的用法同"甘"。总观《老子》全书，老子并不反对发展生产，但他认为发展生产应该有一个度，要适可而止，适可而止的标准就是十二章讲的"为腹不为目"。关于这一点，也可参见三十二章"始制有名，名亦既有，夫亦将知止。知止可以不殆"的注释。

②乐其俗：为百姓制定他们所乐于接受的风俗习惯。换言之，在美好的社会里，百姓愿意怎么生活，就让他们怎么生活，不要干涉、约束他们。

③瓤邦：即"邻国"。瓤，同"邻"。朢（wàng）：同"望"。

④不相往来：彼此不交往。老庄反对人们交往的原因有二。一是为了避免摩擦。先秦的诸侯国很多，这些国家有时会为一点儿小事而发动一场大的战争。《史记·楚世家》记载：

　　　　吴之边邑卑梁与楚边邑钟离小童争桑，两家交怒相攻，灭卑梁人。卑梁大夫怒，发邑兵攻钟离。楚王闻之怒，发国兵灭卑梁。吴王闻之大怒，亦发兵，使公子光因建母家攻楚，遂灭钟离、居巢。楚乃恐而城郢。

　　吴国卑梁（在今安徽天长西北）一小孩与楚国钟离（在今安徽凤阳东北）一小孩为争采桑叶而争斗，这次小孩子之间的争斗,后来逐步升级,最后吴、楚两国竟然为此打了一仗。从"楚乃恐而城郢(楚国都城,在今湖北荆州一带)"的记载看,这次战争规模不小,而战争的起因仅仅是为了一点桑叶。

二是为了避免攀比。人的幸福感并非来自个人占有名利的多少,而是来自比较。一旦交往,就会比较;一旦比较,就会攀比;一旦攀比,就会竞争;一旦竞争,就会相互挤压,彼此伤害。交往是如何破坏人的幸福感的,这里举《庄子·秋水》的一个寓言:

> (坎井之蛙)谓东海之鳖曰:"吾乐与!出跳梁乎井干之上,入休乎缺甃之崖。赴水则接腋持颐,蹶泥则没足灭跗。还虷、蟹与科斗,莫我能若也。且夫擅一壑之水,而跨跱坎井之乐,此亦至矣。夫子奚不时来入观乎?"东海之鳖左足未入,而右膝已絷矣。于是逡巡而却,告之海曰:"夫千里之远,不足以举其大;千仞之高,不足以极其深。……此亦东海之大乐也。"于是坎井之蛙闻之,适适然惊,规规然自失也。

井蛙的生活本来非常快乐,这种快乐来自它与虷、螃蟹和蝌蚪的比较;后来井蛙又很痛苦,而这种痛苦则来自与海鳖的比较。如果没有海鳖的来访,井蛙会快快乐乐地过完一生,不幸的是半道遇到了海鳖,它的快乐日子到此为止。老子想阻断人们的交往是不可能的,但不能否认其用心还是善良的。

⑤嫛(lín)国:即"邻国"。嫛,同"邻"。

【译文】

百姓的食物甜美,衣服舒适,居住安定,风俗称心。邻国之间彼此看得见,鸡狗之声互相听得到,而人们直到老死,也不相互交往。

六十八章（王本八十一章）

【题解】

本章认为"信言不美""善者不辩""知者不博"，接着要求人们效法天道，对万物做到"利而不害"，进而提出圣人"既以为人，己愈有"的双赢原则。

本章各本较大的不同有：第一，本章在王本中为第八十一章，而在甲、乙本中则为第六十八章，这可能是与本章和第八十章紧紧相接有关——既然第八十章的位置提前了，那么其后的文字也就跟着提前了。接着的几章也是如此。第二，王本作"信言不美，美言不信；善者不辩，辩者不善；知者不博，博者不知"，而甲、乙本作"信言不美，美言不信；知者不博，博者不知；善者不多，多者不善"，不仅用字不同，而且语序也有差异。第三，在本章最后，甲、乙本作"人之道，为而弗争"，而王本作"圣人之道，为而不争"，多一"圣"字，文义显得更为合理。

甲本 ［信言不美①，美言］不［信；知］者不博②，［博］者不知；善［者不多，多］者不善③。

乙本 信言不美，美言不信；知者不博，博者不知；善者不多，多者不善。

　　王本　信言不美，美言不信；善者不辩④，辩者不善；知者不博，博者不知。

【注释】

①信言：诚实的话，真话。信，诚实。不美：不好听。甲本中的本段文字缺失较多，据乙本补。

②知者不博：明智的人不去广泛地追求世俗知识。知，同"智"。明智。博，广泛地学习，这里主要指学习世俗知识。笔者把"知者不博，博者不知"理解为"明智的人不去广求世俗知识，广求世俗知识的人不明智"，是以全书思想为依据。老子在十九章中说："绝学无忧。"在四十七章中说："其出弥远，其知弥少。"在其他各章中，反对博学的言论也不少。本章说的知识主要是指世俗知识。老子反对人们去学习世俗知识，要求人们只要掌握大道就可以了，因为世俗知识越多，人们的欲望就会越大，争夺也就会越激烈。

③善者不多，多者不善：善良的人不去多占名利，多占名利的人不善良。这两句，王本作"善者不辩，辩者不善"。而且语序也不同。王本的意思很清楚，而甲、乙本的这两句含义较为模糊，"善者不多"，不多的是什么？没有讲清楚，根据下文"圣人无积，既以为人，己俞有；既以予人矣，己俞多"，"不多"的应该是名利。尹振环《帛书老子再疏义》则把这两句话翻译为："善人不多，多数人不善。"

④辩：会说话，有口才。对于"信言不美，美言不信；善者不辩，辩者不善"这段话，任继愈评价得十分中肯："这一章包含着一些辩证法思想。老子提出了真假、美丑、善恶等矛盾对立的社会现象，并指出某些事物的表面现象与实质的不一致。这比只从表面现象看问题是深入了一层。但是……如果认定'信言'都是'不美'的，'美言'都是'不信'的；'辩者'一定都'不善'，'善者'一定

都'不辩',这就片面了。不能说世界上真、善、美的事物永远不能统一而只能互相排斥。因此,我们在肯定了老子说对了的地方时,也要指出老子说错了的地方。"(《老子新译》)

【译文】

甲本、乙本:

真话不好听,好听的不是真话;明智的人不去博求世俗知识,博求世俗知识的人不明智;好人不去多占名利,多占名利的不是好人。

王本:

真话不好听,好听的不是真话;好人不巧辩,巧辩的不是好人;明智的人不去博求世俗知识,博求世俗知识的人不明智。

甲本　圣人无积①,[既]以为[人②,己俞有③;既以予人矣④,己俞多]。

乙本　聑人无积⑤,既以为人,己俞有;既以予人矣,己俞多。

王本　圣人不积,既以为人,己愈有;既以与人,己愈多。

【注释】

①积:指积累名利。甲本的本段残缺较多,据乙本补。

②既:尽,全部。《战国策·魏策一》引用本句时就把第一个"既"写作"尽"。如解释为"既然"的"既",表示"……以后",亦通。

　为:帮助。

③己俞有:他自己反而变得更加富有。俞,通"愈"。更加。

④予人:给予别人。予,给。"圣人不积,既以为人,己俞有;既以予人矣,己俞多"这一命题饱含着辩证思想。从先秦至清代,不少贤臣良将都在践行老子的这一原则。《战国策·魏策一》记载:

188 帛书老子

魏公叔痤为魏将，而与韩、赵战浍北，禽乐祚。魏王说，郊迎，以赏田百万禄之。公叔痤反走，再拜辞曰："夫使士卒不崩，直而不倚，挠而不辟者，此吴起余教也，臣不能为也。前脉形地之险阻，决利害之备，使三军之士不迷惑者，巴宁、爨襄之力也。县赏罚于前，使民昭然信之于后者，王之明法也。……臣何力之有乎？"……王曰："公叔岂非长者哉！既为寡人胜强敌矣，又不遗贤者之后，不揜能士之迹，公叔何可无益乎？"故又与田四十万，加之百万之上，使百四十万。故老子曰："圣人无积，尽以为人，己愈有；既以与人，己愈多。"公叔当之矣。

魏国大夫公叔痤打了大胜仗，但他把功劳归之于吴起余教、将士之力和王之明法，结果感动了魏王，在百万赏田之上，另加四十万亩。

清代曾国藩也是如此。笔者在第二十八章中谈到，按照欧阳兆熊的说法，曾国藩以儒家思想为基础，以道家思想为归宿，他不仅把"知其雄，守其雌"当作自己的座右铭，而且也积极践行老子的"既以为人，己愈有"这一原则。

《湘军志》《湘军记》等书记载，曾国藩在率兵打仗时，每打一次胜仗，他都把功劳归之于下属，自己从不揽功，这就是"圣人不积，既以为人"；设想一下，当下属看到主帅这种无私行为之后，肯定是感激万分，一心一意地跟着主帅作战。正是因为曾国藩的军队能够上下齐心协力，最终取得了整个战争的胜利。那么在整个战争取得胜利之后，朝廷会把整体功劳归之于谁？自然是归功于曾国藩，这就是"己愈有"。反过来，如果曾国藩每次打了胜仗，把所有功劳全部占为己有，其他任何人不得染指，那么结果就是将士们与他离心离德，曾国藩不仅无法取得最终胜利，自己反而会被对手击败而变得一无所有。

⑤耵:同"圣"。

【译文】

　　圣人从不积累财富名利,尽全力去帮助别人,他自己反而变得更加富有;把一切都给予别人,他自己反而变得更加充实。

甲本　[故天之道①,利而不害;人之道②,为而弗争③。]

乙本　故天之道,利而不害;人之道,为而弗争。

王本　天之道,利而不害;圣人之道,为而不争④。

【注释】

①故:因此。甲本本段全部残缺,据乙本补。

②人之道:据王本应为"圣人之道"。因为"人之道"是老子批判的对象:"故天之道,敚有余而益不足;人之道则不然,敚不足而奉有余。孰能有余而有以取奉于天者乎,此有道者乎?"（帛书甲本《老子》七十九章）还有另外一种解释,高明《帛书老子校注》:"老子所谓'为而不争',正是指'人之道'言,'圣人之道'乃是无为不争,如第二章'是以圣人居无为之事',第二十章'众人皆有以,我独顽似鄙'。'有以'即有志有为,'似鄙'乃无为无欲。足证《老子》原作'人之道',帛书不误,今本'圣'字乃为浅人所增。""为"在古代的用法很多,如果把这里的"为"理解为与"无为"相对立的"多为""人为干涉",那么高明的解释相当合理。但"为"是一个非常活用的动词,根据上下文,它还有帮助、做事、成为等等含义,如《老子》的十章"生之畜之,生而不有,为而不恃,长而不宰,是谓玄德",二十八章"知其雄,守其雌,为天下谿",四十八章"为道日损",六十四章"为之于未有,治之于未乱",七十七章"是以圣人为而不恃,功成而不处,其不欲见贤",特别是其中圣人"为而不恃"的"为",就是"帮助""施恩惠于"

的意思，其句式与本章下文的"为而弗争"一样。从这个角度看，高明的观点又显得不够正确。

③为而弗争：只帮助别人而从不与人争夺。为，帮助。"不争"是老子处世的重要原则之一，为什么提倡"不争"呢？托尔斯泰有一段话可以说明这个问题："掠夺者的胜利，引起另一个掠夺者的妒嫉，而掠夺来的东西也成为争夺的对象和掠夺者自身的祸患。狗常常发生这类事情，堕落到动物水平的人也常常如此。"（《给中国人民的信》）在现实生活中，"不争"确实能避免一些灾难，有时甚至能得到不同程度的好处，但如果认为只要"不争"，就绝对安全，那无疑是错误的。因此，我们在理解老子思想时，一定不能过于胶着。

④圣人之道，为而不争：与甲、乙本相比，多一"圣"字，更合理。"不"字，甲、乙本作"弗"。含义一样。

【译文】

甲本、乙本：

大自然的运行规律，是施恩惠于万物而从不损害它们；人的处世原则，是只帮助别人而从不与别人争夺。

王本：

大自然的运行规律，是施恩惠于万物而从不损害它们；圣人的处世原则，是只帮助别人而从不与别人争夺。

六十九章（王本六十七章）

【题解】

本章提出了老子视为"法宝"的三条重要原则：一是"慈"，也即守柔；二是"俭"，也即节俭；三是"不敢为天下先"。但值得注意的是，这三条原则都只是手段，而非目的。守柔的目的是为了克刚，节俭的目的是为了扩展，"不敢为天下先"的目的是为了成为万物的领导者。

本章各本主要不同处：第一，甲、乙本的六十九章，对应王本的六十七章。第二，甲、乙本作"天下皆胃我大，大而不宵"，王本作"天下皆谓我道大，似不肖"，甲、乙本少一"道"字，王本作"似不肖"，甲、乙本作"大而不宵"。第三，王本作"夫唯大，故似不肖"，而乙本作"夫唯不宵，故能大"，句式颠倒而含义相似。第四，乙本、王本作"久矣其细也夫"，甲本作"细久矣"。第五，与乙本、王本相比，甲本少"舍其检，且广"，应为抄写脱漏。其他还有一些用字的细微差别。

甲本 ［天下皆胃我大①，大而不宵②。］夫唯［大］，故不宵；若宵，细久矣③。

乙本 天下［皆］胃我大，大而不宵。夫唯不宵，故能大④；若宵，久矣其细也夫⑤！

王本　天下皆谓我道大⑥，似不肖。夫唯大，故似不肖；若肖，久矣其细也夫！

【注释】

①天下皆胃我大：天下的人们都说我的品德伟大。胃，通"谓"。说，认为。甲本缺文，据乙本补。笔者认为，依据王本，"我大"两字之间应缺一"道"字，说"道大"更符合老子原意，因为老子不太可能说人们都夸奖他的品德伟大。当然，翻译时还是尊重原文。

②大而不宵：伟大得好像什么都不像。大，含有大而不当、迂阔而无用的意思。宵，通"肖"。相似。河上公《老子道德经章句》则把"不肖"理解为"佯愚"，即表面愚昧，他把"天下皆胃我大，大而不宵"这两句解释为："老子言天下谓我德大，我则佯愚似不肖。"

③细久矣：很久就微不足道了。乙本、王本本句作"久矣其细也夫"。

④夫唯不宵，故能大：正是因为什么都不像，所以才能成就自己的伟大。本句甲本作"夫唯大，故不宵"，王本作"夫唯大，故似不肖"，甲本与王本语序基本一样。

⑤久矣其细也夫：很久就微不足道了。细，小，微不足道。

⑥天下皆谓我道大：天下人都认为我讲的道太大了。统观全书，笔者认为王本的"天下皆谓我道大，似不肖"更符合原义，道是万事万物规律的总称，因此它不可能与某个具体事物相似，故称之为"不肖"。如果按照"天下皆胃我大"的字面意义去理解，就有自大之嫌。

【译文】

甲本：

天下的人们认为我的品德伟大，伟大得好似什么都不像。正是因为伟大，所以什么也不像；如果像某个具体事物，那么很久就微不足道了。

乙本：

天下的人们都认为我的品德伟大，伟大得好似什么都不像。正是因为什么都不像，所以才能够成就自己的伟大；如果像某种具体事物，那么很久就微不足道了啊！

王本：

天下人都认为我讲的道太大了，似乎什么都不像。正因为它太大，所以什么也不像；如果它像某个具体事物的话，它早就变得微不足道了啊！

甲本　我恒有三葆①，之②：一曰兹③，二曰检④，[三曰不敢为天下先⑤。]

乙本　我恒有三琛⑥，市而琛之⑦：一曰兹，二曰检，三曰不敢为天下先。

王本　我有三宝，持而保之：一曰慈，二曰俭，三曰不敢为天下先。

【注释】

①我恒有三葆：我永远掌握着三件法宝。恒，永远。葆，假借为"宝"。法宝，正确原则。"三宝"即三条值得珍惜的原则，具体指下文说的"慈""俭""不敢为天下先"。与王本相比，甲、乙本多一"恒"字，"葆"假借为"宝"。

②之：据乙本与王本，本句应为"持而保之"或"市而琛之"，因抄写错误，脱漏"持而保"或"市而琛"三字，译文中补译此三字。

③兹：通"慈"。柔和。《增韵》解释"慈"："柔也，善也，仁也。""慈"在古代有三义，这里主要取"柔"义。"慈"与"勇"相对，"俭"与"广"相对，"不敢为天下先"与"故能成器长"相对，意义皆相反。

"勇"为刚,所以把"慈"解释为柔。也有不少注者把"慈"解释为仁慈的意思。

④俭:通"俭"。与王本五十九章的"啬"义同。意思是清静节俭,积蓄力量。王弼注:"节俭爱费,天下不匮,故能广也。"

⑤不敢为天下先:做事不敢抢在天下人的前面。不少人都主张"敢为天下先",认为这是一种可贵的品质,而老子却提倡"不敢为天下先"。老子的这一主张主要是就政治而言,从政治的角度看,老子的这一主张不无道理。

　　历史上的改朝换代,主要有两种手段,一是内部政变,二是依靠暴风雨式的武装起义,用暴力推翻旧王朝,建立新政权。在中国几千年的历史上,第一位起兵造反的都没有成功,而成功者都是随后起兵的人。如秦朝末年首先起兵的是陈胜、吴广,而最终得天下的是随后起兵的刘邦,建立西汉;王莽篡汉建立新朝之后,首先起兵反抗的是绿林、赤眉,而最终得天下的是随后起兵的刘秀,建立东汉;东汉末年首先起兵的是黄巾,而最终得天下的是随后起兵的魏、蜀、吴;隋朝末年首先起兵的是瓦岗军、王薄,而最终得天下的是随后起兵的李渊、李世民,建立大唐。如此等等,几无例外。明朝朱元璋也是一位后起兵者,因此史学家在《明史·太祖本纪》的最后评论朱元璋时说:"天道后起者胜。"后发制人者是最后的胜利者。

　　刘邦在正式起兵之前,有一个行为也特别能够说明"不敢为天下先"的重要性。刘邦曾以亭长身份押送徒役去骊山服役,这些徒役半路逃走很多。刘邦估计等到了骊山就会逃光,于是走到丰(今江苏丰县)西的大泽时,就趁着酒兴,干脆把所有徒役全部释放,然后带着愿意留下的徒役斩白蛇开道,藏于山中,后来这支队伍不断壮大。《史记·高祖本纪》接着记载:

　　　秦始皇帝常曰:"东南有天子气。"于是因东游以厌之。

高祖即自疑，亡匿，隐于芒、砀山泽岩石之间。

刘邦被迫斩白蛇起兵的时间早于陈胜、吴广，但他深藏不露，躲在芒山与砀山（两山相距八里，在今安徽砀山县与河南永城一带）的广泽深山之中，不公开打出反秦旗号。一直熬到"秦二世元年秋，陈胜等起蕲，至陈而王，号为'张楚'，诸郡县皆多杀其长吏以应陈涉"时，刘邦才率领部下出山逐鹿中原。可以说，刘邦深谙"不敢为天下先"之道，后发制人，结果力克群雄，最终成为天下之"器长"。

⑥琛：通"宝"。法宝。

⑦市而琛之：我要牢牢地掌握、珍惜它们。市，假借为"持"。掌握。琛，通"宝"。宝之，以之为宝。

【译文】

甲本、乙本：

我永远掌握着三件法宝，要坚守、珍惜这三件法宝：第一件法宝是守柔，第二件法宝是节俭，第三件法宝是做事不敢抢在天下人之先。

王本：

我有三件法宝，我要牢牢地掌握着它们：一是守柔，二是节俭，三是做事不敢抢在天下人之先。

甲本　［夫兹，故能勇①；检，］故能广②；不敢为天下先，故能为成事长③。

乙本　夫兹，故能勇；检，敢能广④；不敢为天下先，故能为成器长⑤。

王本　慈，故能勇；俭，故能广；不敢为天下先，故能成器长。

【注释】

①兹，故能勇：能够做到守柔，所以才能变得勇猛刚强。兹，通"慈"。柔。老子说的"柔"，不是懦弱无能，而是至刚若柔，只有这样的人才能够忍辱含羞，最终以柔克刚。如勾践能够忍受亡国之耻，韩信能够忍受胯下之辱，刘邦能够忍受鸿门之羞，而这些人的本质则是至刚至勇之人。

②检，故能广：能够做到节俭，所以才能拓展功业。检，通"俭"。广，扩大展开，成就事业。"检，故能广"，也即无为而无不为的意思。

③故能为成事长：所以才能够成为万物的领导者。为成，成为。事，事物，万物。《韩非子·解老》作："不敢为天下先，故能为成事长。"与甲本同。尹振环《帛书老子再疏义》把本句译为："所以事业能够成功与长久。"解"成事"为事业成功，解"长"为长久。本句乙本作"故能为成器长"，王本作"故能成器长"。

④敢：应为"故"字之误。一说"敢"假借为"故"。

⑤器长：万物的领导者。器，泛指万物，这里主要指人。

【译文】

能够做到守柔，所以才能变得勇猛刚强；能够做到节俭，所以才能拓展功业；做事不敢抢在天下人之先，所以才能成为万物的领导者。

甲本　今舍其兹①，且勇②；舍其后，且先，则必死矣。

乙本　今舍其兹，且勇；舍其检，且广；舍其后，且先，则死矣。

王本　今舍慈且勇，舍俭且广，舍后且先，死矣。

【注释】

①今舍其兹：现在如果舍去守柔的原则。与王本相比，甲、乙本的

"今舍其兹""舍其后""舍其检"皆多一"其"字。另外，与乙本、
王本相比，甲本少"舍其检，且广"，应为抄写脱漏。

②且勇：而一味去追求勇猛刚强。且，而。

【译文】

甲本：

如今舍弃他的守柔原则，而一味去追求勇猛刚强；舍弃他的处后原
则，一味去追求占先，那么一定是死路一条。

乙本：

如今舍弃他的守柔原则，而一味去追求勇猛刚强；舍弃他的节俭原
则，一味去追求扩展功业；舍弃他的处后原则，一味去追求占先，那么就
是死路一条。

王本：

现在如果舍去守柔，而只求勇猛刚强；舍去节俭，而只求拓展功业；
舍去退让处后，而一味抢先，结果只能是灭亡。

　　甲本　夫兹，[以单]则胜，以守则固①。天将建之②，
女以兹垣之③。

　　乙本　夫兹，以单则朕④，以守则固。天将建之，如以
兹垣之。

　　王本　夫慈，以战则胜，以守则固。天将救之，以慈
卫之⑤。

【注释】

①夫兹，以单则胜，以守则固：能够做到守柔，凭它作战就能胜利，
　凭它守卫就能坚不可摧。这同六十九章所说的"用兵而有言：
　'吾不敢为主而为客，不敢进寸而退尺。'"是一个意思，是说作战

也要用守柔之道,这样才能取得胜利。兹,通"慈"。柔。单,通"战"。

②建之:使他有所建树。也即成就某人。

③女:据乙本,"女"假借为"如"。将要,将会。垣(yuán):支持,保护。《释名·释宫室》:"垣,援也。人可以依阻以为援卫也。"

④以单则朕:凭它作战就能胜利。以,凭借。后省略"柔"。朕,通"胜"。

⑤天将救之,以慈卫之:天要救助一个人,保护这个人的办法就是让他处于柔和的状态。七十六章:"人之生也柔弱,其死也坚强。万物草木之生也柔脆,其死也枯槁。故坚强者,死之徒;柔弱者,生之徒。"可见老子认为谁柔和谁就能生存,谁刚强谁就将死亡。

【译文】

甲本、乙本:

能够做到守柔,凭它作战就能胜利,凭它守卫就能坚不可摧。上天想要成就一个人,将会赋予他柔和的品性以帮助他。

王本:

能够做到守柔,凭它作战就能胜利,凭它守卫就能坚不可摧。上天要救助一个人,保护这个人的办法就是让他具备柔和的品性。

七十章（王本六十八章）

【题解】

本章主要阐述了两条原则：一是要做到"不战而屈人之兵"；二是提醒君主，一定要对所用之人表示谦下。

本章对应王本六十八章。各本的文字基本相同，仅仅一些用字有差异，如：王本作"善胜敌者不与"，甲、乙本分别作"善胜敌者弗与"与"善朕敌者不与"；王本作"是谓用人之力"，甲、乙本作"是胃用人"；王本作"是谓配天、古之极"，甲、乙本分别作"是胃天、古之极也"与"是胃肥天、古之极也"。如此等等。

甲本 善为士者不武^①，善战者不怒^②，善胜敌者弗[与]^③，善用人者为之下^④。

乙本 故善为士者不武，善单者不怒^⑤，善朕敌者弗与^⑥，善用人者为之下。

王本 善为士者不武，善战者不怒，善胜敌者不与，善用人者为之下。

【注释】

①善为士者不武：善于当武士的人不依赖勇猛。士，先秦时期"士"的含义非常广泛，底层贵族、文人、武士、男子均可称为"士"。根据上下文，这里的"士"指武士。一说专指将官，王弼注："士，卒之帅也。"武，勇猛，勇敢。

②怒：奋激。解释为"愤怒"也可，因为愤怒会使人失去理智。

③善胜敌者弗与：善于战胜敌人的人不和敌人直接作战就能制服对方。弗，不。王本作"不"。与，对付。这里指直接与敌人作战。古人认为对待敌人，最好的方法就是孔子说的"夫修之于庙堂之上，而折冲乎千里之外"（《吕氏春秋·召类》），在朝堂上谋划好自己的政治，就能够使千里之外的敌人自动退却。《孙子兵法·谋攻》也说：

> 是故百战百胜，非善之善者也；不战而屈人之兵，善之善者也。故上兵伐谋，其次伐交，其次伐兵，其下攻城。

在战场上百战百胜，也不是最好的。最好的办法是"不战而屈人之兵"。关于"不战而屈人之兵"，《吕氏春秋·召类》记载了一例：

> 士尹池为荆使于宋，司城子罕觞之。南家之墙，犨于前而不直；西家之潦，径其宫而不止。士尹池问其故，司城子罕曰："南家，工人也，为鞔者也。吾将徙之，其父曰：'吾恃为鞔以食三世矣，今徙之，是宋国之求鞔者不知吾处也，吾将不食。愿相国之忧吾不食也。'为是故，吾弗徙也。西家高，吾宫庳，潦之经吾宫也利，故弗禁也。"士尹池归荆，荆王适兴兵而攻宋，士尹池谏于荆王曰："宋不可攻也。其主贤，其相仁。贤者能得民，仁者能用人。荆国攻之，其无功而为天下笑乎！"故释宋而攻郑。孔子闻之曰："夫修之于庙堂之上，而折冲乎千里之外者，其司城子罕之谓乎！"

　　　　楚王计划进攻宋国，就派大夫士尹池出使宋国以打探虚实。士尹池看到宋国相国子罕是如此爱民，就急忙赶回楚国，劝告楚王不可攻宋，因为爱民者必得民心。而此时的楚王已经召集军队准备出征，总不能再把军队遣散，使自己失信于国。楚王最后决定，既然宋国不能打，那就打郑国。于是楚王就率兵把郑国稀里糊涂地揍了一顿，算是为自己找了一个台阶。子罕就是凭着对百姓的爱护，不战而屈人之兵。

④为之下：处于所用者之下。为，处，居。之，代指所用的人。《史记·张释之冯唐列传》："上古王者之遣将也，跪而推毂，曰：'阃以内者，寡人制之；阃以外者，将军制之。'"上古时期，将军出征时，君主要为他跪地推车，这就是"为之下"的表现。

⑤单：假借为"战"。

⑥朕：假借为"胜"。

【译文】

善于当武士的人不依赖勇猛，善于作战的人不表现激奋，善于胜敌的人不去直接和敌人作战，善于用人的人先对所用之人表示谦下。

甲本　　［是］胃不诤之德①，是胃用人，是胃天、古之极也②。

乙本　　是胃不争［之］德，是胃用人，是胃肥天、古之极也③。

王本　　是谓不争之德，是谓用人之力，是谓配天、古之极。

【注释】

①是胃不诤之德：这就是不与人争夺的美德。胃，通"谓"。叫作，

是。诤,通"争"。争夺。

②是胃天、古之极也:这就符合了自然的、自古以来就有的最高法则。天,自然。极,最高原则。与乙本、王本相比,本句少一"配"字(乙本"肥"为"配"之借字)。

③肥:假借为"配"。符合。高明《帛书老子校注》:"《乙》本借'肥'为'配'。"

【译文】

甲本、乙本:

这就是不与人争夺的美德,这就是善于任用别人,这就符合了自然的、自古以来就有的最高法则。

王本:

这就是不与人争夺的美德,这就是善于利用别人力量的办法,这就符合了自然的、自古以来就有的最高法则。

七十一章（王本六十九章）

【题解】

本章再次表明了老子的反战态度。但需说明的是,老子反对侵略战争,而支持正义之战,在此基础上,他提出了"哀兵必胜"这一影响较大的军事思想。

本章对应王本六十九章。本章各本的不同点较多:第一,甲、乙本作"用兵有言曰",比王本多一"曰"字。第二,甲本作"吾不进寸而芮尺",与乙本、王本相比,不仅缺一"敢"字,而且假"芮"字为"退"字。第三,甲、乙本假"胃"为"谓"。第四,甲本假"襄"为"攘"。第五,甲、乙本假"乃"为"扔"。第六,甲、乙本作"执无兵,乃无敌",而王本作"扔无敌,执无兵",不仅语序不同,用字也有差异。第七,甲、乙本分别作"无适"与"无敌",王本作"轻敌",而且甲、乙本还分别各多出"无适""无敌"二字。第八,甲、乙本分别作"斤亡吾葆矣"与"近亡吾琛矣",而王本作"轻敌几丧吾宝"。第九,甲、乙本分别作"故称兵相若"与"故抗兵相若",而王本作"故抗兵相加"。第十,甲、乙本分别作"则哀者胜矣"与"则依者朕矣",而王本作"哀者胜矣"。除了第七、第九两条有含义上的区别之外,其他各条则为文字不同,含义基本一样。

甲本 用兵有言曰①:"吾不敢为主而为客②,吾不进寸而芮尺^③。"

乙本　用兵又言曰^④："吾不敢为主而为客，不敢进寸而退尺。"

王本　用兵有言："吾不敢为主而为客，不敢进寸而退尺。"

【注释】

①用兵：指用兵打仗的人。王本无"曰"字。

②吾不敢为主而为客：我不敢主动发动侵略，但可以反抗侵略。主，主动进攻别人，也即发动侵略战争。客，被动地防守，也即反抗侵略。一般来说，"主"是指侵略战争，"客"是指卫国战争。由此可见，老子并不反对正义战争。

③吾不进寸而芮尺：我不敢前进一寸，而宁可后退一尺。依据乙本、王本，甲本"吾不"后脱漏一"敢"字。芮，依据乙本、王本，应为"退"。一说"芮"假借为"退"。尹振环《帛书老子再疏义》："《说文》：'芮，芮芮，草生貌。内声。''内''退'音近假借。"

④又：通"有"。

【译文】

用兵打仗的人说过："我不敢主动地发动侵略战争，但可以奋起反抗侵略；我不敢前进一寸，而宁可后退一尺。"

甲本　是胃行无行^①，襄无臂^②，执无兵^③，乃无敌矣^④。

乙本　是胃行无行，攘无臂，执无兵，乃无敌。

王本　是谓行无行，攘无臂，扔无敌，执无兵。

【注释】

①是胃行（xíng）无行（háng）：这就是提醒人们不要随便动用军队。胃，通"谓"。叫作，是。行无行，即"无行行"，不要随便摆开军阵。前一个"行"作动词用，指行动、排列。后一个"行"作名词用，指行列、军阵。

②裹无臂：即"无攘臂"，不要随便就卷起袖子以示争斗。裹，假借为"攘"。攘臂，卷起袖子，高举臂膀。描述争斗的样子。

③执无兵：即"无执兵"，不要随便使用兵器。执，拿，使用。甲、乙本的"执无兵"在"乃无敌"之前，而王本在"扔无敌"之后。

④乃无敌矣：即"无扔敌矣"，不要随便攻击敌人。乃，假借为"扔"。拉扯，这里指攻击。本句比乙本、王本多"矣"字。

【译文】

甲本、乙本：

这就是提醒人们不要随便动用军队，不要随便卷起袖子奋臂争斗，不要随便使用兵器，不要随便攻击敌人。

王本：

这就是提醒人们不要随便动用军队，不要随便卷起袖子奋臂争斗，不要随便攻击敌人，不要随便使用兵器。

　　甲本　鬙莫于于无适①；无适，斤亡吾吾葆矣②。故称兵相若③，则哀者胜矣④。

　　乙本　祸莫大于无敌；无敌，近亡吾琛矣⑤。故抗兵相若⑥，则依者朕［矣］⑦。

　　王本　祸莫大于轻敌⑧，轻敌几丧吾宝⑨。故抗兵相加⑩，哀者胜矣。

【注释】

①禍莫于于无适：最大的灾祸就是目中无敌。禍，同"祸"。于，第一个"于"是"大"的误字。"无适"，即"无敌"，目中无敌，也即轻视敌人。无，用如"目中无人"的"无"。适，假借为"敌"。许抗生《帛书老子注译与研究》："然'无敌'（无视敌人）与'轻敌'（轻视敌人）义相近。"一说"无适"是"无敌于天下"的意思，如果想无敌于天下，就是追求极盛状态，然而盛极必衰，会为自己带来灾难。

②斤亡吾吾葆矣：基本上就是违背了大道。斤，假借为"近"。接近，几乎。亡，丧失。引申为违背。吾，本句衍一"吾"字，应删去。葆，假借为"宝"。指"道"。六十二章："道者，万物之奥，善人之宝。"以上两句是说，如果无视敌人，这基本上就是违背了大道。一说，"宝"指身体。"丧吾宝"意思是丧失自己的生命。

③称兵相若：双方发动的军队实力相当。称兵，举兵，兴兵。相若，相似，相当。

④则哀者胜矣：那么主观上不愿打仗，但在受到攻击、不得不带着悲愤的心情去自卫反击的人能够取胜。即三十一章所说的"兵者不祥之器，非君子之器，不得已而用之。……杀人之众，以悲哀莅之"。

⑤琛：通"宝"。指大道。理解为生命亦通。

⑥故抗兵相若：与"称兵相若"义同。

⑦则依者朕矣：那么带着悲愤的心情去自卫反击的人能够取胜。依，应为"哀"字。一说"依"假借为"哀"。高明《帛书老子校注》："假'依'字为'哀'。"朕，假借为"胜"。

⑧轻敌：轻易与人为敌。也即轻易树敌。不少注本，如任继愈《老子新译》、陈鼓应《老子注译及评介》都把"轻敌"解释为"轻视敌人"，与甲、乙本含义相同。

⑨几:几乎,基本上。丧:丧失。引申为违背。

⑩抗兵:举兵。抗,举。加:施加。这里指把兵力施加于对方身上,也即攻敌。一说"加"应作"若",蒋锡昌《老子校诂》:"《道德真经集注》引王弼注:'抗,举也;若,当也。'是王本作'若'。"甲、乙本也作"若"。若,相等。"抗兵相若"的意思是"双方出动的军队实力相等"。

　　关于本章的主旨,任继愈先生总结说:"是讲用兵打仗的。老子以退为进的方针,在军事方面,则表现为以守为主、以守取胜的主张。这条总的作战原则是不对的。但老子提出的不可轻敌和双方兵力差不多相等的条件下,悲愤的一方将获胜等见解还是有它的合理的地方。"(《老子新译》)

　　笔者认为本章同三十一章一样,是反对侵略战争的。本章一开始就说"吾不敢为主而为客",不主动攻击别人,只在必要时进行自卫,这正是三十一章所讲的"兵者不祥之器,不得已而用之"。本章接着说:"行无行,攘无臂,扔无敌,执无兵。祸莫大于轻敌,轻敌几丧吾宝。""宝"即"道","道"是清静无为的。而随便用兵、轻易与人为敌却是多为的表现,是违背大道的,这正是三十一章所讲的"夫佳兵者不祥之器,物或恶之,故有道者不处"。本章最后的"故抗兵相加,哀者胜矣",一方面讲的是三十一章中的"杀人之众,以哀悲莅之",同时也体现了老子的无为而无不为的一贯思想,也就是说,只有不愿作战的人才能取得战争的胜利。因此如果把"轻敌"按今天的意思解释为看轻敌人的力量,虽然合乎军事常识,但同本章以及全书的思想都失去了联系,甚至相违背。老子是反对战争、反对杀人的,他不是一个兵家,他之所以谈兵,仍是为他的哲学、政治观点服务的。

　　关于"哀兵必胜",《史记·田单列传》记载:燕军及各国联军在占领齐国大部分国土之后,又包围了齐国的即墨,守城的主帅田单有以下举措：

> （田单）乃宣言曰："吾唯惧燕军之劓所得齐卒，置之前行，与我战，即墨败矣。"燕人闻之，如其言。城中人见齐诸降者尽劓，皆怒，坚守，唯恐见得。单又纵反间曰："吾惧燕人掘吾城外冢墓，僇先人，可为寒心。"燕军尽掘垄墓，烧死人。即墨人从城上望见，皆涕泣，俱欲出战，怒自十倍。

田单就是采取各种办法——设法让燕军割掉被俘齐军的鼻子，挖掘齐国百姓的祖坟，使自己的军队变为"哀兵"，最后转败为胜，一举击退了燕军，收复了齐国国土。

【译文】

甲本、乙本：

最大的灾祸就是轻视敌军；如果轻视敌军，基本上就等于违背了大道。因此双方发动的军队实力相当，被迫自卫、心情悲愤的一方获胜。

王本：

最大的灾祸就是轻易与人为敌，轻易与人为敌基本上就是违背了大道。因此两军举兵对抗，被迫自卫、心情悲愤的一方获胜。

七十二章（王本七十章）

【题解】

本章是一首抒情诗，与二十章的性质一样。在本章中，老子吐露了自己不被理解、主张不被重视的苦闷心境。在第二十章中，老子则抒发了自己被迫出走、前途渺茫的悲愤抑郁之情。老子在理论上可以对一切都淡泊处之，但一回到现实，对自己所处的境况依然难以释怀。

本章对应王本七十章。本章各本之间只有一些细微差别，比如：第一段文字，与王本相比，甲、乙本多了一些"也"字。在第二段中，乙本与王本分别作"夫言又宗，事又君"与"言有宗，事有君"，而甲本作"言有君，事有宗"，其中"君"与"宗"位置颠倒。第三段中，王本作"知我者希，则我者贵"，而甲、乙本分别作"知我者希，则我贵矣"与"知者希，则我贵矣"。这些细微差别都不影响文义的一致。

甲本　吾言甚易知也①，甚易行也②；而人莫之能知也③，而莫之能行也④。

乙本　吾言易知也，易行也⑤；而天下莫之能知也⑥，莫之能行也。

王本　吾言甚易知，甚易行；天下莫能知，莫能行。

【注释】

①吾言甚易知也:我的主张很容易理解啊。言,言论,主张。

②甚易行也:很容易实践。王弼《老子道德经注》:"可不出户窥牖
  而知,故曰'甚易知也';无为而成,故曰'甚易行也'。惑于躁
  欲,故曰'莫之能知也';迷于荣利,故曰'莫之能行也'。"

③而人莫之能知也:即"而人莫能知之也",与王本"天下莫能知"
  同义。然而没有人能够理解我讲的言论。人,乙本、王本作"天
  下"。

④而莫之能行也:即"而莫能行之也",与王本"莫能行"同义。然
  而没有人能够按照我的言论去做事。

⑤易知也,易行也:依据甲本、王本,这两句都缺失一"甚"字。

⑥天下:指天下的人们。

【译文】

我的主张很容易理解,也很容易践行;然而天下竟然没有人能够理
解,也没有人能够践行。

  甲本   言有君,事有宗①。夫唯无知也②,是以不[我
知]③。

  乙本   夫言又宗④,事又君。夫唯无知也,是以不我知。

  王本   言有宗,事有君。夫唯无知,是以不我知。

【注释】

①言有君,事有宗:我提出的主张是有依据的,我要求做的事也是有
  一定根据的。君,主,引申为根据。宗,主,根据。老子这两句话
  的意思是说,自己的言论、主张都不是凭空而来,而是有所依据
  的,这个依据就是大道。乙本与王本分别作"夫言又宗,事又君"

与"言有宗，事有君"，其中"君"与"宗"位置颠倒，但不影响含
义的表达。

②夫唯无知：因为世人太无知了。本句的主语是世人。夫唯，连词。
用在因果句的前一分句句首，引出原因，以便下文叙述或推断结
果，可译为"因为""由于"。

③不我知：即"不知我"。没有人理解我。知，理解。

④又：通"有"。

【译文】

我提出的主张都是有所依据的，我要求做的事情也是有一定根据
的。由于人们太无知了，所以没有人能够理解我。

甲本　［知我者希^①，则］我贵矣^②。是以圣人被褐而
褢玉^③。

乙本　知者希^④，则我贵矣。是以耵人被褐而褢玉^⑤。

王本　知我者希，则我者贵。是以圣人被褐怀玉。

【注释】

①希：同"稀"。少。

②则：效法。贵：可贵。物以稀为贵，因此这里的"贵"引申为难得，
稀少。本句与王本相比，少一"者"字。

③被褐（pī hè）：穿着粗布衣。形容贫贱的生活。被，同"披"。穿
着。褐，古代穷人穿的粗布衣。褢（huái）玉：胸怀美好的才能。
褢，同"怀"。玉，比喻美好的才华。李白说："古来圣贤皆寂寞。"
（《将进酒》）中国古代最著名的圣贤是四位：老子、孔子、孟子、庄
子。这四位圣贤无一例外都是孤独寂寞的。老子是孤独寂寞的，
他哀叹自己"天下莫能知"，孔子也是孤独寂寞的：

子曰:"莫我知也夫! ……知我者,其天乎!"(《论语·宪问》)

孔子认为天下没有一个人理解自己,如果有,那大概就是上天了,因此"仲尼干七十余君无所遇"(《史记·儒林列传》)。孟子的遭遇与孔子相似,时人都认为孟子思想"迂远而阔于事情……是以所如者不合"(《史记·孟子荀卿列传》)。时运不济,再加上个性原因,庄子似乎更为孤独寂寞:

三人行而一人惑,所适者,犹可致也,惑者少也;二人惑则劳而不至,惑者胜也。……而今也以天下惑,予虽有祈向,其庸可得邪? 知其不可得也而强之,又一惑也。(《庄子·天地》)

庄子说:"三人同行而其中只有一个糊涂人,他们还可以到达目的地,因为糊涂人毕竟只占少数;如果三人中有两个糊涂人,他们就会搞得疲惫不堪也到不了自己想去的地方,因为糊涂人占了多数。……更何况如今全天下人都是糊涂人,我虽然有自己的追求和理想,可又怎能实现呢? 知道自己的理想无法实现却还要勉强去追求,这就是在所有糊涂人之外又多了一个糊涂人!"朱熹对庄子的孤独处境看得极为清楚:"庄子当时也无人宗之,他只在僻处自说。"(《朱子语类》卷一二五)"僻处自说"准确地描述了庄子那种孤立无助、备受冷落的处境。

④知者希:与甲本、王本相比,"知"后少一"我"字。

⑤耵:同"圣"。

【译文】

理解我的人太少了,能够效法我的人更为难得。因此圣人虽然怀着美好的才能,却过着贫贱穷困的生活。

七十三章（王本七十一章）

【题解】

本章赞美"君子盛德,容貌若愚"(《史记·老子韩非列传》)的品质,批评那些不懂装懂、信口开河的人,并反复提醒人们,不要去犯"不知知"的毛病。

本章对应王本七十一章。本章各本的主要不同处有:第一,甲本作"不不知知",依据文义及甲本与王本,应误多一"不"字。第二,甲、乙本作"尚矣",王本作"上"。第三,甲、乙本作"是以圣人之不病",而王本作"圣人不病"。第四,在"是以圣人之不病"之前,甲、乙本比王本少"夫唯病病,是以不病"两句。其他还有一些虚词使用多少的不同。

> 甲本　知不知,尚矣①;不不知知②,病矣③。
> 乙本　知不知,尚矣;不知知④,病矣。
> 王本　知不知,上⑤;不知知,病。

【注释】

①知不知,尚矣:懂得了,外表看起来却好像什么也不懂得,这是最好的。尚,上等,最好。

②不不知知,病矣:前一句应为"不知知"。依据文义及乙本、王本,

该句误多一"不"字。这两句意思是：不懂却装懂，那就是毛病了。《史记·老子韩非列传》记载，孔子曾经单车赴周，问礼于老子。老子告诫孔子说：

　　良贾深藏若虚，君子盛德，容貌若愚。

优秀的商人虽然家藏万贯财货，表面上看起来却好像一无所有；道德高尚的人内心充满了美德，表面上看起来却好像憨愚无知。这讲的正是"知不知，上"的意思。在《老子》一书中，类似的观点不少，如四十一章的"上德若谷，大白若辱"，四十五章的"大成若缺，大盈若冲"等。如果把"知不知，上；不知知，病"解释为"知道自己不知道，最好；不知道，而自以为知道，就是病"（任继愈《老子新译》），这与孔子的"知之为知之，不知为不知，是知也"（《论语·为政》）的意思相似。这种解释虽然也具有普遍意义，但考虑到老子的整个思想体系，故不取此说。

关于"知不知"和"不知知"这两种人的表现，这里举《玉堂丛语》卷八记载的一件事情为例：明朝永乐年间，曾鹤龄进京参加科举考试，途中与几位浙江举子同坐一只船。那几位举子年轻气盛，傲视天下，一路上议论锋出，谈笑风生，而曾鹤龄却沉默寡言，似无能者。几位举子见状，就故意拿书中的一些疑义询问他，而曾鹤龄也谦虚退让，口称不知，几位举子就嘲笑他说："此人无知，被推荐为举子进京考进士，完全是一种'偶然'。"于是他们就毫不客气地一路称他为"曾偶然"。然而考试结果却大出意料，几位不可一世的举子名落孙山，而"曾偶然"却"抢大魁"，中了状元。于是，曾鹤龄就写了一首诗歌送给几位举子：

　　捧领乡书谒九天，偶然趁得浙江船。世间固有偶然事，不意偶然又偶然。

曾鹤龄是"知不知"的典范，而几位年轻的浙江举人则是"不知知"的典型。

　　这几位浙江举人的学问固然不如曾鹤龄，但能够考上举人，腹中当不会空无一物，言谈大约也无大的失误。还有一些满腹败絮的人，竟然也敢"口吐莲花"，丝毫不惧见笑于大方之家：

　　　　昔有一僧人，与一士子同宿夜航船。士子高谈阔论，僧畏慑，拳足而寝。僧人听其语有破绽，乃曰："请问相公，澹台灭明是一个人、两个人？"士子曰："是两个人。"僧曰："这等尧舜是一个人、两个人？"士子曰："自然是一个人！"僧乃笑曰："这等说起来，且待小僧伸伸脚。"（张岱《夜航船·序》）

　　这位士子连澹台灭明（孔子弟子，复姓澹台，名灭明）是一个人、尧舜是两个人的基本常识都不知道，竟敢在众人面前高谈阔论，信口开河，唬得僧人连腿也不敢伸直。

③病：毛病，缺点。

④不知知：不懂装懂。

⑤上：与"尚"同义。上等，最好。

【译文】

懂得了而外表上好像什么也不懂得，最好；不懂得而装出懂得的样子，这就是毛病。

甲本　　是以圣人之不病①，以其［病病②，是以不病］③。

乙本　　是以即人之不［病］也④，以其病病也，是以不病。

王本　　夫唯病病，是以不病。圣人不病，以其病病，是以不病。

【注释】

①是以圣人之不病：因此圣人之所以没有这种毛病。本句王本作

"圣人不病"。在此句之前,甲、乙本比王本少"夫唯病病,是以不病"两句。

②以其病病:这是因为他们把这种毛病当作毛病。以,因为。其,代指圣人。病病,把这种毛病看作毛病。第一个"病"是动词,意思是"把……看作毛病"。第二个"病"是名词。

③不病:不会犯这种毛病。

④耵:同"圣"。

【译文】

甲本、乙本:

圣人之所以没有这种不懂装懂的毛病,是因为它们知道这是一种毛病,因此就不会犯这种毛病。

王本:

如果知道这种毛病是一种毛病,就不会犯这种毛病。圣人没有这种毛病,这是因为他们把这种毛病当作毛病,所以没有这种毛病。

七十四章（王本七十二章）

【题解】

本章认为，百姓之所以生活动荡不安，忍饥挨饿，完全是暴君造成的。而圣君与暴君相反，圣君虽然也有自爱之心，但从不抬高自我，更不会施行残暴政策以盘剥百姓。

本章对应王本七十二章。本章各本不同处有：第一，甲、乙本作"民之不畏畏，则大畏将至矣"，王本作"民不畏威，则大威至"，王本的"威"，甲、乙本作"畏"，甲、乙本还多出"之""将""矣"数字。第二，甲、乙本分别作"毋闸其所居，毋猒其所生"与"毋伊其所居，毋猒其所生"，而王本作"无狎其所居，无厌其所生"。第三，在第三段，甲、乙本比王本各自多出两个"而"字、两或三个"也"字，王本的"彼"，甲、乙本分别作"被""罢"字。

> 甲本　[民之不]畏畏①，则大[畏将至]矣②。
> 乙本　民之不畏畏，则大畏将至矣。
> 王本　民不畏威③，则大威至。

【注释】

①民之不畏畏：百姓不害怕暴君的恐怖政策。畏畏，第一个"畏"是

害怕的意思,第二个"畏"是令人恐惧的意思,具体指令人恐惧的
暴政。一说,第二个"畏"通"威"。威胁,恐怖。

②则大畏将至矣:那么更大的恐怖政策将会施加于百姓的头上。这
两句讲统治者对百姓的统治手段越来越严酷,下面数句解释"大
畏"的内容。

③畏:威胁,恐怖。

【译文】

由于百姓不害怕暴君的恐怖政策,于是暴君就用更大的恐怖政策施
加于百姓头上。

甲本　毋闸其所居①,毋猒其所生②。夫唯弗猒,是[以
不猒]③。

乙本　毋伸其所居④,毋猒其所生。夫唯弗猒,是以
不猒。

王本　无狎其所居,无厌其所生。夫唯不厌,是以不厌。

【注释】

①毋闸其所居:不让百姓生活安定。闸,依据王本,应通"狎"。狎,
安习,安乐。一说"闸"应按照本义解,即闸住,中断。"毋闸其所
居"的意思是"不要打断人民的安居乐业"(尹振环《帛书老子
再疏义》)。一说闸通"狭"。狭窄,逼迫。"毋闸其所居"的意思
是"言治天下者无狭迫人民之居处,使不得安舒"(奚侗《老子集
解》)。如果按照后两种的解释,那么"毋闸其所居,毋猒其所生"
两句就是老子的正面主张,而不是"大畏将至"的内容。

②毋猒其所生:不让百姓有充足的生活资料。猒,同"厌"。吃饱,
满足。所生,生存所需。即衣食。

③夫唯弗猒，是以不猒：正是因为暴君不让百姓吃饱穿暖，所以百姓
　才吃不饱穿不暖。这两句揭示百姓挨冻受饥的原因，正如七十五
　章所说的"民之饥，以其上食税之多，是以饥"。关于这一段，学
　界有不同解释，录以备考："人民不畏惧统治者的威压，则更大的
　祸乱就要发生了。不要逼迫人民的居处，不要压榨人民的生活。
　只有不压榨人民，人民才不厌恶（统治者）。"（陈鼓应《老子注译
　及评介》）

④毋佯（xiá）其所居：不让百姓生活安定。佯，通"狎"。安习，安
　乐。居，生活。理解为"居住"也可。

【译文】

　他们不让百姓安逸地生活在自己的家园，不让百姓有充足的生活资
料。正是因为暴君不让百姓吃饱穿暖，所以百姓才吃不饱穿不暖。

　　甲本　［是以耶人自知，而不自见也①；自爱，］而不自
贵也。故去被取此②。

　　乙本　是以耶人自知③，而不自见也；自爱，而不自贵
也。故去罢而取此④。

　　王本　是以圣人自知，不自见；自爱，不自贵。故去彼
取此。

【注释】

①自见（xiàn）：自我炫耀。见，同"现"。表现，炫耀。本句甲本残
　缺较多，据乙本、王本补。

②被：通"彼"。指"民之不畏畏，则大畏将至矣。毋闸其所居，毋
　猒其所生。夫唯弗猒，是以不猒"这种做法。此：指"自知，而不
　自见也；自爱，而不自贵也"的做法。这几句旨在说明，如果圣人

处在统治者的地位是如何做的：他们有自知之明，从不炫耀自我；他们虽然也爱护自己，但并不抬高自己。一般统治者与圣人的做法是相反的，其分歧的焦点还在于"有为"和"无为"。前者知道"民不畏威"而有为——"则大威至"，后者知道"民不畏威"则无为——"不自见""不自贵"。"有为"将激化矛盾，天下大乱；"无为"将消除对立，天下大治。

③耴：同"圣"。

④罢：王本作"彼"。一说"罢"假借为"彼"。

【注释】

因此圣君有自知之明，从来不去炫耀自我；有自爱之心，从来不去抬高个人。所以圣君抛弃暴君的做法而不去炫耀、抬高自己。

七十五章（王本七十三章）

【题解】

本章再次强调了老子的守柔原则，坚决反对刚强好勇的品性。接着描述天道不争善胜、不言善应、不召自来、绰然善谋的特性。本章中的"天网恢恢，疏而不失"被后人引用到法制领域，为千古名言。

本章对应王本七十三章。本章各本最大的不同，是王本比甲、乙本多出"是以圣人犹难之"一句。其他用字不同处很多，如：甲、乙本作"则栝"，王本作"则活"；甲本、王本作"所恶"，乙本作"所亚"；甲、乙本分别作"不单而善胜"与"不单而善朕"，而王本作"不争而善胜"；乙本作"天罔裚裚"，王本作"天网恢恢"。如此等等。

甲本 勇于敢者①，[则杀②；勇]于不敢者③，则栝④。[此两者⑤，或利或害⑥，天之所恶⑦，孰知其故]⑧？

乙本 勇于敢，则杀；勇于不敢，则栝。[此]两者，或利或害，天之所亚⑨，孰知其故？

王本 勇于敢，则杀；勇于不敢，则活。此两者，或利或害。天之所恶，孰知其故？是以圣人犹难之⑩。

【注释】

①勇于敢者:努力做到果敢刚强的人。勇,奋勇,努力。敢,果敢,刚强。乙本、王本无"者"字。

②杀:被杀,非正常死亡。王弼《老子道德经注》:"必不得其死也。"

③勇于不敢者:努力做到谦退柔和的人。不敢,不刚强,也即谦退、柔和。乙本、王本无"者"字。

④栝:王本为"活"。一说"栝"假借为"活"。

⑤此两者:这两种行为。也即"勇于敢"与"勇于不敢"。

⑥或利或害:有的行为使人得益,有的行为使人受害。或,有的。第一个"或"代指"勇于不敢",第二个"或"代指"勇于敢"。

⑦所恶(wù):所讨厌的东西,指"敢"这种品性。

⑧孰:谁。故:原因。

⑨亚:通"恶"。

⑩是以圣人犹难之:因此连圣人也难以回答这个问题。难之,以之为难。除王弼本外,包括甲、乙本在内的其他不少版本都没有这一句,而且与全章也不协韵,因此怀疑是注文误入正文。

【译文】

甲本、乙本:

努力做到果敢刚强的人,就会死于非命;努力做到谦退柔和的人,就能安然生存。这两种行为,有的使人得益,有的使人受害。上天讨厌一些品行,谁能知道它讨厌这些品行的原因是什么呢?

王本:

努力做到果敢刚强的人,就会死于非命;努力做到谦退柔和的人,就能安然生存。这两种行为,有的使人得益,有的使人受害。上天讨厌一些品行,谁能知道它讨厌这些品行的原因是什么呢? 因此连圣人也难以回答这个问题。

甲本　［天之道，不单而善胜①，］不言而善应，不召而自来②，弹而善谋③。［天网恢恢④，疏而不失⑤。］

乙本　天之道，不单而善朕⑥，不言而善应，弗召而自来，单而善谋⑦。天罔絓絓⑧，疏而不失。

王本　天之道，不争而善胜，不言而善应，不召而自来，绰然而善谋⑨。天网恢恢，疏而不失。

【注释】

①不单而善胜：不用征战就能够取得顺利。单，通"战"。征战。与王本"争"同义。本段甲本的缺失之字，据乙本、王本补。

②不召而自来：不用召唤而自动到来。如春夏秋冬、风雨寒暑等等。

③弹而善谋：从从容容却善于谋划。据王本，"弹"应为"绰"或通"绰"。绰然，不慌不忙的样子。一说甲本、乙本的"弹"与"单"均通"坦"，是坦然、安然的意思。

④天网恢恢：大自然的规律就像一张广大无边的网一样。天，大自然的规律，也即大道。恢恢，广大的样子。

⑤疏而不失：网孔看似稀疏却从不遗漏任何东西。疏，稀疏。失，遗漏。"天网恢恢，疏而不失"这一比喻十分恰当，因为大至天地，小至蝼蚁，都必须遵循大道才能生存。后人改为"法网恢恢，疏而不失"，只能说是表达了一种美好愿望，因为在古代社会，法网如蛛网，只能逮住小者，至于大者，不仅无法逮住，连网也能毁掉。

⑥朕：通"胜"。

⑦单：一说通"绰"，一说通"坦"。

⑧罔：通"网"。絓絓：通"恢恢"。

⑨绰（chǎn）然：不慌不忙、从容的样子。

【译文】

大自然的运行规律,是不去争夺而善于取胜,不发一语而善于回应,不用召唤而自动到来,从从容容却善于谋划。大自然的规律就像一张广大无边的网一样,网孔看似稀疏却从不遗漏任何东西。

七十六章（王本七十四章）

【题解】

本章首先指出"民不畏死"这一事实，既然"民不畏死"，因此依靠杀人是治理不好国家的；老子接着提醒玩火者必自焚，嗜好杀人者最终势必会伤害自己。本章主要阐述老子反对刑杀的政治主张。

本章对应王本七十四章。本章各本的差异较多，主要的一点是王本作"常有司杀者杀"一句，而甲、乙本则为"若民恒且必畏死，则恒又司杀者"两句。其他细微不同处还很多：第一，乙本作"若民恒且畏不畏死"，王本作"民不畏死"。第二，甲、乙本分别作"奈何以杀思之也"与"若何以杀曜之也"，王本作"奈何以死惧之"。第三，甲、乙本分别作"若民恒是死"与"使民恒且畏死"，王本作"若使民常畏死"。第四，甲、乙本分别作"则而为者"与"而为畸者"，王本作"而为奇者"。如此等等。但这些词句的不同，并未影响各本思想的一致性。

甲本　[若民恒且不畏死①，]奈何以杀思之也②？若民恒是死③，则而为者④，吾将得而杀之⑤，夫孰敢矣⑥！

乙本　若民恒且畏不畏死⑦，若何以杀曜之也⑧？使民恒且畏死，而为畸者⑨，[吾]得而杀之，夫孰敢矣！

　　王本　民不畏死⑩，奈何以死惧之？若使民常畏死，而为奇者⑪，吾得执而杀之⑫，孰敢！

【注释】

①若民恒且（jū）不畏死：如果百姓永远不畏惧死亡。恒，常常，永远。且，助词。用在句中或句末。本句所缺七字，据乙本补。

②奈何以杀愳（jù）之也：怎么能够用死亡去威胁他们呢？奈何，怎么能够。愳，同"惧"。威胁，恐吓。

③若民恒是死：如果百姓永远惧怕死亡。据乙本、王本，"是"应是"畏"，形近而误。一说"是"下脱漏一"畏"字："'恒是'下脱一'畏'字。"（高明《帛书老子校注》）

④则而为者：那么如果有人敢做坏事。则，那么。而，连词。含有"如果"的意思。依据乙本与王本，"为"后脱一"畸"或"奇"字。

⑤吾将得而杀之：我们将会把他抓起来杀掉。吾，不是指老子本人，而是以统治者的口气说话。得，得到，抓到。

⑥夫孰敢矣：谁还敢做坏事呢！孰，谁。

⑦若民恒且畏不畏死：本句中的第一个"畏"为衍字，应删去。

⑧瞿：通"惧"。威胁。

⑨而为畸者：对于那些做坏事的人。畸，偏，邪。这里指坏事。一说"畸"通"奇"。邪恶。

⑩民不畏死：百姓不怕死。百姓之所以不怕死，是因为他们无法生存，王本七十五章说："民之轻死，以其上求生之厚，是以轻死。"因为统治者太重视自我，他们为了个人享乐，加重盘剥，使百姓无法生存，结果百姓就会拼死反抗。本句变甲、乙本的假设句为肯定句，含义更为恰当。

⑪为奇者：干坏事的人。为，做。奇，邪恶，坏事。

⑫执：捉住，逮捕。

【译文】

甲本、乙本：

如果百姓永远是不畏惧死亡的话，怎么能够用死亡去威胁他们呢？如果百姓永远是畏惧死亡的，那么对于那些干坏事的人，我们就可以把他抓来杀掉，谁还敢干坏事！

王本：

百姓不怕死，怎么能用死亡去威胁他们呢？如果百姓一直是怕死的，那么对于那些干坏事的人，我们就把他抓来杀掉，谁还敢干坏事！

甲本　若民［恒且］必畏死①，则恒有司杀者②。夫伐司杀者杀③，是伐大匠斫也④。夫伐大匠斫者，则［希］不伤其手矣⑤。

乙本　若民恒且必畏死，则恒又司杀者⑥。夫代司杀者杀，是代大匠斫。夫代大匠斫，则希不伤其手。

王本　常有司杀者杀⑦。夫代司杀者杀，是谓代大匠斫⑧。夫代大匠斫者，希有不伤其手矣。

【注释】

①若民恒且必畏死：如果百姓永远地而且肯定是恐惧死亡的话。

②则恒有司杀者：那么也应该永远由天地自然去杀人。司杀者，掌握杀人权者。这里主要指自然规律。自然规律能够使万物生存，也能够使万物死亡。"司杀者"也可理解为司法官员。司，主管。

③伐：据乙本、王本，"伐"应为"代"，形近而误。"是伐大匠斫也。夫伐大匠斫者"中的"伐"均为"代"字之误。

④是伐大匠斫(zhuó)也：这就好比代替技术高超的木工去砍削木头一样。是，代指"夫伐司杀者杀"。大匠，技术高超的木工。

斫,砍削木头。

⑤希:同"稀"。少。王本作"希有",很少有。

⑥又:通"有"。

⑦常有司杀者杀:永远应该由天地自然去杀人。本句与甲、乙本最大的不同是,王本仅为一句,而甲、乙本为则"若民恒且必畏死,则恒有(又)司杀者"两句。

⑧是谓代大匠斫:这就叫作代替技术高超的木工去砍削木头。

【译文】

甲本、乙本:

如果百姓永远地而且肯定是恐惧死亡的话,那么也应该永远由天地自然去杀人。代替天地自然去杀人,这就好比代替技术高超的木工去砍削木头一样。代替技术高超的木工去砍削木头的人,那么就很少有不砍伤自己手指的。

王本:

永远应该由天地自然去杀人。代替天地自然去杀人,这就好比代替技术高超的木工去砍削木头一样。代替技术高超的木工去砍削木头,很少有不砍伤自己手指的。

七十七章（王本七十五章）

【题解】

本章紧承上章，解释"民不畏死"的原因。老子首先指出暴君是制造灾难、引起社会动荡的罪魁祸首，正是因为暴君的暴行，才使饥寒交迫的百姓铤而走险。老子接着从辩证的角度指出，不太重视个人生命的君主，为百姓与自己带来的福佑远远胜过那些过分重视个人生命的君主。

本章对应王本七十五章。本章各本只有一些细微差别，如：甲、乙本作"人之饥也，以其取食逆之多也"与"人之饥也，以其取食跣之多"，王本作"民之饥，以其上食税之多"；甲、乙本作"百姓（或"生"）之不治也，以其上有以为也"，王本作"民之难治，以其上之有为"；甲、乙本作"是贤贵生"，王本作"是贤于贵生"。总体来看，各本含义一致。

> **甲本** 人之饥也[1]，以其取食逆之多也[2]，是以饥；百姓之不治也[3]，以其上有以为［也］[4]，是以不治；民之圣死[5]，以其求生之厚也[6]，是以圣死。

> **乙本** 人之饥也，以其取食跣之多[7]，是以饥；百生之不治也[8]，以其上之有以为也，［是］以不治；民之轻死也，以其求生之厚也，是以轻死。

王本 民之饥，以其上食税之多，是以饥；民之难治，以其上之有为⑨，是以难治；民之轻死，以其求生之厚⑩，是以轻死。

【注释】

①人：指百姓，民众。

②以：因为。其：指统治者。根据下文，"其"下应有"上"字。"其上"所指更为明确，指民众的管理者，也即统治者。取食说：收税。说，通"税"。王本作"食税"。

③百姓之不治也：百姓治理不好。把"治"理解为"安定"亦可，那么"百姓之不治也"的意思是："百姓生活之所以不得安定。"

④有以为：带着个人功利目的去多为多事。有以，有目的。这里指有个人目的。

⑤圣死：看轻死亡，不重视生命。指百姓不惜生命以反抗暴君。圣，通"轻"。

⑥以其求生之厚也：是因为统治者用来养生的手段太过分。统治者太重视个人生命，势必会盘剥百姓以养己，结果会引起百姓拼死反抗。

⑦说：通"税"。

⑧百生：即"百姓"。生，假借为"姓"。

⑨有为：多为。这里指统治者好大喜功，如秦皇、汉武大搞土木工程、征战拓边等。

⑩以其求生之厚：根据前文"以其上食税之多""以其上之有为"，本句"其"下应脱漏一"上"字。

【译文】

甲本、乙本：

人们之所以忍饥挨饿，是因为他们的统治者收税太多，所以忍饥挨

饿；百姓之所以无法治理好，是因为他们的统治者总是带着个人功利目
的去多为多事，所以百姓无法治理好；百姓之所以不怕死，是因为他们的
统治者用来养生的手段太过分，所以百姓不怕死。

王本：

百姓之所以忍饥挨饿，是因为他们的统治者收税太多，所以忍饥挨
饿；百姓之所以难以治理，是因为他们的统治者好大喜功，所以难以治
理；百姓之所以不怕死，是因为他们的统治者用来养生的手段太过分，所
以百姓不怕死。

甲本　夫唯无以生为者[①]，是贤贵生[②]。

乙本　夫唯无以生为者，是贤贵生。

王本　夫唯无以生为者，是贤于贵生[③]。

【注释】

[①] 夫唯：连词。用在因果句的前一分句句首，引出原因，以便下文叙
述或推断结果，可译为"因此""由于"。无以生为者：不以生为
事的统治者。即不把自我生命看得太重要的统治者。

[②] 是贤贵生：这样做要胜过那些过分重视自我生命的统治者。贵
生，看重自我生命。与王本相比，"贤"字后少一"于"字。

[③] 贤于：胜过。于，介词。表示比较。本章直截了当地指出统治者
是给百姓制造灾难、引起社会动荡不安的罪魁祸首。本章提出的
"无以生为者，是贤于贵生"，主要是要求当权者不要太看重自己
的生命，以盘剥百姓为自己服务。在这方面做得最好的皇帝，当
属汉文帝：

　　　孝文帝从代来，即位二十三年，宫室、苑囿、狗马、服御
　　无所增益，有不便，辄弛以利民。尝欲作露台，召匠计之，直
　　百金。上曰："百金，中民十家之产。吾奉先帝宫室，常恐羞

之,何以台为!"上常衣绨衣,所幸慎夫人,令衣不得曳地,帏帐不得文绣,以示敦朴,为天下先。治霸陵皆以瓦器,不得以金银铜锡为饰,不治坟,欲为省,毋烦民。(《史记·孝文本纪》)

就是这位"无以生为"的汉文帝,不仅稳定了汉王朝局面,开创了文景之治,而且也成就了自己圣君的美名,更重要的是全国百姓因此而过上了富裕祥和的日子。文帝的行为利国、利民、利己,可以说一举而三得。

"无以生为"这一道理不仅适用于君主,也适用于每一位常人的养生活动。请看白居易的《自觉》:

四十未为老,忧伤早衰恶。前岁二毛生,今年一齿落。形骸日损耗,心事同萧索。夜寝与朝餐,其间味亦薄。同岁崔舍人,容光方灼灼。始知年与貌,衰盛随忧乐。畏老老转迫,忧病病弥缚。不畏复不忧,是除老病药。

这首诗歌通过自己与崔舍人的对比,说明越是担忧衰老、疾病,衰老、疾病越是前来纠缠;把老病放在一边不去考虑它们,反而能使老病远离自己。这也就是第七章讲的"外其身而身存"的道理。

【译文】

因此那些不一味重视自我生命的统治者,其行为胜过那些过分重视自我生命的统治者。

七十八章（王本七十六章）

【题解】

本章先描述万物初生时柔弱、死后僵硬与"强大处下，柔弱处上"等自然现象，然后把这一自然现象引入人事，强调柔弱胜刚强的道理。本章再次揭示了道家效法自然、顺应自然的主旨。

本章对应王本七十六章。各本主旨一致，但词句差异较多，主要有：第一，甲、乙本分别作"其死也植仞贤强"与"其死也髄信坚强"，王本作"其死也坚强"。第二，甲本作"柔弱微细，生之徒也"，比乙本、王本多出"微细"二字。第三，甲、乙本分别作"木强则恒"与"木强则竞"，王本作"木强则兵"。第四，在最后一段，甲本作"柔弱微细居上"，也比乙本、王本多出"微细"二字。除此，还有一些其他用字的细微差异。

甲本 人之生也柔弱①，其死也植仞贤强②。万物草木之生也柔脆，其死也栟毳③。

乙本 人之生也柔弱，其死也髄信坚强④。万［物草］木之生也柔椊⑤，其死也栟槁⑥。

王本 人之生也柔弱，其死也坚强。万物草木之生也柔脆，其死也枯槁。

【注释】

①柔弱:指身体柔软。

②其死也亘(héng)仞贤强:人死后的身体肌肉是僵硬的。亘,高明《帛书老子校注》:"帛书《甲》本'其死也亘仞贤强',《乙》本'其死也髄信坚强','亘仞''髄信'显然亦是指人体中两种不同组织的名称。'亘''髄'二字字书皆无,读音均从'恒',在此同假为'筋'。……古'恒''筋'二字同音,'亘''髄'均与'筋'字通假。'仞''信'古音相同,在此均假为'朋'。《管子·内业篇》'筋信而骨强',《心术篇》作'筋朋而骨强',即其证。《玉篇》:'朋,坚肉也。'从而可见,《甲》本'亘仞'与《乙》本'髄信',皆当读作'筋朋'。"简言之,"亘仞"与"髄信"皆通'筋朋',"筋朋"的意思就是"筋肉",也即"肌肉"。贤强,即"坚强"。僵硬。指尸体僵硬。贤,为"坚"之误,一说"贤"假借为"坚":《甲》本假'贤'字为'坚'。"(高明《帛书老子校注》)

③桙藁(kū gǎo):假借为"枯槁"。草木枯槁后,同样是僵硬而不柔软。

④髄信:筋肉,肌肉。详细解释见本段注释②。

⑤柔桙(cuì):即"柔脆"。桙,假借为"脆"。高明《帛书老子校注》:"《乙》本假'桙'字为'脆'。"

⑥桙藁:即"枯槁"。高明《帛书老子校注》:"假'桙'字为'枯'。"

【译文】

人初生时身体是柔软的,死后的身体是僵硬的。万物草木初生时是柔脆的,死后是枯槁的。

甲本　故曰:坚强者,死之徒也①;柔弱微细②,生之徒也。

乙本　故曰:坚强,死之徒也;柔弱,生之徒也。

王本　故坚强者,死之徒;柔弱者,生之徒。

【注释】

①徒：通"途"。道路，途径。与五十章"生之徒十有三，死之徒十
　有三"用法一样。

②柔弱微细：柔弱细微的品性。乙本、王本没有"微细"二字。

【译文】

甲本：

所以说：追求刚强的品性，是一条死路；保持柔弱细微的品性，是一条生路。

乙本：

所以说：追求刚强的品性，是一条死路；保持柔弱的品性，是一条生路。

王本：

因此追求刚强的品性，是一条死路；保持柔弱的品性，是一条生路。

　甲本　兵强则不胜①，木强则恒②。强大居下，柔弱微细居上③。

　乙本　［是］以兵强则不朕④，木强则竞⑤。故强大居下，柔弱居上。

　王本　是以兵强则不胜，木强则兵⑥。强大处下，柔弱处上。

【注释】

①兵强则不胜：军队太强大了，就会失败。王弼《老子道德经注》：
　"强兵以暴于天下者，物之所恶也，故必不得胜。"意思是依赖强
　大的军队去称王称霸，必定会遭到天下人的反对，因而必败无疑。
　与乙本、王本相比，本句少"是以"二字。

②木强则恒：树木强大了，就会被砍掉烧火做饭。这一解释依据高明《帛书老子校注》："严遵、傅奕诸本所云'木强则共'不误。'共'字与'恒''竞'古读音相同，在此均当假借为'烘'。《尔雅·释言》：'烘，燎也。'……'木强则烘'，犹言木强则为樵者伐取，燎之于炷灶也。"这一解释是不合常理的。打柴的人，并非只砍伐强大的树木，相反，他们多以灌木、丛草为采割对象。《列子·黄帝篇》《淮南子·原道训》则为"兵强则灭，木强则折"，意思是"兵力强大了就会灭亡，树木强大了就会折断"。从长远的、辩证的观点来看，"兵强则灭，木强则折"的提法有其正确的一面，因为任何事物一旦达到极盛点，都会向反面发展，而且这种极盛状态也为滥施暴力提供了条件，客观上加速了这种转化。只是老子用自然现象去论证社会现象的方法是机械的，如果认为凡是柔弱的东西就能生存，凡是坚强的东西就会死亡，也不完全符合客观事实，带有片面性。

　　笔者虽然认为高明对"木强则恒"的解释不够合理，但在没有更圆满的解释之前，本书译文仍然采用这一解释。

③强大居下，柔弱微细居上：坚硬庞大的东西总是处于下面，柔弱微小的东西总是居于上面。王弼《老子道德经注》用树干与枝条的关系来说明这个问题：坚强的枝干处于下，柔弱的枝条却居于上。这两句字面意思讲的仍然是自然现象，目的是用自然现象去印证柔弱胜刚强的道理。本句甲本比乙本、王本多"微细"二字。

④朕：假借为"胜"。

⑤竞：高明《帛书老子校注》认为通"烘"。详见本段注释②。

⑥木强则兵：树木强大了就会招来砍伐。兵，兵器。这里用作动词，用兵器去杀伤、砍伐。

【译文】

甲本：

兵力强大了就会失败,树木强大了就会被砍掉烧火做饭。坚硬庞大的东西总是处于下面,柔软微小的东西总是居于上面。

乙本：

因此兵力强大了就会失败,树木强大了就会被砍掉烧火做饭。坚硬庞大的东西总是处于下面,柔软的东西总是居于上面。

王本：

因此兵力强大了就会失败,树木强大了就会被砍伐。坚硬庞大的东西总是处于下面,柔软的东西总是居于上面。

七十九章（王本七十七章）

【题解】

本章主要阐述老子追求平等的主张。老子认为"天之道"公正平等，而"人之道"则是"损不足以奉有余"，因此要效法"天之道"，纠正"人之道"。

本章对应王本七十七章。本章各本文字差异很大：第一，甲本作"天下之道"，比乙本、王本多一"下"字，此字显然为衍文。第二，乙本作"酉张弓也。高者印之"，王本作"其犹张弓与？高者抑之"。第三，甲、乙本分别作"敚有余而益不足"与"云有余而益不足"，王本作"损有余而补不足"。第四，甲、乙本作"孰能有（或"又"）余而有以取奉于天者乎？唯有（或"又"）道者乎"，王本作"孰能有余以奉天下？唯有道者"，不仅文字不同，含义也有差异。第五，甲、乙本作"是以耵人为而弗又"，王本作"是以圣人为而不恃"。除此，其他细微的用词差别还很多，此不赘举。

甲本　天下［之道^①，犹张弓］者也^②。高者印之^③，下者举之^④；有余者敚之^⑤，不足者补之^⑥。

乙本　天之道，酉张弓也^⑦。高者印之，下者举之；有余者云之^⑧，不足者［补之］。

　　王本　天之道，其犹张弓与^⑨？高者抑之^⑩，下者举之；有余者损之^⑪，不足者补之。

【注释】

①天下之道：本句应为"天之道"，指自然规律。天，大自然。本句与乙本、王本相比，衍一"下"字，应删去。因为"天之道"与下文"人之道"相对应，如果按照"天下之道"理解，则文义不通。

②犹张弓者也：就好像安装弓弦的人一样。弓弦的两端必须安装在弓两头相等的地方，一边高一边低是不行的，所以下文说："高者印之，下者举之。"本段所缺文字，据王本补。另外，与乙本、王本相比，多一"者"字。

③高者印之：高的一端要压低一些。印，假借为"抑"。压低。

④下者举之：低的一端要抬高一些。

⑤有余者败之：弓弦太长的一端就剪短一些。有余者，指过长的弓弦。败，假借为"损"。损之，减少它。

⑥不足者补之：短的一端就补长一些。关于"天下之道，犹张弓者也。高者印之，下者举之；有余者败之，不足者补之"几句，还有另一种解释："天的法则，不是很像拉弓射箭吗？拉高了，就把它压低一点，拉低了，就把它抬高一点，拉得过满了，就让它松弛一点，拉得不够时，就再给它加一把劲。"（尹振环《帛书老子再疏义》）。

⑦酉：假借为"犹"。

⑧云：假借为"损"。

⑨其犹张弓与：大概很像安装弓弦吧？其，表示推测的语气词。犹，像。张弓，在弓上装弦。《说文》："张，施弓弦也。"与，同"欤"。句末语气词。

⑩抑：压低。

⑪损：减少。

【译文】

甲本、乙本：

大自然的运行规律，就像那些安装弓弦的人一样。高的一端就把它压低一点，低的一端就把它抬高一点；长的一端就把它剪短一些，短的一端就把它补长一些。

王本：

大自然的运行规律，大概就像安装弓弦一样吧？高的一端要压低一点，低的一端就抬高一点；长的一端就剪短一些，短的一端就补长一些。

甲本　故天之道，敓有［余而益不足①；人之道则］不然②，敓［不足而］奉有余。

乙本　［故天之道，］云有余而益不足③；人之道，云不足而奉又余④。

王本　天之道，损有余而补不足，人之道则不然，损不足以奉有余。

【注释】

①故天之道，敓有余而益不足：大自然的运行规律，是减损有余的而补给不足的。敓，假借为"损"。减损。益，增添，补给。自然界的风风雨雨，都是把高处的东西向低处搬运，因此老子得出"敓有余而益不足"是自然法则的结论。与王本相比，甲本多一"故"字；王本作"补不足"，乙本作"益不足"；另外，甲、乙本分别还有两个假借字"敓""云"。

②人之道：人们制定的原则。不然：不是这样。然，代词。这样。

③云：假借为"损"。

④又余：即"有余"。又，通"有"。

【译文】

甲本、王本：

大自然的运行规律，是减损有余的而补充给不足的；人们制定的原则却不是这样，而是减损不足的去奉献给有余的。

乙本：

大自然的运行规律，是减损有余的而补充给不足的；人们制定的原则，却是减损不足的去奉献给有余的。

甲本　孰能有余而有以取奉于天者乎①？［唯有道者乎？］

乙本　夫孰能又余而［有以取］奉于天者②？唯又道者乎？

王本　孰能有余以奉天下③？唯有道者④。

【注释】

①孰能有余而有以取奉于天者乎：谁能够在财富有余的情况下，有所行动而去效法自然法则呢？有以，有所行动。取奉，取法，效法。高明《帛书老子校注》："'取奉于天'即'取法于天'。'奉'字古为并纽东部字，'法'字属帮纽叶部，'帮''并'双声，'东''叶'旁对转，'奉''法'古音相同通假，故'取奉于天'当读作'取法于天'。"本句与王本差异很大，王本作"孰能有余以奉天下"。

②又：通"有"。下句的"又"同此。

③孰能有余以奉天下：谁能够把多余的财物拿出来奉献给天下人。

④唯有道者:只有懂得大道的人才能够做到这一点。本句与甲、乙
　本相比,改疑问句为肯定句。

【译文】

甲本、乙本:

谁能够在财富有余的情况下,有所行动而去效法自然法则呢? 大概
只有懂得大道的人才能够做到吧?

王本:

谁能够把多余的财富奉献给天下人? 只有懂得大道的人才能够做
到这一点。

　　甲本　〔是以耵人为而弗又①,成功而弗居也②,若此,
其不欲〕见贤也③。

　　乙本　是以耵人为而弗又,成功而弗居也,若此,其不
欲见贤也。

　　王本　是以圣人为而不恃④,功成而不处,其不欲见贤。

【注释】

①是以耵人为而弗又:因此圣人帮助万物而不去占有它们。耵,同
　"圣"。为,帮助。又,通"有",占有。本段甲本残缺很多,据乙
　本、王本补。

②成功而弗居也:建立了功劳而不去居功。

③若此,其不欲见(xiàn)贤也:圣人这样做,就是不愿意表现自己
　的贤能。其,代指圣人。见贤,表现自己的恩德和才能。见,同
　"现",表现。贤,这里是品德好、才能高的意思。与王本相比,本
　句多"若此""也"三字。

④为而不恃(shì):帮助万物而从不依赖它们。即帮助万物而不求

万物回报。为,帮助。恃,依赖。引申为追求回报。

【译文】

甲本、乙本:

因此那些圣人帮助了万物而不去占有万物,建立了功业而不去居功,他们这样做,就是不愿意显露自己的恩德与才能。

王本:

因此圣人帮助了万物而不求它们回报,功成而不居功,他们不愿显露自己的恩德和才能。

八十章（王本七十八章）

【题解】

本章主要阐述两个问题,首先用水的强大力量,再次说明柔弱胜刚强的道理;接着指出,只有那些能够为国家忍受屈辱、承担灾难的君主,才是国家的真正主人。

本章对应王本七十八章。各本不同处主要有:一是甲、乙本作"以其无以易之也",王本作"其无以易之";二是甲、乙本分别作"水之胜刚,弱之胜强"与"水之朕刚也,弱之朕强也",王本作"弱之胜强,柔之胜刚";三是甲、乙本分别作"故圣人之言云曰"与"是故耵人之言云曰",王本作"是以圣人云"。除此,还有一些假借字、虚词使用的不同。总之,本章各本的不同,都属于细枝末节的问题。

甲本　天下莫柔［弱于水,而攻］坚强者莫之能［胜］也①,以其无［以］易［之也］②。

乙本　天下莫柔弱于水,［而攻坚强者莫之能胜,］以其无以易之也。

王本　天下莫柔弱于水,而攻坚强者莫之能胜,其无以易之。

【注释】

①攻：攻击，摧毁。坚强者：指坚固的物体。莫之能胜：即"莫能胜之"。没有什么事物能够超过水。之，代指水。甲、乙本都有缺文，可以互补。甲本比王本依次多"也""以""也"三字。

②以其无以易之也：大概因为没有什么东西可以代替水吧。其，表示推测的语气词。无以，没有什么。易，代替。

【译文】

天下最柔弱的事物是水，然而摧毁坚固物体的力量没有能够超过它的，大概也没有能够代替它的。

甲本　［水之胜刚，弱之］胜强①，天［下莫弗知也，而莫能］行也。

乙本　水之朕刚也②，弱之朕强也，天下莫弗知也，而［莫能行］也。

王本　弱之胜强，柔之胜刚，天下莫不知，莫能行。

【注释】

①水之胜刚，弱之胜强：柔弱的水能够战胜坚强的物体，柔弱能够战胜刚强。本句的"水"，王本作"弱"，且前后两句次序颠倒。甲本本段缺字较多，据乙本、王本补。

②朕：假借为"胜"。下一句的"朕"同此。

【译文】

甲本、乙本：

柔弱的水能够战胜坚强的物体，柔弱能够战胜刚强，天下没有人不懂得这个道理，然而没有人能够做到。

王本：

弱胜强、柔胜刚的道理，天下没有人不懂，然而却没有人能够做到。

　　甲本　故圣人之言云曰①："受邦之诟②，是胃社稷之主③；受邦之不祥④，是胃天下之王。"[正言]若反⑤。

　　乙本　是故耴人之言云曰⑥："受国之诟，是胃社稷之主；受国之不祥，是胃天下之王。"正言若反。

　　王本　是以圣人云："受国之垢⑦，是谓社稷主；受国不祥，是为天下王。"正言若反。

【注释】

①云曰：谈论说。云，说。

②受邦之诟（gòu）：能够为国家忍受屈辱。诟，同"诟"。耻辱。

③是胃社稷（jì）之主：这样的君主可以说是真正的国家主人。胃，通"谓"。叫作，是。社稷，国家。社是土神，稷是谷神，由于历代新王朝建立时，都要重新立社坛、稷庙以祭祀土神和谷神，因此社稷也就成了国家的代称。

④受邦之不祥：能够为国家承担灾难。上古不少帝王在灾难面前，都能够挺身而出。比如大禹为了治水，三过家门而不入，"身执耒臿以为民先，股无胈，胫不生毛"（《韩非子·五蠹》），以至于最后导致半身不遂，为后人留下"禹步"这一典故。商汤王为了"救旱也，乘素车白马，著布菆，身婴白茅，以身为牲，祷于桑林之野"（《尸子·卷下》）。商汤王乘坐素车白马，穿着粗布麻衣，身上缠绕着白茅，把自身当作祭品献给神灵，以祈求上天降雨。春秋时期也有一位能够为国家承担灾难的君主，他就是宋景公：

　　　　荧惑守心。心，宋之分野也。景公忧之。司星子韦曰："可移于相。"景公曰："相，吾之股肱。"曰："可移于民。"景公曰："君者待民。"曰："可移于岁。"景公曰："岁饥民困，吾谁为君！"子韦曰："天高听卑。君有君人之言三，荧惑宜有动。"于是候之，果徙三度。（《史记·宋微子世家》）

天象预示灾难将要落在宋君宋景公的身上，主持观察天象的大夫子韦表示可以通过祈祷的方式，把灾难转嫁到相国或者百姓头上，甚至还可以转嫁给收成。作为一国之君的宋景公对子韦的这些建议一概拒绝，甘愿自己承担这场灾难。由于宋景公敢于"受国不祥"，感动了上天，上天便改变了不利于景公的天象。

⑤正言若反：这些正面的话听起来就好像反话一样。

⑥耵：同"圣"。

⑦受国之垢（gòu）：能够为国家忍受屈辱。垢，屈辱。"受国之垢"的典型例子是勾践。勾践失败后，"其身亲为夫差前马"（《国语·越语上》），受尽屈辱，最后卧薪尝胆，灭吴兴越。

【译文】

因此圣人说："能够为国家忍受屈辱，这才算是天下的君主；能够为国家承担灾难，这才算是天下的君王。"这些正面的话听起来就好像反话一样。

八十一章（王本七十九章）

【题解】

本章要求人们自始至终都不要与人结怨，接着用圣人从不找人讨债的形象比喻以说明圣人宁可自己承担损失，也从不结怨于人。本章最后指出"天道无亲，常与善人"，讨论了为古今人们所津津乐道的社会因果律问题。

本章对应王本七十九章。各本最大的不同是甲本作"是以圣右介"，而乙本、王本分别作"是以圣人执左芥"与"是以圣人执左契"，"左""右"刚好相反。其他则是用词的细节不同，如甲本、王本作"和大怨"，乙本作"禾大怨"；甲、乙本作"焉可以为善"，王本作"安可以为善"；甲、乙本分别作"故有德司介，无德司勶"与"故又德司芥，无德司勶"，王本作"有德司契，无德司彻"，等等。

> 甲本　和大怨①，必有余怨②，焉可以为善③？
>
> 乙本　禾大［怨④，必有余怨，焉可以］为善？
>
> 王本　和大怨，必有余怨，安可以为善⑤？

【注释】

①和大怨：和解了大的怨仇。

②必有余怨：也一定还留有余怨。两家结了大仇恨，通过某种方法，
　虽然和解了大仇恨，但这些仇恨毕竟还会为两家留下难以完全抹
　去的阴影。这种仇恨的阴影就是"余怨"。因此，最好从开始就
　不要与人结怨。比如西汉初年，匈奴围困刘邦，羞辱吕后，后来
　虽然以和亲方式缓和了匈奴与汉朝之间的大仇恨，但到了汉武帝
　时，武帝仍以此为理由，对匈奴发动了大规模进攻。

③焉：怎么。

④禾：假借为"和"。

⑤安：怎么。

【译文】

即使和解了大怨，也一定还会留有余怨，这怎么能算是尽善尽美呢？

甲本　是以圣右介①，而不以责于人②。故有德司介③，
[无]德司舞④。

乙本　是以圣人执左芥⑤，而不以责于人。故又德司
芥⑥，无德司舞。

王本　是以圣人执左契⑦，而不责于人。有德司契，无
德司彻⑧。

【注释】

①是以圣右介：本句应为"是以圣人执右介"。意思是：因此圣人即
　使握有讨债的契约。本句因抄写之误，"圣"字下脱漏"人执"二
　字，应据乙本、王本补。另外，"右介"，即"右契"，据王本，"介"
　应为"契"，一说"介"假借为"契"。右契是收债的凭据。古代
　借债时，在木板或竹简上写清借债内容，然后一分为二，债权人保
　存右边的一半，负债人保存左边的一半。右契，即右边的一半，是

讨债的凭据。

②以:凭借。后省略"右介"二字。责:责求,讨债。"是以圣(人执)右介,而不以责于人"两句,比喻圣人即使有恩于别人,也不求别人回报;即使居于有利地位,也不为难别人,这样就根本不会与人结怨了。

③有德司介:具有高尚品德的人就像那些握有契约而不向人索债的圣人一样。司,主管。因为一旦索债,就会结怨。

④无德司勶(chè):没有美德的人就像掌管税收的人一样。税务官员收税时是不讲情面的。勶,通"彻"。周代的一种税收法,在百姓的十分收入中收取一分税。《孟子·滕文公上》:"夏后氏五十而贡,殷人七十而助,周人百亩而彻,其实皆什一也。"

⑤左芥:左契。芥,应为"契",一说"芥"假借为"契"。甲本作"右契",乙本、王本作"左契",彼此刚好相反。对于这种不同,有两种解释。

第一种解释,高亨认为,左契与右契哪个才是债权人所执,会因时因地而不同。高亨《老子正诂》解释说:"亨按:《说文》:'契,大约也。券契也。'古者契券以右为尊。《礼记·曲礼》:'献粟者执右契。'郑注:'契,券要也,右为尊。'《商子·定分》篇:'以左券予吏之问法令者。主法令之吏,谨臧其右券木柙。以宝臧之。'《战国策·韩策》:'操右契而为公责德于秦魏之王。'并其证也。圣人所执之契,必是尊者,何以此文云执左契,今验三十一章曰:'吉事尚左,凶事尚右。'用契券者,自属吉事,可证老子必以左契为尊,盖左契右契孰尊孰卑,因时因地而异,不尽同也。"

第二种解释,认为乙本、王本的"左契"应为"右契"之误。高明《帛书老子校注》:"愚以为'执左契'之'左'字,恐有讹误。按古文字中'左''右'二字形近易混,甚难分辨。……判断帛书《甲》《乙》本此文之正误是非,可从三个方面分析。一、《甲》本时代比《乙》本早,用篆书抄写,不避讳,乃秦代抄写之文本。

《乙》本用隶书抄写，避刘邦讳，乃汉初抄写之文本。《甲》本来源更为古老，可能保存了更为原始的古句。二、《甲》本'执右契'虽为孤例，但执右责左而同古契制以右为尊相合。《乙》本'执左契'虽与世传本相同，但执左责右而与古契制抵牾。三、从经义考察，《甲》本'是以圣人执右契，而不以责于人'，乃谓圣人执右契应责而不责，施而不求报。正与《老子》所讲'生而弗有，长而弗宰'之玄德思想一致。……《老子》此文当订正为：'是以圣人执右契，而不以责于人。'"

⑥又：通"有"。

⑦左契（qì）：收债的凭据。这里是说，古代借债时，在木板或竹简上写清借债内容，然后一分为二，债权人保存左边的一半，负债人保存右边的一半。左契，即左边的一半，是讨债的凭据。关于"左契"与"右契"的不同，详见本段注释⑤。

⑧彻：周代的一种税收法，在百姓的十分收入中收取一分税。

【译文】

甲本：

因此圣人即使握有讨债的右边契约，也不向别人索取欠债。具有高尚品德的人就像握有契约而不向人索取债务的圣人一样宽容，没有高尚品德的人就像主管收税的税务官员一样苛刻。

乙本、王本：

因此圣人即使握有讨债的左边契约，也不向别人索取欠债。具有高尚品德的人就像握有契约而不向人索取债务的圣人一样宽容，没有高尚品德的人就像主管收税的税务官员一样苛刻。

甲本　夫天道无亲，恒与善人①。

乙本　[夫天道无亲，恒与善人②。]《德》三千卌一③。

王本　天道无亲，常与善人。

【注释】

①与：帮助。善人：指按照规律办事的人。

②夫天道无亲，恒与善人：乙本本段全部残缺，据甲本补。"天道无亲，恒与善人"与《周易·坤·文言》中的"积善之家，必有余庆；积不善之家，必有余殃"思想一致，是一个带有因果报应性质的命题。中国古代的报应思想分两类，一类是宗教报应观（即神学报应观），一类是人事报应观。

这里首先简要谈谈宗教报应观。

佛教入华之前，中国的宗教报应思想已经存在。中国早期报应观的核心思想也是善恶有报，如果他本人没有得到报应，那么这个报应就会落在他的子孙身上。这种报应观存在两个"弊端"。第一个弊端是，这种报应思想对于那些极端自私之人缺乏约束力。极端自私者只顾自己，根本不会把子孙后代放在心上，既然自己做了坏事，有可能不会得到恶报的话，那么这些极端自私者就会肆无忌惮。第二个"弊端（这是个假弊端）"是人们可以去验证这种报应观。中国史学非常发达，从先秦始，朝廷就有史官负责记载历史。特别是对于一些重要家族、人物，史官详细记载了他们的生平事迹及其后代的生活情况。既然史学发达，人们就可以根据史书记载去验证这一报应思想。某人干尽坏事，却终生无恙；再去查他们的子孙，结果发现他们的子孙照样享尽荣华富贵，于是人们就会怀疑，所谓报应，究竟有还是没有。

佛教报应观就非常精巧，克服了这些"弊端"。佛教报应观有两点值得注意：一是善恶有报，而这种报应必须由本人承担，用通俗的话讲，就是"谁欠债，谁还钱"，包括子孙在内的任何人都无法替他还债。这样一来，对于那些极端自私者就具有很强的约束力。二是佛教把报应思想与轮回思想联系起来。佛教认为一个人得到报应的时间分三种情况：一是现报，二是生报，三是后报。所谓"现

报"，就是说一个人的善恶在其生前就能得到报应。所谓"生报"，
是指一个人这辈子作的"业"，到他的来生、也即下一辈子时得到报
应。所谓"后报"，是指一个人这辈子作的"业"，要等到他的第二
生、第三生，甚至百生、千生以后才得到报应。佛教报应思想不仅
对于那些极端自私之人具有一定的约束力，而且人们还无法去验
证这种报应思想。别说是下十生、百生，即使下一生的情况，我们
也无法验证。人们有一种普遍心理，对于这类没法验证的事情，宁
可信其有，不可信其无，更何况这是大圣人释迦牟尼佛说的。

其次，再谈谈人事报应。

神学报应思想代表了民众的一种美好祈求，至于其真实与
否，不必深究。我们坚信人事报应，好人有好报，坏人有坏报。各
举一例：

> 晋侯饮赵盾酒，伏甲将攻之。……初，宣子田于首山，
> 舍于翳桑，见灵辄饿，问其病。曰："不食三日矣。"食之，舍
> 其半。问之，曰："宦三年矣，未知母之存否，今近焉，请以遗
> 之。"使尽之，而为之箪食与肉，寘诸橐以与之。既而与为
> 公介，倒戟以御公徒，而免之。问何故，对曰："翳桑之饿人
> 也。"问其名居，不告而退，遂自亡也。（《左传·宣公二年》）

赵国贤臣赵盾（又称赵宣子）曾经救助过灵辄，当晋灵公要
攻杀赵盾时，时为灵公卫士的灵辄反戈而击，救了赵盾。这是好
有好报的事例。

再举恶有恶报的事例。武则天掌权时，喜欢重用酷吏。有个
酷吏名叫周兴，他审问犯人时善用酷刑，因而制造了大量冤狱。据
史书记载，死在他手里的就有数千人，还有大量的官员及家属被他
流放到了岭南（今广东一带）。接着发生的事情让周兴始料不及：

> 或告文昌右丞周兴与丘神勣通谋，太后命来俊臣鞫之，
> 俊臣与兴方推事对食，谓兴曰："囚多不承，当为何法？"兴

曰："此甚易耳！取大瓮，以炭四周炙之，令囚入中，何事不承！"俊臣乃索大瓮，火围如兴法，因起谓兴曰："有内状推兄，请兄入此瓮！"兴惶恐叩头伏罪。法当死，太后原之，二月，流兴岭南，在道，为仇家所杀。（《资治通鉴》卷二百四）

这就是历史上著名的"请君入瓮"的故事。周兴发明酷刑本来是要残害别人的，结果却害到自己头上。虽然武则天没有杀他，但他最终还是在流放途中死于仇家之手。

由于社会生活极为复杂，因此播种龙种、收获跳蚤的事情也时有发生，于是就有人质疑善恶有报这一观念。司马迁说：

或曰："天道无亲，常与善人。"若伯夷、叔齐，可谓善人者非邪？积仁絜行如此而饿死！且七十子之徒，仲尼独荐颜渊为好学。然回也屡空，糟糠不厌，而卒蚤夭。天之报施善人，其何如哉？盗跖日杀不辜，肝人之肉，暴戾恣睢，聚党数千人横行天下，竟以寿终。是遵何德哉？……余甚惑焉，傥所谓天道，是邪非邪？（《史记·伯夷列传》）

司马迁列举了一些事实，如品德高洁的伯夷饿死、颜回早夭，而横行天下、滥杀无辜的盗跖（即盗跖）却能寿终正寝，以说明"天道无亲，常与善人"这一命题的不可靠性。

由于历史太长，人口太多，很容易可以像司马迁那样，举出千万条实例以证明好人没有得到好报，而坏人没有得到坏报，但和整个人类的数量及发生的事件相比，这类事情还是属于个例。从总体来看，"天道无亲，常与善人"仍然属于真理，我们对此深信不疑。

③《德》三千卌（xì）一：《德经》共三千零四十一字。卌，同"丗"。四十。本句应为抄写者对《德经》字数的统计，非《老子》原文，故甲本、王本无此句。

【译文】

大道对谁也不偏爱，它总是帮助那些按照大道办事的好人。

道经

一章（王本一章）

【题解】

本章为王本《老子》第一章，通篇阐述老子的哲学思想，也是《老子》全书的主旨所在。所以憨山德清《老子道德经解》认为："老氏之学尽在于此，其五千余言所敷演者，唯演此一章而已。"本章对于哲学的三个带有根本性的问题都有阐述。第一，本体论。本章开门见山地摆出老子思想体系中的最高概念——道，同时提醒读者，道是无法用语言描述清楚的，必须自己用心去体悟。第二，方法论。本章提出"无名"与"有名"相互对立而又彼此统一的辩证思维方法，这一辩证思维方法可以说贯穿了《老子》全书，成为老子处理一切事务的指导思想。第三，认识论。老子认为，只有保持清净无欲的心态，才能够正确而深刻地认识客观世界，同时还指出认识过程的反复性及其重要意义。这三个重要问题，笔者分别在有关的"注释"条目中加以详述。

本章各本引人关注的差异有：第一，甲本作"非恒道也"，王本为避汉文帝刘恒的名讳，改为"非常道"。第二，甲、乙本作"万物之始也"，而王本作"天地之始"。第三，甲、乙本作"以观其眇"与"以观其所噭"，而王本作"以观其妙"与"以观其徼"。第四，甲、乙本作"两者同出，异名同胃"，王本作"此两者同出而异名，同谓之玄"。第五，甲、乙本作"众眇之门"，王本作"众妙之门"。这些差异，皆非本质差异。

甲本　道可道也，非恒道也^①；名可名也，非恒名也^②。

乙本　道可道也，[非恒道也；名可名也，非]恒名也。

王本　道可道，非常道；名可名，非常名。

【注释】

①道可道也，非恒道也：用语言能够表达清楚的道，就不是永恒不变的道。第一、第三个"道"是老子思想体系中的最高概念，相当于今天讲的规律、真理。第二个"道"是道说、描述的意思。恒，永恒。为避汉文帝刘恒的名讳，"恒"被后人改成了"常"，王本即作"常"。另外，甲、乙本分别比王本多四个"也"字。

　　学界还有一种解释，把王本"道可道，非常道"理解为："道是可以讲解清楚的，而且这个道不是普通的道。"这种解释是不正确的：第一，这种解释把"常"字理解为"一般的""普通的"，这就完全违背了《老子》原本中"恒"的字义了。第二，把"道可道，非常道"放在中国古代的哲学环境中，也可以明显感觉到这一解释是不正确的。那么为什么说大道不可言说呢？

　　要想讲清楚这一道理，首先要讲清楚《老子》中关于"道"与"德"的含义及二者之间的关系。"道"和"德"是老子思想中最重要的两个概念，这也是《老子》又称《道德经》及老子所开创的学派被称为"道家"之原因所在。

　　我们今天讲"道德"，老子也讲"道德"，但二者的含义有很大不同，我们今天讲的"道德"只是老子"道德"中的一个组成部分。"道"是老子思想体系中的最高概念，是天地间所有规律、真理的总称，是客观存在；已经被人掌握的这一部分道就叫作"德"，是指具体事物的规律、本性，属于个别。打个比方："道"好比长江的水，浩浩荡荡；我们去喝长江的水，只能喝取其中很少一部分，而喝到我们肚子里的那些水就叫作"德"。因为"德"是从

"道"那里得来的，因此二者的内容又是一致的，这也就是《老子》二十一章所说的"孔德之容，惟道是从"。

"道"作为所有规律的总称，其内涵就显得异常的丰富深奥、微妙复杂，所以很难用语言表达清楚。庄子和佛教也认为难以用语言表述大道和佛教真理，原因就是"言不尽意"。"言不尽意"的意思不是说语言不能表达思想、情感，而是说语言不能完全、彻底地表达清楚思想、情感，特别是真理中的精髓部分和感情中的细微体验，用语言根本无法讲清。这一看法符合事实。

相对于人们的物质生活和精神生活的丰富程度来说，语言显得非常贫乏；相对于自然与社会的不断变化，语言又总是滞后的。因此语言无法把人们的每一个生活、感情细节都精确地表述出来。唐代僧人道明在六祖慧能的启发下悟了佛理，他描述自己当时的感受是：

如人饮水，冷暖自知。（《五灯会元》卷二）

这一比喻简明、通俗，却十分恰当。一个人饮水，他只能大约地告诉别人这水"冷""热"或"稍冷""稍热"或"很冷""很热"，至于冷到什么程度，热到什么程度，饮水者无法表述，听者也无从知道。再比如，有人告诉你，他的水果又脆又甜，但无论他如何描述，你都无法弄清楚这种水果究竟脆、甜到了什么程度，与其他水果的脆、甜有什么细微差别。为了说明语言的贫乏，宋代克勤禅师有一首更为形象生动的诗：

金鸭香销锦绣帷，笙歌丛里醉扶归。少年一段风流事，只许佳人独自知。（《五灯会元》卷十九）

悟道后的感受就如同男女幽会时的感受一样，因人而异，各不相同，且奇妙无比。而这种各不相同、奇妙无比的感受只能当事人自己知道、体味，无法用语言表达给别人听。

既然语言无法完全、彻底地表述人们的思想感受和生活细

节,那就只能采取别的办法,《庄子·田子方》中有一个"目击道存"的故事:

> 温伯雪子适齐,舍于鲁。……仲尼见之而不言。子路曰:"吾子欲见温伯雪子久矣,见之而不言,何邪?"仲尼曰:"若夫人者,目击而道存矣,亦不可以容声矣。"

温伯雪子是孔子极为钦佩的学者,但二人见面后却一言不发,这是因为孔子与温伯雪子之间所交流的那种"道"无法用语言表达清楚,只能用目光传递。佛教传入中国以后,特别是禅宗出现以后,对无言境界也异常重视,《五灯会元》卷一记载了这么一个著名的且带有诗情画意的故事——拈花微笑:

> 世尊在灵山会上,拈花示众。是时众皆默然,唯迦叶尊者破颜微笑。世尊曰:"吾有正法眼藏,涅槃妙心,实相无相,微妙法门,不立文字,教外别传,付嘱摩诃迦叶。"

同孔子与温伯雪子一样,佛祖与迦叶之间只能用拈花微笑来交流思想,因为他们所要交流的思想太微妙,根本无法用语言表达。正因为摩诃迦叶独得佛祖教外心传,所以被禅宗奉为一祖。就这样一代一代地传递到菩提达摩,菩提达摩被尊为西土(印度)二十八祖。后来达摩来到中国,面壁少林,被奉为东土(中国)禅宗的初祖。

正是因为最高真理无法用语言表达,所以其后的许多学者和禅师就拒绝用语言教学,拒绝回答有关最高佛理是什么的提问:

> 洞山(良价禅师)却问:"如何是古佛意?"……师(兴平和尚)曰:"若恁么,即问取木人去。"(《五灯会元》卷三)

> 问:"如何是祖西来意?"师(居遁禅师)曰:"待石乌龟解语,即向汝道。"(《景德传灯录》卷十七)

为什么拒绝回答,这些禅师的回答有点故弄玄虚,文益禅师的回答则比较实在:

　　问：“如何是第一义？”师云：“我向尔道，是第二义。”
（《文益禅师语录》）

　　“第一义”是最高佛理，而最高佛理是不可以用语言表述的，所以，只要一张口去解释“第一义”，就不可避免地落入第二义。禅宗把这种情况叫作“鸦啄铁牛，无下口处”（《五灯会元》卷十七）。

　　语言讲不清佛理，于是就只好使用动作。所以禅师们常常用棒敲口喝、拳打脚踢、竖指头、立拂子等动作作为启发后学的方法。其中比较有名的是“一指头禅”的故事：

　　　　婺州金华山俱胝和尚，初住庵时，有尼名实际来，戴笠子执锡绕师三匝，曰：“道得即下笠子。”如是三问，师皆无对，尼便去。师曰：“日势稍晚，何不且住？”尼曰：“道得即住。”师又无对。

　　　　尼去后，师叹曰：“我虽处丈夫之形，而无丈夫之气。不如弃庵，往诸方参寻知识去。”其夜山神告曰：“不须离此。将有肉身菩萨来为和尚说法也。”逾旬，果天龙和尚到庵，师乃迎礼，具陈前事。龙竖一指示之，师当下大悟。自此凡有学者参问，师唯举一指，无别提唱。……

　　　　师将顺世，谓众曰：“吾得天龙一指头禅，一生用不尽。”言讫，示灭。（《五灯会元》卷四）

　　伸出一个指头，究竟能说明什么问题，实在令人费解。如果说天龙和尚用一个指头去回答比丘尼的“三匝”还多少可以从中索解出一点含义的话，那么后来的俱胝禅师无论见到什么样的人，无论别人提任何问题，他都竖起一个指头，并如此坚持终身，这似乎是在不懂装懂，是在故弄玄虚，是在糊弄人。（关于“一指头”表示什么，后代禅师已有分歧，多数人认为它表示“万物一齐”“不分别”思想。）

在现实生活中,不仅最高真理无法用语言彻底表述清楚,就连一些普通技能也是如此。《庄子·天道》记述了这样一个故事:齐桓公正在堂上读书,轮扁在堂下制造车轮。轮扁就问桓公:"您读的是什么书?"桓公说:"都是古代圣王的书。"轮扁认为他读的不过是古人留下的一些糟粕而已。桓公听后非常生气,轮扁解释说:

> 臣也以臣之事观之,斫轮,徐则甘而不固,疾则苦而不入。不徐不疾,得之于手而应于心,口不能言,有数存焉于其间。臣不能以喻臣之子,臣之子亦不能受之于臣,是以行年七十而老斫轮。古之人与其不可传也死矣,然则君之所读者,古人之糟魄已夫。

轮扁从无法把自己得心应手的制轮经验用语言传授给儿子,以此推论出,古代的圣王也无法把自己得心应手的治国经验用语言传授给齐桓公。这个故事充分说明,无论是最高真理,还是普通技能,都需要学习者亲自去体悟与实践,仅仅靠书本、语言,无法掌握其中的奥妙。

②名可名也,非恒名也:叫得出的具体名字,就不是永远存在的名字。第一、第三个"名"是名词,是"名字"的意思;第二个"名"是动词,是"叫""称呼"的意思。叫得出的具体名字也即具体事物的名字,具体事物总会消失的,它们的名字当然也将随着消失,所以说它们"非恒名"。

【译文】

可以用语言描述清楚的道,就不是永恒不变的大道;能够用来称呼的具体名称,就不是永恒不变的名称。

甲本　无名①,万物之始也;有名②,万物之母也。
乙本　无名,万物之始也;有名,万物之母也。

王本　无名，天地之始；有名，万物之母。

【注释】

①无名：没有名字的东西，也即"无"。无，虚无。这里指空间。老子之前，很少人谈论空间。其后，古人在必须谈到空间时，所用名称也十分杂乱，如"无""空""虚""宇""无有"等等。本段甲、乙本作"万物之始也"，而王本作"天地之始"。另外，甲、乙本分别多出两个"也"字。

②有名：有名字的东西。这里指构成万物的最基本的物质元素。如古人讲的阴、阳二气，或金、木、水、火、土等。对于以上两句，不少注家断为："无，名天地之始；有，名万物之母。"认为其中的"无"和"有"都是指大道，那么这两句讲的就是同一个意思，形成了无谓的重复。

"无名，万物（王本作"天地"）之始也；有名，万物之母也"这几句话涉及中国古代万物生成的理论。古人认为，在天地万物形成之前，宇宙间一片混沌之气，这种混沌之气叫作"元气"。随着时间推移，"元气"中又清又轻的气逐渐上升，慢慢形成了天；而元气中又浊又重的气逐渐下降，慢慢形成了地。而天地的中间就形成了一片巨大的空间。所以说，只有有了这片空间，才会有天和地。从这个意义上说，"无名（空间），天地之始"。天地形成之后，天气（又称阳气）下降，地气（又称阴气）上升，天地二气相互冲荡、交融，于是就产生了万物。

从辩证法的角度讲，老子认为"有无相生"（二章），没有一个对立面，就没有另一个对立面。而天地万物作为"有（物质）"，是在与"无（空间）"相对立中显现的。没有"无（空间）"，也就没有天地万物，所以说天地万物始于"无（空间）"。但绝非"无"能生"有"，在纯粹的虚无之中能产生万物，这无论对古人还是对今人来说，都是不可思议的事情。因此老子紧接着说：存在的基本物质，才是产生万物的根源。如有人认为是阴、阳二气相互融合产生万物，有人认为是金、木、水、火、土这五行相杂而产生万物，实际上五行也是来自阴、阳二气。

许多学者把老子的"无"和"道"等同起来，认为"无"就是"道"，这是不对的。老子之所以重视"无（空间）"，是因为他看到一切事物都依赖于空间这一对立面才有存在的可能，认为只有有了空间，才会有天地万物。《老子》十一章专门阐述"无（空间）"对事物的作用，可参阅。

老子特别重视"无"的作用，主要是为其政治、处世思想寻找理论根据，因为以此类推开去，那么只有"无为"，才会有"无不为"（三十七章）；只有"无私"，才能"成其私"（七章）；只有"不争"，才能"天下莫能与之争"（二十二章）。另外，"守其雌""守其黑""守其辱"（二十八章）等主张也都是建立在这一辩证观点之上。

可以说"有无相生"这一辩证思想，贯穿了《老子》全书。

【译文】

空虚无名的空间，是天地万物得以出现的开始；真实有名的基本物质，是万物得以产生的根源。

甲本　[故]恒无欲也①，以观其眇②；恒有欲也，以观其所噭③。

乙本　故恒无欲也，[以观其眇；]恒又欲也④，以观其所噭。

王本　故常无欲，以观其妙；常有欲，以观其徼⑤。

【注释】

①故恒无欲也：所以如果永远没有欲望的话。本段甲、乙本都有缺字，可以互补。

②以：凭借。后省略"无欲"。"以观"即凭借无欲的心态去观察。其眇："无"和"有"的微妙道理。也即空间与万物的微妙道理。其，代指上文的"无名""天地""万物"。眇，假借为"妙"。

③噭（jiào）：假借为"徼"。边境，边界。《玉篇·彳部》："徼，边徼也。"引申为表面，这里指表面现象。为什么说"故常无欲，以观其妙；常有欲，以观其徼"？道家提倡清净无欲，认为如果一个人多欲，那么他在认识事物时就会受到这种主观欲望的干扰与蒙蔽。而只有那些没有个人欲望、内心虚静的人才能领会宇宙间的真谛。所以老子在十六章中提倡"致虚极，守静笃"，认为这样的人才能"知常"，才算是"明"。这与老子一贯主张的"见素抱朴，少私寡欲"（十九章）的思想是一致的。

庄子说："其耆欲深者，其天机浅。"（《庄子·大宗师》）一个人欲望越深重，他的天然智慧就会越浅薄。关于欲望对一个人的认识能力的负面影响，《列子·说符》有一个故事：

> 昔齐人有欲金者，清旦衣冠而之市，适鬻金者之所，因攫其金而去。吏捕得之，问曰："人皆在焉，子攫人之金何？"对曰："取金之时，不见人，徒见金。"

从前有一个齐国人特别贪恋黄金。在一个赶集的日子，他一大早就穿戴得整整齐齐去市场买东西，路过金店时，被灿烂的黄金给吸引住了，他脑子一热，不顾一切，抢了一把黄金就跑，结果很快就被抓住。官员在审问他时，百思不得其解，就问他："赶集的日子，人这么多，你怎么敢当着这么多人的面抢别人的黄金呢？"此人回答："当我伸手抢黄金的时候，眼里没有看到一个人，只看到了黄金。"对黄金的贪欲，使这个齐国人面对满市场熙熙攘攘的人群视而不见。

④又：通"有"。

⑤以观其徼（jiào）：就只能看到空间和万物的一些表面现象。徼，边境，边界。引申为表面现象。关于这四句，注释王本者，有很多从"常无""常有"后断句："故常无，欲以观其妙；常有，欲以观其徼。"译为："所以常从'无'中，去关照'道'的奥妙；常从'有'中，去关照'道'的端倪。"但帛书本《老子》于两个"欲"字后有"也"字，而"也"字是断句的标志。通观全书，于"欲"字后断句较为恰当。

【译文】

因此如果一个人能够经常保持清静无欲的心态，就可以观察空间和万物的微妙道理；如果经常处于多欲状态，就只能看到空间和万物的一些表面现象。

甲本　两者同出①，异名同胃②。玄之有玄③，众眇之［门］④。

乙本　两者同出，异名同胃。玄之又玄，众眇之门。

王本　此两者同出而异名，同谓之玄⑤。玄之又玄，众妙之门。

【注释】

①两者同出：空间和物质同时出现。两者，指"无"与"有"。没有"无"就没有"有"，没有"有"也就没有"无"，所以说"两者同出"。这一句依然是在强调"无"与"有"的辩证关系。

②异名同胃："有"与"无"的名称虽然不同，但讲的道理是一样。这个道理就是辩证法——有"有"才有"无"，有"无"才有"有"，

"有"与"无"是相互对立而又相互依存的关系。胃,通"谓"。
讲,说。

③玄之有玄:不断探索奥妙。有,通"又"。玄,本句两个"玄"字都
　用如动词,是探索奥妙的意思。"玄之有玄",即探索玄妙、再探索
　玄妙的意思,与四十八章"损之又损"句式一样。本句在阐述认
　识过程的反复性。

④众眇之门:通向万物奥妙的大门。众,众物,万物。眇,假借为
　"妙"。

⑤同谓之玄:空间与物质可以说都是非常奥妙的。

【译文】

甲本、乙本:

"无(空间)"与"有(物质)"同时出现,虽然它们的名称不同,但所
讲的道理是一样的。如果能够反复不断地去探索它们的奥妙,那么就能
够打开通向天地万物奥秘的大门。

王本:

"无(空间)"与"有(物质)"这两种事物同时出现而有不同的名称,
它们可以说都是非常奥妙的。如果能够反复不断地去探索它们的奥妙,
那么就能够打开通向天地万物奥秘的大门。

二章（王本二章）

【题解】

本章紧承上一章,对上一章中的辩证思想做进一步阐释。本章的前半部分着重揭示普遍存在于社会、自然中的各种事物之间的辩证关系,如有美就有丑、有善就有恶、有高就有下等等。紧接着,老子就把这一辩证思想初步运用到政治、处世实践中去。既然美与丑、有与无等相互对立的东西必须相互依赖才能存在,那么在社会领域,无为和无不为、教和不教、居功和不居功这些相反的东西也一定如此。既然没有"无"就没有"有",那么没有占有,自然也就没有失去;没有"无为",自然也就没有"无不为"。

本章各本较大的不同有三处:第一,甲、乙本比王本多出"恒也"一句。第二,王本比甲、乙本多出"生而不有"一句。第三,甲、乙本作"万物昔而弗始(也)",王本作"万物作焉而不辞"。其他用字不同的地方很多,如:王本作"皆知善之为善,斯不善已",甲本作"皆知善,訾不善矣";王本作"是以圣人处无为之事",而甲、乙本分别作"是以声人居无为之事"与"是以耶人居无为之事"。如此等等。

甲本　天下皆知美为美,恶已^①;皆知善,訾不善矣^②。

乙本　天下皆知美之为美,亚已^③;皆知善,斯不善矣。

王本 天下皆知美之为美，斯恶已；皆知善之为善，斯不善已。

【注释】

①天下皆知美为美，恶已：如果天下的人都知道美好的东西是美好的，那么丑陋的东西就显露出来了。恶，丑陋。此处用作动词，显露出丑陋。已，通"矣"。句末语气词。本句依然是在讲善与恶的辩证关系。还有一种理解为："如果天下的人都知道美好的东西是美好的，那就糟糕了。"意思是说，如果人们开始分辨善恶，就会造成社会纷争，所以说"恶已"。

②皆知善，訾不善矣：如果人们都知道什么事情是善良的，那么不善良的事情就显露出来了。訾，据乙本、王本，应作"斯"。一说"訾"假借为"斯"。斯，就。

③亚：假借为"恶"。

【译文】

如果天下的人都知道美好的东西是美好的话，那么丑陋的东西就显露出来了；如果都知道善良的事情是善良的话，那么不善良的事情就显露出来了。

甲本 有无之相生也①，难易之相成也②，长短之相刑也③，高下之相盈也④，意声之相和也⑤，先后之相隋⑥，恒也⑦。

乙本 ［有无之相］生也，难易之相成也，长短之相刑也，高下之相盈也，音声之相和也，先后之相隋，恒也。

王本 故有无相生，难易相成，长短相较⑧，高下相倾⑨，音声相和，前后相随。

【注释】

①有无之相生也：物质和空间在相互对立中得以产生。有，物质存在。无，空间。

②难易之相成也：难和易在相互对应中得以产生。

③长短之相刑也：长和短在相互比较中得以显现。刑，通"形"。显形，显现。

④高下之相盈也：高和下在相互依赖中得以呈现。盈，假借为"呈"。呈现。高明《帛书老子校注》："帛书《甲》《乙》本'高下之相盈也'，世传今本皆作'相倾'，帛书整理组云：'"盈"，通行本作"倾"，盖避汉惠帝刘盈讳改。"盈"假为"呈"或"逞"，呈现。帛书《经法·四度》："高下不蔽其形。"'其说甚是。"

⑤意声之相和也：音和声在相互应和中得以区分。意，为"音"字之误，一说假借为"音"。自然而然发出的声音叫作"声"，经过修饰的声音叫作"音"，也即后世所说的音乐。

⑥先后之相隋：前和后在相互对比中得以出现。隋，通"随"。

⑦恒也：永恒。指以上各种对立统一关系是永恒不变的。

⑧相较：在相互比较中存在。

⑨相倾：相互依赖。倾，偏斜，偏倚。一个物体偏倚于另一个物体之上，给人一种依赖的感觉。

【译文】

甲本、乙本：

有和无在相互对立中得以产生，难和易在相互对应中得以形成，长和短在相互比较中得以存在，高和下在相互依赖中得以显现，音和声在相互应和中得以区分，先和后在相互对比中得以出现，以上这些对立统一关系是永恒不变的现象。

王本：

有和无在相互对立中得以形成，难和易在相互对应中得以产生，长和短在相互比较中得以显现，高和下在相互依赖中得以存在，音和声在相互应和中得以区分，前和后在相互对比中得以出现。

甲本　是以声人居无为之事①，行［不言之教］②。

乙本　是以耵人居无为之事③，行不言之教。

王本　是以圣人处无为之事④，行不言之教。

【注释】

①是以声人居无为之事：因此圣人所做的事情就是顺应自然而不提倡人为的干涉。声人，即"圣人"。声，"圣"之误，一说假借为"圣"。居，行，做。无为，顺应自然而为，反对人为的干涉。"无为"是道家的一个重要概念，《文子·自然》引用老子的话，对"无为"做了解释："老子曰：'所谓无为者，非谓其引之不来，推之不去，迫而不应，感而不动，坚滞而不流，卷握而不散。谓其私志不入于公道，嗜欲不枉正术，循理而举事，因资而立功，推自然之势，曲故不得容，事成而身不伐，功立而名不有。……夏凟冬陂，因高为山，因下为池，非吾所为也。'"简言之，"无为"就是要求人们做事时顺应客观规律，不可掺进私心私意。

②行不言之教：圣人推行的是不用语言的教育。圣人之所以"行不言之教"，原因有二：第一，是对"道可道，非常道"的实践。既然最高真理不可言说，那么即使口才最好的老师，他的语言教育充其量也只能是二流的教育。第二，该命题也含有身教重于言教的意思。在中国古代，心口不一、言行脱节是教育失败的最主要原因，这也是王阳明主张知行合一的重要原因之一。在古代，的确有实践"行不言之教"的实例。《庄子·德充符》记载：

　　鲁有兀者王骀，从之游者与仲尼相若。常季问于仲尼曰："王骀，兀者也，从之游者与夫子中分鲁。立不教，坐不议,虚而往,实而归。固有不言之教、无形而心成者邪?"

鲁国王骀的弟子与孔子弟子一样多,而他无论何时何地从不给人以言语教诲,却能够使弟子们空怀而来,满载学识而归。这就是"不言之教"。如果说《庄子》多寓言,那么《晋书·隐逸列传》记载了一则真实的"不言之教"的故事。晋代道家学者张忠隐于泰山,他"恬静寡欲,清虚服气,餐芝饵石,修导养之法。……无琴书之适,不修经典"。他带了一批弟子,采用的教育方法是:

　　其居依崇岩幽谷,凿地为窟室,弟子亦以窟居,去忠六十余步,五日一朝。其教以形不以言,弟子受业,观形而退。

张忠每五天才教授弟子一次,而且一言不发,让弟子们看看自己的形体就可以了。这种教育方法是独特的。然而这位行不言之教的道士受到前秦朝廷的极大尊重,被苻坚召至长安,归来时,死于途中的华山。

③耵:同"圣"。

④处:与"居无为之事"的"居"同义。行,做。

【译文】

因此圣人所做的事情就是顺应自然而不提倡人为的干涉,圣人所推行的是不用语言的教育。

甲本　[万物昔而弗始]也①,为而弗志也②,成功而弗居也。夫唯[弗]居③,是以弗去④。

乙本　万物昔而弗始,为而弗侍也⑤,成功而弗居也。夫唯弗居,是以弗去。

王本　万物作焉而不辞⑥,生而不有⑦,为而不恃⑧,功成而弗居。夫唯弗居,是以不去。

【注释】

①万物昔而弗始也：任由万物自然产生，而圣人不去做开创者。意思是，圣人任由万物自然产生，而不去做任何干涉。昔，据王本，应是"作"之误。一说"'作'字假'昔'为之"（高明《帛书老子校注》）。始，开始者，始创者。

②为而弗志也：帮助万物而从不依赖它们。即帮助万物而不求万物的回报。为，帮助。志，记住。记在心里，以求回报。一说，据王本，"志"应为"恃"之误，或假借为"恃"。恃，依赖。引申为追求回报。按照老子的辩证观，越是不求回报，得到的回报越多。

③夫唯弗居：夫唯，连词。用在因果句的前一分句句首，引出原因，以便下文叙述或推断结果，可译作"因为""由于"。弗，据乙本、王本补。

④是以弗去：因此不会失去。

⑤为而弗侍：帮助万物而从不依赖它们。即帮助万物而不求万物的回报。为，帮助。侍，假借为"恃"。

⑥万物作焉而不辞：圣人顺应万物的生长而不加以限制。作，兴起，出现。不辞，不拒绝，不限制。

⑦生而不有：生养了万物而不据为己有。甲、乙本无此句。

⑧恃（shì）：依赖。引申为追求回报。

【译文】

甲本、乙本：

圣人任由万物自然产生而不去做开创者，帮助了万物而不会惦念着它们的回报，建立了功劳而不据为己有。正因为圣人从不居功，所以也不会失去自己的功劳。

王本：

圣人顺应万物的生长而不加以限制，生养了万物而不据为己有，帮助了万物而不要求它们的回报，建立了功劳而不据为己有。正因为圣人从不居功，所以也不会失去自己的功劳。

三章（王本三章）

本章主要提出了圣人治国的三项措施：一是不要崇尚贤人，二是要让民众清除各种杂念，但要保证身体健康，三是要使民众做到无知无欲。这些措施，有的具有极大的警示作用和启发意义，有的则稍显偏颇或不合时宜。

本章各本的第一、二段文字只有一些细微差别，大的不同主要出现在第三段，王本作"使夫智者不敢为也。为无为，则无不治"，而甲、乙本作"使夫知不敢、弗为而已，则无不治矣"。

甲本　不上贤①，[使民不争②；不贵难得之货③，使]民不为[盗④；不见可欲⑤，使]民不乱⑥。

乙本　不上贤，使民不争；不贵难得之货，使民不为盗；不见可欲，使民不乱。

王本　不尚贤⑦，使民不争；不贵难得之货，使民不为盗；不见可欲，使民心不乱。

【注释】

① 不上贤：不崇尚、重用贤人。上，以之为上。也即崇尚、重用的意思。王本作"不尚贤"。包括儒家在内的多数人都主张"尚贤"，而老子反对"尚贤"。为什么呢？《韩非子·二柄》解释说，一旦君主提倡重用贤人，真正的贤人未必就去出仕，而那些不贤的人为了名利权势，就投君主所好，把自己假扮成贤人的模样，一旦大权在握，这些人就会露出本来面目，为所欲为，危害国家和百姓。这种解释是合理的。如隋唐时代喜欢重用隐士，一些一心当官的文人就把自己打扮成不愿当官的隐士，以便引起朝廷的关注。卢藏用就是其中一例。《大唐新语》卷十记载：

> 卢藏用始隐于终南山中，中宗朝累居要职。有道士司马承祯者，睿宗迎至京。将还，藏用指终南山谓之曰："此中大有佳处，何必在远！"承祯徐答曰："以仆所观，乃仕宦捷径耳。"

卢藏用就是靠隐居终南山当了大官，所以当司马承祯要归隐远方时，卢藏用就建议他在长安附近的终南山隐居，而司马承祯则讽刺说："根据我的观察，隐居终南山，那可是一条当官的捷径啊！"从而为我们留下"终南捷径"这条成语。《旧唐书·卢藏用列传》说，卢藏用进士及第后，没能迁升，于是他辞去小官职而当了隐士。他把自己隐居的地点选择在紧靠长安、洛阳二京的终南、少室（嵩山）二山，因此被当时人讥讽为"随驾隐士"。后来他因隐居而出了名，被朝廷召入京城，转身成了朝廷要员。他当隐士时，"有贞俭之操"，骗取了好名声；当官以后，"趋趄诡佞，专事权贵，奢靡淫纵"，受到世人的讥讽，后因犯罪被流放岭南。司马承祯的话可以说是有的放矢。

卢藏用走"终南捷径"达到了自己的目的，而在他之前的杜淹在这条路上却栽了跟头，《旧唐书·杜如晦列传》记载：

（杜）淹聪辩多才艺，弱冠有美名，与同郡韦福嗣为莫逆之交，相与谋曰："上好嘉遁（隐士），苏威以幽人（隐士）见征，擢居美职。"遂共入太白山，扬言隐逸，实欲邀求时誉。隋文帝闻而恶之，谪戍江表。

杜淹是唐初名相杜如晦的叔叔，他看到苏威因当隐士而受到隋朝廷的重用，于是也跑到终南山（太白山为终南山最高峰）里去当隐士，由于没有伪装好，被隋文帝抓住了尾巴，结果被流放到江南去戍边。

贤人还是要重用的，但老子"不尚贤，使民不争"这一命题的提出，也具有极大的警示作用，他提醒人们：在重用贤人时，一定要仔细考察，防止那些伪善者的欺骗行为。

②使民不争：民众就不会去争夺美名。国家"尚贤"则民众好名，"不尚贤"就是要破除人们的好名之心。本段甲本缺字较多，据乙本补。

③不贵难得之货：不看重金银珠玉之类的财物。国家"贵难得之货"则民众好利，"不贵难得之货"就是要破除人们的好利之心。

④为盗：当盗贼。为，当。

⑤不见（xiàn）可欲：不显露那些可以引起欲望的事物。见，同"现"。显露。可欲，能够勾起人们欲望的东西，即上文要破除的"名利"。《汉书·张冯汲郑传》记载，有一次，汉文帝率领慎夫人及大臣一起来到正在为自己修建的陵墓——霸陵，让慎夫人弹琴，他自己伴着琴声而歌，歌声非常凄凉。然后，他与大臣有这样一段对话：

（文帝）顾谓群臣曰："嗟乎！以北山石为椁，用纻絮斫陈漆其间，岂可动哉！"左右皆曰："善。"释之前曰："使其中有可欲，虽锢南山犹有隙；使其中亡可欲，虽亡石椁，又何戚焉？"文帝称善。

　　文帝看到为自己修建的陵墓，就对大臣们说："用北山的石头做棺材，再用陈漆搅拌苎麻丝絮灌注其中，别人就无法盗墓了。"大家都表示赞同，只有张释之回答说："如果墓中有可欲的东西，即使用熔化的金属灌注南山，别人依然可以盗挖；如果墓中没有什么'可欲'的东西，即使不用石棺，又有什么值得担忧的呢？"由此可见，"可欲"的东西，不仅会为自己带来伤害，还会诱发别人犯罪，这对别人也是一种间接伤害。

　　据报道，西欧有一城市，城中有一十字路口，此处虽然繁华热闹，但交通一直顺畅。然而从某天开始，此处不断发生交通事故。交警很奇怪，便进行实地勘察。交警发现，从那天开始，有人在十字路口的旁边竖起了一个巨大的广告牌，而广告牌上画的是一位十分美丽的女孩。自从这块广告牌竖立在那里以后，司机路过此地时，便分散注意力去欣赏女孩，因此交通事故不断。于是交警强制拆除了这一广告牌，"可欲"的东西没有了，这里的交通又恢复了顺畅。《吕氏春秋·为欲》对可欲之物使人心乱的情况，有一个生动的比喻：

　　　　群狗相与居，皆静无争，投以炙鸡，则相与争矣，或折其
　　　　骨，或绝其筋，争术存也。

　　一群狗本来和平共处，相安无事，只因有人向它们投放了一只烧鸡，群狗便开始相互撕咬，打得不可开交。

　　"可欲"的东西，往往是一些好的东西，美的东西。但这些东西多了，会影响人们的正常生活。美味、美物、美事、美景等等，向来被视为有用之物，然而却有人从中看到了极大的害处。明朝人吕坤在《呻吟语·养生》中反复提醒自己要远离"美"，并把自己的住室题名为"远美轩"。为什么呢？他回答说：

　　　　天地间之祸人者，莫如"多"。令人易多者，莫如
　　　　"美"。美味令人多食，美色令人多欲，美声令人多听，美物

令人多贪,美官令人多求,美室令人多居,美田令人多置,美寝令人多逸,美言令人多入,美事令人多恋,美景令人多留,美趣令人多思。皆祸媒也。不美则不令人多,不多则不令人败。予有一室,题之曰"远美轩",而匾其中曰"冷淡"。非不爱美,惧祸之及也。夫鱼见饵不见钩,虎见羊不见阱,猩猩见酒不见人。非不见也,迷于所美,而不暇顾也。此心一冷,则热闹之景不能入;一淡,则艳冶之物不能动。夫能知困穷、抑郁、贫贱、坎坷之为祥,则可与言道矣。

吕坤讲的很明白,他不是不爱美的东西,正是由于太爱了,太"可欲"了,所以才主张"远美"。这说明吕坤是一位比较明智的人。古代书院一般都坐落在远离闹市的地方,其原因也正在于此。

⑥使民不乱:使民众不会发生动乱。王本作"使民心不乱"。

⑦尚:崇尚,重用。

【译文】

甲本、乙本:

不去崇尚、重用贤人,民众就不会去争夺美名;不去看重贵重的金银财宝,百姓就不会去做盗贼;不显露那些可以引起人们欲望的事物,百姓就不会发生动乱。

王本:

不去崇尚、重用贤人,民众就不会去争夺美名;不去看重贵重的金银财宝,百姓就不会去做盗贼;不显露那些可以引起人们欲望的事物,百姓的心就不会被搅乱。

甲本　是以声人之［治也①:虚其心②,实其腹;弱其志］③,强其骨。

乙本　是以耵人之治也④:虚其心,实其腹;弱其志,强其骨。

　　王本　是以圣人之治：虚其心，实其腹；弱其志，强其骨。

【注释】

①声人：即"圣人"。声，"圣"之误，一说假借为"圣"。

②虚其心：使人们的内心虚净而无太多的欲望和杂念。其，指所有的人。老子的"虚其心"，就是把心中的各种欲望和杂念（如害人之心）清除掉，使心处于一种虚净的状态。有了这种虚净的心态，不仅有利于我们与人相处，而且即使一人独处，这种心态也是非常有益的。

　　关于"虚心"有利于我们与人相处的问题，庄子有一个非常奇妙的比喻，这就是"虚舟效应"。《庄子·山木》说：

　　　　方舟而济于河，有虚船来触舟，虽有偏心之人不怒。有一人在其上，则呼张歙之，一呼而不闻，再呼而不闻，于是三呼邪，则必以恶声随之。向也不怒而今也怒，向也虚而今也实。人能虚己以游世，其孰能害之？

　　庄子说，当我们乘船过黄河时，看到一只空船从上游来撞我们的船，即使我们性格暴躁，心胸狭隘，也不会生气，因为这只空船是"虚其心"的，不是有意要伤害我们。如果撞我们的船上有人，我们就会大声呼叫对方避让，对方一再不回应，我们就要骂人了，这是因为对方是有意撞船的。这当然是比喻，所谓的"虚舟"，就是"虚心"，就是没有主观成见和害人之心。对于一个"无心"的人做出的"无心"之事，又有谁会去计较呢？这也是《庄子·达生》中说的"虽有忮心者不怨飘瓦"，即使狠毒之人，也不会怨恨落下砸伤他的瓦片，因为瓦片是"虚心"。

　　"虚舟心态"不仅有利于我们与别人相处，即使一个人生活，这种心态也是非常有益的，能使自己无论在任何境遇下，都能保持一种良好的心境。蔡絛《铁围山丛谈》卷三记载：

> 伯父君谟，号"美须髯"。仁宗一日属清闲之燕，偶顾问曰："卿髯甚美长，夜覆之于衾下乎？将置之于外乎？"君谟无以对。归舍，暮就寝，思圣语，以髯置之内外悉不安，遂一夕不能寝。盖无心与有意，相去适有间。凡事如此。

蔡君谟有一把又长又多的胡须，一次宴会，宋仁宗看到了他的胡须，随口问道："您的胡须这么美，这么长，晚上睡觉时，您是把它放在被子里面呢？还是放在被子的外面？"蔡君谟不知该如何回答，因为他过去根本没有关注这一问题。宴会结束回家，晚上就寝时，他突然想到皇上提的这个问题，于是就开始留意胡须放置的位置，结果无论是放在被子外面，还是放在被子里面，他都睡不踏实，折腾了一宿没有睡好。蔡君谟过去"虚心"时，无论把胡须放在哪里，睡得都很安稳；一旦留心胡须放置的位置，竟觉处处不妥，以至于彻夜难眠。因此，许多文人对"虚心"表示了极大的欢迎。白居易有四句诗：

> 我无奈命何，委顺以待终。命无奈我何，方寸如虚空。

（《达理二首》其一）

一个人无法违背命运的安排，只能按照命运的指令过完一生。但命运对一个"方寸（心）如虚空"的人同样无可奈何，因为"虚心"之人，随遇而安，无可无不可，高官厚禄无法使他欣喜，穷困潦倒无法使他悲伤，命运无法给他带来丝毫的痛苦。从这个角度讲，命运也拿他无可奈何！

③志：志向，欲求。《说文·心部》："志，意也。"这里泛指欲望。

④耶：通"圣"。

【译文】

因此圣人治国的原则是：清除百姓的杂念，填饱他们的肚皮；降低百姓的欲望，增强他们的体质。

甲本　［恒］使民无知无欲也，使［夫知不敢、弗为而已①，则无不治矣］②。

乙本　恒使民无知无欲也，使夫知不敢、弗为而已，则无不治矣。

王本　常使民无知无欲，使夫智者不敢为也③。为无为④，则无不治。

【注释】

①使夫知不敢、弗为而已：使他们都懂得不要追求刚强、不去人为干涉的道理而已。知，懂得。敢，刚强。七十五章："勇于敢，则杀；勇于不敢，则活。"为，人为干涉，与"无为"相对立。甲本本段缺字较多，据乙本补。另外，"使夫知不敢、弗为而已"也可能是"使夫智者不敢为也"之误。

②治：安定，太平。

③使夫智者不敢为也：使那些所谓的聪明人不敢按照主观意愿去为所欲为。智者，指世俗社会所认为的聪明人，而非真正的智者。为，与"无为"相对，指按照主观意愿行事。

④为无为：执行无为政策。第一个"为"是动词。做，执行。

【译文】

甲本、乙本：

永远使百姓没有多少知识和欲望，使他们都懂得不要追求刚强、不去人为干涉的道理而已，那么整个天下就会安定太平。

王本：

永远使百姓没有多少知识和欲望，使那些所谓的聪明人不敢按照主观意愿去为所欲为。执行无为的政策，天下就会安定太平。

四章（王本四章）

【题解】

本章主要阐述了三个内容：第一，要求人们做事留有一定的余地，不可追求盈满、鼎盛，因为"日极则仄，月满则亏"。第二，要求人们做到"和光同尘"，因为"木秀于林，风必摧之"。第三，老子把大道置于天帝之上，这一观点虽然没有否认天帝的存在，但极大地降低了天帝与鬼神的地位，这一观点可以说是超时代的。

本章各本不同之处：第一，甲、乙本作"而用之有弗盈也"，王本作"而用之或不盈"。第二，甲本作"潚呵，始万物之宗"，乙本、王本分别作"渊呵，似万物之宗"与"渊兮，似万物之宗"。第三，甲、乙本分别作"铧其"与"铧其兑"，王本作"挫其锐"，甲本明显脱一"锐"字。第四，甲本、王本作"解其纷"，乙本作"解其芬"。这些都属于用词的细微不同。

甲本　　［道冲①，而用之有弗］盈也②。

乙本　　道冲，而用之有弗盈也。

王本　　道冲，而用之或不盈。

【注释】

①道冲：大道是看不见、摸不着、无形无象的。冲，空虚，无形无象。

这两句甲本残缺较多，据乙本补。

②而用之有弗盈：如果遵循着大道办事，也许就不会要求把事情办到十全十美的盈满状态。而，如果。用，使用，遵循。有，或许，也许。王引之《经传释词》卷三："有，犹或也。有与或古同声而义亦相通。"王本即作"而用之或不盈"。盈，盈满，十全十美。

学界多把"用之或不盈"解作"用之不尽"。笔者认为，把"盈"解释为"满""极盛状态"，不但对字义的解释较为合理，而且同《老子》全书的思想也是扣合的。老子认为"持而盈之，不如其已"（九章），办事追求盈满，不如不办，因此提倡"去甚、去奢、去泰"（二十九章）。十五章说："保此道者不欲盈。"可见"不盈"是遵循大道做事的一个原则，而且本章紧接着就阐述大道在主宰万物时，是不求"盈"的。另外，《老子》中其他"盈"字没有一处作"尽"讲。

把事情办到十全十美是常人所追求的，那么老子为什么反对办事"盈满""十全十美"呢？古人对此有共同的答案：

日极则仄，月满则亏。（《管子·白心》）

老子曰："天道极即反，盈即损，日月是也。……夫物盛则衰，日中则移，月满则亏，乐终而悲，是故聪明广智守以愚，多闻博辩守以俭，武力勇毅守以畏，富贵广大守以狭，德施天下守以让，此五者，先王所以守天下也。"（《文子·九守》）

古人观察到，太阳到了最高处以后，紧接着是走下坡路；月亮圆了以后，紧接着就是一天天亏损。于是，老子就得出一个结论："物壮则老。"（三十章）这种观察结论是正确的。既然"盛"是成功与衰败的转折点，因此办事就不要求"盈满"，不要求达到"盛"，以免走向衰落。墨子对此也有较为明确的解释，《太平御览》卷三百二十二："《墨子》曰：墨子为守，使公输般服，而不肯以兵知，善持胜者，以强为弱。故老子曰：'道冲而用之，有弗盈也。'"陶宗仪《南村辍耕录》卷十记载：

> 初，真人（邱处机）自行在归，道由宣德日，一富家新居落成，礼致下顾，将冀一言以为福。既入其室，默然无语，辄以所持铁柱杖于窗户墙壁上，颇毁数处而出。主人再拜，希解悟。曰："尔屋完矣美矣。完而必毁，理势然也。吾不尔毁，尔将无以图厥终。今毁矣，尔宜思其毁而欲完，克保全之，则尔与尔子子孙孙，庶几歌斯哭斯，永终弗替！"主人说服。吁，真人真知道也。

有一富豪宅院修造得十分华美，邱处机就用自己的铁拐杖把窗户、墙壁捣毁几处，原因就是宅院修得太完美了，而"完则必毁"。为了使这户人家能够长期享有这处住宅，他才做出这一举动。建筑物要留有一定的缺陷，并非邱处机的发明，远在先秦就有此原则：

> 孔子闻之曰："……物安可全乎？天尚不全，故世为屋，不成三瓦而陈之，以应之天。天下有阶，物不全乃生也。"
> （《史记·龟策列传》）

孔子说："任何事情怎么能够做到十全十美呢？因为连天都做不到十全十美，所以人们在建房时，要少盖三片瓦，然后才居住，以此来上应天道。"后来，人们把这一原则运用到了人事的各个方面。《谈苑》卷三记载：

> 吕文靖教马子山云："事不要做到十分。"子山初未谕，其后语人云："一生只用此一句不尽。"

"事不要做到十分"蕴含的道理与"而用之或不盈"是一样的。而这一道理大概只能与智者言，常人很难理解。相传有一首叫《半点禅》的禅歌，讲的也是这个道理：

> 自古人生最忌满，半贫半富半自安；半命半天半机遇，

半取半舍半行善；半聋半哑半糊涂，半智半愚半圣贤；半人半我半自在，半醒半醉半神仙；半亲半爱半苦乐，半俗半禅半随缘；人生一半在于我，另外一半听自然。

【译文】

道是无形无象的，如果遵循着它办事，也许就不会要求把事情办到盈满、极盛的状态。

甲本　渊呵①，始万物之宗②：铿其③，解其纷；和其光④，同［其尘］⑤。

乙本　渊呵，似万物之宗：铿其兑⑥，解其芬⑦；和其光，同其尘。

王本　渊兮，似万物之宗：挫其锐，解其纷；和其光，同其尘。

【注释】

①渊呵：大道就像深渊那样深邃奥妙而难以认识。渊，据乙本、王本，"渊"应为"渊"。一说假借为"渊"。呵，感叹词。王本作"兮"。

②始万物之宗：它好像是万物的主宰者。始，据乙本、王本，应为"似"。一说"始"假借为"似"。乙本、王本作"似"。宗，宗主，主宰者。

③铿其：应为"铿其锐"。挫去万物的锋芒。铿，通"挫"。挫去，减少。其，泛指万物，这里主要指人。因为"木秀于林，风必摧之"，故要"挫其锐"。本句明显脱一"锐"字。

④和其光：使万物的光芒（比喻优点）都变得柔和一些。与"挫其锐"义近。光，指人或物的长处、优点。在五十八章中，老子认为

圣人应做到"光而不耀（有光芒但不刺眼）"。

⑤尘：尘埃。比喻污垢、缺陷。与"光"相对。后人把"和其光，同其尘"浓缩为"和光同尘"一词，成为古人十分重视的处世原则。那么什么叫作"和光同尘"？试举一例：

> 纣为长夜之饮，欢以失日，问其左右，尽不知也。乃使人问箕子。箕子谓其徒曰："为天下主，而一国皆失日，天下其危矣；一国皆不知，而我独知之，吾其危矣。"辞以醉而不知。（《韩非子·说林上》）

酒池肉林是商纣王的"杰作"，有一次，纣王与大臣们连续醉了几天，酒醒后，君主与大臣都晕头转向地不知"今夕何夕"了，于是就派人去问贤臣箕子。清醒的箕子意识到"一国皆不知，而我独知之，吾其危矣"，于是就不醉装醉，也不知道"今夕何夕"了。箕子的行为是典型的"和光同尘"。

⑥锉：假借为"挫"。兑：假借为"锐"。

⑦芬：假借为"纷"。

【译文】

大道就像深渊那样深邃奥妙而难以认识，它好像是万物的主宰者：它挫去万物的锋芒，从而化解它们之间的纠纷；调和它们的光芒（优点），从而使它们都有一定的缺陷。

甲本　　［湛呵①，似］或存②。吾不知［其谁之］子也③，象帝之先④。

乙本　　湛呵，似或存。吾不知其谁之子也，象帝之先。

王本　　湛兮，似或存。吾不知谁之子，象帝之先。

【注释】

①湛（zhàn）：无形无象、看不见摸不着的样子。呵，语气词。

②似或：好像。或，也许，似乎。

③吾不知其谁之子也：我不知道是谁产生了它。本句实际意思是说，道是自本自根、无条件存在的。本句比王本多"其""也"二字。

④象帝之先：出现在天帝之前。象，显象，出现。老子虽然没有否认天帝、鬼神的存在，但把天帝、神鬼摆在次要位置，这一思想可以说是超时代的。

【译文】

道是无形无象的，但似乎确实存在着。我不知道是谁产生了它，只知道它出现在天帝之先。

五章（王本五章）

【题解】

本章认为，天地对万物"不仁"，那么圣王就应该效法天地，对百姓也要做到"不仁"。"圣人不仁，以百姓为刍狗"是一个难以理解但异常深刻的命题。在本章中，老子还提出了与儒家"中庸"相似的"守中"原则，提醒人们在发展生产时，要注意"度"的把握，不能不发展，也不可过度发展。

本章各本最大的一点不同，就是王本作"多言数穷"，而甲、乙本作"多闻数穷"，使两者在含义方面有了差别。其他则为用字的不同，如：王本作"圣人不仁"，而甲、乙本分别作"声人不仁"与"耴人不仁"；王本作"虚而不屈，动而愈出"，而甲、乙本分别作"虚而不淈，瞳而俞出"与"虚而不淈，勭而俞出"等等。

甲本　天地不仁①，以万物为刍狗②；声人不仁，以百省〔为刍〕狗③。

乙本　天地不仁，以万物为刍狗；耴人不仁④，〔以〕百姓为刍狗。

王本　天地不仁，以万物为刍狗；圣人不仁，以百姓为刍狗。

【注释】

①天地不仁：天地无所仁爱。仁，仁爱，爱护。天地没有主观意识，虽然天地养育了万物，但不是出于爱心，因此说"天地不仁"。

②刍（chú）狗：草和狗。刍，草。一说"刍狗"指古代祭祀时使用的用草扎成的狗。吴澄《道德真经注》："刍狗，缚草为狗之形，祷雨所用也。既祷则弃之，无复有顾惜之意。天地无心于爱物，而任其自生自成；圣人无心于爱民，而任其自作自息。故以刍狗为喻。"根据本章上下文，此解不确。因为这种刍狗在用于祭祀之前，人们对它既爱又敬；祭祀之后，则弃之不顾。人们对待用来祭祀的刍狗，是较为用情的。

③声人不仁，以百省为刍狗：圣人无所仁爱，把百姓视同草、狗一样。声人，即"圣人"。声，假借为"圣"。百省，即"百姓"。"省"应为"姓"，或假借为"姓"。

儒家提倡仁爱，老子反对提倡仁爱，为什么呢？

"圣人不仁，以百姓为刍狗"这一命题集中地体现了老子"不干涉"的治国理念。老子认为，对于百姓，既不要去伤害他们，也不要去爱护他们，让他们自由自在地去发展生产，调节生计。老子深信，在不受干涉的情况下，百姓完全能够过上美满的生活。国家一旦干涉百姓生活——无论是盘剥百姓还是爱护百姓，都将产生负面效应。所以《庄子·徐无鬼》说："爱民，害民之始也。"除此，道家与儒家在仁爱方面，还有以下不同之处。

第一，老子认为提倡仁义本身就标志着人类道德已经堕落。有这样一种普遍的社会现象，那就是当社会提倡、赞美某种品质的时候，刚好说明这个社会已经缺乏这种品质了。《老子》十八章说："大道废，有仁义。""仁义"这一概念的出现，是社会无道的标志。因为在老子理想的有道社会里，人们本性纯朴，彼此友好，互不伤害。既然如此，又有什么必要去提倡仁义呢？所以说，提倡"仁义"，不是一个值得赞扬的现象，反而说明了人类道德的堕落。

第二，老子反对提倡仁义是因为儒家提倡的仁义带有功利目的，一些统治者更把仁义当作玩弄阴谋的工具。大力提倡仁义的人大概要属孔、孟了，请看他们施行仁义的目的：

　　　子言之："仁者，天下之表也；义者，天下之制也；报者，天下之利也。"（《礼记·表记》）

　　　保民而王，莫之能御也。（《孟子·梁惠王上》）

孔子提倡"仁"，是因为施行仁义可以得到丰厚的回报——天下之利。孟子提倡"仁"，目的是为了能于天下称王。换言之，在儒家那里，"仁"已经成为一种换取利益的工具，行仁是一种带有商业性质的市易行为。儒家的仁义主张客观上的确能够给百姓带来实际的好处，而且对待自私的统治者也只能用利害关系去劝说他们推行仁政，但从道德、从理论的角度讲，你能够说如此推行仁义是一种高尚的行为吗？你能够说统治者推行仁政是一种无私的仁慈行为吗？

第三，老子认为公开提倡仁义会破坏人的仁义本性，从而进一步破坏人类的美好生活。老子没有直接、明确地讨论人性的善恶问题，但根据其"复归于婴儿"（二十八章）的主张可以看出，他与孟子一样，都是性善论者。他认为来自大道的人性本来就是纯朴厚道、相爱而不相害的。而庄子则明确认为人的本性是善良的，《庄子·骈拇》说："意仁义其非人情乎！彼仁人何其多忧也！"既然仁爱是人的天性，就不用再去提倡它。为什么呢？《老子》四十章认为："反者，道之动。"任何事物发展到极致，都会向相反的方向发展。因此，竭力提倡、奖赏仁义行为的结果，就会使一些阴谋家假借仁义之名以欺世谋利，这样就会使人性发展到它的反面——不仁不义。

笔者认为，老庄的一些言论看似在反对仁义，而实际上，老庄不仅不反对仁义，而且还提高了行仁行义的标准，老庄仁义观的道德层次比儒家的更高。

《老子》提到"仁"这个字的地方只有五处，但涉及"仁"的内容很多。《老子》第八章明确说："居善地，心善渊，与善仁，言善信。"所谓"与善仁"，就是提倡与人交往时要有仁爱之心。其实，像这一类表面看似矛盾的说法在《老》《庄》中比比皆是，下面仅举几例：

上仁为之而无以为。（《老子》三十八章）

大仁不仁……仁常而不成。（《庄子·齐物论》）

相爱而不知以为仁。（《庄子·天地》）

泽及万世而不为仁。（《庄子·天道》）

这就是说，老庄在反对儒家仁义的同时，又提出了自己的"上仁""大仁""至仁"等概念。总括这些言论，可以看出，老庄的"大仁"与儒家的仁在内容上并没有本质区别，无非是"相爱""泽及万世"等。但在施仁的对象和行仁的态度方面，道家则比儒家明显高着一个层次，这表现在：

第一，在施仁的对象方面，老庄打破了儒家建立在"亲亲"基础上的推恩法，提出了"至仁无亲""仁常而不周"的观点。老庄认为，至仁是没有偏私的，对所有的人、甚至所有的物都一视同仁。《庄子·天运》曾嘲笑儒家的仁：

商太宰荡问仁于庄子。庄子曰："虎狼，仁也。"曰："何谓也？"庄子曰："父子相亲，何为不仁？"

在老庄看来，如果"亲亲"也是一种仁的话，那么连虎狼也是仁的，因为它们也懂得父子相亲。可见老庄对这种仁义持极大的蔑视态度。老庄是最广泛的博爱者，他们不仅爱亲人，也爱别人；

不仅爱别人,而且还爱万物。《吕氏春秋·贵公》的一段记载就清楚地说明了这一点:

> 荆人有遗弓者而不肯索,曰:"荆人遗之,荆人得之,又何索焉?"孔子闻之曰:"去其'荆'而可矣。"老聃闻之曰:"去其'人'而可矣。"故老聃则至公矣。

文中说的荆人(楚国人)是爱人的,但他所爱的人仅仅局限于楚人;孔子也爱人,他爱整个天下的人;而老子不仅爱人,而且爱物。老子才属于真正的博爱者。

第二,在施仁的目的方面,完全摒除了功利性。

前面讲过,儒家在劝告人们行仁时,总要指明行仁带来的好处。当然,儒家这样做是不得已而为之。而老庄坚决反对这种做法,老子说的"上仁为之而无以为",就是说真正的"上仁"之人在做仁义之事的时候是没有任何功利目的的,所谓的"无以"就是"无目的""无原因",行仁行义是一种纯道德行为。既然如此,也就不应该让受惠方有丝毫的感激之情:

> 太上,不知有之。……功成事遂,百姓皆谓"我自然"。(《老子》三十八章)

> 圣人并包天地,泽及天下,而不知其谁氏。(《庄子·徐无鬼》)

最优秀的统治者,使百姓感觉不到他的存在,百姓普遍受到统治者的恩德,却认为自己的生活本来就是如此。既然百姓根本就感觉不到施恩者的存在,那就谈不上去感谢、拥戴施恩者,施恩者也就不能、准确讲是根本就不想从行仁中得到任何的好处。

老庄毫无功利目的的博爱精神不仅超越了他们所处的时代,而且还超越了今天。佛教提倡爱人爱物,但他们爱人爱物的目的是为了自身成佛,这种爱同样是功利性的。今天的爱物者是为了保护环境,而这个"环境"是指人的生存环境,因此今天的爱物者也是一群功利主义者,他们的最终目的还是为了爱自己。只有老庄的博爱是无个人目的、无功利性的,套用老子"无为而无不为"的思想,只有这种无功利性的博爱行为,才能为人类带来最大的功利。

第三,在施仁的自觉性方面,老庄要求把它由有意识的行为变成无意识的行为。

儒家有一句名言:"克己复礼为仁。"(《论语·颜渊》)克制自己的欲望,严格按照礼制行事,这是一件相当辛苦的事情,需要时时提醒自己、约束自己,故儒家需要"吾日三省吾身"(《论语·学而》)。而老庄对此大不以为然,认为勉强自己去行仁,这本身就算不上真正的仁义行为,因为当你勉强自己去做仁义之事时,这种仁义还属于外在的东西,并未同你融为一体。老庄要求把"爱人"由有意识的、辛苦的行为变成自然而然的无意识行为,这就是《庄子·天地》所反复强调的"端正而不知以为义,相爱而不知以为仁,实而不知以为忠,当而不知以为信",行为端正,施爱于人,而自己却丝毫意识不到这一点,更不会认为自己真的做了什么好事。大仁大义之人在行仁行义的时候就好像人们呼吸空气而不知不觉一样,完全成了下意识的举动。

综上所述,可以看出,老庄的仁义观同儒家仁义观不是一种敌对关系,而是一种同方向的超越关系。老庄反对的是儒家推行仁义的手段,而不是仁义本身。

④耶:同"圣"。

【译文】

天地无所仁爱,把万物视同草、狗一样;圣人无所仁爱,把百姓视同草、狗一样。

甲本　天地［之间,其］犹橐籥与①? 虚而不淈②,蹱而俞出③。多闻数穷④,不若守于中⑤。

　　乙本　天地之间,其犹橐籥与? 虚而不湿,勤而俞
出⑥。多闻数穷,不若守于中。

　　王本　天地之间,其犹橐籥乎? 虚而不屈⑦,动而愈
出。多言数穷⑧,不如守中。

【注释】

① 橐籥(tuó yuè):古代的一种鼓风吹火工具,类似今天的风箱。
　橐,外面的箱子。籥,里面的送风管。与,同"欤"。句末语气词。
　天地之间是个大空间,风箱中间也是个空间,所以老子说"天地
　之间,其犹橐籥与"。

② 不湿:不会穷尽。湿,通"屈"。尽,竭。朱骏声《说文通训定
　声•履部》:"湿,叚借为屈。"风箱中间看似虚无,但越拉风箱,其
　风越多,故言"不湿"。比喻人们在天地之间做的越多,出现的各
　种事物就越多。

③ 蹚而俞出:越推拉风量越大(比喻人类言行越多产生的事物越
　多)。蹚,据王本,应为"动",一说假借为"动"。拉动。俞,假借
　为"愈"。更加。

④ 多闻数(shuò)穷:世俗知识越多,生活越发艰难。闻,博闻多识。
　主要指对世俗知识的博求。数,屡次,多。穷,困厄,困窘。

⑤ 不若守于中:不如遵循着不偏不倚的正确原则。中,不偏不倚,恰
　如其分。与王本相比,本句多一"于"字。老子反对人的多为,所
　以告诫人们"多闻数穷,不如守于中"。老子这里讲的"中",很
　类似孔子提倡的"中庸",也即"过犹不及"的原则。《论语•先
　进》记载:

　　　　子贡问:"师与商也孰贤?"子曰:"师也过,商也不及。"

曰:"然则师愈与?"子曰:"过犹不及。"

　　师与商是孔子的两位弟子。师,姓颛孙,名师,字子张。商,姓卜名商,字子夏。子贡问孔子:"师和商这两位弟子哪位更贤良?"孔子说:"师超过了贤良的标准,商还没有达到贤良的标准。"子贡问:"这样说来,师远远超过商了?"孔子说:"过犹不及。"超过这一标准的和达不到这一标准的是半斤八两,一样不好。正如我们评价一个人是否聪明时,可能有三种评价:聪明,太聪明,不聪明。"聪明"是正面评价,而"太聪明"和"不聪明"则都是否定性评价,太聪明的人与不太聪明的人是一样的。因此为人做事要讲究度,不偏不倚,这就是老子说的"守中"思想。

　　简言之,本章的"守中"原则,用今天的话说,就是不反对正常的发展,而反对过度发展。

⑥勤:据王本,应为"动",一说假借为"动"。拉动。俞:假借为"愈"。更加。

⑦不屈(jué):不会穷尽。屈,尽,竭。

⑧多言数(shuò)穷:说的、做的越多,处境就越发困窘。言,除说话的意义外,这里还含有行动的意思。"多言"即多为,而且是按照主观意志行事的多为,与顺应自然的"无为"相对。数,屡次,多。穷,困厄,困窘。

【译文】

甲本、乙本:

天地之间这个大空间,不就好像是一个大风箱吗?虽然其中空虚却不会穷尽,越推拉风量越大(比喻人类言行越多产生的事物越多)。而人们掌握的世俗知识越多,处境就会越发困窘,不如遵循着不偏不倚的适中原则行事。

王本:

天地之间这个大空间,不就好像是一个大风箱吗?虽然其中空虚却不会穷尽,越推拉风量越大（比喻人类言行越多产生的事物越多）。而人们说的做的越多,处境就会越发的困窘,不如遵循着不偏不倚的适中原则行事。

六章（王本六章）

【题解】

本章再次强调"无（空间）"的作用，并且意识到"无"也是一种客观存在。老子之所以反复强调自然界"无"的作用，目的是为其政治主张服务的：只有有了"无（空间）"，才会有"有（物质）"，那么只有有了"无为"，才会有"无不为"。

本章文字较少，因此不同处也少，主要是一些用字不同，如：王本作"谷神"，甲、乙本作"浴神"；王本作"是谓"，甲、乙本作"是胃"；王本作"绵绵若存"，甲、乙本分别作"绵绵呵若存"与"绵绵呵其若存"；王本作"不勤"，甲、乙本作"不堇"。

甲本　浴神［不］死①，是胃玄牝②。玄牝之门③，是胃［天］地之根。绵绵呵若存④，用之不堇⑤。

乙本　浴神不死，是胃玄牝。玄牝之门，是胃天地之根。绵绵呵其若存，用之不堇。

王本　谷神不死⑥，是谓玄牝。玄牝之门，是谓天地根。绵绵若存，用之不勤⑦。

【注释】

① 浴神不死：神奇的空间作用永远不会消失。浴，假借为"谷"。蒋锡昌《老子校诂》："'浴''穀''欲'虽可与'谷'并通，然以《老》校《老》，仍当以'谷'为当。"谷，即山谷，引申为空虚、空间。王弼《老子道德经注》："谷神，谷中央无者也。"不死，永远不会消失。另外，关于"谷神"的解释，高亨《老子正诂》说："谷神者，道之别名也。谷读为穀。《尔雅·释言》：'穀，生也。'《广雅·释诂》：'穀，养也。'……谷神者，生养之神，道能生天地养万物，故曰谷神。"现代的一些学者，如任继愈、张松如、陈鼓应等，均把"谷神"解释为"道"。

② 是胃玄牝（pìn）：这就叫作玄妙的母体。是，代词。代指谷神。胃，通"谓"。叫作。玄，玄妙。牝，雌性的鸟兽，这里泛指母体。

③ 门：门户，生养之门。这里用母性的生殖器官比喻大自然的生养之门。《庄子·庚桑楚》："有乎生，有乎死，有乎出，有乎入，入出而无见其形，是谓天门。"

④ 绵绵呵若存：连绵不断的空间似乎也是一种存在。绵绵，连绵不断的样子。呵，语气词。老子意识到空间也是一种存在，这在当时可以说是一种卓见。

⑤ 用之不堇：使用空间而又使用不尽。堇，通"勤"。穷尽，枯竭。空间可以反复使用，故曰"用之不堇"。一说"堇"通"觐"。觐见，看见。则本句意思是，人们使用空间却又看不到空间。

⑥ 谷神：空间的神奇作用。谷，山谷。比喻空间。

⑦ 勤：穷尽，枯竭。本章进一步阐述有关重视空间的思想。老子认为空间包含着万物，就像母体孕育着子女一样，因此，空间也是万物产生的基础，没有空间，也就没有万物。老子非常重视空间，在十一章中，老子还专门讨论空间的作用，提出了"无之以为用"的观点，认为空间对万物起着决定性的作用。

《老子》原来并不分章,因此本章与上一章讲的是同一件事。上一章讲天地之间好像一个大风箱,万物在这个风箱中变化繁衍,强调空间的重要作用。本章紧承上章,进一步说明空间的神妙作用永不会消失。联系上一章,很显然,这个"谷"仍取其空虚之义,指的是万物赖以存在的空间。这样解释,不仅上下文通畅,而且也能保证全书"谷"字训诂的一致。把"谷"通假为"穀",进而把"谷神"解释为"道",只是一种臆测,没有充分的根据,因为"谷"与"穀"在先秦是两个不同的字,而且与全书"谷"字的用法也有矛盾。

【译文】

神奇的空间作用是永远不会消失的,它好像是一个玄妙的母体。而这一母体的生殖器官,就是产生天地万物的根源。空间连绵不断似乎永远存在,万物使用它却又用不完它。

七章（王本七章）

【题解】

老子思想的重要原则之一就是效法自然，所以本章先描述了一种自然现象，然后把这一自然现象引入人事，提醒人们如何去效法自然。在效法自然这一大的思想背景之下，非常明确地阐述了老子的自然辩证思想：既然有"无"才有"有"，那么只有"不自生"，才能"长生"；只有"后其身"，才能"身先"；只有"无私"，才能"成其私"。本章再次说明老子的"人道"来自"天道"。

本章各本最大的不同，就是乙本比甲本、王本多出"外其身而身先"一句，而这一句明显是误抄、多抄的一句话，应予删除。其他各处仅仅是一些用字不同，如在第一段中，甲、乙本仅比王本多"之""也"二字；在第二段中，王本作"是以圣人后其身而身先"，甲、乙本分别作"是以声人芮其身而身先"与"是以耵人退其身而身先"；王本作"无私邪"，甲、乙本作"无私舆"。含义皆一样。

甲本　天长地久。天地之所以能［长］且久者①，以其不自生也②，故能长生。

乙本　天长地久。天地之所以能长且久者，以其不自生也,故能长生。

王本　天长地久。天地所以能长且久者,以其不自生,
故能长生。

【注释】

①所以:……的原因。本段各本文字基本一样,甲、乙本仅比王本多
　“之”“也”二字。

②以其不自生:因为天地不是为自我而生存的。以,因为。天地没
　有主观意识,是无私的,所以说它们“不自生”。

【译文】

天地能够长久存在。天地之所以能够长久存在,原因就在于它们不
是为了自我而生存的,所以能够长久存在。

甲本　是以声人芮其身而身先①,外其身而身存②。不
以其无［私］與③? 故能成其私。

乙本　是以聏人退其身而身先④,外其身而身先⑤,外
其身而身存。不以其无私與? 故能成其私。

王本　是以圣人后其身而身先,外其身而身存。非以
其无私邪⑥? 故能成其私。

【注释】

①是以声人芮其身而身先:因此圣人先把自己放在别人的后面,这样
　反而能够站到别人的前面。声人,即“圣人”。声,假借为“圣”。
　芮其身而身先,把自己放在别人后面,就能够得到人们的拥护,结
　果反而能够占先。芮,依据王本,“芮”应为“后”。一说“芮”假
　借为“退”。尹振环《帛书老子再疏义》:“《说文》:‘芮,芮芮,草

生貌。内声。'’‘内’‘退’音近假借。”“退其身”与“后其身”含义相同。老子认为，与人交往时，要善于“处后”，不要自私，客观上反而能够占先，能够成就自己的私利。为什么？这里举例说明。

战国时期，秦、赵两国军队为了争夺上党之地（在今山西），在长平（今山西高平西北）一带对峙。赵军的主帅是廉颇。由于当时赵军实力稍弱，所以廉颇采取坚壁固守的策略，秦军多次挑战无果。当时的秦军属于长途远征，军资运输不便，最忌讳持久战，于是秦国就使用反间之计，到处散布流言说：“秦国最怕的是赵奢的儿子赵括，廉颇容易对付，而且他马上就要投降了。”赵王听信了流言，决定任用只会纸上谈兵的赵括去替代廉颇。此时赵括的母亲坚决反对。《史记·廉颇蔺相如列传》记载了赵括母亲上书反对的原因：

> 始妾事其父，时为将，身所奉饭饮而进食者以十数，所友者以百数。大王及宗室所赏赐者，尽以予军吏士大夫，受命之日，不问家事。今括一旦为将，东向而朝，军吏无敢仰视之者；王所赐金帛，归藏于家，而日视便利田宅可买者买之。王以为何如其父？父子异心，愿王勿遣。

赵奢是与廉颇齐名的名将，当时已经去世。赵奢的夫人对赵王说，赵奢在世时，每当接受命令、准备出兵打仗时，就再也不过问家事。在军中，他亲自侍奉（端茶送水）的人就有数十人，以友相待的就有几百人，大王及国家赏赐给他的金银财宝，他全部转赠给将士们，自己不拿一文钱。而赵括不同，一旦被任命为主帅，就威风凛凛，高高在上，部下不敢仰视，大王赏赐的金银财宝，赵括全部藏入家中，占为己有，每天都在求田问舍，置办家产。我就是通过他们父子行为的比较，知道赵括不可重用。可惜的是，赵王没有接受这一建议。

赵奢是无私的，而且身处将士之后，赢得了将士的衷心拥戴,结果成就了自己一代名将的美誉;赵括是自私的,而且高高在上,蔑视属下,导致将士们离心离德,最后兵败长平,使赵国损失四十余万军队,自己也丧命疆场,贻笑万年。

②外其身而身存:把自身置之度外,反而能够更好地生存。老子认为,爱惜生命是对的,正是为了爱惜生命,有时又不可把自己的生命看得太重,这样反而更有利于自己的生存。反过来,如果把自己的生命看得过重,反而不利于自己的生存。事实的确如此。

有个四十来岁的人,前一天下午还在参加篮球比赛,第二天参加单位的例行体检,结果查出他患上癌症。当他得知这一消息后,精神崩溃,身体瘫软,连路也走不动了,当即住院,在医院里仅仅住了一个多月就去世了。这个人去世后,人们都说他的去世肯定与病有关,但主要不是病死的,而是因为心理压力太大,自己把自己吓死了。所以大家议论说,如果没有这次体检,或者体检出癌症以后,他把自己的生命看得淡一点,凭着那么好的体质,熬上三五年是完全可能的。正因为太看重生命,结果反而伤害了自己的生命。对此,庄子有一段文字讲得十分生动:

> 夫醉者之坠车,虽疾不死。骨节与人同而犯害与人异,其神全也,乘亦不知也,坠亦不知也,死生惊惧不入乎其胸中,是故遌物而不慴。彼得全于酒而犹若是,而况得全于天乎!(《庄子·达生》)

庄子说,喝醉酒的人,从车上掉下来,虽然也会受伤,但他受伤的程度要比别人轻。为什么喝醉的人身体与别人的身体一样,而受伤的程度却会轻一些,这就是因为醉酒者已经置生死于度外,没有任何恐惧感,当车子翻倒的时候,醉酒的人身体会软绵绵地顺势掉在地上。而清醒的人不同,当车子翻倒的时候,他们恐惧,挣扎,整个肌肉、骨头都是僵硬的,因此,他们受到的伤害就会严重一些。

　　庄子这样讲的目的，是要求我们通过精神修养，做到不用喝酒，也能够达到置生死于度外的境界。有了这一境界，当面对各种危险时，无忧无惧，能够冷静处理，这样反而有利于我们的生存。

　　社会法则与自然法则确有相通之处，如自然现象中的有与无、高与下同社会生活中的"后其身"与"身先"等成对的矛盾都是相反相成的关系，但自然法则与社会法则之间毕竟还存在着很大不同。在自然界，有"上"必有"下"，这是绝对的；而在社会生活中，有"后其身"未必就一定会有"身先"，要想把"后其身"转化为"身先"，需要一定的主观条件与客观环境。如果认为只要保持"后其身"，紧接着势必就会出现一个"身先"的局面，这无疑是幼稚的。"后其身"与"身先"之间，更多的是相关关系，而非因果关系。

③不以其无私舆：不正是因为圣人不自私吗？舆，假借为"欤"。句末语气词，表示疑问或感叹。

④耵：同"圣"。

⑤外其身而身先：本句为衍文，应删去。

⑥邪（yé）：疑问语气词。通"耶"。

【译文】

　　因此圣人先把自己放在别人的后面，反而能够站到别人的前面；把自身置之度外，反而有利于自己的生存。不正是因为圣人无私吗？所以反而能够成就他们的私利。

八章（王本八章）

【题解】

本章的"上善如水"是一句名言。作为自然之物的水，具有处下不争、施恩而不求回报等特性，因此老子要求人们去学习水的"善地""善渊""善仁""善信"等品德。本章再次揭示了老子效法自然的思维模式。

本章各本最大的不同有：第一，王本作"上善若水"，甲、乙本分别作"上善治水"与"上善如水"。第二，王本作"水善利万物而不争"，甲、乙本分别作"水善利万物而有静"与"水善利万物而有争"。第三，甲本作"心善潚"，乙本、王本作"心善渊"。第四，王本作"与善仁"，甲、乙本分别作"予善信"与"予善天"。第五，甲本缺"言善信"一句。第六，甲本作"夫唯不静"，乙本、王本作"夫唯不争"。

　　甲本　　上善治水①。水善利万物而有静②，居众之所恶③，故几于道矣④。

　　乙本　　上善如水。水善利万物而有争⑤，居众人之所亚⑥，故几于道矣。

　　王本　　上善若水。水善利万物而不争⑦，处众人之所恶，故几于道。

【注释】

①上善治水:品德最美好的圣人就像水一样。上善,指上善之人,也可指最高尚的品德。治,假借为"似"。高明《帛书老子校注》:"帛书《甲》本首句作'上善治水',古文'台'与'以'同字,'治'与'似'同音,故借'治'字为'似',谓'上善似水'。"

②水善利万物而有静:水善于施恩泽于万物而又清净无欲。有,通"又"。一说依据王本,本句应为"水善利万物而不争"。

③居众之所恶(wù):安居于众人所讨厌的低洼之地。所恶,所讨厌的地方,指低洼之地。俚语说:"人向高处走,水向低处流。"所以说水所处的低洼之地是人们所讨厌的地方。据乙本、王本,本句"众"后脱漏一"人"字。

④故几于道矣:基本上符合大道的原则。几,差不多,接近。老子认为万物的生息都是由道支配的,没有道,万物就不可能生存。道对于万物的恩泽可以说是很大的,然而道从不与万物争夺什么,也不求万物的回报。而水正具备类似的特性,所以说水"几于道"。

⑤争:据甲本,"争"假借为"静"。

⑥亚:通"恶"。厌恶。

⑦水善利万物而不争:水善于施恩泽于万物而从不与万物相争。本句与甲、乙本差异较大。

【译文】

甲本、乙本:

品德最美好的圣人就像水一样。水善于施恩泽于万物而又清净无欲,安居于众人所讨厌的低洼之地,所以说水的特性基本上符合大道。

王本:

品德最美好的圣人就像水一样。水善于施恩泽于万物而从不与万物相争,安居于众人所讨厌的低洼之地,所以说水的特性基本上符合大道。

　　甲本　居善地①,心善湕②,予善信③,正善治④,事善能,蹱善时⑤。夫唯不静⑥,故无尤⑦。

　　乙本　居善地,心善渊⑧,予善天⑨,言善信⑩,正善治,事善能,动善时。夫唯不争,故无尤。

　　王本　居善地,心善渊,与善仁⑪,言善信,正善治,事善能,动善时。夫唯不争,故无尤。

【注释】

①居善地:居住时善于选择恰当的地方。这个地方指低下之地,比喻低下的位置。本段中的"善"都是"善于"的意思,译文为了避免重复生硬,大多免去。

②心善湕:思想就像深渊一样深邃难识。湕,据乙本、王本,"湕"应为"渊"。一说"湕"假借为"渊"。不仅身为道家的老子认为圣人的思想境界很难猜度,儒家和佛教也这么认为。关于儒家圣人的境界,《韩诗外传》卷八有这样一段记载:

　　齐景公谓子贡曰:"先生何师?"对曰:"鲁仲尼。"曰:"仲尼贤乎?"曰:"圣人也,岂直贤哉!"景公嘻然而笑曰:"其圣何如?"子贡曰:"不知也。"景公悖然作色,曰:"始言圣人,今言不知,何也?"子贡曰:"臣终身戴天,不知天之高也;终身践地,不知地之厚也。若臣之事仲尼,譬犹渴操壶杓,就江海而饮之,腹满而去,又安知江海之深乎?"

　　子贡认为,孔子的思想境界如同上天一般,虽然自己终身头顶着天,却无法知道天有多高。佛教甚至认为,那些思想境界极高的僧人,连鬼神也无法知道他们的行踪。《五灯会元》卷三记载:

　　师(唐代普愿禅师)因至庄所,庄主预备迎奉。师曰:"老僧居常出入,不与人知,何得排办如此?"庄主曰:"昨夜

土地报道，和尚今日来。"师曰："王老师（普愿俗姓王）修行
无力，被鬼神觑见。"

普愿禅师俗姓王，有一次他因为有事到一村庄，庄主事先就
做好了迎接准备，普愿甚是诧异："我平时出门办事，从来不会告
诉任何人，您怎么事先就准备好我会来呢？"庄主回答说："是土
地神昨晚梦中告知我，您今天要来。"普愿听后感叹说："因为我
的修行还不到位，所以行踪被鬼神发现了。"那么反过来讲，修行
到极致的高僧，连鬼神都无法知晓其行踪，更不用说那些凡夫俗
子了。

③予善信：施恩惠于别人的时候讲究信用。予，给予，施恩惠。信，
　诚信，诚实。一说"予善信"应依据乙本作："予善天，言善信。"
　解释见下文。

④正善治：从政时善于治理。正，通"政"。执政。治，治理。

⑤蹱善时：有所行动，善于选择恰当时机。蹱，假借为"动"。行动。
　时，用作动词，选择时机。

⑥不静：不与人争夺。据乙本、王本，"静"应为"争"。一说"静"
　假借为"争"。

⑦尤：过失，罪过。这里引申为灾难。苏辙《老子解》对本段有关水
　的诸多优点有一个很好的阐释，这段阐释不仅道理讲得透彻，而
　且语言优美。他说：

　　　（水）避高趋下，未尝有所逆，善地也；空虚静默，深不
　可测，善渊也；利泽万物，施而不求报，善仁也；圆必旋，方必
　折，决必流，塞必止，善信也；洗涤群秽，平准高下，善治也；
　遇物赋形，而不留于一，善能也；冬凝春泮，涸溢不失节，善
　时也。有善而不免于人非者，以其争也。水唯不争，故兼七
　善而无尤。

这些文字字面意思是在赞水，实际是在赞人，而赞水的最终

目的是要求人们去效法水。

⑧渊：指圣人的思想境界如同深渊一样深邃难识。

⑨予善天：施恩惠与人时，要像大自然那样不求回报。天，大自然。

⑩言善信：言语诚实无欺。信，诚实。

⑪与善仁：与别人交往时非常仁爱。与，交往。老子讲的"仁"是指不求回报的大仁大义。

【译文】

甲本：

圣人像水那样：居于卑下之位，思想像深渊一样深邃难识，施恩惠于别人的时候讲究信用，为政善于治理，做事很有能力，行为择时而动。正因为他们与人无争，所以也不会招来任何灾难。

乙本：

圣人像水那样：居于卑下之位，思想像深渊一样深邃难识，施恩惠于别人时要像大自然那样不求回报，言语诚实无欺，为政善于治理，做事很有能力，行为择时而动。正因为他们与人无争，所以也不会招来任何灾难。

王本：

圣人像水那样：居于卑下之位，思想深邃难识，交往仁慈友爱，言语诚实无欺，为政善于治理，做事很有能力，行为择时而动。正因为他们与人无争，所以也不会招来任何灾难。

九章（王本九章）

【题解】

本章主要提醒人们三件事情：第一，再次提醒人们办事不要追求盈满，要留有一定余地。第二，提醒人们"金玉满堂，莫之能守"，富贵会为富贵者带来灾难。第三，提醒人们要做到功成身退。可以说，后面两个提醒的内容都建立在第一条原则之上，老子告诫人们，无论是财富还是功名，皆不可求盈求满。其中功成身退成为此后数千年中国文人的座右铭。

本章各本主要差异：第一，王本作"持而盈之"，甲、乙本作"植而盈之"。第二，王本作"揣而梲之，不可长保"，甲、乙本分别作"揣而兑□之，不可常葆之"与"掜而兑之，不可常葆也"。第三，乙本、王本作"功遂身退，天之道"，甲本作"功述身芮，天之道也"。

甲本　植而盈之^①，不[若其已^②；揣而]兑□之^③，[不]可长葆之^④。

乙本　植而盈之，不若其已；掜而兑之^⑤，不可长葆也。

王本　持而盈之^⑥，不如其已；揣而梲之^⑦，不可长保。

【注释】

① 揗（zhì）而盈之：做事要求做到盈满。揗，握持。引申为做事。《集韵·止韵》："揗，持也。"王本即为"持而盈之"。盈，盈满、鼎盛。

② 不若其已：不如他们停止不干。已，停止。办事留有余地、切忌盈满这一原则，外国人也很赞同。英国著名的历史学家和作家诺斯古德·帕金森在《帕金森定律》（王少毅编译，甘肃文化出版社2004年版）一书中说：

> 完善等于终结，终结等于死亡。

接着，他分别用一个单位的建筑和人员配备情况来论证这一观点。他说："据了解，只有面临垮台的单位，才有可能进行这样完善无瑕的设计（指这一单位的建筑设计和人员配备——引者注）。我们这个结论听起来似是而非，但却是经过大量的考古和历史研究才得出来的……经过一番研究和比较，我们证明了，凡是尽善尽美的规划，就是工作衰退的征兆。"他还说："现在有的单位刚一成立，就设立了副会长、顾问、行政领导等多人，让他们集中在一座专门为他们设计的大楼里。这类例子俯拾皆是。经验证明，像这样的单位必死无疑。它将因样样求全而把自己窒息，它将因缺少泥土而不能扎根，它将因已经充分发育而不能继续生长。它生来就不能结果，而且它连花都不能开。"

时隔几千年、地距数万里的老子和帕金森以各自不同的证据提出了完善就是死亡的开始这一结论，这种看似谬误的观点里却包含着一定的、毋庸置疑的正确性。

③ 揣（zhuī）而兑□之：反复捶锻刀剑而使其刀锋锐利。揣，轻击锻磨。兑，假借为"锐"。用作动词，使刀锋锐利。兑□之，高明《帛书老子校注》："'兑''之'间只衍一字，也可能是废字，因残损不清，难以断定。"本段所缺字，据乙本、王本补。

④ 不可长葆之：刀锋很难长期保持锋利。如果刀锋太锐利，很快就

会用坏。葆,通"保"。

⑤掘:应为"揣",一说"掘"假借为"揣"。兑:假借为"锐"。

⑥持而盈之:做事要求做到盈满。持,握持。引申为做事。盈,盈
满,鼎盛。

⑦梲:假借为"锐"。

【译文】

如果做事一定要做到盈满,还不如停止不做;刀刃捶锻得尖锐锋利,
其锋刃就不能长期保持锋利。

甲本　金玉盈室①,莫之守也②。贵富而骄③,自遗咎
也④。功述身芮⑤,天[之道也]⑥。

乙本　金玉[盈]室,莫之能守也。贵富而骄,自遗咎
也。功遂身退⑦,天之道也。

王本　金玉满堂,莫之能守。富贵而骄,自遗其咎。功
遂身退,天之道。

【注释】

①金玉盈室:金玉装满屋子。盈,满。

②莫之守也:即"莫守之也"。乙本、王本作"莫之能守",即"莫能
守之"。莫,没有人。之,代指满堂金玉。

③骄(jiāo):同"骄"。骄傲,傲慢。

④自遗咎也:王本作"自遗其咎"。自取灾难。遗,遗留,带来。咎,
灾难。

⑤功述身芮:功成身退。功,事情,事业。述,依据乙本、王本,应为
"遂"。一说"述"假借为"遂"。遂,成就,成功。芮,依据乙本、
王本,应为"退"。一说"芮"假借为"退"。尹振环《帛书老子

再疏义》：“《说文》：‘芮，芮芮，草生貌。内声。’‘内’‘退’音近假借。”

⑥天之道也：大自然的运行规律。老子之所以认为功成身退符合自然规律，是因为古人通过观察“日中则移，月满则亏”这一自然现象，从而得出“物盛则衰”（《文子·九守》）的结论。不仅日月如此，四季也是如此，春天完成自己的任务后，就主动地让位于夏天，而夏天、秋天和冬天也皆如此。既然功成身退是自然规律，那么主张效法自然的老子理所当然地提醒人们，应该在自己成功后的鼎盛时期急流勇退，以免遭受衰落为自己带来的痛苦。古人普遍认同这一点：

> 盈必毁，天之道也。（《左传·哀公十一年》）

> 狡兔得而猎犬烹，高鸟尽而良弓藏，名成功遂身退，天道然也。（《文子·上德》）

自然规律就是在盈满之后接着走向损毁，功成身退当然就是一种明智的选择。后来这一原则就成为数千年文人的座右铭。历史上的范蠡、张良等人都是这方面的楷模，而不愿功成身退的李斯却落得一个悲惨的下场。

范蠡是文子的弟子，而文子是老子的弟子。也就是说，范蠡是老子的再传弟子。关于范蠡功成身退的事情，史书有记载：

> 句践已平吴……范蠡遂去，自齐遗大夫种书曰：“蜚鸟尽，良弓藏；狡兔死，走狗烹。越王为人长颈鸟喙，可与共患难，不可与共乐。子何不去？”种见书，称病不朝。人或谗种且作乱，越王乃赐种剑曰：“子教寡人伐吴七术，寡人用其三而败吴，其四在子，子为我从先王试之。”种遂自杀。（《史记·越王句践世家》）

> （范蠡）遂乘轻舟以浮于五湖，莫知其所终极。王命工以良金写范蠡之状而朝礼之，浃日（每隔十天）而令大夫朝

之，环会稽三百里者以为范蠡地，曰："后世子孙，有敢侵蠡之地者，使无终没于越国，皇天后土、四乡地主正之。"(《国语·越语下》)

范蠡和文种是句践（也作"勾践"）灭吴的两大功臣。文种留了下来，结果因极为荒唐的理由被杀；范蠡功成身退，远走高飞，受到句践的极大尊重与思念。这一事实告诉我们两个道理，一是本章所说的功成身退；二是两人要想长期保持良好关系，彼此要保持一定距离，距离产生美。关于后者，《韩诗外传》卷二有一段发人深省的文字：

> 田饶事鲁哀公而不见察，谓哀公曰："臣将去君，黄鹄举矣。"哀公曰："何谓也？"田饶曰："君独不见夫鸡乎！头戴冠者，文也；足傅距者，武也；敌在前敢斗者，勇也；见食相呼者，仁也；守夜不失时者，信也。鸡虽有此五德，君犹日瀹而食之者，何也？则以其所从来者近也。夫黄鹄一举千里，止君园池，食君鱼鳖，啄君黍粱，无此五德者，君犹贵之者，何也？以其所从来者远矣。故臣将去君，黄鹄举矣！"

文种就是一只因为"所从来者近"而被轻易烹杀的鸡，而范蠡则是一只因为"所从来者远"而备受尊崇的黄鹄。贵远而贱近，尊古而轻今，可以说是古今通病。

前文所举的文种就是不能功成身退的悲惨人物，而李斯的遭遇则更为典型。《史记·李斯列传》记载，秦朝统一中国后，李斯身为宰相，他的儿子皆娶秦公主为妻，女儿也全部嫁给秦皇子。一次李斯置酒宴于家，百官都来祝贺，门前的车辆有数千。李斯看到这种情况后感叹说："嗟乎！吾闻之荀卿曰：'物禁太盛。'夫斯乃上蔡布衣，闾巷之黔首（百姓），上不知其驽下，遂擢至此。当今人臣之位无居臣上者，可谓富贵极矣。物极则衰，吾未知所税驾（归宿）也！"李斯知道"功成身退"的道理，却做不到急流勇退，结果被赵高诬为谋反，最后三族被灭，李斯本人受到数种刑罚——鞭打、斩左右趾、割鼻、脸上刻字、腰斩，死后又受菹刑（尸体被砍碎）。他临死前对儿子说："吾欲与若复牵黄犬，俱出上蔡（在今河南上蔡，是李斯的家乡）东门逐狡兔，岂可得乎？"后来诗人胡曾在《咏史诗·上蔡》中感叹道：

上蔡东门狡兔肥，李斯何事忘南归。功成不解谋身退，直待云阳血染衣。

在政治斗争激烈、人事关系复杂的古代社会，功成身退的确不失为明智之举。

在过去，"功成身退"一般起到的是保身的作用，而今天我们可以从中得到新的启示，那就是任何一代人都有各自的责任，当他们完成了自己的历史使命之后，都应自觉地让位于新的一代。如果功成而身不退，继续用老的一套经验去执行新的历史任务，而把充满生机的新一代排斥在外，其结果势必令人失望。

⑦功遂：事业成功。遂，成就，成功。

【译文】

金玉满屋，没有人守得住。富贵而傲慢，是自取灾难。功成身退，是大自然的规律。

十章（王本十章）

【题解】

本章主要描述了圣君的一些特征。圣君能够做到形神合一、安雌守柔、复归婴儿、舍智返愚、清静无为等。如果能够做到这些，就是具有"玄德"的圣王。当然，其中许多原则，同样适用于普通人的修养。

各本最大的不同，是王本比甲、乙本多一句"为而不恃"。其他用词差别主要有：第一，王本作"载营魄抱一"，乙本作"载营袙抱一"。第二，王本作"专气致柔"，乙本作"抟气致柔"。第三，王本作"涤除玄览"，甲、乙本分别作"脩除玄蓝"与"脩除玄监"。第四，王本作"爱民治国"，乙本作"爱民栝国"。第五，王本作"能无为乎"，乙本作"能毋以知乎"。如此等等。

甲本　[载营袙抱一^①，能毋离乎^②？抟气至柔^③，]能婴儿乎？脩除玄蓝^④，能毋疵乎^⑤？

乙本　载营袙抱一，能毋离乎？抟气至柔，能婴儿乎？脩除玄监^⑥，能毋有疵乎？

王本　载营魄抱一，能无离乎？专气致柔^⑦，能婴儿乎？涤除玄览^⑧，能无疵乎？

【注释】

①载营袘抱一：王本作"载营魄抱一"。使肉体和灵魂结为一体。载，语助词，无实义。一说同"哉"，句尾语气词，应属上章末句。元刘惟永《道德真经集义》引褚伯秀云："郭忠恕《佩解集》引开元诏语云：'朕钦承圣训，覃思玄宗，顷改正《道德经》十章"载"字为"哉"，仍属上句。及乎议定，众以为然。遂错综真诠，因成注解。'此说明当可去千载之惑。"袘，同"魄"。营魄，肉体和灵魂。寄托之处叫营（住所），古人认为肉体是灵魂的寄托之所，所以把肉体叫作"营"。抱一，结为一体。古人认为，灵魂来自上天，肉体来自大地，二者合而为一，人就可以生存；二者分离，人就会死亡，所以老子告诫君主要"营魄抱一"。本段甲本残缺较多，据乙本补。

②能毋离乎：能够保证肉体与灵魂不分离吗？本句用反问语气，提醒人们要做到肉体和灵魂结为一体。

③抟气至柔：聚结精神，以达到守柔状态。抟，通"抟（tuán）"。聚结。另外，"抟"与"抟"通，而"抟"还有"专一"的意思。《史记·秦始皇本纪》："抟心揖志。"《索隐》："抟，古'专'字。"气，这里指精神。至，假借为"致"。达到，做到。

④脩除玄蓝：清除尘垢污染，保持心灵的清明。脩，据王本，应为"涤"。洗涤。一说"脩"假借为"涤"。玄蓝，指心灵。心灵是玄妙的，而且能够观察万物，故称"玄蓝"。蓝，据乙本、王本，应为"监"或"览"，"监"与"览"皆可假借为"鉴"。指镜子。比喻能够观照万物的微妙之心。

⑤疵（cī）：瑕疵，错误。

⑥监：通"鉴"。镜子。比喻能够观照万物的微妙之心。

⑦专气致柔：专一精神，以达到守柔的状态。

⑧涤（dí）除玄览：清除尘垢污染，保持心灵的清明。涤，洗涤。玄

览,指心灵。心灵是玄妙的,而且能够观察万物,故称"玄览"。一说:玄,微妙。览,通"鉴"。镜子。比喻能够观照万物的微妙之心。

【译文】

甲本、乙本:

肉体和灵魂要保持合而为一,大概能够做到不相分离吧?聚结精神以达到守柔状态,大概能够像柔弱的婴儿一样吧?清除污垢以保持心灵的清明,大概能够不犯错误吧?

王本:

肉体和灵魂要保持合而为一,大概能够做到不相分离吧?专一精神以达到守柔状态,大概能够像婴儿一样吧?清除污垢以保持心灵的清明,大概能够不犯错误吧?

甲本　[爱民栝国①,能毋以知乎②?天门启阖③,能为雌乎④?明白四达⑤,能毋以知乎⑥?]

乙本　爱民栝国,能毋以知乎?天门启阖,能为雌乎?明白四达,能毋以知乎?

王本　爱民治国,能无知乎?天门开阖⑦,能无雌乎⑧?明白四达,能无为乎?

【注释】

①栝国:治理国家。栝,假借为"治"。王本作"治"。高明《帛书老子校注》:"乙本中'栝'字,不应读作'活',应读作'治','栝国'即今本之'治国','栝'字与'治'乃声之转也。"此段甲本全部残缺,据乙本补。

②能毋以知乎:大概能够不去使用智巧吧?知,同"智"。智慧,指

世俗智慧。老子反对君主使用智巧治国，因为使用智巧治国，会使人们变得越来越奸诈。"爱民治国，能无知乎"的主张实际就是愚民思想。《老子》认为，一个统治者真心"爱民治国"，就不要使用巧智去治理国家，类似言论在其他章节也很多："常使民无知无欲"（三章），"古之善为道者，非以明民，将以愚之。民之难治，以其智多"（六十五章）等等，具有明显的愚民思想。在先秦，谈论愚民思想最多的是道家和法家，但二者主张愚民的出发点是不同的。

法家提倡愚民，是站在统治者的利益之上，百姓愚，而统治者不愚，这样更有利于统治。所以，执行法家政策的秦朝焚烧的都是民间的书，而朝廷的书保存完好。当时的丞相李斯还鼓励二世皇帝要认真读书："治道亏缺而郑音兴起……秦二世尤以为娱。丞相李斯进谏曰：'放弃《诗》《书》，极意声色，祖伊所以惧也；轻积细过，恣心长夜，纣所以亡也。'"（《史记·乐书》）可惜的是，朝廷所保存的书，又被项羽给烧了。

老子提倡愚民，则是站在全人类的利益之上。因为他认为社会之所以如此动乱，就是由于人们过分聪明，人们把这些所谓的聪明全部运用到了争名夺利方面，正如《庄子·人间世》中所说："知也者，争之器也。"智慧成了人们争斗的工具。由此可以推论出：人们的智慧少一分，社会就会安定一分。其实，按照道家的观点，少点世俗智慧，不仅有利于社会安定，对个人的生活也是有好处的。苏东坡《石苍舒醉墨堂》说："人生识字忧患始。"忧患意识强烈，心绪难宁，是从读书认字开始的，所以道家笔下的圣人是"居无思，行无虑"（《庄子·天地》），无思无虑，自然也就无忧无愁。

老子主张愚民的动机是好的，但在现实社会中，却很难实施。

③天门启阖（hé）：指人的一言一行。天门，天然的门户。指耳、目、口、鼻。启阖，即开闭。启，开。阖，闭。天门开阖，代指一言一行。一说指大自然的变化。天门，指自然。这一解释似不确，因

为全章都是对君主个人的要求。

④能为雌乎：能够做到守柔吗？雌，柔雌，柔和。

⑤明白四达：处处明白通达。

⑥能毋以知乎：大概能够不去使用智巧吧？本句与前面的"能毋以知乎"重复，不如王本"能无为乎"合理。

⑦开阖：即甲、乙本的"启阖"。

⑧无雌：应为"为雌"之误。王本误为"无雌"，义不可通，甲本、乙本、《道藏》本等其他各版本均作"为雌"。

【译文】

甲本、乙本：

爱民治国，大概能够不去使用智巧吧？说话做事的时候，大概能够安居于柔雌的状态吧？明白通达，大概能够不去使用智巧吧？

王本：

爱民治国，大概能够不去使用智巧吧？说话做事的时候，大概能够安居于柔雌的状态吧？明白通达，大概能够做到清静无为吧？

甲本　生之畜之①，生而弗［有，长而弗宰也②，是胃玄］德③。

乙本　生之畜之，生而弗有，长而弗宰也，是胃玄德。

王本　生之畜之，生而不有，为而不恃④，长而不宰，是谓玄德。

【注释】

①畜（xù）之：养育万物。畜，养。之，代指万物。

②长而弗宰也：使万物顺利生长却不做它们的主宰者。长，使万物生长，也即养育万物。本句缺文较多，据乙本补。

③是胃玄德：这就是高尚的品德。是，代指以上做法。胃，通"谓"。叫作。玄，微妙，高尚。

④为而不恃（shì）：帮助万物却不求万物的回报。为，帮助。恃，依赖。引申为要求回报。甲、乙本无本句。

【译文】

甲本、乙本：

圣王帮助万物繁殖、成长，养育了万物却不据为己有，使万物得以顺利生长却不做它们的主宰者，这就是高尚的品德。

王本：

圣王帮助万物繁殖、成长，养育了万物却不据为己有，帮助了万物而不求回报，使万物得以顺利生长却不做它们的主宰者，这就是高尚的品德。

十一章（王本十一章）

【题解】

本章全篇皆是在强调"无（空间）"的重要作用，可见"无"在老子心目中的地位。在本章中，老子借用最常见的车辆、陶器、房屋等事物，以浅显易懂的比喻，说明空间的重要性。由于常人只关注"有（物质）"的作用，而忽略了"无（空间）"的作用；只知"无不为"的好处，而不知"无为"的好处；只追求"刚强"，而不愿处于"柔弱"，于是老子提醒人们，如果没有空间，一切事物都将失去其存在价值。明白这一道理，老子的"无为""柔弱"等学说也就不难理解了。

本章各本不同处相对较少，主要是：王本作"三十辐共一毂"，甲、乙本作"卅楅同一毂"；王本作"埏埴以为器"，甲、乙本分别作"埏埴为器"与"埏埴而为器"；王本作"凿户牖以为室"，甲、乙本作"凿户牖"等等。最末一段，各本文字则完全相同。

甲本　卅［楅同一毂①，当］其无②，［有车］之用［也］；埏埴为器③，当其无④，有埴器［之用也］⑤；［凿户牖⑥，］当其无⑦，有［室之］用也。

乙本　卅楅同一毂，当其无，有车之用也；埏埴而为器，当其无,有埴器之用也;凿户牖,当其无,有室之用也。

王本　三十辐共一毂,当其无,有车之用;埏埴以为器⑧,当其无,有器之用;凿户牖以为室,当其无,有室之用。

【注释】

①卅楅（sà fú）同一毂（gǔ）:王本作"三十辐共一毂"。三十根辐条共同集中在一个车毂上。卅,三十。楅,假借为"辐",车子的辐条。共,共同,集中。毂,车轮中心有圆孔可以插轴的部分。本句泛指人们制造车辆的过程。

②当其无:正是因为有了车厢里的空间。当,正。引申为正因为。无,空间。这里指车厢里的空间。如果车辆全部是物质组成,没有车厢里的空间,这样的车辆是没有用处的。一说"无"是指车毂中间插车轴用的圆孔,如果没有这个圆孔,无法插入车轴,车子是没用的。

③燃埴（shān zhí）为器:王本作"埏埴以为器"。揉合粘土制造各种陶器。燃,同"埏"。抟揉,揉合。埴,粘土。

④无:指陶器中的空间。

⑤有埴器之用也:才有了陶器的作用。埴器,陶器。王本作"有器之用",无"埴""也"二字。

⑥凿户牖（yǒu）:开凿门窗修建房屋。王本作"凿户牖以为室"。户牖,门和窗。户,门。双扇门叫作"门",单扇门叫作"户"。这里泛指门。牖,窗。

⑦无:指房屋中的空间。

⑧埏（shān）:抟揉,揉合。

【译文】

三十根辐条共同集中在一个车毂上,正是因为有了车厢中的空间,才有了车子的作用;抟揉粘土制造各种陶器,正是因为有了陶器里的空间,才有了陶器的作用;开凿门窗修建房屋,正是因为有了房屋中的空间,才有了房屋的作用。

甲本　　故有之以为利①,无之以为用②。
乙本　　故有之以为利,无之以为用。
王本　　故有之以为利,无之以为用。

【注释】

①有:指物质,与下句中的"无(空间)"相对。之:无实义。下句中的"之"与此同。

②无之以为用:空间才使万物产生作用。如果没有空间,整个宇宙铁板一块,那么一切事物都无法发挥自己的作用。老子善于逆向思维,比如:常人往往看到的是提倡仁义的正面意义,而老子却能看到提倡仁义的负面作用;常人往往关注智慧为人类带来的利益,而老子却能发现智慧给人类带来的伤害;常人往往重视尚贤的益处,而老子却能看到尚贤的弊端。本章也典型地凸显了老子的这种逆向思维,常人往往只关注物质的作用,而老子却特别强调空间的作用。这种逆向思维方式,使老子能够看到常人所无法看到的一些问题。

【译文】

所以说各种器物的物质部分给人带来了利益,而器物里的空间才使这些器物能够发挥自己的作用。

十二章（王本十二章）

【题解】

本章指出，五色、五音、五味、驰骋田猎、难得之货等奢侈生活，将会给人带来极大的伤害，这主要还是对君主的警告。老子认为，圣君的生活原则是"为腹不为目"，只求满足最基本的生活需求，不追求耳目享受。这一主张对于今天的人们依然具有重要的启发意义。

本段各本较大的不同有：第一，第一段的句序不同，甲、乙本的第二句"驰骋田腊使人心发狂"，相当于王本的第四句；甲、乙本的第三句"难得之赁（或"货"）使人之行方（或"仿"）"，相当于王本的第五句；甲、乙本的第四句"五味使人之口啪"与"五味使人之口爽"，相当于王本的第三句；甲、乙本的第五句"五音使人之耳聋"，相当于王本的第二句。相比较而言，王本的语序逻辑性更强，因为五色、五音、五味属于同类，同类并列，更为合理。第二，在第二段中，王本缺"之治也"三字。其他则属于假借字、虚词使用的不同。

甲本　五色使人目明①，驰骋田腊使人［心发狂］②，难得之赁使人之行方③，五味使人之口啪④，五音使人之耳聋⑤。

乙本　五色使人目盲，驰骋田腊使人心发狂，难得之货使人之行仿⑥,五味使人之口爽⑦,五音使人之耳[聋]。

王本　五色令人目盲,五音令人耳聋,五味令人口爽,驰骋畋猎令人心发狂,难得之货令人行妨。

【注释】

①五色:指青、黄、赤、白、黑五种颜色。这里泛指各种艳丽的色彩。目明:乙本、王本作"目盲"。"明"字应为"盲"字之误。目盲,眼瞎。实际意思是说,五色看多了,会伤害视力。

②驰骋(chěng)田腊使人心发狂:驰马打猎,使人精神失常。驰骋,驱马奔驰。在春秋时期,贵族出游多乘车。田腊,王本作"畋猎"。打猎。田,打猎。腊,应为"猎"之误,一说"腊"假借为"猎"。打猎。狂,心疾,即今天所说的精神失常。本段各本最大的不同,是句序不同,这种语序的不同,不影响其思想的一致。

③难得之赁使人之行方:珍贵的金银财宝,会使人行动不便。难得之货,指金银财宝。行方,王本作"行妨"。使人行动不便。方,假借为"妨"。妨碍。一说指行为不好,比如盗窃、掠夺之类的不好行为。古人很早就发现"难得之货令人行妨"这一社会现象。《左传·桓公十年》记载:

　　周谚有之:"匹夫无罪,怀璧其罪。"

　　远在老子之前,人们就发现,一个普通百姓本来没有犯罪,可一旦他藏有一块珍贵的玉璧,那就是他的"罪过"了。原因是权贵要给他罗织罪名,陷害他,以便劫夺他的玉璧。

　　《红楼梦》第四十八回说,石呆子并不富裕,却有二十把古扇子,而这些古扇子偏偏被贾府看中,愿意出钱购买。但石呆子说:"我饿死冻死,一千两银子一把我也不卖!"此事被当地官员贾雨村知道了,贾雨村为了讨好贾府,便设个法子,讹诈石呆子欠了官银,拿他到衙门里去,判决所欠官银,变卖家产赔补,就把这些扇子抄了充公,然后作了官价送给贾府。后来石呆子为此自杀。如果没有这些古扇,石呆子过得平平安安;有了这些古扇,把他搞得家破人亡。

潘永因《宋稗类钞》卷十一记载了这么一个故事:有一位姓刘的隐士隐居在衡山的紫盖峰下,家徒四壁,有时还要靠乞讨为生。后来有一位好心的富人送给他一件袍子,刘隐士十分高兴,道谢而去。过了几天,那富人见隐士仍是破衣烂衫,就问他为什么不穿那件袍子。隐士回答说:"我从前出门,从不锁门;睡觉时,也从不插门。自从有了那件袍子后,放在家里不放心,于是就买了一把锁,出门就把门锁上。晚上睡觉时,也总得把门关得紧紧的,生怕人偷去。天天都得为这件袍子操心。今天我本来是穿着这件袍子来的,突然一想:为了一件袍子,把自己搞得这么心神不宁,太不值得了。这时正好有个人从我身边路过,我就把这件袍子脱下来送给他了。袍子送出去以后,我的心就轻松多了,坦然多了。哎!我差点被你的一件袍子给拖累住了。"这位隐士说自己连一件袍子都放心不下,可能只是一种"借题发挥",但也反映了一种普遍存在的心理。

从这些事例来看,"难得之货令人行妨"这一说法的确是有道理的。那么反过来,没有"难得之货",往往会给人带来意想不到的福祉:

> (陈平离开项羽投奔刘邦途中)渡河,船人见其美丈夫,独行,疑其亡将,要(腰)中当有金玉宝器,目之,欲杀平。平恐,乃解衣裸而佐刺船。船人知其无有,乃止。(《史记·陈丞相世家》)

陈平是西汉的开国元勋,他原本追随项羽,后来投奔刘邦。在投奔刘邦途中过黄河时,船工看到陈平相貌堂堂,怀疑他是逃亡的将军,而将军必定带有金银,于是准备杀人劫财。陈平发现气氛不对，就把衣服脱光，帮助船工划船。船工发现他赤条条一无所有，这才终止了杀人念头。如果陈平此时拥有"难得之货"，他的生命大概到此而止，历史上也就没有一位足智多谋、屡建奇功的陈平了。

④五味使人之口啪：甜美的食物，会损害人的味觉。五味，指酸、苦、甘、辛、咸五种味道。这里泛指美食。啪，据乙本、王本，应作"爽"。一说"啪"假借为"爽"。爽，伤。指把味觉吃坏。

⑤五音：又叫五声。指宫、商、角、徵、羽五种音调。这里泛指美妙的音乐。使人之耳聋：使人的听力受到损伤。老子反对五色、五音、五味、田猎等各种精神享受和物质享受，固然有其偏颇的一面，但是我们也绝不能忽视其中合理的一面。

首先，当时能够享受"五色""五音""五味"，能够"驰骋畋猎"的人多为统治阶级。为了满足这些享受，他们势必要加紧对百姓的剥削。老子反对享乐的思想与墨子的"非乐""节用"思想有相似之处，都含有反对统治者享乐腐化以减轻百姓负担的意义。这一思想在七十五章中表现得特别明显，可参阅。

其次，即使排除反对剥削压迫这一点不谈，过分的享乐对任何一个人来说，无论是精神，还是肉体，都是有害的。枚乘在《七发》中对此阐述得十分透彻：

纵耳目之欲，恣支体之安者，伤血脉之和。且夫出舆入辇，命曰蹷痿之机；洞房清宫，命曰寒热之媒；皓齿蛾眉，命曰伐性之斧；甘脆肥脓，命曰腐肠之药。

玩物丧志，纵欲伤身，恐怕没有人会怀疑这些话的正确性。老子反对精神、物质享受，固然有失偏颇，但如果因此而完全抹杀其中的合理因素，也未必公允。

⑥仿：通"妨"。妨碍，不方便。

⑦爽：伤。指把味觉吃坏。

【译文】

甲本、乙本：

艳丽的色彩看多了，会伤害人的视力；沉溺于驰马打猎，会使人精神失常；珍贵的金银财宝多了，会使人行动不便；甜美的食物吃多了，会伤害人的味觉；美妙的音乐听多了，会伤害人的听力。

王本：

艳丽的色彩看多了，会伤害人的视力；美妙的音乐听多了，会伤害人的听力；甜美的食物吃多了，会伤害人的味觉；沉溺于驰马打猎，会使人精神失常；珍贵的金银财宝多了，会使人行动不便。

　　甲本　是以声人之治也①，为腹不［为目］②，故去罢耳此③。

　　乙本　是以耵人之治也④，为腹而不为目，故去彼而取此。

　　王本　是以圣人为腹不为目，故去彼取此。

【注释】

①声人：即"圣人"。声，假借为"圣"。王本无"之治也"三字。

②为腹不为目：只求吃饱肚子而不求耳目享受。目，这里泛指以上所说的各种耳目享受。

③故去罢耳此：王本作"故去彼取此"。因此要去掉耳目享受而只求填饱肚子。去，不要，排除掉。罢，王本作"彼"。一说"罢"假借为"彼"。彼，指上文讲的追求五色、五音、五味、畋猎等生活方式。耳，乙本、王本作"取"。一说"耳"假借为"取"。此，指"为腹不为目"的生活原则。

④耵：同"圣"。

【译文】

甲本、乙本：

所以圣人在治理国家的时候，只求吃饱肚子而不求耳目享受，因此要去掉耳目享受而只求填饱肚子。

王本：

所以圣人只求吃饱肚子而不求耳目享受，因此要去掉耳目享受而只求填饱肚子。

十三章（王本十三章）

【题解】

本章要求君主淡泊名利，无己无我，做到宠辱不惊。老子认为一个人之所以会"宠辱若惊"，就是因为自私心理造成的。按照老子的辩证思维，那些太看重自我的人，反而会给自己带来灾难；不看重自我，不仅能够治理好天下，而且也有利于自己的身心健康。

本章各本在主旨方面没有大的不同，但细微不同处很多：第一，王本作"宠辱若惊，贵大患若身"，甲、乙本分别作"龙辱若惊，贵大梡若身"与"弄辱若惊，贵大患若身"。第二，王本作"何谓"，甲、乙本分别作"苛胃"与"何胃"。第三，王本作"故贵以身为天下，若可寄天下"，甲、乙本分别作"故贵为身于为天下，若可以逅天下矣"与"故贵为身于为天下，若可以橐天下矣"。如此等等。

> 甲本　龙辱若惊[①]，贵大梡若身[②]。
> 乙本　弄辱若惊[③]，贵大患若身。
> 王本　宠辱若惊，贵大患若身。

【注释】

①龙辱若惊：受宠惊喜而受辱惊恐。龙，应为"宠"。一说假借为

"宠"。宠辱，都用如动词，指受到宠辱。一说"惊"为"动"的
意思，也即"动心"。本句可译为"如果地位的尊贵或低贱能够
使之动心的话"，见张景《老子"宠辱若惊"新解》（《光明日报》
2020年7月18日）。

②贵大梡若身：这是把大灾难看得像生命一样重要。贵，看重。大
梡，乙本、王本作"大患"，指因为太看重自我而形成的名利之心。
梡，应为"患"。一说假借为"患"。老子认为一个人如果达到无
私的境界（即下文讲的"无身"），就不会因为宠辱而惊恐。"宠辱
若惊"正是太看重自我的"有私"表现，无私方能成其私（七章），
有私反而会对自己造成伤害，因此，"有私"是很危险的。另外，
道家认为，大喜大恐都是有害于身体健康的，所以本章把"宠辱
若惊"视为"大患"。

③弄辱：即"宠辱"。"弄"应为"宠"，一说"弄"假借为"宠"。

【译文】

受宠惊喜而受辱惊恐，这是把大的灾难（名利之心）看得像生命一
样重要。

甲本　苟胃"龙辱若惊"①？龙之为下②，得之若惊③，
失［之］若惊，是胃"龙辱若惊"④。

乙本　何胃"弄辱若惊"？弄之为下也，得之若惊，失
之若惊，是胃"弄辱若惊"。

王本　何谓"宠辱若惊"？宠为下，得之若惊，失之若
惊，是谓"宠辱若惊"。

【注释】

①苟胃龙辱若惊：什么叫作"宠辱若惊"呢？苟，应为"何"，一说

"苟"假借为"何"。胃,通"谓"。龙,假借为"宠"。王本作"何谓'宠辱若惊'"。

②龙之为下:因为受宠是一件低贱的事情。苏辙《老子解》(又称《道德真经注》):"古之达人,惊宠如惊辱,知宠之为辱先也;贵身如贵大患,知身之为患本也。是以遗宠而辱不及,忘身而患不至。所谓'宠辱'非两物也。辱生于宠而世不悟,以宠为上而以辱为下者皆是也。若知辱生于宠,则宠固为下矣。故古之达人得宠若惊,失宠若惊,未尝安宠而惊辱也。"这些解释都有合理之处,但毕竟只解释了"宠为下",而没有解释对"辱"是什么态度。这两句,景福碑、陈景元本作"宠为上,辱为下",意思是:把受宠视为尊荣,把受辱视为卑下。这一行文似乎更为合理。劳健《老子古今考》:"'宠为上,辱为下',景福本如此。傅、范与开元本、诸王本皆作'宠为下'一句,景龙与河上作'辱为下'一句。以景福本证之,知二者皆有阙文。《道藏》陈景元、李道纯、寇才质诸本并如景福,亦作二句。陈云:'河上本作"宠为上,辱为下",于经义完全,理无迂阔。知古河上本原不阙上句。'按'宠辱',为宠辱之见也;'为上''为下',犹第六十一章'以其静为下','大者宜为下',诸言为下之见也。盖谓以'为上'为'宠',以'为下'为'辱',则得之失之,皆有以动其心,其惊惟均也。若从阙文'宠为下'一句而解,如以受宠者为下,故惊得如惊失,非其旨也。"应该说,劳健的论证是有力的。但本书在翻译时,还是依照甲、乙本与王本的原文。

③得之若惊:得到宠幸就像受到惊吓一样。

④是胃龙辱若惊:这就叫作"宠辱若惊"。是,代指上述情况。

【译文】

什么叫作"宠辱若惊"呢?因为人们把受到宠幸看得很卑下,所以得到宠幸好像受到惊吓一样,失去宠幸也好像受到惊吓一样,这就叫作

"宠辱若惊"。

甲本　何胃"贵大梡若身"①？吾所以有大梡者,为吾有身也②;及吾无身③,有何梡？

乙本　何胃"贵大患若身"？吾所以有大患者,为吾有身也;及吾无身,有何患？

王本　何谓"贵大患若身"？吾所以有大患者,为吾有身;及吾无身,吾有何患？

【注释】

①何胃:什么叫作。胃,通"谓"。一说"何谓"是"何为""为什么"的意思。

②有身:即有我、有私,太看重自己。本章自"吾所以有大患者"以下,存在着截然相反的解释。任继愈《老子新译》把这一段翻译为:"我所以有大患(虚荣),由于有了我身体,若没有我的身体,我还有什么祸患呢？所以只有把天下看轻、把自己看重的人,才可以把天下的重任担当起来;只有把天下看轻、爱自己胜过爱天下的人,才可以把天下的重任交付给他。"并在解说词中说:"他(老子)认为有许多麻烦,是由于自己这个人的存在而引起的,为了避免给自己招来忧患,最好不要身体。身体都不存在了,还有什么忧患呢？照这样的逻辑,为了避免牙疼,就不要牙齿,为了不犯错误,就不要工作。"蒋锡昌《老子校诂》和张松如《老子校读》等人的解释、译文基本与此相同。

　　按照任先生的解释,老子用来解脱灾难的办法就是消灭自己的身体,这不仅在全书找不到根据,而且也殊难想象老子会用如此激进的办法去解决矛盾。老子在这里讲的完全是有私(有身)

和无私（无身）的问题。在第七章中，老子说："是以圣人后其身而身先，外其身而身存。非以其无私邪？故能成其私。"很清楚，老子是要求人们"后其身""外其身""无私"的，至于"身先""身存""成其私"则是前者的自然结果。七十八章还说："受国之垢，是谓社稷主；受国之不祥，是谓天下王。"这明明讲的都是治理天下的人应该是"先天下之忧而忧"的人，是无私的人。就《老子》全书思想来看，老子也是提倡清静寡欲、无私无我的，这里突然提出要"爱自己胜过爱天下"，这与全书思想是冲突的。而且按照"后其身而身先"的理论去推理，那么过分爱护自身的结果势必会导致自身难保，老子又怎能提出把爱护自身放在首位的主张呢？特别是老子又怎能提出把天下交给极端自私的人呢？

　　另外，任先生的解释本身就前后矛盾。既然老子认为"为了避免给自己招来忧患，最好不要身体"，那么为什么会紧接着又提出"只有把天下看轻、把自己看重的人，才可以把天下的重任担当起来"的主张呢？一会儿不要身体，一会儿又要看重身体，老子当不会在同一章中出现如此严重的抵牾。

　　实际上本章讲的主旨是"无私"。老子认为一个人之所以会"宠辱若惊"，根本原因就是把自己看得太重。一个人如果达到无私（无身）的境界，把个人利益置之度外，他根本就不会因荣辱而受惊，甚至根本就不会有荣辱之感。更何况圣人"不争，故无尤"（八章），不争荣，哪里会受辱呢？而且只有这种无私无欲的圣人才能够治理好天下。这样解释，不仅全章浑然一体，而且与全书的思想也是一致的。

　　最后，再分析一下下文中王本的"贵以身为天下"和"爱以身为天下"的句式。很明显，"贵"和"爱"是互文，都作动词使用，而"以身为天下"则是它们的宾语。"以身为天下"的意思是"用自己的全部身心去治理天下"或"用自己的全部身心去为

天下服务",这也不会产生歧义。相反,把"贵以身为天下"译为
"把天下看轻,把自己看重的人",把"爱以身为天下"译为"把天
下看轻、爱自己胜过爱天下的人",则与原句意思全不相符。蒋锡
昌深知这一点,为了解决这一矛盾,他采取了颠倒词序的办法:
"此数语乃倒文。正文当作'故以身为天下贵者,则可以托天下
矣;以身为天下爱者,则可以寄天下矣'。"(《老子校诂》)这么一
颠倒,固然文从字顺,但这种随便颠倒原文的做法却难以服人。

③及吾无身:如果我能够做到无私。及,如果。无身,无我,无私。

【译文】

为什么会把这些大灾难(名利之心)看得如同生命一样重要呢? 我
们有这些大灾难的原因,是因为太看重自我了,如果能够达到无私的境
界,我们还会有什么灾难呢?

甲本　故贵为身于为天下[①],若可以迈天下矣[②];爱以
身为天下[③],女可以寄天下[④]。

乙本　故贵为身于为天下,若可以橐天下［矣］[⑤];爱以
身为天下,女可以寄天下矣。

王本　故贵以身为天下,若可寄天下;爱以身为天下,
若可托天下。

【注释】

①故贵为身于为天下:因此那些把修养自身看得重于治理天下的
人。贵,看重。为身,修养自身。即修养到无私的境界。为,修
养。于,介词。表示比较。为天下,治理天下。为,治理。

②若可以迈天下矣:才可以把天下交给他。若可,才可以。若,乃,
才。杨树达《词诠》:"若,副词,乃也,始也。"迈,假借为"托"。

　　许抗生《帛书老子注译与研究》："托,甲本作'逅',乙本作'橐',傅奕本等皆作'托'。今从傅本,'逅''橐'应读为'托'。"

③爱以身为天下:愿意把自己全部身心投入治理天下的人。"爱以身为天下"的人实际上就是"无身""无私"的人。爱,喜欢,愿意。以,用。为,治理,也可理解为介词"为了"。"以身为天下"全部属于"爱"的宾语。

④女:用法同"若可以迨天下矣"中的"若"。女,假借为"如","如可"即"若可"。王本即作"若可寄天下"。

⑤橐:假借为"托"。

【译文】

甲本、乙本:

因此只有那些把修养自身看得重于治理天下的人,才可以把天下托付给他;只有那些愿意把自己全部身心投入治理天下的人,才可以把天下交给他。

王本:

所以只有那些情愿把自己全部身心投入治理天下的人,才可以把天下交给他;只有那些愿意把自己全部身心投入治理天下的人,才可以把天下托付给他。

十四章（王本十四章）

【题解】

本章首次对"道"的进行全面描述。老子认为，大道是看不见、听不到、摸不着的，它无首无尾，上面不会显得明亮，下面也不会显得暗淡。这些描述充分说明"道"不可能是一种物质性的实体。但这种非物质的事物又确实存在，因为"道"还有"无状之状""无物之象"。大道虽然无形无象，但掌握它以后，就可以驾驭、支配天下万物。因此，这种非物质性的大道也绝不是一种神秘的精神本体，而是一种客观存在的规律。

本章各本不同处很多，主要有：第一，甲、乙本分别作"名之曰鹭"与"名之曰微"，王本作"名曰夷"。第二，甲、乙本作"揗之而弗得，命之曰夷"，王本作"搏之不得，名曰微"。第三，甲、乙本分别作"三者不可至计，故圈而为一"与"三者不可至计，故绲而为一"，王本作"此三者不可致诘，故混而为一"。第四，甲、乙本分别作"一者，其上不攸，其下不忽。寻寻呵！不可名也"与"一者，其上不谬，其下不忽。寻寻呵！不可命也"，王本作"其上不皦，其下不昧，绳绳不可名"。第五，甲、乙本作"是胃汤望"，王本作"是谓惚恍"。第六，甲、乙本作"随而不见其后，迎而不见其首"，王本作"迎之不见其首，随之不见其后"，句序刚好颠倒。第七，甲、乙本作"执今之道"，王本作"执古之道"，"今"与"古"字义相反。除此，还有一些其他用字的细微区别。

　　甲本　视之而弗见,名之曰𡫆^①;听之而弗闻,名之曰
希^②;捪之而弗得,名之曰夷^③。

　　乙本　视之而弗见,[名]之曰微;听之而弗闻,命之曰
希^④;捪之而弗得,命之曰夷。

　　王本　视之不见,名曰夷;听之不闻,名曰希;搏之不
得^⑤,名曰微。

【注释】

①视之而弗见,名之曰𡫆:看它又看不见,这叫作无形。之,本段中
　三个"之"都代指大道。𡫆,假借为"微"。不显露的,没有。根
　据上文,这里指没有形状。

②听之而弗闻,名之曰希:聆听大道又听不到,这叫作无声。希,同
　"稀"。少,稀有。这里引申为没有,根据上文,指没有声音。

③捪(mín)之而弗得,名之曰夷(yí):触摸大道又摸不着,这叫作无
　体。捪,抚摸。夷,灭,没有。根据上文,这里指没有形体。

④命:假借为"名"。也可理解为"命名为"。

⑤搏:用手去触摸。

【译文】

　　察看大道又看不见,这叫作无形;聆听大道又听不到,这叫作无声;
触摸大道又摸不着,这叫作无体。

　　甲本　三者不可至计^①,故园[而为一]^②。

　　乙本　三者不可至计,故绲而为一^③。

　　王本　此三者不可致诘^④,故混而为一^⑤。

【注释】

①三者:指前文描述的"道"看不见、听不到、摸不着这三种特性。至,终极,极尽。王本作"致"。计,核算,考察。王本作"诘"。一说"计"假借为"诘"。

②故圛而为一:因此这三种特性合为一体。圛,假借为"混"。混合。一,一体。这个一体指的是道。

③绲:假借为"混"。高明《帛书老子校注》:"《甲》本'圛'字与《乙》本'绲'字,均当从今本假为'混'。"

④致诘(jié):追究到底。致,极尽。诘,追问,探究。

⑤混而为一:合为一体。混,合。

【译文】

这三种特性都是无法进行终极追究考察的,它们混合于一体。

甲本　一者①,其上不攸②,其下不忽③。寻寻呵④,不可名也⑤,复归于无物⑥。

乙本　一者,其上不谬⑦,其下不忽。寻寻呵,不可命也⑧,复归于无物。

王本　其上不皦⑨,其下不昧⑩,绳绳不可名⑪,复归于无物。

【注释】

①一者:指上文说的"混而为一"的"一"。也即大道。

②其上不攸:它的上面不会显得明亮。其,代指道。攸,通"皦"。明亮。攸,乙本作"谬",王本作"皦"。高明《帛书老子校注》:"从字音分析,'攸''谬''皦'三音虽用字各异,而读音相同。如'攸'字古属喻纽幽部,'谬'字属明纽幽部,'喻''明'二纽古相

通转。……'攸''谬'古音相同，而'攸''皦'与'谬''皦'古
音皆通。"

③其下不忽：大道的下面也不会显得昏暗。忽，通"昧"。昏暗。高
明《帛书老子校注》："'忽''昧'二字古音亦通，'忽'字从勿得
声，与'昧'字同为明纽物部字，乃双声叠韵，音同互假。"道是规
律，规律是无形的东西，所以它的上面不会因为阳光而显得明亮，
而下面也不会显得昏暗。这就说明道不可能属于物质的东西。

④寻寻呵：它无形无象、看不见摸不着啊。寻寻，通王本的"绳绳"。
无形无象的样子。高明《帛书老子校注》："'寻寻''绳绳'同音，
皆重言形况字，此当从今本作'绳绳'为是。"呵，语气词。

⑤不可名也：无法描述啊。名，名状，描述。

⑥复归于无物：可以说它不是一个物质性的实体。复归，二字同义，
都是归属、属于的意思。

⑦谬：假借为"皦"。明亮。详见注释②。

⑧不可命也：无法描述啊。命，通"名"。名状，描述。甲本、王本皆
作"名"。

⑨皦（jiǎo）：明亮。

⑩昧（mèi）：昏暗。

⑪绳绳（méng，一说读míng）：看不见摸不着、无形无象的样子。

【译文】

甲本、乙本：

无声、无形、无体三种特性混为一体的大道，它的上面不会显得明亮
一些，它的下面也不会显得昏暗一些。它无形无象、看不见摸不着啊，无
法予以具体描述，可以说它不是一个物质性的实体。

王本：

大道的上面不会显得明亮，它的下面也不会显得昏暗，它无形无象
难以描述，可以说它不是一个物质性的实体。

甲本　是胃无状之状①,无物之［象②,是胃沕望③。随而不见其后④,迎］而不见其首。

乙本　是胃无状之状,无物之象,是胃沕望。随而不见其后,迎而不见其首。

王本　是谓无状之状,无物之象,是谓惚恍⑤。迎之不见其首,随之不见其后。

【注释】

①是胃无状之状:这种情况就叫作没有形状的形状。胃,通"谓"。叫作。大道无形无象,但又确实存在,"无状之状"是一种无奈的表述。

②无物之象:没有物体的形象。物,事物,形体。象,形象。道是存在的,但又没有形体,所以老子无可奈何地把它描述为"无物之象"。甲本的残缺部分,据乙本补。

③沕望:通"惚恍"。迷离恍惚、无法捉摸的样子。高明《帛书老子校注》:"《乙》本'惚恍'作'沕望',假借字也。"

④随而不见其后:尾随着它也看不见它的尾部。甲、乙本的"随而不见其后,迎而不见其首"刚好与王本的"迎之不见其首,随之不见其后"的语序相反;其中"随而",王本作"随之"。

⑤惚恍:迷离恍惚、无法捉摸的样子。

【译文】

甲本、乙本:

大道的这种情况可以叫作没有形状的形状,没有物体的形象,它可以说是迷离恍惚、无法捉摸的。尾随在它的后面看不见它的尾部,站在它前面也看不见它的头部。

王本:

大道的这种情况可以叫作没有形状的形状，没有物体的形象，它可以说是迷离恍惚、无法捉摸的。站在它前面却看不见它的头部，尾随着它也看不见它的尾部。

甲本　执今之道[①]，以御今之有[②]，以知古始[③]。是胃〔道纪〕[④]。

乙本　执今之道，以御今之有，以知古始。是胃道纪。

王本　执古之道[⑤]，以御今之有，能知古始。是谓道纪。

【注释】

①执今之道：掌握了如今的大道。执，掌握。王本作"执古之道"。"执古之道"于义为长，一是因为老子认为大道是永恒不变的，因此也被他称之为"恒道"或"常道"。二是因为本句的"古"与下句的"今"可以形成对应，这是古人常用的写作手法，也更能说明道的恒久性。三是只有"执古之道"，才能够"以知古始"。有学者认为，古今不同道，圣人因时而变，因此应该是"今之道"。如果按照这种解释，那么"执今之道……以知古始"就无法予以圆融解释。

②以御今之有：可以凭借它来驾驭、支配现在的万物。以，凭借。后省略"道"字。御，驾驭，支配。今之有，现在的万物。有，物质存在，泛指万物。

③古始：二字同义，指原始、古代，这里指原始、古代的情况。古人认为，古今一理，因此，掌握了大道，就能够推知古代的情况。

④是胃道纪：以上所讲的就是关于大道的大致情况。胃，通"谓"。道纪，大道的主要状况。纪，原指丝团的头绪，引申为主要部分。

⑤执古之道：掌握了自古以来就存在的道。

【译文】

甲本、乙本：

掌握了如今的大道，就能够凭借它来驾驭、支配现在的万物，就能够了解远古时代的情况。以上所讲的就是关于大道的大致情况。

王本：

掌握了自古以来就存在的大道，就能够凭借它来驾驭、支配现在的万物，就能够了解远古时代的情况。以上所讲的就是关于大道的大致情况。

十五章（王本十五章）

【题解】

本章紧承上章,在上章描述大道模样、特性的基础上,进一步描述了得道之人的具体表现。得道之人思想深邃难识,办事认真谨慎;他们庄重而又通达,纯朴而又宽容;他们无论做任何事情都留有余地,不求盈满。特别是本章提到的宽容品质,更值得我们借鉴。

本章各本大的不同有四处:第一,在第二段中,甲、乙本多"曰"字,并独立为句。第二,甲、乙本作"湷呵,其若浊;涐呵,其若浴",王本作"旷兮,其若谷;混兮,其若浊",不仅用字有异,且语序彼此颠倒。第三,甲、乙本分别作"浊而情之余清,女以重之余生"与"浊而静之徐清,女以重之余生",而王本作"孰能浊以(止)? 静之徐清;孰能安以久? 动之徐生",不仅字面有出入,含义也大不相同。第四,在最后一段,乙本作"葆此道不欲盈,是以能擊而不成",与甲本、王本相比,少"夫唯不欲盈"或"夫唯不盈"一句。其他细微的不同处也很多:第一,乙本作"古之善为道者",王本作"古之善为士者"。第二,甲、乙本作"微眇玄达,深不可志",王本作"微妙玄通,深不可识"。第三,甲、乙本作"与呵,其若冬涉水",王本作"豫焉,若冬涉川"。第四,王本的"其若容"的"容",应为"客"之误。第五,甲、乙本"其若凌泽",王本作"若冰之将释"。第六,甲、乙本分别作"𤧛呵,其若楃"与"沌呵,其若朴",王本作"敦兮,其若朴"。如此等等。

甲本　［古之善为道者^①，微眇玄达^②，］深不可志^③。夫唯不可志，故强为之容^④：

乙本　古之善为道者，微眇玄达，深不可志。夫唯不可志，故强为之容：

王本　古之善为士者^⑤，微妙玄通^⑥，深不可识^⑦。夫唯不可识，故强为之容：

【注释】

①古之善为道者：古代那些善于学习、掌握大道的人。为，学习，掌握。甲本所缺文字，据乙本补。

②微眇玄达：思想微妙，深刻而通达。微眇，即"微妙"。眇，通"妙"。玄，深邃。达，通达。

③深不可志：思想深邃得难以认识。志，假借为"识"。高明《帛书老子校注》："《甲》《乙》本并假'志'字为'识'。"既然大道深不可识，那么得道之人与大道融为一体，自然也深不可识。

④故强为之容：因此只能勉强对他们加以描述。容，用作动词。形容，描述。以下文字就是对他们的描述。

⑤善为士者：善于当士的人。"士"在先秦的含义极多，如男子、士兵、读书人、最底层贵族等，皆可称"士"。根据下文，这里指掌握了大道的人。

⑥玄通：指思想深邃而通达。玄，玄妙深邃。

⑦识：认识。甲、乙本作"志"。

【译文】

古代那些掌握大道的人，其思想微妙通达，深刻得难以认识。正因

为他们难以被认识,所以要勉强对他们的言行加以描述:

甲本　　曰①:与呵②,其若冬[涉水③;犹呵④,其若]畏四[㭄⑤;严呵]⑥,其若客⑦;

乙本　　曰:与呵,其若冬涉水;犹呵,其若畏四㭄;严呵,其若客;

王本　　豫焉⑧,若冬涉川;犹兮,若畏四邻;俨兮⑨,其若容⑩;

【注释】

①曰:说,是。也可以理解为句首语气词。王本无"曰"字。

②与呵:谨慎小心啊。与,假借为"豫"。谨慎的样子。

③其若冬涉水:他们就好像寒冬要赤足过河一样。涉,徒步过河。冬天水寒,所以徒步过河时要特别谨慎。

④犹呵:小心翼翼啊。犹,犹豫。引申为办事谨慎小心、反复考虑的样子。

⑤其若畏四㭄:他们就好像畏惧四邻的围攻一般。㭄,同"邻"。邻居。

⑥严呵:严肃认真啊。

⑦其若客:他们就好像在别人家里做客一样。

⑧豫:"豫"与下句中的"犹"原为一个双声词"犹豫",迟疑不决的样子。此处拆开使用,作互文看待。引申为办事谨慎小心、反复考虑的样子。焉:语气词。

⑨俨(yǎn):恭敬,庄重。

⑩容:王本作"容",义不可通,河上公本、帛书甲、乙本等均作"客",王本的"容"应为"客"字之误。

【译文】

甲本、乙本：

他们做事的态度可以说是：反复考虑，就好像寒冬要徒步过河一样；谨慎小心，就好像畏惧四邻的围攻一般；恭敬庄重，就好像在别人家里做客那样；

王本：

他们做事反复考虑，就好像寒冬要徒步过河一样；谨慎小心，就好像畏惧四邻的围攻一般；恭敬庄重，就好像一位做客的人；

     甲本   涣呵①，其若凌泽②；玒呵③，其若楃④；湷〔呵⑤，其若浊⑥；涳呵⑦，其〕若浴⑧。

     乙本   涣呵，其若凌泽；沌呵⑨，其若朴⑩；湷呵，其若浊；涳呵，其若浴。

     王本   涣兮，若冰之将释⑪；敦兮⑫，其若朴；旷兮⑬，其若谷；混兮⑭，其若浊。

【注释】

①涣：水流散开去。这里形容思想通达而不固执。呵，语气词。

②其若凌泽：他们就好像将要融化的冰块一样。凌，冰块。泽，假借为"释"。融化。

③玒：本字为残字，仅剩一偏旁"王"。据王本，应为"敦"字的某个假借字。

④其若楃：他们就像原木一样。楃，乙本、王本均作"朴"。一说"楃"假借为"朴"。未加工过的木材。即原木。

⑤湷：通"混"。混同。高明《帛书老子校注》："王本'混兮'二字，《乙》本作'湷呵'，'旷兮'二字作'涳呵'，'谷'字作'浴'，皆同

音假借字,经义无别,只是语序彼此颠倒。"

⑥其若浊:他们就像混浊的大水一样。大水好坏兼容,无所不包,比喻得道之人心胸宽广,能够包容一切。关于宽容,东方朔《答客难》有一段话,值得学习:"水至清则无鱼,人至察则无徒。冕而前旒,所以蔽明;黈纩充耳,所以塞聪。明有所不见,聪有所不闻,举大德,赦小过,无求备于一人之义也。"

　　在语序方面,甲、乙本作"湷呵,其若浊;浲呵,其若浴",而王本作"旷兮,其若谷;混兮,其若浊",二者句序颠倒,应以王本为是,因为只有把"湷呵,其若浊"放在后面,才能够与下一句"浊而静之徐清"紧密联系起来。

⑦浲:假借为"旷"。空阔。这里指心胸宽广。

⑧浴:假借为"谷"。蒋锡昌《老子校诂》:"'浴''谷''欲'虽可与'谷'并通,然以《老》校《老》,仍当以'谷'为当。"谷,即山谷。

⑨沌:假借为"敦"。敦厚,朴实。

⑩朴:未加工过的木材。即原木。

⑪若冰之将释:就好像快要融化的冰块一样。释,消融,融化。

⑫敦(dūn):敦厚,朴实。

⑬旷:空阔。这里指心胸宽广。

⑭混:混同。这里指能够接纳、包容一切。

【译文】

甲本、乙本:

通达而不固执,他们就好像将要融化的冰块一样;朴实敦厚,他们就好像未经雕饰的原木一般;能够包容一切,他们就好像那混浊的大水那样;胸怀空阔宽广,他们就好像那深山的幽谷一样。

王本:

通达而不固执,就好像将要融化的冰块;朴实敦厚,就好像未经雕饰的原木;胸怀空阔宽广,就好像那深山的幽谷;能够包容一切,就好像那混浊的大水。

　　甲本　浊而情之余清①，女以重之余生②。
　　乙本　浊而静之徐清，女以重之徐生。
　　王本　孰能浊以（止）③？静之徐清④；孰能安以久？
动之徐生⑤。

【注释】

①浊而情之余清：浑浊的大水安静下来，会慢慢变得清澈。比喻圣
　人在包容坏人之后，能够把他们感化为好人。情，依据乙本、王本，
　作"静"。一说"情"假借为"静"。余，假借为"徐"。慢慢地。
②女以重之余生：先安静下来，然后有所行动，就能够慢慢寻得生存
　之道。女，假借为"安"。重，假借为"动"。余，假借为"徐"。
③孰能浊以（止）：谁能像混浊的大水那样包容一切并持守在这种
　状态上？孰，谁。以，而。止，停留，持守。王弼本原无"止"字，
　据河上公本补。
④静之徐清：世人总是要让浊水安静下来，慢慢加以澄清。静之，使
　浊水安静下来。之，代浊水。徐，慢慢地。本句比喻世人总是把
　是非好坏搞得清清楚楚，只能接受好人，而不能容忍坏人，不能像
　得道者那样包容一切。
⑤动之徐生：搅动这种清静状态，慢慢产生各种追逐名利的行为。
　动，搅动。之，代指上句讲的是非分明的状态。本句比喻多数世
　人实际上做不到是非分明，廉洁自处，多为名利之徒。以上四句
　晦涩难懂，各本差别较大。"孰能浊以止？静之徐清；孰能安以
　久？动之徐生"这几句是老子对世人的感叹。他认为只有得道
　的人才能像混浊的大水那样包容一切，而世人有谁能做到这些

呢？他们总是斤斤明察，要把事情搞得清清楚楚（以"静之徐清"作比喻），正如二十章讲的那样："俗人昭昭""俗人察察"。但是老子并不认为世人有能力把是非搞清楚并始终坚守正确原则，于是又感叹道，他们谁能够长期保持这种"静之徐清"的状态呢？不能，世人为了追求生活享受，总是熙熙攘攘、忙忙碌碌，由于私欲蒙蔽，使他们总是以主观的得失去衡量事物，因此他们根本不可能有公允的是非观。"静之徐清"是世人的主观愿望，"动之徐生"是世人的客观行为，二者刚好相反。

这几句话讲的是三种思想境界：最低层次是追逐名利、是非不分的世俗人；高一个层次的是明辨是非，坚持真理，批评谬误，如儒家；最高层次的是以宽大的胸怀包容一切，而包容的目的是为了感化坏人，把坏人也变为好人，也即四十九章说的"善者，吾善之；不善者，吾亦善之，德善。信者，吾信之；不信者，吾亦信之，德信"。

由于这几句含义模糊，历来解释分歧较大，所以摘录几家译文，以供参考：

任继愈《老子新译》："谁能使浑浊停止？安静下来，会慢慢澄清。谁能长久保持安定？变动起来，会慢慢打破安静。"

张松如《老子校读》："谁能把浊流阻挡住，停止它慢慢澄清？谁能将安静稳定住？促动它慢慢苫生。"

陈鼓应《老子注译及评介》："谁能在动荡中安静下来而慢慢地澄清？谁能在安定中变动起来而慢慢地趋进？"

【译文】

甲本、乙本：

浑浊的大水安静下来，会慢慢变得清澈；先安静下来，然后有所行动，就能够慢慢寻得生存之道。

王本：

　　谁能够持久地像混浊的大水那样去包容一切呢？世人总是要让浑浊的大水安静下来，慢慢加以澄清；但是谁又能够永远坚持这种安定清净的状态呢？世人又总是搅动这种清净状态，慢慢产生各种追名逐利的活动。

　　甲本　葆此道不欲盈①。夫唯不欲〔盈②，是以能嫳而不〕成③。

　　乙本　葆此道〔不〕欲盈，是以能嫳而不成。

　　王本　保此道者不欲盈。夫唯不盈，故能蔽不新成④。

【注释】

①葆：通"保"。占有，掌握。不欲盈：办事不追求盈满。

②夫唯：连词。用在因果句的前一分句句首，引出原因，以便下文叙述或推断结果，可译为"因为""由于"。乙本缺本句。

③嫳而不成：守旧而不追求成功。嫳，通"敝"。有缺陷的旧事物。

④蔽不新成：安于有缺陷的旧状态而不创造新的事物。蔽，通"敝"。破旧，比喻有缺陷的旧状态。新成，新的成功，新的事物。按照老子的辩证法观点，守旧反而能够创新，因此二十二章说："敝则新。"老子认为原始状态的小国寡民、结绳记事、无知无识等等是顺乎人的自然本性的，因此得到他的极力推崇。虽然这种带有原始状态的生活也有诸多缺陷，但掌握"此道"的人办事从来是不求盈满的，因此也就能安于现状。而那些不懂"此道"的人，办事总是追求盈满，为了弥补原始生活的某些不足，生出许多新的东西——各种器物、技巧智慧、法令制度等等，结果却适得其反——"民多利器，国家滋昏；人多伎巧，奇物滋起；法令滋彰，盗贼多有"（五十七章），正如王弼《老子道德经注》说的那样："盈

必溢也。"这两句主要讲得道之人能够满足于旧有的自然状态，而不去人为地创立新的事物，仍然体现了全书的主旨：顺应自然，反对人为。同时，根据老子的辩证思想，只有如此"守旧"，才能更好地"创新"，老子说的"创新"，主要是指为人们的生活带来更多的幸福。

【译文】

乙本：

掌握大道的人，办事不求盈满，所以能够安于有缺陷的旧状态而不去追求成功。

甲本、王本：

掌握大道的人，办事不求盈满。正因为不求盈满，所以能够安于有缺陷的旧状态而不去追求新的成功。

十六章（王本十六章）

【题解】

本章主要阐述了万物发展观。老子认为，万物都是由无到有、再由有到无、呈环状形地循环发展。既然循环是万物运动的规律，那么人们就不仅要公正地对待生存、富贵等正面状态，也应公正地对待死亡、贫贱等负面现象。老子还要求人们循序渐进地去把握这一规律，只有把握了这一规律，才能够以平和的心态去接受一切，从而安然度过一生。

本章各本主要不同处有：第一，甲、乙本分别作"守情表也"与"守静督也"，王本作"守静笃"。第二，甲、乙本作"万物旁作"，王本作"万物并作"。第三，甲、乙本分别作"天物云云"与"天物祉祉"，王本作"夫物芸芸"。第四，甲本、王本作"归根曰静"，乙本作"曰静"。第五，甲、乙本比王本多一独立成句的"静"字。第六，甲、乙本作"复命，常也"，王本作"复命曰常"。第七，甲、乙本分别作"不知常，市，市作，凶"与"不知常，芒，芒作，凶"，王本作"不知常，妄作，凶"。第八，甲、乙本分别作"沕身不怠"与"没身不怠"，王本作"没身不殆"。

　　甲本　至虚极也^①，守情表也^②。万物旁作^③，吾以观其复也^④。

乙本   至虚极也，守静督也⑤。万物旁作，吾以观其复也。

王本   致虚极，守静笃⑥。万物并作，吾以观复。

【注释】

①至虚极也：极力做到虚静寡欲。至，假借为"致"。致力于，努力做到。虚，内心虚净寡欲。极，形容程度很深的副词。

②守情表也：彻底坚持清静无为。情，假借为"静"。表，可能为"褧"之误。"褧"通"笃"。甚，彻底。高明《帛书老子校注》："帛书《甲》本'守情表也'，《乙》本作'守静督也'，今本皆作'守静笃'。古代'情''静'二字同音，'督''笃'二字亦同音，皆可互假，当从今本作'守静笃'。但是《甲》本'表'字与'笃'古音非类，显为误字。帛书整理组认为'"表"或是"褧"字之误'。按'褧'字或从衣毒声，写作'褥'，'褥''笃'二字同音，其说可信。"

③万物旁作：万物普遍产生了。旁，广泛，普遍。《说文·上部》："旁，溥也。"《广雅·释诂二》："旁，广也。"本句与王本"万物并作"同义。

④吾以观其复也：我就凭借着（清静寡欲的心态）观察万物循环往复的情况。以，凭借。后省略宾语"虚""静"。其，代指万物。复，循环往复。

⑤督：通"笃"。详见注释②。

⑥守静笃（dǔ）：彻底坚持清静无为。笃，甚，彻底。

【译文】

极力做到虚净寡欲，彻底坚持清静无为。万物一起生长起来，我就凭借着清静寡欲的心态去观察万物循环往复的情况。

甲本   天物云云①，各复归于其［根②。归根曰静］③。

静,是胃复命④。复命,常也⑤。

　　乙本　天物祯祯⑥,各复归于其根,曰静⑦。静,是胃复命。复命,常也。

　　王本　夫物芸芸⑧,各复归其根。归根曰静,是谓复命,复命曰常。

【注释】

①天物云云:万物是那样的众多。天,应为"夫"字之误。云云,通王本的"芸芸",众多的样子。

②各复归于其根:各自都回到自己的出发点。也即回归死亡。从生到死构成一个循环。一说"根"指道或虚静的心态。这种解释不确,因为并非每个人都能够复归大道。本段缺字,据乙本补。

③静:虚寂。指死亡状态,也即死亡。

④是胃复命:死亡之后会重新获得生命。是,代指"静",死亡。胃,通"谓"。叫作。《老子》认为,在大道的支配下,万物是运动的,其运动方式是呈环状的循环。万物的循环路线是"大(大道)曰逝,逝曰远,远曰反",是"周行而不殆"(二十五章)。本章所描写的万物循环路线也基本相似,即"作——芸芸——归其根"。"作"相当于"逝";"芸芸"指万物纷纭繁荣,达到极盛状态,相当于"远";"复其根"相当于"反"。

　　循环论和递进论是一对对立的哲学范畴,一般认为递进论正确,循环论错误。而老子在认同递进论的基础上,更强调循环论。其实这两种观点并不矛盾,笔者的看法是:

　　　　在一个相对短的时间内进行观察,事物的发展是递进式的;在一个相对长的时间内进行观察,事物的发展是循环式的。

　　比如一个人，从短时间内去观察他的前半生，他的发展可以说是波浪式前进，或者叫作螺旋形上升；如果从长时间内去观察他，他就构成了一个"不存在——存在——不存在"的循环过程。不仅每个人如此，整个人类也是如此；不仅整个人类如此，宇宙也是如此。因此，老子的循环论不能被轻易否定。

　　既然是环状循环，自然没有始点，也没有终点。因此老子认为当事物完成一轮循环、归于死亡之后，会重新获得生命，以新的形态，开始第二轮循环，如此周而复始，以至无穷。《孙子兵法·势篇》举例说："终而复始，日月是也；死而复生，四时是也。"日月的落而复升，四季的循环交替，草木的秋枯春荣，社会的盛衰兴亡，是古人循环论得以产生的基础。

　　庄子在此基础上，提出了"物化"思想。所谓"物化"，类似今人讲的"物质不灭"。庄子认为，人的身体是由各种物质（如阴阳二气、五行）和合而成，这些物质聚在一起就是人的出生，这些物质散开就是人的死亡。但这些散开后的物质并不会消失，它们继续存在于天地之间这个大熔炉里，在大道的支配下，继续演变，用庄子的话说，可能会"浸假而化予之左臂以为鸡"，"浸假而化予之尻以为轮"（《庄子·大宗师》）。总之，人的这块物质肉体是不会消失的，会演化为其他东西。当演化为其他某种东西之后，这种东西经过一段时间的发展，也会死亡，死亡之后又再次演化为另外的东西。如此循环往返，永无休歇。

　　道家不仅认为生死是一种循环，富贵、贫贱也是一种循环，也即俗话说的"三十年河东，三十年河西"。懂得这一循环规律，我们不仅能够正确对待生存、富贵，也能够正确对待死亡、贫贱。当死亡与贫贱到来时，我们就能够心平气和地接受了。

⑤常：永恒。这里指永恒不变的情况、道理。

⑥天：应为"夫"字之误。祏祏：通王本的"芸芸"。众多的样子。

⑦曰静：这就叫作死亡。与甲本、王本相比，乙本本句少"归根"二字。

⑧芸芸（yún）：众多的样子。

【译文】

甲本：

万物是那样的众多，但他们各自最终都要回到自己的出发点。回到出发点就是虚寂死亡。虚寂死亡，这就叫作重新获得生命。这种生命的获得过程，是永恒不变的规律。

乙本：

万物是那样的众多，但他们各自最终都要回到自己的出发点，这就叫作虚寂死亡。虚寂死亡，这就叫作重新获得生命。这种生命的获得过程，是永恒不变的规律。

王本：

万物是那样的众多，但最终都要回到自己的出发点。回到出发点就是虚寂死亡，死亡后会重新获得生命。这种生命的获得过程是永恒不变的。

甲本　知常，明也[1]；不知常，帀[2]，帀作[3]，凶。

乙本　知常，明也；不知常，芒[4]，芒作，凶。

王本　知常，曰明；不知常，妄作[5]，凶。

【注释】

①明：明智。

②帀：假借为"妄"。胡乱，不正确。

③帀作：胡乱行为。作，作为，行动。

④芒：假借为"妄"。胡乱，不正确。

⑤妄作：胡乱行动。

【译文】

甲本、乙本：

懂得这个永恒不变的道理，可以叫作明智；不懂得这个永恒不变的道理，就会胡乱行为，一旦胡乱行动，就会遇到凶险。

王本：

懂得这个永恒不变的道理，可以叫作明智；不懂得这个永恒不变的道理，胡乱行动，就会遇到凶险。

甲本　知常容①，容乃公②，公乃王③，王乃天④，天乃道⑤，[道乃久，]沕身不怠⑥。

乙本　知常容，容乃公，公乃王，[王乃]天，天乃道，道乃[久]，没身不殆⑦。

王本　知常容，容乃公，公乃王，王乃天，天乃道，道乃久，没身不殆。

【注释】

①知常容：懂得了这一永恒真理就能够包容一切。容，包容。指包容一切。懂得万物循环往复的道理之后，就既能包容生、强、荣等，也能包容死、弱、辱等。

②公：公允，公正。指公正地对待一切。关于老子"公"的思想，《吕氏春秋·贵公》有一个形象的阐述：

> 荆人有遗弓者，而不肯索，曰："荆人遗之，荆人得之，又何索焉？"孔子闻之曰："去其'荆'而可矣。"老聃闻之曰："去其'人'而可矣。"故老聃则至公矣。

楚国又叫荆国，荆人即楚人。这位楚国人爱自己国家的人，对他们一视同仁，所以自己的弓遗失在楚国，就不愿去寻找，因为

自己的弓还是会被楚国人拾到。用今天的话讲,这位楚人是一位
"爱国主义者"。而孔子则要求去掉"荆"字,要去爱所有的人。
用今天的话讲,孔子是一位"人类主义者"。至于老子,则要求去
掉"人"字,认为弓来自大自然,又回归大自然,因此不用寻找。
孔子以人为中心,以人的价值观去评价万物的是非得失;老子泛
爱万物,视万物与人为一体。因此《吕氏春秋》的作者赞美他是
"至公"者,老子能够公正地对待万物。

③王(wàng):称王,统治国家。这里指治国的道理。

④天:指天之道,也即自然规律。

⑤天乃道:懂得了自然规律,进而就能掌握大道。

⑥泅(wù)身不怠:终身不会遇到危险。泅,没。《玉篇·水部》:
　"泅,没也。"泅身,即死亡。怠,通"殆"。危险。

⑦没(mò)身不殆(dài):与甲本"泅身不怠"同义。终身不会遇到
　危险。没,通"殁"。死亡。这里指一直到死。殆,危险。

【译文】

懂得这一永恒真理就能包容一切,能够包容一切就能够公正地对待
一切,能够公正地对待一切就能够懂得治国的道理,懂得了治国的道理,
进而就能懂得自然规律,懂得了自然规律,进而就能掌握大道,掌握了大
道就能长久生存,终身不会遇到危险。

十七章（王本十七章）

【题解】

老子在本章中，为人们介绍了几种层次不同的最高统治者，主要目的是强调道家的治国理念——不干涉主义。本章还提醒统治者，他们之所以不被民众信任，原因在于自己的诚信不足，进一步要求他们做到清静无为，不可随意多言多行。

本章文字较少，不同处也就较少，主要有：第一，甲、乙本作"其下，母之"，王本作"其次，侮之"。第二，甲、乙本分别作"案有不信"与"安有不信"，王本作"有不信焉"。第三，乙本作"犹呵"，王本作"悠兮"。第四，甲、乙本作"成功遂事"，王本作"功成事遂"。除此，还有一些其他细微的用字差别。

甲本　太上[①]，下知有之[②]；其次，亲誉之[③]；其次，畏之[④]；其下，母之[⑤]。

乙本　太上，下知又[之[⑥]；其次]，亲誉之；其次，畏之；其下，母之。

王本　太上，下知有之；其次，亲而誉之；其次，畏之；其次，侮之。

【注释】

①太上：最上等的，最好的。这里指最好的统治者，也即老子心目中最理想的统治者。如远古时代的圣君。

②下知有之：下面的民众仅仅知道他的存在。之，代指最好的统治者。因为最好的统治者顺应自然，不干涉百姓的生活，因此百姓生活美满，却又感觉不到统治者的力量所在，仅仅知道他们的存在而已。本句中的"下"，吴澄本、明太祖本等版本作"不"。"不知有之"的意味更长。也即民众还感觉不到统治者的存在。

③亲誉之：亲近他，赞美他。誉，赞美。如周文王、周武王。

④其次，畏之：再差一个等级的统治者，民众畏惧他。如秦始皇。

⑤其下，母之：最下等的统治者，人们轻视他，羞辱他。如一些亡国之君。母，假借为"侮"。

关于君主的优劣，《老子》把他们分为四个层次。最优秀的君主，一切顺物而为，不去干涉百姓生活，因此百姓的生活虽然美满幸福，却仅仅知道他们的存在，而感觉不到统治者的力量与影响。这就是文中说的"太上，下知有之"。《击壤歌》赞颂的就是这种情况。据《艺文类聚》引《帝王世纪》说，尧在位时，天下安定太平，百姓生活幸福美满，有几位老人一边在田中耕作，一边唱道：

日出而作，日入而息；凿井而饮，耕田而食；帝力于我何有哉！

百姓"日出而作，日入而息"，渴了"凿井而饮"，饿了"耕田而食"，一切都是那样的自然而然，他们根本感觉不到君主的力量存在。

低一个层次的君主，用仁义治理天下，他们布恩施惠、功德昭著，所以百姓亲近他们，赞美他们。如历史上的周文王、周武王等开明君主。这一层次的君主是儒家的理想君主。但老子认为，竭力推行仁义已属于人为的东西，它破坏了人的自然天性，同时也产生了诸多弊端，因而同无为政治相比，已稍逊一筹了。关于老子对待仁义的态度，可详见本书第五章的注释。

再低一个层次的君主，就是那些极端专制主义的暴君，他们专用刑威，残害百姓。虽然他们残暴，但是强大有力，所以百姓害怕他们。如历史上的秦始皇等。

最低一个层次的君主就是商纣王一类的亡国之君，他们会受到极大的羞辱。在诸多亡国之君中，刘备的儿子刘禅是比较典型的例子。据《汉晋春秋》记载，刘禅亡国后，被转移到魏国的都城洛阳。有一次，魏国权臣司马昭与刘禅宴饮，问刘禅："你还思念自己的蜀地吗？"刘禅乐滋滋地回答说："此间乐，不思蜀。"从而为后世留下了一个"乐不思蜀"的成语。跟随刘禅一起降魏的大臣郤正当时也在场，他听到这一回答后，非常羞愧，宴会后求见刘禅说："您今天的回答不够得体，如果以后他再向您问这一问题，您应该先努力流几滴眼泪出来，然后回答说：'我祖先的坟墓远在蜀地，我无日不思念啊！'回答完以后，您就闭上双眼，做出一副痛苦、悲伤的模样。"过了一段时间，司马昭又一次询问刘禅是否还思念蜀地，刘禅突然想到郤正的教诲，便按照郤正的话一步步表演下去。司马昭听了以后，问："您的这些话听起来怎么不像是您的话，倒好像是郤正的话？"刘禅听后吃惊地睁开眼睛，盯着司马昭问道："您怎么知道的？"在场的人都不由自主地笑了起来。当然，受辱的刘禅可能还意识不到自己是在受辱。

⑥又：通"有"。

【译文】

最高层次的统治者，百姓仅仅知道他们的存在；次一等的统治者，百姓亲近他们、赞美他们；更次的统治者，百姓害怕他们；最差的统治者，百姓轻视、羞辱他们。

甲本　信不足①，案有不信②。［犹呵③，］其贵言也④。成功遂事⑤，而百省胃"我自然"⑥。

乙本　信不足，安有不信⑦。犹呵，其贵言也。成功遂事，而百姓胃"我自然"。

王本　信不足焉，有不信焉。悠兮⑧，其贵言。功成事遂⑨，百姓皆谓"我自然"。

【注释】

①信：诚信，诚实。

②案有不信：于是就不会被民众所信任。案，则，于是。王引之《经传释词》卷二："安，犹于是也，乃也，则也。'安'或作'案'，或作'焉'，其义一也。"信，信任。"信不足，案有不信"两句是对不讲信用的统治者的批判。

③犹呵：悠闲自得的样子。即清静无为。犹，据王本，应通"悠"。一说"犹"是犹犹豫豫、谨慎小心的样子。

④贵言：特别重视自己的一言一行。也即不敢轻易地发号施令。言，代指言行。"犹呵，其贵言也"两句是对优秀君主的赞美。

⑤成功遂事：天下治理好了。功、事，都指治国的事情。成、遂，都是成功的意思。

⑥而百省胃"我自然"：而百姓都认为"我们本来就是这个样子"。百省，即"百姓"。胃，通"谓"。说，认为。自然，本书的"自然"全作"本身的样子"讲，与今天"自然界"的意思不同。自，自身，本来。然，……的样子。

⑦安：则，于是。见本段注释②。

⑧悠兮：悠闲自得的样子。即清静无为。

⑨功成事遂：甲、乙本作"成功遂事"。含义相同。

【译文】

正是因为有些统治者本身的诚信不足，所以才出现不被百姓信任的情况。最好的统治者清静无为，很少发号施令。国家治理得美满祥和，而百姓都认为"我们本来就是这个样子"。

十八章（王本十八章）

【题解】

本章主要探讨了人们提倡、赞美"仁义""智慧""孝慈""忠臣"这些美好概念的社会根源，明确指出，这些美好概念实际上是出自不美好的社会背景。本章再次显示出《老子》深刻的辩证思维方式。

本章各本不同处主要有：第一，甲、乙本分别作"故大道废，案有仁义"与"故大道废，安有仁义"，王本作"大道废，有仁义"。第二，甲、乙本分别作"知快出，案有大伪"与"知慧出，安有大伪"，王本作"慧智出，有大伪"。第三，甲、乙本分别作"案有畜兹"与"安又孝兹"，王本作"有孝慈"。第四，甲、乙本分别作"邦家闷乱，案有贞臣"与"国家闷乱，安有贞臣"，王本作"国家昏乱，有忠臣"。其他还有一些细微的用字差异。

甲本　故大道废，案有仁义①；知快出②，案有大伪。

乙本　故大道废，安有仁义③；知慧出④，安有［大伪］。

王本　大道废，有仁义；慧智出，有大伪。

【注释】

① 故大道废，案有仁义：因此大道被抛弃之后，于是人们开始提倡仁义。案，则，于是。王引之《经传释词》卷二："安，犹于是也，乃

也，则也。'安'或作'案'，或作'焉'，其义一也。"《老子》认为，在有道的社会里，人人都保持自己的美好天性，互爱互助，不相伤害，根本无人去为非作歹，因此也就没有必要去提倡仁义。大道被抛弃之后，人们开始不仁不义，于是就有人站出来提倡仁义了。这也就是今天俗话说的"缺啥喊啥"。

②知快出：智慧出现之后。知快，据乙本、王本，应为"智慧"。知，同"智"。快，应为"慧"字之误，一说"快"可以假借为"慧"。

③安：则，于是。用法通"案"。

④知：同"智"。

【译文】

大道被抛弃之后，人们开始提倡仁义；智慧出现之后，就产生了严重的虚伪。

甲本　六亲不和①，案有畜兹②；邦家闻乱③，案有贞臣④。

乙本　六亲不和，安又孝兹⑤；国家闻乱，安有贞臣。

王本　六亲不和，有孝慈；国家昏乱，有忠臣。

【注释】

①六亲：指父、子、兄、弟、夫、妇。这里泛指亲人。

②畜兹：据王本，即"孝慈"。子女爱父母叫孝，父母爱子女叫慈。畜，通"孝"。《广雅·释言》："孝，畜也。"王念孙疏证："《祭统》云：'孝者，畜也。顺于道，不逆于伦，是之谓畜。'""孝、畜，古同声，故孝训为畜，畜亦训为孝。"兹，通"慈"。

③邦家闻（mèn）乱：国家混乱。闻，同"闷"。昏闷，混乱。

④贞臣：忠臣。贞，忠诚。本章体现了老子丰富的辩证思想和观察事物的敏锐眼光。正如"有无相生""高下相倾"（二章）一样，孝慈和六亲不和，忠臣和国家动乱，都是在对立中才产生的。如果

每个家庭都一直很和睦,没有不孝不慈的事情,也就无从显示出孝慈来;如果国家太平无事,人人忠厚,忠臣也就无从表现出他的忠诚来。本章特别值得注意的是,老子能够通过值得肯定的事物看到它们背后隐藏着的应该否定的事物,并明确指出,这些值得肯定的事物正是由那些应该否定的事物中产生出来的。正如王弼说的那样:"甚美之名,生于大恶,所谓美恶同门。"(《老子道德经注》)比如孝慈是人人赞扬的,然而老子却一针见血地指出,所谓孝慈,正是人们变得不孝不慈的标志,是不孝不慈的产物。这种洞察力不能不令人佩服。

关于国家混乱与忠臣出现的关系,《旧唐书·魏徵列传》记载的魏徵与唐太宗的一段对话说得十分清楚:

(魏)徵再拜曰:"愿陛下使臣为良臣,勿使臣为忠臣。"帝曰:"忠、良有异乎?"征曰:"良臣,稷、契、咎陶是也。忠臣,龙逢、比干是也。良臣使身获美名,君受显号,子孙传世,福禄无疆。忠臣身受诛夷,君陷大恶,家国并丧,空有其名。以此而言,相去远矣。"帝深纳其言,赐绢五百匹。

在君主圣明、政治安定的局面下,良臣能够充分施展自己的才能,结果是君臣皆大欢喜。如果君主残暴、政治混乱的话,忠臣被诛杀,君主获恶名,最后家破国亡,玉石俱焚。可见忠臣的出现,是社会动荡的产物。魏徵对忠臣和良臣作如此区分,实际上是在借题发挥,他所借的"题",就是本章的"国家昏乱,有忠臣"。

⑤安又孝兹:于是就有人提倡孝慈。安,于是。又,通"有"。兹,通"慈"。

【译文】

亲人之间关系不和睦,于是开始提倡孝慈;国家动乱了,于是才会显现出忠臣。

十九章（王本十九章）

【题解】

本章紧承上章,既然提倡"仁义""智慧"不仅意味着大道已经被人们抛弃,而且还会产生新的弊端,于是本章就提出"绝圣弃智""绝仁弃义""绝巧弃利"这三种拯救时弊的主张,并且制定出落实这三种主张的具体措施,那就是与这三种主张相对应的"见素抱朴""少私寡欲""绝学无忧"。

本章各本不同处较少:第一,甲、乙本分别作"绝声弃知,民利百负"与"绝耵弃知,而民利百倍",王本作"绝圣弃智,民利百倍"。第二,甲、乙本分别作"民复畜兹"与"而民复孝兹",王本作"民复孝慈"。第三,甲、乙本作"此三言也",王本作"此三者"。其他则属于细微的虚词使用的不同。

甲本　绝声弃知①,民利百负②;绝仁弃义,民复畜兹③;绝巧弃利④,盗贼无有。

乙本　绝耵弃知⑤,而民利百倍;绝仁弃义,而民复孝兹;绝巧弃利,盗贼无有。

王本　绝圣弃智,民利百倍;绝仁弃义,民复孝慈;绝巧弃利,盗贼无有。

【注释】

①绝声弃知:抛弃世俗的聪明才智。绝,不要。声,假借为"圣"。
聪明通达。知,同"智"。《尚书·洪范》:"聪作谋,睿作圣。""圣"
与"智(睿)"义近。后世讲的"圣人",则指品德、智慧都达到
最高境界的人。道家把人们的智慧分为真智和俗智,这里说的
"圣""智"主要指世俗人的聪明才智,而非道家的真智、大智。

②民利百负:百姓反而会得到百倍的利益。负,假借为"倍"。高明
《帛书老子校注》:"'倍'字《甲》本作'负';'孝'字《甲》本作
'畜';'慈'字《甲》《乙》本并作'兹'。皆同音假借字。"

③民复畜兹:百姓反而能够做到孝慈。畜兹,假借为"孝慈"。详见
上一条注。

④绝巧弃利:清除各种技巧。利,精良的技术。这个"利"不是"利
益"义,而用如"国之利器"之"利",是技术精良的意思,与"巧"
义近。

⑤耵:同"圣"。

【译文】

抛弃世俗的聪明才智,百姓反而会得到百倍的利益;不去提倡仁义,
百姓反而能够做到孝慈;清除各种技巧,盗贼就不会产生。

甲本　此三言也①,以为文未足②,故令之有所属③:见
素抱［朴④,少私而寡欲⑤,绝学无忧］⑥。

乙本　此三言也,以为文未足,故令之有所属:见素抱
朴,少私而寡欲,绝学无忧。

王本　此三者,以为文不足,故令有所属:见素抱朴,少

私寡欲,绝学无忧。

【注释】

①此三言也：这三条言论、原则。王本作"此三者"。所谓的"三言"或"三者"，指"绝圣弃智""绝仁弃义""绝巧弃利"三条原则。

②以为文未足：即"以此三言为文不足"，把这三条原则仅仅形成文字理论还不行。文，文字，引申为理论。

③故令之有所属：所以要为它们分别落实一些实施的具体措施。所属，有所依归，有所落实。即为以上三条原则各自落实一个具体的解决办法。

④见（xiàn）素抱朴：行为单纯，内心淳朴。见，同"现"。表现，行为。抱，怀抱。指内心坚持。这一措施是针对"绝圣弃智"，大家都单纯了，圣、智就没有了。甲本残缺，据乙本、王本补。

⑤少私而寡欲：减少私心，降低欲望。这一措施是针对"绝仁弃义"，人们的私欲少了，争夺也就少了，于是也就不用提倡仁义了。

⑥绝学无忧：抛弃学问，不要思考。无忧，不要思考。无，通"毋"，不要。忧，忧虑，引申为思虑、思考。这一措施是针对"绝巧弃利"，人们不去学习、思考了，各种"巧""利"就没有了。

本段有两个问题需要解决：

第一，关于"绝学无忧"所属段落。本句在王本中原属下章，误，今移入本章。蒋锡昌《老子校诂》说：此句"应属上章。……晁公武《郡斋读书志》谓张君相三十家《老子注》，以'绝学无忧'一句附'绝圣弃知'章末，以'唯之与阿'别为一章，与诸本不同。当从之。后归有光、姚鼐亦以此句属上章，是也。"

高亨同意此说，另外还列举了三条证据："'绝学无忧'与'见素抱朴、少私寡欲'句法相同，若置在下章，为一孤立无依之句，其证一也。足、属、朴、欲、忧为韵（足、属、朴、欲在古韵侯部，忧在古韵幽部,二部往往通谐),若置在下章,于韵不谐,其证二也。见素抱朴、少私寡欲、绝学无忧,文意一贯,若置在下章,则其文意远不相关,其证三也。"(《老子正诂》)

第二,老子消除世俗才智、仁义及各种技巧的措施与原因。落实"绝圣弃智"的措施是"见素抱朴",如果人们能够返璞归真,简单质朴,浑浑沌沌,哪里还会有什么聪明才智呢?落实"绝仁弃义"的措施是"少私寡欲"。正因为有了私欲,人们才相互争夺,所以不得不用仁义说教去加以劝导和限制。如果大家都没有私欲了,不再争夺了,也就无须再提倡什么仁义了。落实"绝巧弃利"的措施是"绝学无忧",大家都不去学习、思考了,各种技巧当然不会产生。三种病症,三张处方,但归根结底仍然是要求人们恢复美好天性,做到清净无欲。老子这种以反对提倡仁义的方式去恢复人们的仁义本性的苦心,朱元璋的马皇后看得十分清楚:

> (马皇后)问女史:"黄老何教也,而窦太后好之?"女史曰:"清净无为为本。若绝仁弃义,民复孝慈,是其教矣。"后曰:"孝慈即仁义也,讵有绝仁义而为孝慈者哉!"(《明史·后妃列传一》)

不能不诧异马皇后的"妇人之见"远超褒衣博带的扬雄、韩愈,扬、韩依据字面意思得出老子反对仁义的结论(分别见扬雄《法言》、韩愈《原道》),而马皇后则从这一字面看到了老子执着于仁义的实质。老子反仁的文字里包裹着的却是真正的仁爱情怀,老子是为了恢复先天本性中的仁义,才去反对后天人为的仁义。

还需附加解释的是,道家竭力反对宣扬圣、智、仁、义等等这些美德,除了本书以上各章节讲的诸多原因外,庄子还提出了著名的"盗亦有道"这一命题,从另一个角度说明了他们反对的原因:

> 故跖之徒问于跖曰:"盗亦有道乎?"跖曰:"何适而无有道邪!夫妄意室中之藏,圣也;入先,勇也;出后,义也;知

可否，知也；分均，仁也。五者不备而能成大盗者，天下未之有也。"由是观之，善人不得圣人之道不立，跖不得圣人之道不行；天下之善人少而不善人多，则圣人之利天下也少而害天下也多。(《庄子·胠箧》)

盗跖是先秦的一个大强盗头子，他率领数千人烧杀抢掠，横行天下。他在总结如何把儒家的"道（美德）"运用到强盗职业时说："不需要任何依据就能够推测出一户人家室内财物的多少，这体现了儒家提倡的'圣'；抢劫时能够不惧死亡，冲锋在前，这体现了儒家提倡的'勇'；撤退时能够不顾危险，主动殿后，这体现了儒家提倡的'义'；每次行动前的判断不发生失误，这体现了儒家提倡的'智'；抢劫成功之后，能够把赃物分得很公平，这体现了儒家提倡的'仁'。如果不具备这五种儒家所提倡的'美德'，要想成为大强盗头子，是根本不可能的。"庄子接着感叹说：由此可见，好人如果不具备儒家所提倡的诸多美德，就无法成为好人；盗跖如果不具备儒家所提倡的诸多"美德"，就无法祸害天下。可惜的是，天下的好人少而坏人多，所以儒家提倡的"美德"对天下来说是弊大于利。这可以说是老庄反对儒家提倡圣、智、仁、义、勇的又一个原因。

老子的辩证法是著名的，但结合上章和本章来看，在社会领域，他运用起辩证法来却显得时巧时拙。社会的发展，生产力的提高，私有财产权的进一步明确，势必导致一些不良的社会现象，如思想混乱、彼此欺诈、六亲不和。也就是说，物质生活提高的同时也带来了一些社会弊病，所谓有一利必有一弊。老子只看到弊的一面，而未看到利的一面，使他产生了一些较为偏颇的看法。

【译文】

以上三条原则仅仅作为理论谈谈是不够的，所以要为它们分别落实一些施行的具体措施：行为单纯，内心淳朴；减少私心，降低欲望；抛弃学问，不要思考。

二十章（王本二十章）

【题解】

学术界都把本章与其他章节一样视为阐述哲学理论和政治思想的篇章，因此解读起来困难重重。笔者认为本章与第七十章一样，都属于老子的抒情诗。它抒发了作者因受人排挤而郁闷压抑、孤独无告的愤懑之情，全章充满了对前途渺茫、归宿难觅的担忧。在本章的最后，老子表示，虽然被社会所遗弃，但自己绝不改变初衷，仍然继续以大道为依归。本章所表达的情绪，类似于屈原的《离骚》。

本章不仅解读差异大，各本文字不同处也很多：第一，甲本作"美与恶"，乙本作"美与亚"，王本作"善之与恶"。第二，甲、乙本分别作"𦥑呵！其未央哉"与"𦥑呵！其未央才"，王本作"荒兮，其未央哉"。第三，甲、乙本作"众人煕煕，若乡于大牢，而春登台"，王本作"众人熙熙，如享太牢，如春登台"。第四，甲、乙本分别作"我泊焉，未佻，若婴儿未咳"与"我博焉，未垗，若婴儿未咳"，王本作"我独泊兮，其未兆，如婴儿之未孩"。第五，甲、乙本分别作"累呵，如无所归"与"累呵，似无所归"，王本作"儽儽兮，若无所归"。第六，与甲本、王本相比，乙本缺甲本"我独遗"或王本的"而我独若遗"一句。第七，甲、乙本分别作"我禺人之心也，惷惷呵"与"我愚人之心也，湷湷呵"，王本作"我愚人之心也哉，沌沌兮"。第八，甲、乙本分别作"鬻人昭昭，我独若闉呵！鬻人蔡蔡，我独闵闵呵"与"鬻人昭昭，我独若闷呵！鬻人察察，我独闵闵呵"，王本作"俗人昭昭，我独昏昏；俗人察察，我独闷闷"。第九，甲、乙本分别作"忽呵，其若海；望呵，其若无所止"与"沕呵！其若海；望呵！若无所止"，王本作"澹兮，其若海；飂兮，若无止"。第十，甲、乙本分别作"众人皆有以，我独顽以悝"与"众人皆有以，我独闷以鄙"，王本作"众人皆有以，而我独顽似鄙"。第十一，甲、乙本作"吾欲独异于人"，比王本多一"欲"字。

甲本　唯与诃①，其相去几何②？美与恶③，其相去何若④？人之［所畏］，亦不［可以不畏人⑤。望呵⑥！其未央哉］⑦！

乙本　唯与呵⑧，其相去几何？美与亚⑨，其相去何若？人之所畏，亦不可以不畏人。望呵！其未央才⑩！

王本　唯之与阿⑪，相去几何？善之与恶，相去若何？人之所畏，不可不畏。荒兮⑫，其未央哉！

【注释】

①唯与诃（hē）：赞成与反对。唯，表示赞成、服从的应答之声。《说文》："唯，诺也。"故有"唯唯诺诺"一词。诃，呵斥。《说文》："诃，大言而怒也。"即今天讲的呵斥，表示反对。"唯"与"阿"即赞成与反对。

②其相去几何：它们相差又有多远呢？相去，相差。几何，多少。本句用反问句，表示二者相差不大。

③美与恶：美好与罪恶。王本作"善之与恶"。

④何若：王本作"若何"。多少。

⑤亦不可以不畏人：我也不能不像别人那样害怕。王本无"人"字，

更确。本段所缺字,据乙本、王本补。

⑥朢(wàng)呵:我遥望着茫茫的远方啊!朢,同"望"。遥望远方。《释名·释姿容》:"望,茫也,远视茫茫也。"呵,语气词。

⑦其未央哉:前面的道路看不到尽头!其,代指前面的道路。未央,没有尽头。指前途渺茫,看不到自己的归宿。央,尽头。以上为本章的第一段,是讲自己辞官出走的原因。《史记·老子韩非列传》说《老子》这本书是老子在离开周王朝的途中写的,在本章中,确实能够体现出这一点。老子反复提倡要善恶兼蓄,包容一切,因此他认为无论是受到赞扬还是反对,无论是善人还是恶人,都可以容忍和接受。但这只是他的主观态度,而现实生活远不是如此,所以一旦回到现实,他不由得发出感叹:别人所害怕的,我也不能不怕。可见老子虽以包容一切的态度去对待别人,而自己却不被别人所包容,最后不得不辞官而去。老子离开周王朝,不仅是"见周之衰"(《史记·老子韩非列传》),很可能是受到别人的排挤。末句的"朢呵,其未央哉",类似《离骚》中的"路漫漫其修远兮",充满着对前途渺茫的慨叹。

⑧呵:假借为"诃"。呵斥。

⑨亚:假借为"恶"。

⑩才:假借为"哉"。

⑪阿:通"诃"。呵斥。

⑫荒:荒远辽阔,这里指前面路途的漫长。一说"荒"通"望":"古'望''荒''忙'三字音同,可互为假用。"(高明《帛书老子校注》)。

【译文】

甲本、乙本:

赞成与反对,它们相差有多远?美好与丑恶,它们相差又有多远?然而别人所害怕的事情,我也不能不像别人一样害怕。我遥望着前面那茫茫无边的道路，就好像没有尽头啊！

王本：

赞成与反对，相差有多远？善良与丑恶，相差又有多远？然而别人所害怕的，我不能不怕。前面的道路多么漫长啊，就像没有尽头！

甲本　　众人熙熙①，若乡于大牢②，而春登台③；我泊焉④，未佻⑤，若［婴儿未咳］⑥。累呵⑦，如［无所归］⑧。

乙本　　众人熙熙，若乡于大牢，而春登台；我博焉⑨，未姚⑩，若婴儿未咳。累呵，似无所归。

王本　　众人熙熙⑪，如享太牢⑫，如春登台。我独泊兮⑬，其未兆⑭，如婴儿之未孩⑮。儡儡兮⑯，若无所归！

【注释】

①熙熙（xī）：同"熙熙"。欢乐的样子。

②若乡于大（tài）牢：就好像参加盛大宴会一样。乡，假借为"享"或"飨"。享受。大牢，即"太牢"，宴会或祭祀时并用牛、羊、猪三牲，叫太牢。这里代指丰盛的宴会。太，大。牢，祭祀或宴会用的牲畜。如果只用猪、羊而无牛，则称"少牢"。

③而春登台：好像春日登台赏景那样。而，如，好像。

④我泊焉：而我对这些事情淡泊处之。泊，淡泊，表示对太牢、登台这些事情不感兴趣。

⑤未佻：没有任何兴趣。指对世人所喜欢的赏景、宴会等没有任何兴趣。佻，假借为"兆"。征兆，引申为表现、兴趣。

⑥若婴儿未咳：就好像一个还不会笑的婴儿一样。咳，婴儿笑。《说文》："咳，小儿笑也。"

⑦累呵：垂头丧气、狼狈不堪的样子。累，即"累累"。《史记·孔子

世家》：“累累若丧家之狗。”呵，语气词。

⑧如无所归：就好像无家可归那样。以上为本章第二段，主要讲老子的价值观与世人不同。世人在物质生活中得到了无限乐趣，而老子对此却持反对态度，要求人们“见素抱朴，少私寡欲”（十九章），因而受到众人的排斥。据有关史书记载，老子是楚国人（实际为陈国人，陈国后被楚国吞并，故老子又被称为楚国人），在周王朝供职，后来却出关西去，真可谓有国难投，有家难归，难怪老子会发出“累呵，如无所归”的长叹。

⑨博：假借为“泊”。淡薄。

⑩姚：假借为“兆”。征兆。引申为表现、兴趣。

⑪熙熙（xī）：欢乐的样子。

⑫太牢：宴会或祭祀时并用牛、羊、猪三牲，叫太牢。这里代指丰盛的宴会。

⑬我独泊兮：而只有我一个人淡泊处之。甲、乙本无“独”字。

⑭未兆：没有任何兴趣。指对世人所喜欢的赏景、宴会等没有任何兴趣。兆，征兆，引申为表现、兴趣。

⑮如婴儿之未孩：就好像一个还不会笑的婴儿一样。孩，婴儿笑。《说文》：“咳，小儿笑也。……孩，古文咳。”

⑯儽儽（léi）：通“累累”。垂头丧气、狼狈不堪的样子。

【译文】

众人是那样的快乐，就好像参加盛大宴会一般，还好像春日登台赏景一样；而只有我淡泊处之，无动于衷，我就如同一个还不会笑的婴儿那样。我是如此狼狈不堪，就像是一个无家可归的人一样。

甲本　［众人］皆有余①，我独遗②。我禺人之心也③，惷惷呵④。鬻［人昭昭⑤，我独若］闷呵⑥！鬻人蔡蔡⑦，我独闷闷呵⑧！忽呵⑨，其若［海］⑩；望呵⑪，其若无所止。

　　乙本　众人皆又余⑫，我愚人之心也，涍涍呵⑬。鬻人昭昭，我独若闷呵！鬻人察察⑭，我独闽闽呵⑮！沕呵⑯！其若海；望呵，若无所止。

　　王本　众人皆有余，而我独若遗。我愚人之心也哉，沌沌兮⑰！俗人昭昭，我独昏昏⑱；俗人察察，我独闷闷⑲。澹兮⑳，其若海；飂兮㉑，若无止㉒。

【注释】

①有余：有富裕的财产。余，富足。

②我独遗：我好像被社会遗弃了一样。遗，遗弃。一说，"遗"应通"匮"。指财物匮乏，与"有余"相对。

③我禺人之心也：我有一副愚人的心肠。此为激愤的反话。禺，假借为"愚"。

④惷惷（chǔn）呵：愚昧无知的样子。此为激愤之辞。惷，假借为"蠢"。

⑤鬻人昭昭：世人是那样的明白。鬻人，王本作"俗人"。一说"鬻"假借为"俗"："'俗'字写作'鬻'。"（高明《帛书老子校注》）。昭昭，明白的样子。本句带有讥讽意味。

⑥闷：王本作"昏"。糊涂的样子。此也为激愤之辞。一说"闷"假借为"昏"。

⑦鬻人蔡蔡：世人是那样的聪慧。蔡蔡，通"察察"。清楚明白的样子。

⑧我独闷闷（mèn）呵：只有我是这样的糊涂啊。闷闷，糊涂的样子。

⑨忽：飘忽不定。形容自己的生活动荡不安。

⑩其若海：我的生活就好像那动荡不安的大海一样。

⑪望呵：前途是那样的迷茫恍惚啊。"望"假借为"恍"，恍惚迷茫的样子。高明《帛书老子校注》："帛书研究组读'望'字为'恍'，其

是。"把本句理解为"我遥望着远方"亦可。

⑫又：通"有"。乙本本句后缺"我独遗"一句。

⑬涽涽(hún)：愚昧无知的样子。涽，假借为"浑"。糊涂的样子。

⑭察察：与"昭昭"同义，明白的样子。

⑮闽闽：糊涂的样子。高明《帛书老子校注》："按'闷闷''闵闵''闽闽'乃至'素素''汶汶'，皆重言形况字，音同字异，意义相同，不必强为分别也。"

⑯沕：与甲本"忽"同义。一说"沕"假借为"忽"。

⑰沌沌：愚昧无知的样子。此为激愤之辞。

⑱昏昏：糊涂的样子。此也为激愤之辞。

⑲闷闷：与"昏昏"同义，糊涂的样子。

⑳澹(dàn)：水动荡不安的样子。这里用来比喻生活动荡不安。

㉑飂(liú)：急风。

㉒无止：找不到归宿。止，停止。这里指停止的地方，也即自己的归宿。以上为本章第三段，主要述说自己与世人格格不入的孤独苦闷之情。《渔父》："屈原既放，游于江潭，行吟泽畔，颜色憔悴，形容枯槁。渔父见而问之曰：'子非三闾大夫与？何故至于斯？'屈原曰：'举世皆浊我独清，众人皆醉我独醒，是以见放。'"这与老子的"俗人昭昭，我独昏昏；俗人察察，我独闷闷"是何等相似！虽然从表面看来，词义相反，但二人的心境是一样的，都在斥责世人的愚昧，悲叹自己的孤独，充满了不被理解的苦闷和痛世疾俗的愤懑。屈原是"正话正说"，而老子不过是"正话反说"而已。二人最后都被迫出走，结局大致一样，因此一个长叹"飂兮，若无止"，一个悲歌"欲远集而无所止兮，聊浮游以逍遥"(《离骚》)。

【译文】

甲本：

众人都过着富裕幸福的生活，只有我却像被遗弃了一样。因为我有一副愚人的心肠，太笨拙了。世人是那样的明白，只有我是如此的昏愦；世人是那样的聪慧，只有我是这样的糊涂。我的生活是如此的坎坷多难，就好像那动荡不安的大海一样；我遥望着前面那茫茫无边的道路，不知何处才是归宿。

　　乙本：

　　众人都过着富裕幸福的生活，只有我有一副愚人的心肠，太笨拙了。世人是那样的明白，只有我是如此的昏愦；世人是那样的聪慧，只有我是这样的糊涂。我的生活是那样的飘忽不定，就好像那动荡不安的大海一样；我遥望着前面那茫茫无边的道路，不知何处才是归宿。

　　王本：

　　众人都过着富裕幸福的生活，只有我却像被遗弃了一样。因为我有一副愚人的心肠，太笨拙了。世人是那样的明白，只有我是如此的昏愦；世人是那样的聪慧，只有我是这样的糊涂。我的生活是那样的坎坷多难，就好像那动荡不安的大海一样；我如同那飘忽不定的长风，不知何处才是归宿。

　　甲本　　［众人皆有以①，我独顽］以悝②。我欲独异于人③，而贵食母④。

　　乙本　　众人皆有以，我独闶以鄙⑤。吾欲独异于人，而贵食母。

　　王本　　众人皆有以，而我独顽似鄙⑥。我独异于人，而贵食母。

【注释】

　　①有以：有用。以，用。甲本所缺文字，据乙本、王本补。

　　②顽以悝：冥顽无能。以，而。悝，假借为“俚”。鄙俗。引申为无能。

③我欲独异于人：我心甘情愿地过着与众不同的生活。欲，愿意，心甘情愿。王本无"欲"字。

④食母：即"食于母"，从"道"那里汲取营养。也即遵循大道行事。食，汲取营养。母，即"道"，因为"道"是天下万物生存的根本，故称其为"母"。二十四章："有物混成，先天地生……可以为天下母。"以上为本章最后一段，也是本章的结束语。老子表示虽然自己不被世人理解，处境艰难，然而还是不改初衷，继续按照大道去做人做事。对待自己的信念，有着屈原那种"亦余心之所善，虽九死其犹未悔"（《离骚》）的坚贞。

⑤闷：假借为"顽"。

⑥顽似鄙：冥顽无能。似，通"以"。而。

　　前人把本章也当作一首哲理、政治诗去理解，因而有很多地方难以贯通，甚至自相矛盾，所以高亨《老子正诂》说："本章文句多窜乱，无可是正。"认为本章文字错乱严重，已经没有办法进行梳理了。下面试举几例：

　　在第一段中，既然老子认为"唯"与"阿""善"与"恶"相去无几，不必在意，那么为什么紧接着又感叹"人之所畏，不可不畏"呢？如果把这些都看作理论，显然是自相矛盾的。由于无法解决这一矛盾，高亨《老子正诂》就认为"右二句（"唯之与阿，相去几何？ 美之与恶，相去若何"）为一章"，"人之所畏，不可不畏"一句"与上下文不联，盖自为一章"。完全把这一段割裂了。

　　如按哲学、政治思想理解本章，有不少句子无法得到合理解释。比如"荒兮，其未央"一句，蒋锡昌认为是"言圣人之态度，无形无名，无情可睹；广大微妙而远无涯际也"（《老子校诂》）；高亨怀疑本句的位置不对，"疑此句原在'我独泊兮其未兆'下"（《老子正诂》）；任继愈把它译作"远古以来已如此，这风气（指'人之所畏，不可不畏'——引者注）还不知何时停止"（《老子新译》）；张舜徽则改"荒"为"恍"，解释说："此言众情恍惚，相与驰逐未已，下文即所以形容之"（《周秦道论发微》）；而张松如说这是讲世道"混乱呵，一切全无边无际呀"（《老子校读》）。由此可见，按哲学、政治思想去理解，要想合理地解释这句话是何等的困难。

　　还有一些句子，因为无法理解，竟然被移出本章。如"澹兮，其若海；飂兮，若无止"这段话，就被移至第十五章："这两句原是二十章文字，因与上下文不相应，疑是本章错简，今据严灵峰之说，移入'混兮其若浊'句下。"（陈鼓应《老子注译及评介》）这种把本章句子移于其他章节的做法，实属无奈之举，当然也不足为训。

　　关于"儽儽兮，若无所归"句，前人认为这是形容圣人"乘万物之理而不自私，故若无所归"（焦竑《老子翼》）。蒋锡昌也认为这是讲圣人"无情无欲，貌若羸疲不足，而其行动泛若不系之舟，又似无所归也"（《老子校诂》）。说"若无所归"是形容圣人乘万物之理，无所定见，倒是可以的，但是这与前面的"儽儽兮"却难以协调。《礼记·玉藻》说："丧容累累。"《史记·孔子世家》说："累累若丧家之狗。""儽""累"通用。由此可见，"儽儽兮"是形容狼狈的模样。"儽儽兮，若无所归"塑造的分明是一个狼狈懊丧、进退维谷的人物形象，这与圣人"乘万物之理而不自私"的行为毫无相似之处。

　　因此，笔者认为本章不是一首哲理诗，而是老子的一首抒发悲愤心情的诗，类似屈原的《离骚》。理由如下：

　　其一，无论根据史书记载，还是根据本书言论，都可以看出老子是一位不得志的人，因此在阐明自己学术思想的同时发几句牢骚是正常的。在本章中，他一再谈到自己与世人的对立，把自己比作无所依归的飘风，并且提到自己有所畏惧，义愤填膺而又无可奈何的情绪溢于言表。同本章一样，《老子》七十章也是一首哀怨诗:"夫惟无知,是以不我知。知我者希,则我者贵。是以圣人被褐怀玉。"他抱怨世人不理解自己,使自己满腹才华而无从施展,因此不得不在贫穷、困窘的生活中挣扎。把两章结合阅读,更能相互彰明。

其二,如按一首悲愤诗看,本章的结构就十分清楚了。第一段谈自己受人排挤,被迫出走,以长叹前途渺茫为结尾;第二段谈自己与众人的价值取向、生活态度不一样,因而受到孤立,搞得狼狈不堪,补充说明出走原因,以悲歌"若无所归"为结尾;第三段谈自己与众人的思想认识不一致,诉说自己生活的孤独和苦闷,以痛呼自己若长风无所依归为结尾;最后一段总括自己"异于人",并表示虽然不为世所容,也决不改变自己的志向,以明志为结尾,并总揽全章。这四段,都是以叙事始,以抒情终,真可谓一唱三叹,悲愤感人。

其三,按一首悲愤诗理解,本章读起来是非常通晓流畅的,一些看来相互抵牾的地方也能得到合理的解释。如第一段中所反映的正是老子的理论与现实的矛盾。从理论上讲,老子可以"善者,吾善之;不善者,吾亦善之",认为这样就可以"德善"了;"信者,吾信之;不信者,吾亦信之",这样就可以"德信"了(四十九章),也就是说无论好人坏人,只要一视同仁,就会得到好的结果。不善、不信、毁谤、迫害,这是世人所害怕的,老子可以从理论上去淡泊处之,而在现实中,却不得不像别人一样害怕了,于是也不得不出走了。

根据本章,可以说《史记·老子韩非列传》关于老子"见周之衰,乃遂去,至关……乃修书上下篇"的记载是可信的。

【译文】

甲本、乙本:

众人活得都是那样的有用,只有我如此冥顽无能。我心甘情愿地过着与众不同的生活,要继续以大道为依归。

　　王本:

　　众人活得都是那样的有用,只有我如此冥顽无能。虽然我和世人格格不入,但我还是要继续以大道为依归。

二十一章（王本二十一章）

【题解】

本章再次描述了"道"的特性。老子首先指出伟大的"德"与"道"的一致性，因为"德"来自"道"。接着强调，虽然大道无形无象、看不见摸不着，但它真实存在，而且充满了诚信，从不欺人。最后指出，大道亘古不变，只要我们掌握了大道，就能够以此推知万物开始时的状况。

本章第一段文字基本一样，其他各段不同处主要有：第一，甲、乙本分别作"道之物，唯朢唯忽。忽呵朢呵，中有象呵"与"道之物，唯朢唯汹。汹呵朢呵，中又象呵"，王本作"道之为物，惟恍惟惚。惚兮恍兮，其中有象"。第二，甲、乙本分别作"瀞呵鸣呵，中有请吔"与"幼呵冥呵，其中有请呵"，王本作"窈兮冥兮，其中有精"。第三，甲、乙本作"自今及古"，王本作"自古及今"。第四，甲、乙本分别作"以顺众仪"与"以顺众父"，王本作"以阅众甫"。第五，甲、乙本分别作"吾何以知众仪之然"与"吾何以知众父之然也"，王本作"吾何以知众甫之状哉"。

甲本　　孔德之容①，唯道是从②。

乙本　　孔德之容，唯道是从。

王本　　孔德之容，惟道是从③。

【注释】

①孔德之容：高尚品德的内涵。孔，伟大，高尚。德，品质，品性。容，内容，内涵。

②唯道是从：同大道保持一致。"惟道是从"是古汉语的一种宾语提前句式，相当于"唯从道"。唯，只，只是。是，助词。从，听从，遵循。在本章中，老子明确指出"德"与"道"的关系是从属关系，二者的内涵是一致的。王弼在《老子道德经注》第三十八章中说：

> 德者，得也。常得而无丧，利而无害，故以德为名焉。
>
> 何以得德？由乎道也。

这就是说，"道"作为万物规律的总称，属于客观存在。而天地万物则是千差万别、形形色色的，这些千差万别的事物在产生之时，都各自从"道"中得到自己的天性、本能，各自所得的这一份"道"，就叫作它们各自的"德"。另外，人有主观能动性，他们还可以通过后天学习多获得一些"道"，从而提高自己的品德和才能。由于物种不同，人的后天努力程度不同，各自所得的"德"就有大小精粗、多少厚薄之分，因而也就有了品德、行为的优劣不同。

朱熹在解释"理"的时候，讲了同样的道理："伊川说得好，曰：'理一分殊。'合天地万物而言，只是一个理；及在人，则又各自有一个理。"（《朱子语类》卷一）并在同书引用佛教《永嘉证道歌》中的"一月普现一切水，一切水月一月摄"来说明二者之间的关系。他把天地万物共有的"理（一理）"比作天上的月亮，把天地万物各自的"理（万殊之理）"比作水中的月亮，二者是产生和被产生的关系。老子的"道"相当于朱熹的"一理"，老子的"德"相当于朱熹的"万殊之理"。实际上，"道"即规律的总称，"德"即特殊规律及个人所掌握的知识，也就是包括人在内的万物的本性和知识、修养。简单地说，"道"与"德"的关系是河水与盆水的关系，一盆盆的水都是从河水里舀出来的，因此二者的内容、性质是一致的。

③惟:通"唯"。本段文字,甲、乙本与王本基本一样。

【译文】

高尚品德的内涵,与大道是一致的。

甲本 道之物①,唯望唯忽②。[忽呵望]呵③,中有象呵④;望呵忽呵,中有物呵⑤。

乙本 道之物,唯望唯沕⑥。沕呵望呵,中又象呵⑦;望呵沕呵,中有物呵。

王本 道之为物,惟恍惟惚⑧。惚兮恍兮,其中有象;恍兮惚兮,其中有物。

【注释】

①道之物:王本作"道之为物"。大道作为一种事物。物,事物。这里的"物"并非指物质。在古代,"物"的含义非常广泛,既包含可触可视的物质事物,也包含不可触不可视的抽象事物。如:"君子以言有物,而行有恒。"(《周易·家人》)"以乡三物教万民,而宾兴之。一曰六德:知、仁、圣、义、忠、和。二曰六行:孝、友、睦、姻、任、恤。三曰六艺:礼、乐、射、御、书、数。"(《周礼·地官·大司徒》)这里讲的"言有物""三物"的"物"都不属于物质的东西。

　　本章再次较为集中地描写了"道"的特点。有人认为既然"道"恍恍惚惚没有形体,当然应属于精神本体;有人根据"其中有象""其中有物",则认为"道"应属于物质本体,结果谁也说服不了谁。对此任继愈先生有着深刻的体会,他说:"我自己多年来对老子的哲学十分关心,认为老子哲学思想比孔子、孟子都丰富,对后来的许多哲学流派影响也深远,总期望把它弄清楚。1963

年出版的《中国哲学史》教科书认为老子是中国第一个唯物主义者；1973年出版的《中国哲学史简编》（是四卷本的缩写本），则认为老子属于唯心主义。主张前说时，没有充分的证据把主张老子属于唯心主义者的观点驳倒；主张后说时（《简编》的观点），也没有充分证据把主张老子属于唯物主义者的观点驳倒。好像攻一个坚城，从正面攻，背面攻，都没有攻下来。"（《老子研究的方法问题》，见《中国哲学研究》1981年第1期）

老子的"道"是所有规律的总称。规律是看不见、摸不着、无形无声的（见十四章），所以老子说它恍恍惚惚、不可捉摸；但老子又敏锐地感觉到，规律又确实是一个客观存在着的东西，所以又说"其中有象""其中有物"，这里的"象"和"物"是指某种客观存在的东西，并不是指物质。无形无声而又客观存在，正是规律的特点之一。

真实无妄、诚信不欺是客观规律的另一个特点，所以下一段文字说"其中有信"，这在自然界表现得特别明显。古人常说："信如四时。"（贾谊《治安策》）认为四季更替，从不欺人，而四季更替就是自然规律的一个主要内容。关于对"道"的解释，可参阅一章、四章、十四章、二十五章、五十一章。

②唯塱唯忽：即"恍恍惚惚"。隐约不清、难以捉摸的样子。唯，语气词。塱，假借为"恍"。忽，假借为"惚"。

③忽呵塱呵：恍恍惚惚的样子。与上句"唯塱唯忽"同义。

④中有象呵：王本作"其中有象"。象，形象。引申为内容。大道作为规律，虽然看不见、摸不着，但并非绝对空无，它具有真实的规定性，所以说"其中有象""其中有物"。

⑤物：事物。引申为内容。

⑥沕：假借为"惚"。

⑦又：通"有"。

⑧惟恍惟惚：即"恍恍惚惚"。隐约不清、难以捉摸的样子。惟，语气词。下文中的"惚兮恍兮""恍兮惚兮"意思同此。

【译文】

大道这种事物，是恍恍惚惚而没有形体的。它虽然是那样的恍惚迷离，但其中确实有一定的内容；它虽然是那样的迷离恍惚，但其中确实有自己的内涵。

　　甲本　潭呵鸣呵①，中有请吔②。其请甚真，其中［有信］③。

　　乙本　幼呵冥呵④，其中有请呵。其请甚真，其中有信。

　　王本　窈兮冥兮⑤，其中有精⑥。其精甚真，其中有信。

【注释】

①潭呵鸣呵：即"窈冥"或"幽冥"。深邃玄妙、难以认识的样子。潭，《汉语大字典》："潭，同'幽'。"高明《帛书老子校注》："朱谦之云：'案"窈""幽""杳"三字音近，可通用。''窈冥'或'幽冥'皆形况字，乃形容情状之深远而幽隐。"鸣，假借为"冥"。深邃而难以认识的样子。

②中有请吔（yē）：其中包含着真实的内容。请，通"情"。真实。这里指真实的内容。吔，语气词。

③其中有信：大道充满了诚信。信，诚信。大道从不欺人，只要我们按照大道行事，就定能成功，因此说大道充满了诚信。

④幼：假借为"幽"。冥：深邃而难以认识的样子。

⑤窈（yǎo）兮冥（míng）兮：即"窈冥"。深邃玄妙、难以认识的样子。

⑥精：通"情"。真实。这里指真实的内容。也可理解为"精华"。

【注释】

大道是那样的深邃而难以认识，但它却有着自己的内容，它的内容是那样的真实无妄，充满了诚信。

　　甲本　自今及古[①]，其名不去[②]，以顺众仪[③]。吾何以知众仪之然[④]？以此[⑤]。

　　乙本　自今及古，其名不去，以顺众父[⑥]。吾何以知众父之然也？以此。

　　王本　自古及今，其名不去，以阅众甫[⑦]。吾何以知众甫之状哉[⑧]？以此。

【注释】

①自今及古：从现在推及古代。王本作"自古及今"。王本更确。

②其名不去：大道都是无法被废弃的。其名，大道的名字。实际即指大道。去，排除，废弃。

③以顺众仪：使万物从开始时就具有正常的秩序。顺，顺序，秩序。这里用作动词。使……有秩序。众，万物。仪，通"甫"。开始。

④吾何以知众仪之然：我凭什么知道万物开始时的情况呢？何以，即"以何"，凭什么。然，指示代词。这样，那样。

⑤以此：凭借大道。以，凭借。此，代指大道。

⑥父：假借为"甫"。开始。

⑦以阅众甫：凭借着大道可以了解万物开始时的情况。以，凭借。后省宾语"道"。阅，观察，认识。众，万物。甫，开始。

⑧状：情况，状态。

【译文】

甲本、乙本：

　　从现在推及古代，大道都是无法被废弃的，它能够使万物从开始时就具有正常的秩序。我凭什么知道万物开始时的情况呢？就是凭借大道。

　　王本：

　　从古至今，大道都是无法被废弃的，凭借着它就可以知道万物开始时的情况。我凭什么知道万物开始时的情况呢？就是凭借大道。

二十二章（王本二十四章）

【题解】

本章主要是提醒包括君主在内的人们不要做跨越式的暴烈行为，因为"欲速则不达"。除此，老子还告诫人们不要"自见""自是""自伐""自矜"，因为这些行为不符合大道，而不符合大道的言行会招来别人的厌恶与反对。

本章各本较大的不同有四：第一，甲、乙本的二十二章对应的是王本的二十四章。第二，甲、乙本与王本相比，缺"跨者不行"一句。第三，甲、乙本作"自视（者）不章，自见者不明"，王本作"自见者不明，自是者不彰"，二者语序颠倒。第四，甲、乙本作"物或恶之，故有欲者弗居"，王本作"物或恶之，故有道者不处"。除此，还有其他一些用字的差异。

甲本 炊者不立①，自视不章②，[自]见者不明③，自伐者无功④，自矜者不长⑤。

乙本 炊者不立，自视者不章，自见者不明，自伐者无功，自矜者不长。

王本 企者不立⑥，跨者不行⑦；自见者不明，自是者不彰，自伐者无功，自矜者不长。

【注释】

①炊者不立：踮起脚跟想站得高一些反而站不稳。炊，假借为
"企"。踮起脚跟。高明《帛书老子校注》："愚以为帛书'炊者不
立'，当从今本'企者不立'。'炊'字古为昌纽歌部，'企'字属溪
纽支部，声纽相通，'支''歌'为旁对转，故'炊''企'二字古音
同通假。"许抗生《帛书老子注译与研究》："甲本释文注：'炊，疑
读为吹，古导引术之一动作。'今案……'炊'疑为'跂'字之误。
'跂'与'企'义同，即举踵也。"不立，站不稳。

②自视不章：自以为是的人反而名声不高。许抗生《帛书老子注译
与研究》与高明《帛书老子校注》皆认为"视"应为"是"。许抗
生认为"'视'应作'是'，音近而误。"高明则认为二者为通假字。
章，同"彰"。彰显，彰明。本句"自视"下脱一"者"字。

③自见者不明：只依靠自己的眼睛去观察，就会看不清楚。因为
圣王能够利用众人的眼睛去观察，所以他看得特别清楚。《韩非
子·定法》："人主以一国目视，故视莫明焉；以一国耳听，故听莫
聪焉。"作为君主，如果能够发动全国的人为自己去看、去听，那
么谁都无法比君主看得更清楚，听得更明白。

④自伐者无功：自我夸耀反而会把功劳夸没了。伐，夸耀，夸功。
"自伐"的内容一般包括两个方面，一是自我夸耀才能，二是自我
夸耀功劳。这两者都会为自己带来意想不到的灾难。

　　首先看看自我夸耀才能的害处。《三国演义》七十二回记载
了杨修的遭遇：

　　　　操屯兵日久，欲要进兵，又被马超拒守；欲收兵回，又恐
被蜀兵耻笑，心中犹豫不决。适庖官进鸡汤。操见碗中有
鸡肋，因而有感于怀。正沉吟间，夏侯惇入帐，禀请夜间口
号。操随口曰："鸡肋！鸡肋！"惇传令众官，都称"鸡肋"。
　　　　行军主簿杨修，见传"鸡肋"二字，便教随行军士，各收

拾行装，准备归程。有人报知夏侯惇。惇大惊，遂请杨修至营中问曰："公何收拾行装？"修曰："以今夜号令，便知魏王不日将退兵归也：鸡肋者，食之无肉，弃之有味。今进不能胜，退恐人笑，在此无益，不如早归。来日魏王必班师矣，故先收拾行装，免得临行慌乱。"夏侯惇曰："公真知魏王肺腑也！"遂亦收拾行装。于是寨中诸将，无不准备归计。

当夜曹操心乱，不能稳睡，遂手提钢斧，绕寨私行。只见夏侯惇寨内军士，各准备行装。操大惊，急回帐召惇问其故。惇曰："主簿杨德祖先知大王欲归之意。"操唤杨修问之，修以鸡肋之意对。操大怒曰："汝怎敢造言，乱我军心！"喝刀斧手推出斩之，将首级号令于辕门外。

原来杨修为人恃才放旷，数犯曹操之忌：操尝造花园一所，造成，操往观之，不置褒贬，只取笔于门上书一"活"字而去。人皆不晓其意。修曰："'门'内添'活'字，乃'阔'字也。丞相嫌园门阔耳。"于是再筑墙围，改造停当，又请操观之。操大喜，问曰："谁知吾意？"左右曰："杨修也。"操虽称美，心甚忌之。

又一日，塞北送酥一盒至。操自写"一合酥"三字于盒上，置之案头。修入见之，竟取匙与众分食讫。操问其故，修答曰："盒上明书'一人一口酥'，岂敢违丞相之命乎？"操虽喜笑，而心恶之。

操恐人暗中谋害己身，常分付左右："吾梦中好杀人；凡吾睡着，汝等切勿近前。"一日，昼寝帐中，落被于地，一近侍慌取覆盖。操跃起拔剑斩之，复上床睡；半晌而起，佯惊问："何人杀吾近侍？"众以实对。操痛哭，命厚葬之。人皆以为操果梦中杀人。惟修知其意，临葬时指而叹曰："丞相非在梦中，君乃在梦中耳！"操闻而愈恶之。……今乃借惑乱军心之罪杀之。修死年三十四岁。后人有诗曰：

　　聪明杨德祖，世代继簪缨。笔下龙蛇走，胸中锦绣成。
开谈惊四座，捷对冠群英。身死因才误，非关欲退兵。
　　以上文字虽然是出于小说《三国演义》，但这些故事也见于
其他正史。杨修处处想炫耀自己的聪明，结果聪明反被聪明误，
最后"误"掉了自己的性命。

　　其次看看自我夸耀功劳的害处。也举《三国演义》的故事为
例。官渡之战，曹操以少胜多，奠定了王业基础，其中许攸立了大
功。许攸由袁绍投曹操，劝曹操偷袭袁绍粮仓乌巢，后来又出计
策引漳河水灌冀州，使曹操对袁绍集团的作战取得了绝对胜利。
请看《三国演义》三十三回对许攸在胜利后表现的描写：

　　却说曹操统领众将入冀州城，将入城门，许攸纵马近
前，以鞭指城门而呼操曰："阿瞒，汝不得我，安得入此门？"
操大笑。众将闻言，俱怀不平。……

　　一日，许褚走马入东门，正迎许攸，攸唤褚曰："汝等无
我，安能出入此门乎？"褚怒曰："吾等千生万死，身冒血战，
夺得城池，汝安敢夸口！"攸骂曰："汝等皆匹夫耳，何足道
哉！"褚大怒，拔剑杀攸，提头来见曹操，说："许攸如此无礼，
某杀之矣。"操曰："子远（许攸字子远）与吾旧交，故相戏
耳，何故杀之！"深责许褚，令厚葬许攸。

　　许攸无疑是曹操的一大功臣，然而由于他不停地自我夸耀，
四处表功，不仅自己的功劳没有了，连性命也给"夸"没了。

　　⑤自矜（jīn）者不长（zhǎng）：自高自大的人反而做不了领
导者。矜，骄傲，傲慢。长，官长，领导者。

　　⑥企者不立：踮起脚跟想站得高一些反而站立不稳。企，踮
起脚跟。不立，站不稳。

　　⑦跨者不行：跨着大步想走得快一些的人反而走不远。跨，

迈大步。甲、乙本缺本句。"企者不立,跨者不行"讲的实际上就
是"欲速则不达"的道理,孔子对此也十分赞成。《论语·子路》
记载:

> 子夏为莒父宰,问政。子曰:"无欲速,无见小利。欲速
> 则不达,见小利则大事不成。"

子夏是孔子的弟子,他要外出到莒父(在今山东高密,一说
在今山东沂南与莒县之间)去做地方官,临行前向孔子请教自己
做官应注意的事项,孔子告诫他两条原则:一是办事不要急于求
成,二是不要两眼只盯着小利。这不仅是做官的原则,也是我们
做一切事情的原则。

【译文】

甲本、乙本:

踮起脚跟想站得高一些的人反而站不稳,自以为是的人反而名声不
高,仅仅依靠自己的眼睛去观察的人反而看不清楚,自我夸功的人反而
会把功劳夸没了,自高自大的人反而做不了领导者。

王本:

踮起脚跟想站得高一些的人反而站不稳,跨着大步想走得快一些的
人反而走不远;仅仅依靠自己的眼睛去观察反而看不清楚,自以为是的
人反而名声不高,自我夸功反而会把功劳夸没了,自高自大反而做不了
领导者。

甲本　其在道①,曰粞食赘行②,物或恶之③,故有欲者
[弗]居④。

乙本　其在道也,曰粞食赘行。物或亚之⑤,故有欲者
弗居。

王本　其在道也,曰余食赘行,物或恶之,故有道者

不处⑥。

【注释】

①其在道：站在大道的立场去衡量这些行为。其，代指以上各种行为。

②曰粽（yú）食赘（zhuì）行：可以把它们叫剩饭赘肉。粽食赘行，比喻多余无用的东西。粽，假借为"余"。多余的，剩下的。赘，多余的。行，假借为"形"。形体，肉体。一说，"赘行"是指"多余的行为"（许抗生《帛书老子注译与研究》）。

③物或恶（wù）之：人们大概都讨厌这些行为。物，主要指人。老庄认为，人为万物中之一员，故称人为"物"。或，也许。恶，厌恶。喜欢自我炫耀是招人厌恶的重要原因之一，关于这一点，《庄子·山木》举了一个十分典型的例子：

　　　　阳子之宋，宿于逆旅。逆旅人有妾二人，其一人美，其一人恶，恶者贵而美者贱。阳子问其故，逆旅小子对曰："其美者自美，吾不知其美也；其恶者自恶，吾不知其恶也。"阳子曰："弟子记之！行贤而去自贤之行，安往而不爱哉？"

阳子就是因为主张"拔一毛而利天下，不为也"而被孟子批评为"无君"的著名思想家杨朱。杨朱在去宋国途中住在一家旅店里，他发现旅店主人有两个妻子，长相丑陋的那个妻子在家里地位尊贵，而长相美丽的妻子反而地位低贱。阳子甚感不解，店主人回答说："那个容貌美丽的总是喜欢自我吹嘘，时间久了我就一点也不觉得她美；那个长相丑陋的总是自谦，时间久了我一点也不觉得她丑。"喜欢炫耀长相美丽的美女，妥妥地把自己由美女炫耀成了一个丑女。所以杨朱感慨地对自己的弟子说："你们一定要记住这件事！做了贤良的事，但一定要去掉自以为贤良的言行，这样到哪里会不受爱戴呢？"

④故有欲者弗居：因此即使有贪欲之人也不去做这样的事情。帛
书研究组：“居，储蓄。此言恶物为人所弃，虽有贪欲之人亦不贮
积。”弗居，不做。指不做“企”“跨”“自见”“自伐”等事情。关
于“有欲者”，还有两种解释，一是解释为“懂得大道的人”。高
明《帛书老子校注》：“从经文分析，此当从今本‘有道者’为是。
按‘欲’字在此当假为‘裕’，《方言》卷三：‘裕，道也。东齐曰
“裕”，或曰“猷”。’《广雅》卷四：‘裕，道也。’”二是认为“欲”是
误写，应为“道”。许抗生《帛书老子注译与研究》：“此句甲、乙
本皆作‘故有欲者弗居’，傅奕本等皆作‘故有道者不处也’。疑
‘欲’字为误，‘有欲者弗居’与老子无为思想不合。”

⑤亚：通“恶”。厌恶。

⑥不处：不做。与上文“不居”同义。指不做“企”“跨”“自见”“自
伐”等事情。

【译文】

甲本、乙本：

站在大道的立场上去衡量这些行为，可以说这些行为都像剩饭赘肉
一样多余无用，人们大概都很讨厌这些行为，所以即使那些有欲望的人
也不去做这样的事情。

王本：

站在大道的立场上去衡量这些行为，可以说这些行为都像剩饭赘肉
一样多余无用，人们大概都很讨厌这些行为，所以懂得大道的人不去做
这样的事情。

二十三章（王本二十二章）

【题解】

本章主要提出了一些处世原则。老子要求人们学会委曲求全、以旧求新、切忌贪得无厌、不可自恃己力、不要自我炫耀、切莫矜骄傲慢等等。本章主要还是就君主而言，但其中许多原则也适用于普通百姓。老子提出的这些处世原则，即使放在今天，仍不失其借鉴意义。

本章各本不同处主要有：第一，甲、乙本的二十三章，对应的是王本的二十二章。第二，甲、乙本分别作"曲则金，枉则定"与"曲则全，汪则正"，王本作"曲则全，枉则直"。第三，甲、乙本分别作"是以声人执一，以为天下牧"与"是以耵人执一，以为天下牧"，王本作"是以圣人抱一，为天下式"。第四，甲、乙本分别作"不自视，故明；不自见，故章"与"不自视，故章；不自见也，故明"，王本作"不自见，故明；不自是，故彰"。第五，甲、乙本作"夫唯不争，故莫能与之争"，王本作"夫唯不争，故天下莫能与之争"。第六，甲、乙本分别作"古之所胃'曲全'者，几语才？诚金归之"与"古之所胃'曲全'者，几语才？诚全归之"，王本作"古之所谓'曲则全'者，岂虚言哉？诚全而归之"。除此，还有一些细微的用字差异。

甲本 曲则金^①，枉则定^②；洼则盈^③，敝则新^④；少则得，多则惑^⑤。

　　乙本　　曲则全，汪则正^⑥；洼则盈，裻则新^⑦；少则得，多则惑。

　　王本　　曲则全，枉则直^⑧；洼则盈，敝则新；少则得，多则惑。

【注释】

①曲则金：忍受委屈则能保全自我。曲，委屈。金，据乙本、王本，"金"为"全"字之误。关于"曲则全"的典型例子，就是西汉开国功臣韩信的"胯下之辱"。《史记·淮阴侯列传》记载：

　　　　淮阴屠中少年有侮信者，曰："若虽长大，好带刀剑，中情怯耳。"众辱之曰："信能死，刺我；不能死，出我胯下。"于是信孰视之，俯出胯下，蒲伏。一市人皆笑信，以为怯。……（韩信封楚王后）召辱己之少年令出胯下者，以为楚中尉。告诸将相曰："此壮士也。方辱我时，我宁不能杀之邪？杀之无名，故忍而就于此。"

　　韩信就是因为能够忍受胯下之辱，委曲求全，所以才能成就一番大事业。如果他当时挥刀杀了这个无赖少年，历史上就没有那个叱咤风云的韩信了。

②枉则定：先弯曲反而能够伸直。枉，弯曲。定，正，直。《字汇·宀部》："定，正也。"

③洼则盈：低洼反而能够变得充盈。比如，大海的地势最低，结果获取的水最多。比喻一个人做到谦下，就能得到众人的支持，力量会变得强大。

④敝则新：在守旧的基础上去创新。敝，破旧，陈旧。这里指传统的旧文化、旧习俗。一些传统文化虽然显得有些陈旧，但依然有其不可替代的作用，因此要想创新，也一定要在这些传统文化基

础上去创新,不顾传统文化,全盘创新,很难成功。一说:"'敝则新'者,衣之污损曰'敝';不敝,则不浣濯,不见其新,以其敝乃新耳。"(憨山德清《老子道德经解》)用衣服破旧后通过洗涤使其变新,比喻圣人通过屏除世俗知识,洗心革面,以换取新的真知灼见。

⑤少则得,多则惑:少取一些则有所收获,贪得无厌反而会变得迷惑。多,贪多,贪得无厌。惑,迷乱,犯错误。

⑥汪:假借为"枉"。弯曲。正:直。

⑦襞:假借为"敝"。破旧。

⑧枉则直:先弯曲反而能够伸直。枉,弯曲。

【译文】

忍受委屈则能保全自我,先弯曲反而能够伸直;低洼反而能够变得充盈,守旧反而能够创新;少取一些则有所收获,贪得无厌反而会变得迷惑。

甲本　是以声人执一①,以为天下牧②。不[自]视③,故明④;不自见⑤,故章⑥;不自伐⑦,故有功;弗矜⑧,故能长⑨。

乙本　是以即人执一⑩,以为天下牧。不自视,故章⑪;不自见也,故明;不自伐,故有功;弗矜,故能长。

王本　是以圣人抱一⑫,为天下式⑬:不自见,故明;不自是,故彰;不自伐,故有功;不自矜,故长。

【注释】

①是以声人执一:因此圣人能够同以上原则保持一致。声人,即"圣人"。声,假借为"圣"。执一,即王本的"抱一"。执一,坚持一致。即与上述原则保持一致。执,坚守,坚持。学界一般认为"执"或"抱"是"保护"或"坚守"义,"一"指自我身体或大道,

"抱一"即保护身体或坚守大道。关于"抱一"，高亨、张松如都把它解释为"守身"："一谓身也。抱一，犹云守身也。身为个体，故老庄或名之曰一"（《老子正诂》）。任继愈把"一"解释为"道"，"抱一"即"用道"，坚守道的原则（《老子新译》）。

　　从全章的逻辑关系考虑，笔者不同意以上意见。本章开始引用六句格言，说明处下反能居上的一般理论。从"不自见"至"故天下莫能与之争"数句讲的是圣王如何具体运用这些理论，正如钟应梅说的那样："'不自见'以下，盖推'曲则全''少则得'之理而极论之也。"（《老子新诠》）很显然，"圣人抱一为天下式"一句在这前后两部分之间起着承上启下的桥梁作用，如果解释为"守身"或"用道"，这句话就被孤立起来，失去了这一桥梁作用，不能把上下两部分很好地联系起来。

　　另外，把"一"解释为身体，在《老子》《庄子》中无此先例。如果把"一"解释为"道"，则与四十二章中的"道生一，一生二，二生三，三生万物"产生用词上的自相矛盾。因为把"一"解释为"道"，那么"道生一"就是"道生道"，这从逻辑上是说不通的。因此笔者把"执一""抱一"解释为"坚持一致"。

②以为天下牧：凭此而成为天下的治理者。牧，治理，治理者。

③不自视：圣君不仅仅依靠自己的眼睛去观察。

④故明：所以才能够看得清楚。明，看得清。因为圣君能够利用众人的眼睛去观察，所以他看得特别清楚。《韩非子·定法》："人主以一国目视，故视莫明焉；以一国耳听，故听莫聪焉。"作为君主，如果能够发动全国的人为自己去看、去听，那么谁都无法比君主看得更清楚，听得更明白。

⑤不自见：不要只依靠自己的眼睛去了解社会。

⑥章：同"彰"。明白，清楚。

⑦伐：夸耀自己的功劳。

⑧矜（jīn）：骄傲，傲慢。

⑨长（zhǎng）：领导者。这里用作动词，当领导者。

⑩耵：同"圣"。

⑪不自视，故章：这几句中的"章"与"明"，刚好与甲本颠倒。甲本作"不自视，故明；不自见，故章"，而乙本作"不自视，故章；不自见也，故明"。

⑫抱一：坚持一致。即与上述原则保持一致。抱，坚持。

⑬式：楷模。

【译文】

甲本、乙本：

因此圣人能够同以上原则保持一致，从而成为天下的治理者。他们不仅仅依靠自己的眼睛去观察社会，所以才能够看得清楚；他们不仅仅依靠自己去了解国家，所以才能够了解明白；他们从不自我夸耀，所以才能够保有功劳；他们从不自高自大，所以才能够成为领导者。

王本：

因此圣人能够同以上原则保持一致，从而成为天下的楷模：他们不仅仅依靠自己的眼睛去观察，所以才能够看得清楚；从不自以为是，所以才能够名声彰显；从不自我夸耀，所以才能够保有功劳；从不自高自大，所以才能够成为领导者。

甲本　夫唯不争，故莫能与之争。古［之所胃"曲全"者①，几］语才②？诚金归之③。

乙本　夫唯不争，故莫能与之争。古之所胃"曲全"者，几语才？诚全归之。

王本　夫唯不争，故天下莫能与之争。古之所谓"曲则全"者，岂虚言哉？诚全而归之。

【注释】

①古之所胃"曲全"者：古人所说的"委屈则能求全"这句话。胃，通"谓"。说。曲全，是上文"曲则全"的省略。甲本残缺字，据乙本补。

②几语才：难道仅仅是一句话吗？几，假借为"岂"。高明《帛书老子校注》："'岂'字与'几'乃双声叠韵，可互为假用。如《荀子·荣辱篇》：'几直夫刍豢稻粱之县糟糠尔哉！'杨倞注：'几，读为"岂"。'"才，假借为"哉"。语气词。

③诚金归之：确实应该把保全自我之功归于这一原则。诚，确实。金，为"全"字之误。保全。之，代指"曲则全"这一原则。

【译文】

甲本、乙本：

正因为他们从不与别人争夺，所以没有人能够争过他们。古人所说的"委屈则能求全"这句话，难道仅仅是一句话吗？确实应该把保全自我的功劳归于这一原则。

王本：

正因为他们从不与别人争夺，所以天下没有任何人能够争过他们。古人所说的"委屈则能求全"这句话，难道是一句空话吗？确实应该把保全自我的功劳归于这一原则。

二十四章（王本二十三章）

【题解】

本章首先用自然界的现象，说明跨越式的暴烈行为难以持久的道理，提醒君主做事要避免此类言行，要遵循大道，做到清静无为，放手让百姓自由发展。最后告诫君主，认识大道并不困难，关键在于要有诚心。

本章各本较大的不同有：第一，甲、乙本的二十四章，对应的是王本的二十三章。第二，王本的最后，比甲、乙本多出"信不足焉，有不信焉"两句。其他不同处有：第一，甲、乙本分别作"飘风不冬朝，暴雨不冬日"与"飘风不冬朝，暴雨不冬日"，王本作"故飘风不终朝，骤雨不终日"。第二，甲、乙本作"孰为此？天地，而弗能久，有兄于人乎"，王本作"孰为此者？天地。天地尚不能久，而况于人乎"，甲、乙本比王本少"天地"二字。第三，甲、乙本作"故从事而道者同于道"，王本作"故从事于道者，道者同于道"，衍出"道者"二字。第四，甲、乙本作"同于德者，道亦德之；同于失者，道亦失之"，王本作"同于道者，道亦乐得之；同于德者，德亦乐得之；同于失者，失亦乐得之"。

甲本　希言自然①。飘风不冬朝②，暴雨不冬日③。

乙本　希言自然。飘风不冬朝④，暴雨不冬日。

王本　希言自然。故飘风不终朝，骤雨不终日。

【注释】

①希言自然：尽量少发号施令，让百姓自由发展。希言，尽量少讲话。主要指统治者少发号施令，要做到清静无为。希，同"稀"。少。自然，本来的样子。即按照本来的样子自由发展。一般注本把本句解释为"很少发号施令、做到清静无为才合乎自然法则"。这种解释文从字顺，而且也符合老子效法自然的原则，但在先秦，"自然"没有"大自然"的意思。

②飘风不冬朝（zhāo）：狂风刮不了整整一个早晨。飘风，狂风。冬朝，整整一个早上。冬，假借为"终"。整个。本句用自然现象提醒统治者治国时要稳步前进，不要采取跳跃式的暴烈行为。

③暴雨不冬日：暴雨下不了整整一天。

④飆风：即"飘风"。飆，假借为"飘"。

【译文】

很少发号施令而让百姓自由发展。所以说狂风刮不了整整一个早晨，暴雨下不了整整一天。

甲本　孰为此①？天地，[而弗能久②，有兄于人乎③？]

乙本　孰为此？天地，而弗能久，有兄于人乎？

王本　孰为此者？天地。天地尚不能久，而况于人乎？

【注释】

①孰为此：是谁制造了这些狂风暴雨？孰，谁。为，产生，制造。此，代指狂风暴雨。

②而不能久：而不能持久。据王本，本句前应有"天地"二字。本段所缺文字，据乙本、王本补。

③有：通"又"。兄：假借为"况"。

【译文】

是谁制造了这些狂风暴雨？是天地。天地尚且不能长久维持这种剧烈动荡的局面，更何况人呢？

　　甲本　故从事而道者同于道①，德者同于德②，者者同于失③。同 [于德者]，道亦德之④；同于 [失] 者，道亦失之⑤。

　　乙本　故从事而道者同于道，德者同于德，失者同于失。同于德者，道亦德之；同于失者，道亦失之。

　　王本　故从事于道者，道者同于道⑥，德者同于德，失者同于失。同于道者，道亦乐得之⑦；同于德者，德亦乐得之；同于失者，失亦乐得之。信不足焉，有不信焉⑧。

【注释】

①故从事而道者同于道：因此那些寻求大道的人就能够获取大道。从事，寻求，学习。

②德者同于德：修养美德的人就会具备美德。依据上文，本句前省"从事"二字。

③者者同于失：坚持错误的人就会永远与错误在一起。者，第一个"者"字为"失"之误写。失，过失，错误。一说"失"指失去道、德。亦通。

④道亦德之：大道也能够使他与美德在一起。德之，使之有德。这是一种拟人化的手法，意思是，大道虽然没有主观意识，但是按照规律，一个人喜欢什么，他就会获取什么。

⑤道亦失之：大道也会让他与错误在一起。

⑥故从事于道者，道者同于道：所以说寻求大道的人，其言行就会符合大道。本句应理解为"故从事于道者同于道"。从事，寻求，学

习。第二句中的"道者"应为衍文，帛书本即无此二字，当删去。

⑦同于道者，道亦乐得之：愿意同大道在一起的人，大道也愿意同他在一起。这是一种拟人化的手法，与孔子"仁远乎哉？我欲仁，斯仁至矣"（《论语·述而》）的意思相似。下两句与此同。

⑧信不足焉，有不信焉：自己的诚信不足，才会不被信任。本句是说君主之所以无法获取大道，主要原因是自己求道的诚信不足。甲、乙本无此两句，因此有人认为这两句为衍文。

【译文】

甲本、乙本：

因此那些寻求大道的人就能获取大道，修养美德的人就会具备美德，坚持错误的人就会永远犯错误。愿意同美德在一起的人，大道也就能够使他获得美德；愿意同错误在一起的人，大道也会让他同错误在一起。

王本：

因此那些寻求大道的人，其言行就会符合大道；修养美德的人就会具备美德；坚持错误的人就会永远犯错误。愿意同大道在一起的人，大道也乐于同他在一起；愿意同美德在一起的人，美德也乐于同他在一起；愿意同错误在一起的人，错误也乐于同他在一起。由于自己的诚信不足，才会不被信任。

二十五章（王本二十五章）

【题解】

　　本章一开始，再一次描述了大道的特性及作用。接着，提出万物"周行而不殆"的循环发展观。最后，老子明确要求人们效法自然规律，不可任意行事。本章中的"人法地，地法天，天法道，道法自然"为千古名言，特别是"道法自然"四字，几乎成为人们的口头禅。

　　本章各本较大的不同有：第一，甲、乙本作"独立而不玹，可以为天地母"，王本作"独立不改，周行而不殆，可以为天下母"，王本比甲、乙本多"周行而不殆"一句，并且改"天地母"为"天下母"。第二，甲、乙本作"国中有四大"，王本作"域中有四大"。其他则为一些用字差别，如：甲、乙本作"有物昆成"，王本作"有物混成"。甲、乙本分别作"绣呵缪呵"与"萧呵漻呵"，王本作"寂兮寥兮"。甲、乙本作"吾强为之名曰'大'。大曰筮"，王本作"强为之名曰'大'。大曰逝"等等。

　　甲本　有物昆成①，先天地生②。绣呵缪呵③，独立〔而不玹〕④，可以为天地母⑤。

　　乙本　有物昆成，先天地生。萧呵漻呵⑥，独立而不玹，可以为天地母。

　　王本　有物混成^⑦，先天地生。寂兮寥兮^⑧，独立不改，周行而不殆^⑨，可以为天下母^⑩。

【注释】

①有物昆成：有一个事物混然而成。物，指大道。昆，假借为"混"。混成，混然而成。

②先天地生：它出现在天地之先。老子认为，先有大道，后有天地，天地也是按照大道的规定性产生、运行的。

③绣呵缪呵：无声无形的样子。高明《帛书老子校注》认为"绣呵缪呵"即王本的"寂兮寥兮"。形容大道看不见、摸不着的样子。尹振环《帛书老子再疏义》则认为"绣"是"华丽、精美"的意思，"缪"通"穆"，是"肃穆"的意思，把这句话译为："它是多么壮丽啊！多么肃穆啊！"本书取高明说。

④独立而不玹：独立存在而永不改变。老子认为，大道自本自根，不需要任何依傍，是无条件的独立存在，而且永不改变。玹，假借为"改"。甲本所缺字，据乙本补。

⑤可以为天地母：可以把它看作天地万物产生的前提。母，根本，基础。老子认为大道"先天地生"，为万物之根源，朱熹也有类似观点。朱熹说："未有天地之先，毕竟也只是理。有此理，便有此天地，若无此理，便亦无天地。无人无物，都无该载了。有理，便有气流行，发育万物。"（《朱子语类》卷一）老子的"道"也即朱熹的"理"。"道""理"先天地而生，而且是产生天地万物的先决条件，没有"道""理"的安排，天地万物就无法产生与生存。正如一个人，如果没有一个计划，就不可能办成一件事一样。

　　关于道生万物的问题，不能把"可以为天下母"以及四十二章的"道生一"理解为"道"可以直接产生万物。因为五十一章说得很明白："道生之……物形之。"如果"道"能直接产生万物，为什么还要"物形之"呢？这句话的意思是："道赋与万物生息的规律……物质（如阴阳二气）才使万物具有形体。"也即第一章说的"有名，万物之母"。朱熹也持同样观点："人之所以生，理与气（相当于老子讲的道与物）合而已。天理固浩浩不穷，然非是气，则虽有是理而无所凑泊，故必二气交感，凝结生聚，然后是理有所附著。凡人之能言语动作，思虑营为，皆气也，而理存焉。"（《朱子语类》卷四）

如果把"道"理解为能够直接产生万物，那么必须把本书的"道"解释为"宇宙本体"和"客观规律"两层意思，这样就不能保持思想的前后统一。大多数学者是这样做的，有的甚至在同一章中也不能保持一致，如张松如在解释十四章时说："《老子》书中的'道'，大体有两个意思：有时指物质世界的实体，即宇宙本体；更多场合下是指物质世界或现实事物运动变化的普遍规律；……本章中'故混而为一'的'道'，便偏于指前一种意思；而到末尾，便转而指后一种意思了。"（《老子校读》）这样解释显然是割裂了"道"的含义，显得勉强。

因此笔者认为，老子的"道在物先"与朱熹的"理在气先"是一个意思，"道"是各种规律的总称，是万物产生的基础，但又不能直接生出万物。关于这一看法，可参阅王本四十二章、五十一章的"注释"。

⑥萧呵漻呵：高明《帛书老子校注》认为本句同王本"寂兮寥兮"。形容大道无形无象的特征。

⑦有物混成：有一个事物混然而成。物，指大道。混成，混然而成。

⑧寂兮寥兮：无声无形的样子。寂，无声。寥，无形。

⑨周行而不殆：呈环状地循环运动而永不停止。周行，呈环状地运动。殆，通"怠"。懈怠。引申为停止。本句的意思实际是说，在大道的支配下，万物永不懈怠地循环运动。大道是无形无象的规

律,是原则,本身是无所谓动与不动的。甲、乙本缺本句。

⑩可以为天下母:可以把它看作天下万物产生的根源。天下母,甲、乙本作"天地母"。二者字面不同,含义一样。

【译文】

甲本、乙本:

有一个事物(指大道)混然而成,它出现在天地之先。它无声无形,独立存在永不改变,可以把它看作天地万物产生的根源。

王本:

有一个事物(指大道)混然而成,它出现在天地之先。它无声无形,独立存在永不改变,它支配万物循环运动永不停止,可以把它看作天地万物产生的根源。

甲本　吾未知其名,字之曰"道"①,吾强为之名曰"大"。大曰筮②,筮曰[远③,远曰反]④。

乙本　吾未知其名也,字之曰"道",吾强为之名曰"大"。大曰筮,筮曰远,远曰反。

王本　吾不知其名,字之曰"道",强为之名曰"大"。大曰逝⑤,逝曰远,远曰反。

【注释】

①字:古代贵族男子出生后三月起名,二十岁成年时举行加冠礼,此时又加字。合称"名字"。成年时加字的原因是:"人年二十,有为人父之道,朋友等类,不可复呼其名,故冠而加字。"(《礼记·檀弓上》孔颖达疏)冠而加字是对成年者的尊重。本句和下一句是说,给大道起个字叫作"道",又给它起个名叫作"大",因此"道"又被称为"大道"。

②筮：假借为"逝"。行进，发展。老子"大曰逝"的表述不够准确，
只能说事物发展运动是一种规律，而不能说规律本身是运动的。
出现这种不准确的表述，是文字过于简略、又追求句式整齐的原
因造成的。

③远：这里指发展到极盛状态。

④反：同"返"。指由鼎盛状态回头向衰弱状态发展，最后又回到原
点。老子认为万物的运动是永恒的，是循环的：从原点出发——
走向极盛——再回到原点。这就是所谓的"周行"。老子的不少
政治观、人生观都是建立在这一点上。既然任何事物发展的结
果，最终都不免要回到原点，那么最好就不动，或者虽然动一动，
但不要达到极盛，这样就不会走向反面，或者说能够推迟走向反
面的时间。所以他提倡"守其雌""守其黑""守其辱"（二十八
章），而对敌人则要"张之""强之""兴之""与之"（三十六章），
其目的就是把对手抬到最高点，然后再使他们跌回原处。这种认
为"守雌"就能安己，"张之"就能灭敌的策略有其正确的一面，
也有其不正确的一面，因为要通过"守雌""张之"这些手段去达
到目的是要一定条件的，不讲条件，一味地"守雌""张之"，就未
必能够保己克敌。而老子对这些条件的论述是不充分的。

⑤逝：行进，发展。

【译文】

我不知道这个事物的名字，就给它起个字叫作"道"，再勉强给它起
个名叫作"大"。"大"使万物向前发展，发展下去就会走向极盛，走向极
盛后又要返过来回到起点。

甲本　　[道大①，]天大，地大，王亦大②。国中有四大③，
而王居一焉。

乙本　　道大，天大，地大，王亦大。国中有四大，而王居

一焉。

　　王本　故道大，天大，地大，王亦大。域中有四大^④，而王居其一焉。

【注释】

①道大：道有道的规律。本句为同义词连用，目的是为了同下文协调一致。大，根据"强为之名曰大"，大指道、规律。

②王（wàng）：称王，治理天下。

③国中有四大：每个国家都有四种主要规律。本句王本作"域中有四大"，王本的表述更为准确，因为"道大""天大""地大"并不局限于某个国家之中。

④域中有四大：天地间有四种主要规律。域中，这里指天地间。大，道，规律。

【译文】

甲本、乙本：

所以说道有道的规律，天有天的规律，地有地的规律，治国也有治国的规律。每个国家都有四种主要规律，而治国的规律只占其中之一。

王本：

所以说道有道的规律，天有天的规律，地有地的规律，治国也有治国的规律。天地间有四种主要规律，而治国的规律只占其中之一。

　　甲本　人法地^①，地法［天，天法道，道法自然］^②。

　　乙本　人法地，地法天，天法道，道法自然。

　　王本　人法地，地法天，天法道，道法自然。

【注释】

①法：效法，学习。

②自然:本身的样子。自,自己。这里具体指大道本身。然,形容词词尾,表示"……的样子"。"道法自然"的意思是说,道是第一位的,它谁都不去效法,就效法自身。老子这样讲,主要是为了追求句式的整齐,并形成一种递进的关系。今天人们谈到"道法自然",把它理解为"道的原则是要求人们效法大自然",这是可以的,因为这样理解并没有违背老子思想,老子主张人要效法天地自然。老子举出宇宙间的四种主要规律,这四种规律以"道"为首,"道"是天、地、人,也即万物效法的对象,由此可以证明老子的"道"是各种规律的总称。由于大道只能通过天地万物才能够得以体现,所以老子在本章中明确主张人类要效法天地。事实上,老子确实也是这样做的。如四十三章:"天下之至柔,驰骋天下之至坚,无有入无间,吾是以知无为之有益。"可见老子的无为主张完全是来自对自然规律的效法。

实际上,古人对自然的效法是全方位的,这里举政治、科技为例。

儒、道两家都主张效仿自然的"生养"之德和无为清静。除此之外,在一些具体的政治措施中,也能明显看到古人效法自然的痕迹。如官制,人们很早就以天、地、春、夏、秋、冬这些自然概念来命名官职。周代的天官为百官之长,地官为教育之长,春官掌管礼仪,夏官统领军政,秋官管理刑罚,冬官负责工程。这种以天地四季为官名的制度,时断时续,一直到明代,仍以春、夏、秋、冬四季为官名,被合称为"四辅"。

在一些具体的政治行为中,比如刑法的使用,就是古人法天的典型一例。古人多在秋冬季节处决犯人,称"秋决",那是因为古人认为上天在秋冬季节使万物枯萎死亡,所以人也应该在秋冬季节处决犯人;因此,对于春夏季节判处的一般死刑犯,不能马上处死,而是"斩监候",关在监狱里等待"秋决",这样做的原因是因为春夏是上天让万物生长的季节,官府也应该尽量少杀人。刑律上还有一条,就是"斩立决",对于那些犯下十恶大罪的人,可以马上处死,这也可以从大自然中找到根据:春夏之时,虽然是万物生长的季节,但也有一些植物死亡,比如小麦、荠菜即是。既然大自然可以在春夏"杀"少量植物,那么在春夏杀少量的人,也没有违背自然法则。

人们除了在政治方面模仿自然,在自然科学方面也是如此。文字的出现,可以说是人类进步的一大标志,而发明文字的灵感就来自鸟兽的足迹:"黄帝之史苍颉见鸟兽蹄远(足迹)之迹,知分理之可相别异,初造书契(文字)。"(《说文解字·叙》)传说是黄帝的大臣苍颉在观察了鸟兽的足迹以后,受到启发,于是发明了文字。除了文字的发明之外,古人认为其他许多发明也应归功于大自然的启示:

> 牟子曰:"夫转蓬漂而车轮成,窊木流而舟楫设,蜘蛛布而罻罗陈,鸟迹见而文字作。"(牟融《理惑论》)

古人认为,人们看到蓬草在地上随风旋转,于是发明了车轮;看到木片在水上漂流,于是发明了舟船;看到蜘蛛结网,于是发明了用来捕鱼兽的网罟。在各个方面,大自然都是人们的老师。

【译文】

人们要效法大地,大地要效法上天,上天要效法大道,大道就效法它自身的样子。

二十六章（王本二十六章）

【题解】

"重为轻根,静为躁君"是自然界的普遍现象,本章就把这一普遍自然现象运用到政治领域,提醒君主不要轻视自己的根本——国家,否则就会丧失自己的生存基础,导致国破身亡。

本章各本只有一些细微区别,如:第一,甲、乙本分别作"重为圣根,清为趮君"与"重为轻根,静为趮君",王本作"重为轻根,静为躁君"。第二,甲、乙本分别作"是以君子众日行,不离其甾重"与"是以君子冬日行,不远其甾重",王本作"是以圣人终日行,不离辎重"。第三,甲、乙本分别作"唯有环官,燕处则昭若"与"虽有环官,燕处则昭若",王本作"虽有荣观,燕处超然"。第四,甲、乙本作"万乘之王",王本作"万乘之主"。第五,甲、乙本分别作"圣则失本,趮则失君"与"轻则失本,趮则失君",王本作"轻则失本,躁则失君"。

> 甲本　　[重]为圣根[1],清为趮君[2]。
> 乙本　　重为轻根,静为趮君。
> 王本　　重为轻根,静为躁君。

【注释】

①重为圣根：重是轻的基础。圣，假借为"轻"。根，根本，基础。比如古人认为，又浊又重的阴气下降，形成地；又轻又清的阳气上升，形成天。较轻的树叶、树枝在上，较重的树干、树根在下。如此等等。

②清为趮（zào）君：静是动的根本。清，假借为"静"。趮，同"躁"。动。君，主。引申为根本。老庄认为，该动则动，该静则静，但动必须以静为基础。比如人们要想运动，必须要先安静下来积蓄力量才行。老子把这两句话当作一般性的原则提出，所以"重""轻""静""躁"是泛指，含义比轻宽泛。如"重"，既包括客观事物中的"重"（辎重、重物等），也包括主观思想中的"重"（重视、稳重等）。老子在下文中把这一原则运用到日常生活和政治领域，这四个字的内容就比较具体了。

【译文】

重是轻的基础，静是动的根本。

甲本　是以君子众日行①，不蓠其甾重②，唯有环官③，燕处［则昭］若④。

乙本　是以君子冬日行⑤，不远其甾重⑥，虽有环官，燕处则昭若。

王本　是以圣人终日行，不离辎重，虽有荣观⑦，燕处超然⑧。

【注释】

①众日行：整天在外面旅行。众，假借为"终"。众日，整天。

②不蓠（lí）其甾（zī）重：从不离开自己的衣食行李。蓠，假借为

“离”。离开。甾，假借为“辎”。辎重，原指行军带的粮食、装备等，此处指圣人出门所带的衣食行李。

③唯有环官：即使遇到奇观美景。唯，假借为“虽”。环官，即王本的“荣观”。美好的景象。环，假借为“营”。清朱骏《说文段借义证》：“环为营之假借。”《韩非子·人主》：“其当涂之臣得势擅事以环其私，左右近习朋党比周以制疏远。”王先谦集解：“环读为营。”而“营”与“荣”可通假互用。高明《帛书老子校注》：“马叙伦云：‘荣’‘营’通假。’‘荣’‘营’二字均从荧省，古音属喻纽耕部字，‘环’在匣纽元部，‘营’‘环’二字音同通用。”也就是说，“环”“营”“荣”三字可相互通假。高明还说：“‘观’‘馆’‘官’三字古皆为双声叠韵，在此通作‘观’。”但高明把“环官”通假为“营观”后，解释为“营建之楼台亭榭”。

④燕处则昭若：安闲而居，超然于美景之外而不为所动。即不离开衣食行李而去观赏美景。燕处，安闲而居。燕，安闲。处，居。昭若，即“超然”。不为外物所动的样子。昭，假借为“超”。若，……的样子。

⑤冬日：终日。冬，假借为“终”。

⑥不远其甾重：不远离自己的衣食行李。

⑦虽有荣观：即使遇到奇观美景。虽，即使。荣观，相当于今天说的“奇观”，美好的景色。

⑧超然：不为外物所动的样子。即不受“荣观”的诱惑，以免丢失自己的行李。这是用日常生活中的例子作比喻，为下文的政治主张做铺垫。

【译文】

因此圣人整天在外旅行，从不会远离自己的衣食行李，即使有奇观美景，也安闲而居，超然于美景之外而不为所动。

甲本　若何万乘之王①，而以身圣于天下②？圣则失本，趮则失君③。

乙本　若何万乘之王，而以身轻于天下？轻则失本，趮则失君。

王本　奈何万乘之主，而以身轻天下？轻则失本，躁则失君。

【注释】

①若何：奈何，怎么能够。万乘（shèng）之王：拥有万辆战车的君主。指大国君主。乘，古时一车四马叫一乘。先秦时期，人们常以"万乘之国"代指大国，以"千乘之国"代指中等国家。

②以身：因为个人的享受。以，因。身，指万乘之主自己。圣于天下：不重视自己的天下。圣，假借为"轻"。轻视。

③趮：假借为"躁"。动。这里指轻举妄动。君：根本。指国家，国家是君主的生存之本。圣人在外旅行，深知衣食行李是他们的生活基础，所以即使遇到奇观美景，他们也静守在衣食行李旁边步不离，不为奇观美景所动。对万乘之主来说，国家是他们的生存基础，然而他们为了个人享乐，而不把国家放在心上。老子把圣人和万乘之主对举，一褒一贬，十分清楚。关于君主不重视自己的国家，请看以下两个例子：

> 昔者齐景公游于海而乐之，号令诸大夫曰："言归者死。"颜涿聚曰："君游海而乐之，奈臣有图国者何？君虽乐之，将安得？"齐景公曰："寡人布令曰：'言归者死。'今子犯寡人之令。"援戈将击之。颜涿聚曰："昔桀杀关龙逢而纣杀王子比干，今君虽杀臣之身，以三之可也。臣言为国，非为身也。"延颈而前曰："君击之矣！"君乃释戈趣驾而归。至

三日,而闻国人有谋不内齐景公者矣。齐景公所以遂有齐国者,颜涿聚之力也。故曰:离内远游,则危身之道也。(《韩非子·十过》)

江都新作龙舟成,送东都。宇文述劝幸江都,帝从之。……朝臣皆不欲行,帝意甚坚,无敢谏者。建节尉任宗上书极谏,即日于朝堂杖杀之。……奉信郎崔民象以盗贼充斥,于建国门上表谏,帝大怒,先解其颐,然后斩之。……至汜水,奉信郎王爱仁复上表请还西京,帝斩之而行。至梁郡,郡人邀车驾上书曰:"陛下若遂幸江都,天下非陛下之有!"又斩之。(《资治通鉴》卷一百八十三)

齐景公和隋炀帝都是"以身轻天下"的万乘之君,为了个人享乐而置国家于不顾。只不过齐景公接受了大臣的劝谏,醒悟较早,避免了一场政变,保住了自己的政权。隋炀帝晚年,社会已不安定,但他为了享乐,还要去江都(今扬州一带)一游,并为此杀害数位劝谏者,结果天下大乱,隋炀帝被属下杀死在江都。

【译文】

为什么一个大国君主,却为了个人享乐而不重视自己的国家呢?不重视国家就会丧失自己的生活基础,轻举妄动就会丢掉自己的生存根本。

二十七章（王本二十七章）

【题解】

在本章中，老子主要提出了三条原则：一是要求君主善行、善言、善数、善闭、善结等。二是要求君主善于使用人与物，不可轻易抛弃他们。三是要求君主妥善处理好善人与不善人之间的关系，以保证社会的和谐安定。这些原则虽然是就君主而言，但对于普通人，也具有一定的借鉴意义。

本章各本没有大的不同，但细微的差异却很多：第一，甲、乙本分别作"善行者，无彎迹"与"善行者，无达迹"，王本作"善行，无辙迹"。第二，甲、乙本作"善言者，无瑕适"，王本作"善言，无瑕谪"。第三，甲、乙本分别作"善数者，不以梼筭"与"善数者，不用梼筭"，王本作"善数，不用筹策"。第四，甲、乙本分别作"善闭者，无闲籥而不可启也"与"善闭者，无关籥而不可启也"，王本作"善闭，无关楗而不可开"。第五，甲、乙本作"无繲约而不可解也"，王本作"无绳约而不可解"。第六，甲、乙本分别作"是以声人恒善怵人，而无弃人"与"是以耵人恒善怵人，而无弃人"，王本作"是以圣人常善救人，故无弃人"。第七，甲、乙本分别作"物无弃财。是胃恨明"与"物无弃财。是胃曳明"，王本作"常善救物，故无弃物。是谓袭明"。第八，甲、乙本分别作"不贵其师，不爱其赍，唯知乎大眯"与"不贵其师，不爱其资，虽知乎大眯"，王本作"不贵其师，不爱其资,虽智大迷"。第九,甲、乙本作"是胃眇要",王本作"是谓要妙"。

甲本　善行者,无黡迹[1];[善]言者,无瑕适[2];善数者,不以梼筭[3]。

乙本　善行者,无达迹[4];善言者,无瑕适;善数者,不用梼筭[5]。

王本　善行,无辙迹[6];善言,无瑕谪[7];善数,不用筹策[8]。

【注释】

[1] 善行者,无黡(zhé)迹:善于行走的人,不会留下车辙的痕迹。比喻善于做事的人,不会留下后遗症。黡,通"辙"。《汉语大字典》:"黡,通辙。"辙迹,车轮碾过的痕迹。一说,辙,车迹。迹,马足踏过的痕迹。

[2] 瑕(xiá)适:即王本的"瑕谪"。玉石上的斑痕,比喻毛病、瑕疵。瑕,玉石上的斑点。适,假借为"璃",玉石上的斑点。许抗生《帛书老子注译与研究》:"甲、乙本皆作'瑕适',通行本作'瑕谪'。'适''谪'古通用。瑕适,玉疵也。《管子·水地》:'夫玉瑕适皆见,精也。'尹注:'瑕适,玉疵也。'"

　　古人非常重视讲话的艺术,甚至为了避免言多有失而主张三缄其口。《说苑·敬慎》记载,孔子到东周的洛阳去求学,看到太庙(周天子祭祖的地方)右边的台阶前,有一个用金属铸造的人像,嘴巴上有三道封条,人像背部铭刻了这样一些话:"古之慎言人也,戒之哉! 戒之哉! 无多言,多口多败;无多事,多事多患。"这就是"三缄其口"一词的出处。关于讲话的艺术,限于篇幅,只举其中的三条原则。

　　第一,切记不可讲伤人之语。

　　关于语言对别人产生的正负作用,《荀子·荣辱》有一段话讲得极好:

　　　　故与人善言,暖于布帛;伤人之言,深于矛戟。

　　暖心的话,其温暖的程度超过了棉衣棉被;伤人的话,其伤人的程度超过了刀剑矛戟。荀子的这几句话可以作为我们的座右铭。

　　先看"与人善言,暖于布帛"的例子。《左传·宣公十二年》记载,宣公十二年冬天,楚王率兵进攻萧国,这期间有一个小插曲:

　　　　申公巫臣曰:"师人多寒。"王巡三军,拊而勉之。三军之士,皆如挟纩。

　　因为是冬天作战,大臣申公巫臣向楚王汇报说,将士们十分寒冷,楚王便巡视全军,对将士们讲了一些慰问的话,结果将士们听后,一个个身上都暖融融的,就像穿上了温暖的厚绵衣。

　　再看用语言伤人而自伤的例子。孟尝君是战国时期齐国的宰相,在当时名声极大,《史记·孟尝君列传》记载了他路过赵国时发生的一件事情:

　　　　赵人闻孟尝君贤,出观之,皆笑曰:"始以薛公(孟尝君被封在薛,故又称薛公)为魁然也,今视之,乃眇小丈夫耳。"孟尝君闻之,怒。客与俱者下,斫击杀数百人,遂灭一县以去。

　　孟尝君为天下名人,赵人争相观看,结果大失所望,议论说:"原以为孟尝君是位身材魁梧的大丈夫,没有想到却是个又矮又瘦的小男人。"观看者的这番议论也可能是随口而出,甚至可以说是客观评价,却极大地伤害了自尊心极强的孟尝君,导致数百人被孟尝君的门客所杀。因此明人吕得胜在他的《小儿语·杂言》中说:"人生丧家亡身,言语占了八分。"

　　第二,借用圣贤言语进行批评或反批评。

借用圣贤的语言去批评别人，就是《庄子·人间世》说的"与古为徒"：

> 成而上比者，与古为徒。其言虽教谪之实也，古之有也，非吾有也。若然者，虽直而不病，是之谓与古为徒。

意思是：在批评别人时，不要直接用自己的话去讲，而是针对对方的错误，引用古代圣贤的话去批评，这样，既达到了批评的目的，又使被批评的人相对容易接受一些，因为那是古代圣贤讲的，不是自己讲的。

与此类似的就是借用圣贤的言论去反击别人的批评。王阳明曾经批评朱熹中年之前的一些言论，而在明代，朱熹被视为圣贤，因此王阳明遭到了士人的围攻，王阳明便用圣贤朱熹自己的话去反批评。他在《与安之》中说：

> 留都时偶因饶舌，遂致多口，攻之者环四面。……今但取朱子所自言者表章之，不加一辞，虽有祸心，将无所施其怒矣。

信中说的"今但取朱子所自言者表章之"，是指王阳明把朱熹晚年对自己早年观点的批评言论编为《朱子晚年定论》，用朱熹自我批评的话做盾牌，去应对士人的批判之矛，其效果极佳，王阳明"不加一辞，虽有祸心，将无所施其怒矣"。

第三，要注意谈话对象的不同。

古人认为，不同的人，具有不同的素质和理解力，因此交流时要用不同的语言，正如庄子说的那样："井蛙不可以语于海者，拘于虚也；夏虫不可以语于冰者，笃于时也；曲士不可以语于道者，束于教也。"（《庄子·秋水》）《淮南子·人间训》记载了孔子的一个故事：

> 或明礼义、推道体而不行，或解构妄言而反当。何以明之？

孔子行游，马失，食农夫之稼，野人（农夫）怒，取马而系之。子贡往说之，卑辞而不能得也。孔子曰："夫以人之所不能听说人，譬以大牢享野兽，以《九韶》乐飞鸟也。予之罪也，非彼人之过也。"

乃使马围（马夫）往说之。至，见野人曰："子耕于东海，至于西海，吾马之失，安得不食子之苗？"野人大喜，解马而与之。说若此其无方也，而反行。事有所至，而巧不若拙。

故圣人量凿而正枘。夫歌《采菱》，发《阳阿》，鄙人听之，不若此《延路》《阳局》。非歌者拙也，听者异也。

孔子的马跑了，吃了农夫的庄稼，农夫就把马扣下了。于是孔子派最善于外交的弟子子贡去讨要，但无论子贡如何讲大道理，如何恳求，那位农夫就是不肯把马交还给他。孔子意识到子贡与农夫不是同一层次的人，所以话不投机，于是就派为自己养马的人去了。养马人一见农夫，就盛赞对方的富有："您太富有了。您的土地东边到了东海，西边到了西海，我们的马跑了，不吃您的庄稼还会去吃谁的呢？"那农夫一听，心花怒放，当即就把马还给了他。

③不以梼（chóu）筭：不必使用记数工具。梼筭，即王本的"筹策"。古代的一种计数工具。梼，《汉语大字典》："梼，通筹。"筭，通"策"。

④达迹：即王本的"辙迹"。高明《帛书老子校注》："按《甲》本'彻'字（原为'勶'字——引者注），《乙》本'达'字，皆'辙'字之假。'辙''达'二字古同为定纽月部，'彻'字在透纽月部，古读音皆相同通假。"

⑤梼笇：即"筹策"。许抗生《帛书老子注译与研究》："筹策，甲本作'梼筭'，乙本作'梼笇'，傅奕本、通行本皆作'筹策'。'梼筭''梼笇'实皆应作'筹策'。筹策，即筹码，计数所用之物，古人以竹为之。"

⑥辙迹：车轮碾过的痕迹。一说，辙，车迹。迹，马足踏过的痕迹。

⑦瑕谪（xiá zhé）：玉石上的斑痕，比喻毛病、瑕疵。瑕，玉石上的斑点。谪，通"瓋"。玉石上的斑点。

⑧筹策：古时计数用的筹码，其作用类似于现在的算盘。

【译文】

善于行走的人，不会留下车辙痕迹；善于讲话的人，不会出现语言瑕疵；善于计算数字的人，不必使用筹策。

甲本 善闭者①，无闻籥而不可启也②；善结者③，[无缲]约而不可解也④。

乙本 善闭者，无关籥而不可启也⑤；善结者，无缲约而不可解也。

王本 善闭，无关楗而不可开⑥；善结，无绳约而不可解⑦。

【注释】

①善闭者：善于关门的人。闭，关门。

②无闻籥（yuè）而不可启也：不用门闩、门锁却固不可开。闻，假借为"关"。门闩。籥，假借为"钥"。锁。启，开，打开。

③善结者：善于打结的人。结，用绳子打结。

④无缲（mò）约而不可解也：不用绳索却牢不可解。缲，绳索。约，绳子。

⑤关籥：即甲本说的"闻籥"。

⑥关楗（jiàn）：关闭门户用的器具，相当于今天的门闩。

⑦绳约：绳索。约，绳子。

【译文】

善于关门的人，不用门闩、门锁却固不可开；善于打结的人，不用绳索却牢不可解。

甲本　是以声人恒善怵人①，而无弃人②，物无弃财③，是胃怳明④。

乙本　是以耶人恒善怵人⑤，而无弃人，物无弃财，是胃曳明⑥。

王本　是以圣人常善救人，故无弃人；常善救物，故无弃物，是谓袭明⑦。

【注释】

①是以声人恒善怵（jiù）人：因此圣人总是善于感化、使用别人。声人，即"圣人"。声，假借为"圣"。恒，经常。怵，同"救"。《字汇·心部》："怵，音救，义同。"救人，这里说的"救人"，包含两层意思，一是在圣人面前，没有被杀的人，因为圣人能够包容坏人并把坏人感化成好人；二是在圣人面前，没有因无用而被抛弃的人，在圣人面前，所有的人都能够派上用场。

准确地说，世界上并不存在绝对无用之人，只要善于使用，每个人都能够在社会上找到自己的位置。《文子·自然》说：

老子曰："乘众人之智者，即无不任也；用众人之力者，即无不胜也。……故圣人举事，未尝不因其资而用之也。有一功者处一位，有一能者服一事。……圣人兼而用之，故人无弃人，物无弃材。"

圣人之所以善于使用众人的才能，是因为圣人不求备于一人，有什么样的才能，就给他安排什么样的职位。因材而用，在圣人那里，就没有被抛弃的人和物。

《国语·晋语四》记载了春秋五霸之一的晋文公与大臣胥臣

的一段对话：文公在询问如何用人时，胥臣认为"蘧蒢（不能弯腰的残疾人）不可使俯，戚施（驼背的人）不可使仰，僬侥（矮人）不可使举，侏儒（个子特别矮小的人）不可使援（抓举），矇瞍（盲人）不可使视，嚚瘖（哑人）不可使言，聋聩（聋人）不可使听，童昏（糊涂人）不可使谋"。晋文公进一步求教如何安排这几种人时，胥臣回答说："有关部门应该量才使用。弯不下腰的人，就把他们培养成头顶玉磬演奏的乐师；驼背的人，就把他们培养成敲钟的乐师；让身体特别矮小的人去学习爬木杆的杂技，让盲人学习音乐，让哑人负责掌管火。对一些实在没有什么特长的人，可以让他们到边荒地区垦荒种地。"

善于使用看似"无用"的人，让每个人都能在社会上找到自己的合适位置，使他们能自食其力，这样于国于人都是有益的。

古人认为，善于用人的人，不仅能够使用别人的优点，甚至能够利用别人的缺点，《文子·自然》以用兵为例，讨论了如何使用别人的缺点：

> 故用兵者，或轻或重，或贪或廉，四者相反，不可一也。轻者欲发，重者欲止，贪者欲取，廉者不利非其有也。故勇者可令进斗，不可令持坚；重者可令固守，不可令凌敌；贪者可令攻取，不可令分财；廉者可令守分，不可令进取；信者可令持约，不可令应变，五者，圣人兼用而材使之。夫天地不怀一物，阴阳不产一类；故海不让水潦以成其大，山林不让枉挠以成其崇，圣人不辞其负薪之言以广其名。夫守一隅而遗万方，取一物而弃其余，则所得者寡而所治者浅矣。

这段话翻译出来就是："善于用兵的人，其部下性格各异，有的轻率，有的持重，有的贪婪，有的廉洁，四种性格相反，无法统一。轻率的人总想出兵进攻，持重的人总想按兵不动，贪婪的人贪得无厌，廉洁的人不愿获取不属于自己的东西。因此要让轻率勇敢的人去冲锋陷阵，不可让他们去守城；让持重的人去守城，不可让他们去冲锋陷阵；让贪婪的人去攻城略地，不可让他们去分配财物；让廉洁的人去分配财物，不可让他们去攻城略地；让诚实的人去坚守盟约，不可让他们去应变。对于这几种人，圣人兼收并蓄，量才录用。阴阳创造万类，天地包容万物；因此大海不拒绝细小的流水而成就了自己的辽阔，高山不拒绝曲木小石而成就了自己的高大，圣人不拒绝卑贱者的忠告而成就了自己的英名。"轻率、贪婪，是人的性格缺陷，经常受到大家的批评，然而圣人却都能恰当地使用他们，把他们的性格缺陷转化为有利于自己的优势。

孟尝君善于使用"鸡鸣狗盗"的故事，就曾传为美谈。《史记·孟尝君列传》记载：

齐湣王二十五年，复卒使孟尝君入秦，昭王即以孟尝君为秦相。人或说秦昭王曰："孟尝君贤，而又齐族也，今相秦，必先齐而后秦，秦其危矣。"于是秦昭王乃止。囚孟尝君，谋欲杀之。

孟尝君使人抵昭王幸姬求解。幸姬曰："妾愿得君狐白裘。"此时孟尝君有一狐白裘，直千金，天下无双，入秦献之昭王，更无他裘。孟尝君患之，遍问客，莫能对。最下坐有能为狗盗者，曰："臣能得狐白裘。"乃夜为狗，以入秦宫臧中，取所献狐白裘至，以献秦王幸姬。幸姬为言昭王，昭王释孟尝君。孟尝君得出，即驰去，更封传，变名姓以出关。夜半至函谷关。秦昭王后悔出孟尝君，求之已去，即使人驰传逐之。

孟尝君至关，关法鸡鸣而出客，孟尝君恐追至，客之居下坐者有能为鸡鸣，而鸡齐鸣，遂发传出。出如食顷，秦追果至关，已后孟尝君出，乃还。

始孟尝君列此二人于宾客，宾客尽羞之，及孟尝君有秦难，卒此二人拔之。自是之后，客皆服。

　　鸡鸣狗盗之人，在一般人看来，实在是没有太大作用，然而就是这些看似无用的人，却救了孟尝君一命。由此可见，只要使用恰当，就不存在无用之人。

　　在善于用人方面，唐太宗堪为表率，他说："明君无弃士。不以一恶忘其善，勿以小瑕掩其功。割政分机，尽其所有。"他还说：

　　　智者取其智，愚者取其力，勇者取其威，怯者取其慎。无智（愚）勇怯，兼而用之。（《帝范·审官篇》）

　　唐太宗不仅善于使用智者、勇者，就连那些愚者、怯者，也都能够在唐太宗那里找到适合自己的位置。

②弃人：被遗弃的人。

③物无弃财：也没有被抛弃的财物。也就是说，任何事物，圣人都能够派上用场。善于使用"弃物"的事例，这里也举一例。《晋书·陶侃列传》记载，著名诗人陶渊明的曾祖父陶侃就是一位善于使用"弃物"的人：

　　　时造船，木屑及竹头悉令举掌之，咸不解所以。后正会，积雪始晴，听事前余雪犹湿，于是以屑布地。及桓温伐蜀，又以侃所贮竹头作丁装船。其综理密，皆此类也。

　　陶侃造船时，把木屑和用剩的竹头全部收集起来，大家都不知何意。后来正月初一官员聚会，大雪始晴，大厅前泥泞不堪，于是陶侃就命令把木屑铺在地上。桓温伐蜀时，又用陶侃积攒的竹头做成竹钉，用于造船。用人和用物是一个道理，只要善于思考，看似无用的事物都能派上用场。

④是胃恄（yì）明：这就叫作明智。胃，通"谓"。叫作。恄，明，明智。《玉篇·心部》："恄，明也。"一说是"熟悉"的意思。恄明，懂得明智。《说文·心部》："恄，习也。"一说"恄明"即王本的"袭明"。高明《帛书老子校注》："《甲》本'恄明'二字，《乙》本作'曳明'，今本作'袭明'。'恄''曳''袭'古音相同，此亦当从

今本读作'袭明'。"

⑤耵：同"圣"。

⑥曳明：明智。详见注释④。

⑦袭明：属于明智。袭，符合，属于。明，明智。

【译文】

甲本、乙本：

因此圣人总是善于感化、使用别人，所以没有被遗弃的人，也没有被抛弃的财物，这些做法可以说是明智的。

王本：

因此圣人总是善于感化、使用别人，所以没有被遗弃的人；总是善于利用万物，所以没有被遗弃的事物，这些做法可以说是明智的。

甲本　故善［人，善人］之师①；不善人，善人之赍也②。

乙本　故善人，善人之师；不善人，善人之资也③。

王本　故善人者，不善人之师；不善人者，善人之资。

【注释】

①故善人，善人之师：据王本，这两句应为"故善人者，不善人之师"。善人，是不善人的老师。甲、乙本均缺一"不"字。虽然有人对"故善人，善人之师"两句曲为圆说，但终不合上下文含义。

②不善人，善人之赍（zī）也：不善之人，是善人的凭借。赍，假借为"资"。凭借。朱骏声《说文通训定声·履部》："赍，叚借为资。"这两句是在讲善人与不善的人之间的辩证关系。善人之所以被称为善人，是因为有不善的人作衬托，如果没有不善的人，也就无所谓善人。因此说"不善人者，善人之资"。一说这两句的意思是，不善的人可以作为善人的借鉴，通过观察不善的人，以防止善人犯同样的错误。其义类似孔子说的："三人行，必有我师焉：择

其善者而从之,其不善者而改之。"(《论语•述而》)

③资:凭借。

【译文】

善人,是不善之人的老师;不善之人,是善人的凭借。

甲本 不贵其师①,不爱其赍②,唯知乎大眯③。是胃眇要④。

乙本 不贵其师,不爱其资⑤,虽知乎大迷。是胃眇要。

王本 不贵其师,不爱其资,虽智大迷。是谓要妙⑥。

【注释】

①不贵其师:(不善之人)不尊重他们的老师。本句的主语是"不善人"。

②不爱其赍(zī):(善人)如果不爱惜他们的凭借。赍,假借为"资"。凭借。本句的主语是"善人"。

③唯知乎大眯:即使是明智的人也会变得十分糊涂。唯,假借为"虽"。即使。知,同"智"。智慧。眯,假借为"迷"。迷惑,糊涂。

④是胃眇要:善人与不善的人之间的关系可以说是非常微妙而重要的。是,代指善人与不善的人之间的关系问题。胃,通"谓"。眇要,微妙而重要。眇,假借为"妙"。

⑤资:凭借。

⑥要妙:即上文说的"眇要"。

【注释】

不善之人如果不尊重他们的老师,善人如果不爱惜他们的凭借,即使是明智的人也会变得十分糊涂。善人与不善的人之间的关系是非常重要而微妙的。

二十八章（王本二十八章）

【题解】

在本章中，老子首先要求君主知雄守雌、知白守黑、知荣守辱，要恢复到婴儿状态，无知无欲，柔弱不争。其次，老子告诫君主，在治理国家时，一定要顺应万物的天性，不可依据个人意愿而随意去伤害万物的天性。这些要求，对常人也有一定的启发作用。

本章各本较大的不同有：第一，甲、乙本分别比王本多出"恒德不鸡""恒德不离""恒德乃足""恒德不贷"数句。第二，甲、乙本中的"知其白，守其黑"数句，与王本句序颠倒，但并未影响主旨的表达。其他细微不同处还有：第一，甲本、王本作"知其雄，守其雌，为天下豀"，乙本作"知其雄，守其雌，为天下鸡"。第二，甲、乙本分别作"恒德不鸡""恒德不离"，王本作"常德不离"。第三，甲、乙本分别作"知其日，守其辱，为天下浴"与"知其白，守其辱，为天下浴"，与之相对应的王本则作"知其荣，守其辱，为天下谷"。第四，甲本作"知其，守其黑"，与之相对应的乙本、王本作"知其白，守其黑"。第五，甲、乙本分别作"恒德不贷"与"恒德不贷"，与之相对应的王本作"常德不忒"。第六，甲本作"榢散则为器"，乙本、王本作"朴散则为器"。第七，甲、乙本作"圣人用则为官长"，王本在"用"字后多一"之"字。如此等等。

甲本　知其雄,守其雌,为天下溪①;为天下溪,恒德不鸡②;恒德不鸡,复归婴儿③。

乙本　知其雄,守其雌,为天下鸡④;为天下鸡,恒德不离;恒德不离,复[归于婴儿]。

王本　知其雄,守其雌,为天下溪;为天下溪,常德不离,复归于婴儿。

【注释】

①知其雄,守其雌,为天下溪:知道什么是雄强,却要安于柔雌的地位,甘做天下的沟溪。雄,雄强,刚强。雌,柔雌,柔和。溪,河沟。比喻低下的地位。曾国藩对"知其雄,守其雌"两句特别欣赏,把它视为自己的座右铭。现在一般认为曾国藩是一位儒家人物,曾国藩的确受儒家影响很大,但根据他的朋友、幕僚欧阳兆熊的看法,曾国藩在思想上"一生三变":

第一时期:在京做官时,以程朱理学(儒家)为依归。

第二时期:办理军务前期,崇尚法家思想,还想写一部《挺经》。

第三时期:办理军务后期,崇尚老庄思想。

这一记载见于欧阳兆熊的《水窗春呓》卷上。欧阳兆熊是曾国藩的老乡,又是亲戚,多次为曾国藩治病,后来又在曾国藩那里担任幕僚,可以说,两人是一生的交往,因此他的记载是可信的。欧阳兆熊说,曾国藩考中进士后,直接留在北京做官,此时崇尚的是儒家思想;办理军务之后,他认为自己应该以法家思想为指导,用强硬的手段处理人际关系和各种事务,还想写一部《挺经》,以表明自己的强硬态度。在这一思想指导下行事的曾国藩处处碰壁,各种关系都没有处理好,以至于得了"不寐之疾",也即现在所说的失眠症。

此时他的父亲去世,曾国藩回乡守丧,欧阳兆熊就推荐曹镜初为曾国藩治病，曹镜初的药方是：

> 岐黄可医身病，黄老可医心病。

"岐黄"指岐伯和黄帝，岐伯是黄帝的大臣，精通医术，《黄帝内经》就是以岐伯与黄帝的对话形式写成的。"黄老"指黄帝和老子，其实黄帝不过是虚设而已，主要是指老庄。

曾国藩回乡丁忧（守丧）期间，认真研读老庄思想，守丧结束，再次出山，集十二字作为自己的座右铭，其中后六个字就是出自《老子》本章：

> 敬胜怠，义胜欲；知其雄，守其雌。

前六字出自《大戴礼记·武王践阼》中的"敬胜怠者吉，怠胜敬者灭；义胜欲者从，欲胜义者凶"，据说是姜太公传授给周武王的《道书》中的内容。曾国藩所集的十二字意思是：以认真的态度战胜自己的懒怠，用正义的原则战胜个人的欲望；我知道什么是雄强，但我要守着柔雌的原则。所以欧阳兆熊说，此次出山后，曾国藩"一以柔道行之，以至成此巨功，毫无沾沾自喜之色"（《水窗春呓》卷上）。

按照欧阳兆熊的说法，曾国藩以儒家思想为基础，以道家思想为归宿。

②恒德不鸡：王本作"常德不离"。高尚的品德永远不会丧失。恒，常，永远。鸡，一说"'鸡'为'离'之误"（许抗生《帛书老子注译与研究》），一说"鸡"可以假借为"离"。

③复归婴儿：就能恢复到无知无欲、柔弱不争的婴儿状态。按照老子的说法，一般人只有两个发展阶段：婴儿——成人。而圣人有三个发展阶段：婴儿——成人——婴儿。依照哲学"否定之否定"的定义，第三阶段的"婴儿状态"与第一阶段的"婴儿状态"，从表面看来有相似之处，都无知无欲，柔弱不争，但二者却有着本质的不同，第一阶段是真正的"柔"，而第三阶段的表现则是"至

　　　刚若柔"。

　　④为天下鸡:甘做天下的沟溪。鸡,一说为"谿"之误,一说"鸡"假
　　　借为"谿"。

【译文】

甲本、乙本:

　　知道什么是雄强,却要安于柔雌的地位,甘愿做天下的沟溪;甘愿做
天下的沟溪,高尚的品德就永远不会丧失;高尚的品德永远不会丧失,就
能恢复到无知无欲、柔和不争的婴儿状态。

王本:

　　知道什么是雄强,却要安于柔雌的地位,甘愿做天下的沟溪;甘愿做
天下的沟溪,高尚的品德就永远不会丧失,就能恢复到无知无欲、柔和不
争的婴儿状态。

　　甲本　知其日①,守其辱,为天下浴②;为天下浴,恒德
乃〔足〕;恒德乃〔足,复归于朴〕③。

　　乙本　〔知〕其白④,守其辱,为天下浴;为天下浴,恒德
乃足;恒德乃足,复归于朴。

　　王本　知其白,守其黑,为天下式⑤;为天下式,常德不
忒⑥,复归于无极⑦。

【注释】

　①知其日:知道什么是荣耀。日,假借为"荣"。高明《帛书老子校
　　注》:"帛书《甲》本假'日'字为'荣',作'知其日,守其辱'。"

　②浴:假借为"谷"。蒋锡昌《老子校诂》:"'浴''穀''欲'虽可与
　　'谷'并通,然以《老》校《老》,仍当以'谷'为当。"谷,即溪谷。
　　比喻低下的地位。

③朴：未加工过的原木，这里比喻"道"。未加工过的原木与"道"有许多相似之处：原木可以加工成各种各样的器具，而"道"可以分散为各种各样的具体事物的规律；原木是各种器物的本源，"道"是各种具体规律的本源；原木无人工痕迹，"道"同样是原始自然而不掺入任何人工痕迹。所以老子用"朴"比喻"道"。甲本所缺字，据乙本、王本补。

④白：为"日"字之误。高明《帛书老子校注》："帛书《甲》本假'日'字为'荣'，作'知其日，守其辱'；乙本'日'字误写成'白'，作'知其白，守其辱'。……'日'字乃'荣'之假借字，'日''荣'二字同在日纽，双声。'日'质部字，'荣'耕部字，'质''耕'通转、叠韵。"

⑤知其白，守其黑，为天下式：知道什么是显赫地位，却要安于低下的地位，做天下人的榜样。白，显明。这里指显赫的地位。黑，幽暗。此处指不显赫的地位。式，范式，榜样。

⑥忒（tè）：错误，差错。

⑦无极：无穷。这里指无穷的力量。极，边际。

【译文】

甲本、乙本：

知道什么是荣耀的地位，却要安于屈辱的地位，甘做天下的溪谷；甘做天下的溪谷，高尚的品德就会永远保持圆满；高尚的品德永远保持圆满，就能够同大道保持一致。

王本：

知道什么是显赫的地位，却要安于低下的地位，做天下人的榜样；做天下人的榜样，高尚的品德就永远不会出差错，就能具有无穷的力量。

甲本　知其①，守其黑，为天下式②；为天下式，恒德不贷③；恒德不贷，复归于无极。

乙本　知其白，守其黑，为天下式；为天下式，恒德不贷④。恒德不贷,复归于无极。

　　王本　知其荣,守其辱,为天下谷;为天下谷,常德乃足,复归于朴。

【注释】

①知其:应为"知其白"。本句脱一"白"字,据乙本、王本补。白,显明。这里指显赫的地位。

②式:范式,榜样。

③贷(tè):假借为"忒"。错误,差错。朱骏声《说文通训定声·颐部》:"贷,叚借为忒。"

④贷(tè):假借为"忒"。错误,差错。朱骏声《说文通训定声·颐部》:"贷,叚借为忒。"

【译文】

甲本、乙本:

　　知道什么是显赫的地位,却要安于低下的地位,做天下人的榜样;做天下人的榜样,高尚的品德就永远不会出差错;高尚的品德永远不会出差错,就能具有无穷的力量。

王本:

　　知道什么是荣耀的地位,却要安于屈辱的地位,甘愿做天下的川谷;甘愿做天下的川谷,高尚的品德就会永远保持圆满,就能够同大道保持一致。

　　甲本　楃散〔则为器①,圣〕人用则为官长②。夫大制无割③。

　　乙本　朴散则为器,耵人用则为官长④。夫大制无割。

　　王本　朴散则为器,圣人用之则为官长。故大制不割。

【注释】

①樸散则为器：把原木分割开来，可以分别做成各种各样的器具。这是个比喻，比喻"道"可以分别显现为各种具体事物的天性——德。樸，乙本、王本均作"朴"。一说"樸"假借为"朴"。未加工过的木材。即原木。本段所缺字，据王本补。

②圣人用则为官长：圣人就顺应着万物的各自本性去做他们的管理者。用，王本为"用之"。顺应万物各自的本性。用，因循，顺应。之，代指万物本性。官长，领导者，管理者。

③夫大制无割：最完美的治理，就是不去伤害万物的本性。夫，发语词。大，伟大，完美。制，治理。割，伤害。为什么说"大制不割"，不要去破坏万物的天性，《庄子·应帝王》中有一个寓言故事，可以形象地说明这个问题：

　　　　南海之帝为儵，北海之帝为忽，中央之帝为浑沌。儵与忽时相与遇于浑沌之地，浑沌待之甚善。儵与忽谋报浑沌之德，曰："人皆有七窍以视听食息，此独无有，尝试凿之。"日凿一窍，七日而浑沌死。

　　南海大帝叫儵，北海大帝叫忽，中央大帝叫浑沌。儵与忽时常相会于浑沌处，浑沌对他们招待得很周到。儵与忽便商量如何报答浑沌的美意："人人都有眼、耳、鼻、口七个孔窍用来观看、聆听、吃饭和呼吸，唯独混沌没有，我们试着也为他开凿七个孔窍吧！"于是他们两人每天就辛辛苦苦地为浑沌开凿一个孔窍，凿了七天，七窍开凿成了，而浑沌却被开凿死了。这个故事说明，自以为是地去改变万物的天性，即使动机是好的，其结果也适其反。

④冚：同"圣"。

【译文】

大道会分散开来显现为万物各自的本性，圣人就顺应着万物的各自本性做他们的管理者。所以说最完美的治理是不会去伤害万物本性的。

二十九章（王本二十九章）

【题解】

本章告诫君主，千万不可按照个人意愿与臆想去治理国家，否则必然会失败；还告诫君主更不能把国家据为己有，否则必然会失去它。老子还特别强调在治国时，君主一定要清除掉那些脱离实际的、过分的思想行为，过分的思想行为即使出自好意，也会导致坏的结果。

本章各本最大的不同是乙本比甲本、王本少了"或强或羸"一句。其他不同处有：第一，甲、乙本作"吾见其弗得已"，王本作"吾见其不得已"。第二，甲、乙本作"夫天下，神器也，非可为者也"，王本作"天下神器，不可为也"。第三，乙本作"故物或行或隋"，甲本、王本作"故物或行或随"。第四，甲、乙本分别作"或炅或吹"与"或热或嘬"，王本作"或歔或吹"。第五，甲、乙本分别作"或杯或撗"与"或陪或堕"，王本作"或挫或隳"。第六，甲、乙本分别作"去大，去楮"与"去大，去诸"，与王本的"去奢，去泰"相比，不仅句序颠倒，用字也不相同。如此等等。

甲本　将欲取天下而为之^①，吾见其弗［得已^②。夫天下，神］器也^③，非可为者也。为者败之，执者失之^④。

乙本　将欲取［天下而为之，吾见其弗］得已。夫天下，神器也，非可为者也。为之者败之，执之者失之。

王本　将欲取天下而为之，吾见其不得已。天下神器，不可为也。为者败之，执者失之。

【注释】

①将欲取天下而为之：想要治理好天下却按照个人意志去采取行动。取，治理。《广雅·释诂》：“取，为也。”河上公本四十八章注：“取，治也。”为，与“无为”相对，指按照主观意愿去治理。

②弗得已：达不到目的。不得，得不到自己所想得到的结果。已，通“矣”。句末语气词。甲本所缺文字，据乙本、王本补。

③神器：神圣的器物。指天下。

④执者失之：想把天下据为己有的人，一定会失去天下。执，握在手中，占为己有。之，代指天下。

【译文】

君主想要治理好天下却又按照个人意志去采取行动，我将会看到他达不到自己的目的。天下，是个神圣的器物，是不可以按照个人意志去治理的。随心所欲地去治理天下的君主，一定会搞乱天下；想把天下据为己有的君主，一定会失去天下。

甲本　［故］物或行或随①，或炅或［吹②，或强或羸］③，或杯或撀④。

乙本　故物或行或隋⑤，或热或㾱⑥，或陪或堕⑦。

王本　故物或行或随，或歔或吹⑧，或强或羸，或挫或隳⑨。

【注释】

①故物或行或随：所以做事时，往往主观目的也许是想走在前面，结

果可能反而落在后面。物,事情,做事情。或,可能,也许。行,与
"随"相对,表示前行。随,落在别人后面。本段甲本所缺字,据
王本补。

②或炅或吹:本意也许是想轻轻哈气为物取暖,结果可能因为吹气
太快而使物变凉。炅,假借为"嘘"。慢慢而轻轻地哈气。"嘘"
的目的是为物取暖。高明《帛书老子校注》:"《甲》本'炅'字,
《乙》本'热',皆假为'嘘'。"吹,速度较快地吹气。吹气能够使
物变凉。

③或强或羸(léi):本意也许是想强壮起来,结果可能反而变得更为
瘦弱。羸,瘦弱,弱小。乙本少此一句。

④或杯或撜:本意也许是想把某物培养起来,结果可能反而毁掉了
这种事物。杯,假借为"培"。培养。撜,假借为"堕"。毁灭。

⑤隋:假借为"随"。

⑥或热或硾:与甲本的"或炅或吹"、王本的"或歔或吹"同义。本
意也许是想轻轻哈气为物取暖,结果可能因为吹气太快而使物变
凉。热,通"嘘"。高明《帛书老子校注》:"《乙》本作'热',《甲》
本作'炅',在此皆应假为'嘘'字。'嘘'为晓纽鱼部字,'热'为
日纽月部字,'晓''日'通转。"硾,假借为"吹"。高明《帛书老
子校注》:"《乙》本'或硾'二字犹今本'或吹'。'硾''吹'二字
为双声叠韵,音同互假。"

⑦或陪或堕(huī):同甲本"或杯或撜"。本意也许是想把某物培养
起来,结果可能反而毁掉了这种事物。陪,假借为"培"。培养。
堕,通"隳"。废掉,毁灭。

⑧歔(xū):通"嘘"。慢慢而轻轻地哈气。"嘘"的目的是为物取暖,
故有"嘘寒问暖"一词。吹:速度较快地吹气。吹气能够使物变
凉。本句意思是,用嘴巴呼气,主观目的是为物取暖,结果由于用
力过当,反而使物变凉,使主观目的与客观效果不一致。

⑨挫：此处与"隳"相对，表示减损一点儿。隳（huī）：全部毁掉。

【译文】

甲本：

所以做事情往往如此：本意也许是想走在前面，结果可能反而落在后面；本意也许是想轻轻哈气为物取暖，结果可能因为吹气太快而使物变凉；本意也许是想强壮起来，结果可能反而变得更为瘦弱；本意也许是想把某物培养起来，结果可能反而毁掉了这种事物。

乙本：

所以做事情往往如此：本意也许是想走在前面，结果可能反而落在后面；本意也许是想轻轻哈气为物取暖，结果可能因为吹气太快而使物变凉；本意也许是想把某物培养起来，结果可能反而毁掉了这种事物。

王本：

所以做事情往往如此：本意也许是想走在前面，结果可能反而落在后面；本意也许是想轻轻哈气为物取暖，结果可能因为吹气太快而使物变凉；本意也许是想强壮，结果可能反而变得瘦弱；本意也许是想稍微减损一点儿，结果可能是全部毁掉了。

甲本　是以声人去甚①，去大②，去楮③。

乙本　是以耶人去甚④，去大，去诸⑤。

王本　是以圣人去甚，去奢，去泰⑥。

【注释】

①是以声人去甚：因此圣人去掉那些极端的言行与欲望。声人，即"圣人"。声，假借为"圣"。甚，过分，过度。

②大（tài）：通"太"。过分。

③楮：假借为"奢"。过度。高明《帛书老子校注》："《甲》本'奢'字写作'楮'，《乙》本写作'诸'。'奢''楮''诸'三字皆从'者'

音,古读音相同,在此当从今本作'奢'。"甲、乙本分别作"去大,去楮"与"去大,去诸",与王本的"去奢,去泰"语序颠倒,但内容一致。

④耵:同"圣"。

⑤诸:假借为"奢"。

⑥泰:过分。甚、奢、泰,都是指过分的言行、欲望。老子主张"去甚、去奢、去泰"的原因,就是担心过度的言行会造成"或行或随,或歔或吹,或强或羸,或挫或隳"的结果。关于"或行或随……"四句,一般被解释为在讲事物之间的差别,如任继愈先生把它们译作:"所以,一切事物(本来就)有的前进,有的后随;有的轻嘘,有的急吹;有的强壮,有的瘦弱;有的小挫,有的全毁。"(《老子新译》)陈鼓应先生的翻译与此相似:"世人(秉性不一)有前行,有后随;有呴暖,有吹寒;有刚强,有羸弱;有安定,有危险。"(《老子注释及评介》)高明《帛书老子校注》也说:"此之谓人事繁多,情性各异:有的行前,有的随后;有的性缓,有的性急;有的刚强,有的柔弱;有的自爱,有的自毁。"这样翻译与理解不仅与上文无任何联系,而且与下文也脱节了,完全被孤立起来。高亨《老子正诂》的解释虽然与任继愈、陈鼓应不一样,但也认为前六句为一章,后五句为一章,互不相干。

其实本章的内在联系是相当紧密的。老子首先说明:"天下神器,不可为也。"如果想按照主观愿望去有所作为,反而会把天下搞乱,要想占有天下,反而会失去天下。也就是说,客观结果往往与主观愿望恰恰相反,由此自然导出"或行或随"的一般性结论,"行"是主观愿望,"随"是客观结果。这主要是告诫人们:社会上出现事与愿违的原因,就是因为人们言行过度造成的,因此应该杜绝那些过分的想法和欲望。

关于"或行或随,或嘘或吹"的例子,历史上有很多。东汉的帝王师桓荣在奏章中讲过这样两个典故：

> 昔乐羊食子，有功见疑；西巴放麑，以罪作傅。（《后汉书·桓荣列传》）

战国时期魏国将军乐羊率兵进攻中山国，中山国就把在中山做官的乐羊的儿子烹作肉羹，并派使者送给乐羊一杯羹。乐羊为了表示自己攻占中山的决心和对魏国的忠诚，就吃了这杯羹，最终攻下中山，为魏国立了大功。然而此后魏国君臣再也不信任他了，因为他们认为乐羊"其子而食之，且谁不食"（《韩非子·说林上》）。乐羊在表达忠心时有些过度，所以这片忠心未被接受。

唐代也有一个典型例子。唐太宗与长孙皇后共生了三位嫡子，依次是：太子李承乾、魏王李泰、晋王李治。李承乾因足疾及生活奢靡，担心被废，于是就想谋杀弟弟李泰，进而效法父亲去谋划逼宫，事泄后被废为庶人并流放到黔州（今重庆彭水）。按情理，李承乾被废后，太子位自然会落在才华出众、深受太宗宠爱的魏王李泰身上。李泰为了能够当上太子，二十余岁的他竟然扑进唐太宗的怀里，向太宗表达孝父爱弟之情：

> 臣今日始得与陛下为子，更生之日也。臣唯有一子，臣百年之后，当为陛下杀之，传国晋王。（《旧唐书·褚遂良列传》）

李泰对太宗说："如果我能够当上皇帝，待我死时，就杀掉我唯一的亲生儿子，把皇位传给弟弟李治。"这种不近情理的表态引起褚遂良和唐太宗的警觉，李泰随即便被赶出京城，以顺阳王的名誉安置在郧乡（在今湖北十堰郧阳区），于三十五岁时死于郧乡。李泰为了能够当上太子，绞尽脑汁，机关算尽，然而由于表演太过，结果与太子位失之交臂。

最后，顺便解释一下"西巴放麑，以罪作傅"这一典故。"西巴"是指秦西巴，他是鲁国贵族孟孙的部下。有一次，孟孙打猎，抓到了一头小鹿,让秦西巴把这头小鹿带回去。一路上,小鹿的母亲紧紧追随着小鹿,不停地哀叫,秦西巴实在不忍心,就放掉了小鹿,让它们母子团圆。孟孙知道秦西巴私自放走了自己的猎物,大怒,当即赶走了秦西巴。三个月以后,孟孙又恭恭敬敬地把秦西巴请了回来,让他当了自己儿子的师傅。别人问孟孙为什么提拔一个有罪的人,孟孙回答说:"夫不忍麑,又且忍吾子乎?"孟孙的意思是:他连头小鹿都不忍心伤害,还会忍心伤害我的孩子吗?所以说"乐羊以有功见疑,秦西巴以有罪益信"(《韩非子·说林上》),其主观行为和客观效果也不相同。

【译文】

因此圣人去掉那些极端的、过度的、过分的言行和欲望。

三十章（王本三十章）

【题解】

本章主要阐述了老子的战争观。老子的战争观与墨子的"非攻"主张十分相似，他们都反对不义的侵略战争，而对反侵略的行为采取支持态度。老子还提醒君主，即使打了胜仗，也不可因此而傲慢自大，更不可因此而称王称霸。本章王本中的"大军之后，必有凶年"为千古名言，此后许多大臣都用这句话去反对君主的穷兵黩武。

本章各本最大的不同，是甲、乙本缺"大军之后，必有凶年"这一千古名言。其他不同处还有：第一，甲、乙本作"以道佐人主，不以兵强于天下"，王本作"以道佐人主者，不以兵强天下"。第二，甲、乙本分别作"师之所居，楚朸生之"与"师之所居，楚棘生之"，王本作"师之所处，荆棘生焉"。第三，甲、乙本作"善者果而已矣，毋以取强焉"，王本作"善有果而已，不敢以取强"。第四，甲、乙本分别作"果而毋骄，果而毋矜，果而勿伐"与"果而毋骄，果而勿矜，果而勿伐"，王本作"果而勿矜，果而勿伐，果而勿骄"，不仅各本用字有异，而且甲、乙本与王本的句序不同。第五，甲、乙本分别作"果而勿得已居，是胃果而不强"与"果而毋得已居，是胃果而强"，王本作"果而不得已，果而勿强"，特别值得注意的是，与甲本、王本相比，乙本在"强"字前面脱漏一"不"字。第六，甲、乙本分别作"物壮而老，是胃之不道，不道蚤已"与"物壮而老，谓之不道,不道蚤已",王本作"物壮则老,是谓不道,不道早已"。

　　甲本　以道佐人主①,不以兵[强于]天下②。[其事好还③:师之]所居④,楚朸生之⑤。

　　乙本　以道佐人主,不以兵强于天下。其[事好还:师之所居,楚]棘生之⑥。

　　王本　以道佐人主者,不以兵强天下。其事好还:师之所处,荆棘生焉;大军之后⑦,必有凶年⑧。

　　【注释】

　　①以道佐人主:遵循大道去辅佐君主。本句的主语是辅佐大臣。以,按照,遵循。佐,帮助,辅佐。人主,君主。与王本相比,甲、乙本的本句均少一"者"字。

　　②不以兵强于天下:不依仗武力在天下称王称霸。以,凭借,依仗。兵,兵器。代指武力。强,逞强,称王称霸。与王本相比,甲、乙本的本句均多一"于"字。

　　③其事好还:用兵打仗的事很快就会得到报应。其事,指打仗的事。好还,很快就会得到报应。好,甚,很。高亨《老子正诂》:"好者,甚也。今俗谓'甚大'曰'好大','甚长'曰'好长'……殆亦古之遗言耳。"还,还报,报应。

　　④师之所居:军队驻扎过的地方。这里泛指发生战争的地区。师,军队。居,驻扎。王本作"处"。

　　⑤楚朸生之:那里就会长满了荆棘丛。楚,即荆条。朸,假借为"棘"。泛指有刺的灌木。高明《帛书老子校注》:"帛书组注:'"荆""楚"义同,"棘""朸"音近。'其说甚是,当从今本。"发生了大的战争,百姓纷纷逃亡,所以那里田地荒芜,长满荆棘。

⑥楚棘：荆棘。

⑦大军之后：大的战争发生之后。大军，大部队。这里代指大的战争。

⑧凶年：灾荒年。

【译文】

甲本、乙本：

遵循大道去辅佐君主，是不会凭借武力逞强于天下的。用兵打仗的事很快就会得到报应：战争发生过的地区，那里就会长满荆棘丛。

王本：

遵循大道去辅佐君主的人，是不会凭借武力逞强于天下的。用兵打仗的事很快就会得到报应：战争发生过的地区，荆棘丛生；大战之后，必有一个灾荒年。

甲本　善者果而已矣①，毋以取强焉②。果而毋骄③，果而勿矜④，果而［勿伐］⑤，果而毋得已居⑥，是胃［果］而不强⑦。

乙本　善者果而已矣，毋以取强焉。果而毋骄，果而勿矜，果［而勿］伐，果而毋得已居，是胃果而强⑧。

王本　善有果而已，不敢以取强。果而勿矜，果而勿伐，果而勿骄，果而不得已，果而勿强。

【注释】

①善者果而已矣：只要很好地取得胜利就可以罢手了。果，胜利。《尔雅·释诂》："果……胜也。"善者，王本作"善有"。

②毋：不要。以：凭借。后省略"兵"字。取强：逞强，称王称霸。

③骄（jiāo）：同"骄"。傲慢。《龙龛手鉴·马部》解释"骄"字："'骄'的俗字。"

④勿矜（jīn）：不要自大。矜，自大。

⑤伐：夸功。

⑥果而毋得已居：胜利之后，还要感到自己是出于不得已打的这次胜仗。换言之，这次胜仗是在敌人逼迫下迫不得已打的。居，语助词。高明《帛书老子校注》："按'居'字在此作语助词，与'者''诸'义同。"

⑦是胃果而不强：这就叫作胜利了而不逞强。胃，通"谓"。叫作。

⑧是胃果而强：依据甲本、王本及上下文义，"强"字前面应脱漏一"不"字。

【译文】

甲本、乙本：

只要很好地取得胜利就可以罢手了，不敢依仗武力称王称霸。胜利了而不骄傲，胜利了而不自大，胜利了而不夸耀，胜利之后还要感到自己是出于不得已打的这次胜仗，这就叫作胜利了而不逞强。

王本：

只要很好地取得胜利就罢手，不敢依仗武力称王称霸。胜利了而不自大，胜利了而不夸耀，胜利了而不骄傲，胜利之后还要感到自己是出于不得已打的这次胜仗，胜利了而不逞强。

甲本　物壮而老^①，是胃之不道^②，不道蚤已^③。

乙本　物壮而老，胃之不道，不道蚤已。

王本　物壮则老，是谓不道，不道早已。

【注释】

①物壮而老：事物强盛了就会走向衰败。本句王本作"物壮则老"。

②是胃之不道：求强求壮的做法是不符合大道的。是，代指求强求壮的行为。胃，通"谓"。不道，不符合大道，不符合正确原则。

③不道蚤已：不符合大道就会很快灭亡。蚤已，很快就会灭亡。蚤，

通"蚤"。已,停止。这里指灭亡。

【译文】

事物强盛了就会走向衰败,求强求壮的行为是不符合大道的,不符合大道就会很快灭亡。

三十一章（王本三十一章）

【题解】

本章紧承上章,老子继续阐述自己的战争观。本章认为兵器是一种不祥之物,因此人们都讨厌兵器,也即讨厌战争,只有在迫不得已的情况下,才可以带着悲哀的心情去参与战争。打了胜仗,也不要夸耀,更不可热衷于战争,因为热衷于战争的人,是不可能成为天下之主的。

本章各本不同处较多,主要有:第一,甲、乙本作"夫兵者",王本作"夫佳兵者"。第二,甲、乙本分别作"物或恶之,故有欲者弗居"与"物或亚之,故有欲者弗居",王本作"物或恶之,故有道者不处"。第三,甲、乙本中的"故兵者,非君子之器(也)。兵者,不祥之器也,不得已而用之"这几句话,王本作"兵者,不祥之器,非君子之器,不得已而用之",甲、乙本不仅多出"故""也"及后面"兵者"二字,而且"不祥之器,非君子之器"两句的句序也有颠倒。第四,甲、乙本分别作"铦袭为上"与"铦怵为上",王本作"恬淡为上"。第五,甲、乙本作"勿美也,若美之",王本作"胜而不美,而美之者"。第六,甲、乙本作"夫乐杀人,不可以得志于天下矣",王本作"夫乐杀人者,则不可以得志于天下矣"。第七,甲、乙本作"是以吉事上左,丧事上右",王本作"吉事尚左,凶事尚右"。第八,甲、乙本分别作"是以偏将军居左,上将军居右,言以丧礼居之也"与"是以偏将军居左,而上将军居右,言以丧礼居之也",王本作"偏将军居左,上将军居右,言以丧礼处之"。第九,甲、乙本作"杀人众,以悲依立之",王本作"杀人之众,以哀悲泣之"。第十,乙本作"战朕,而以丧礼处之",甲本、王本则作"战胜,以丧礼处之"。

甲本　夫兵者①,不祥之器［也］,物或恶之②,故有欲者弗居③。

乙本　夫兵者,不祥之器也,物或亚［之④,故有欲者弗居］。

王本　夫佳兵者⑤,不祥之器,物或恶之,故有道者不处⑥。

【注释】

①夫兵者:兵器这种东西。夫,发语词。

②物或恶（wù）之:人们大概都很讨厌它。物,这里主要指人。或,也许,可能。恶,讨厌。

③故有欲者弗居:因此即使有贪欲之人也不去使用兵器。帛书研究组在解释帛书《老子》二十二章（王本二十四章）"故有欲者弗居"时说:"居,储蓄。此言恶物为人所弃,虽有贪欲之人亦不贮积。"弗居,不做。指不去使用兵器发动战争。关于"有欲者",还有两种解释,一是解释为"懂得大道的人"。高明《帛书老子校注》在解释帛书《老子》二十二章（王本二十四章）"故有欲者弗居"时说:"从经文分析,此当从今本'有道者'为是。按'欲'字在此当假为'裕',《方言》卷三:'裕,道也。东齐曰"裕",或曰"猷"。'《广雅》卷四:'裕,道也。'"二是认为"欲"是误写,应为"道"。许抗生《帛书老子注译与研究》:"此句甲本作'故有欲者弗居',乙本缺文。傅奕本、通行本等皆作'故有道者不处'。今

从傅本改'欲'为'道'。甲本此句与老子思想不合。"

④亚:假借为"恶"。厌恶。

⑤夫佳兵者:兵器这种东西。夫佳,应为"夫唯"之误。夫唯,发语词。王念孙《读书杂志》举出许多理由认为"夫佳"是"夫唯"的误写。卢文弨《抱经堂文集》认为"夫佳"未误,"佳兵"的意思是"精良的兵器"。此说也通。兵,兵器。

⑥处:处理,安排。这里引申为使用。

【译文】

甲本、乙本:

兵器这种东西,是一种不吉祥的器物,人们大概都很讨厌它,因此即便有贪欲的人也不去使用它。

王本:

兵器这种东西,是一种不吉祥的器物,人们大概都很讨厌它,所以掌握大道的人不去使用它。

　　甲本　君子居则贵左①,用兵则贵右。故兵者,非君子之器也②。[兵者,]不祥之器也,不得已而用之,铦袭为上③。

　　乙本　[君子]居则贵左,用兵则贵右。故兵者,非君子之器。兵者,不祥[之]器也,不得已而用之,铦恔为上④。

　　王本　君子居则贵左,用兵则贵右。兵者,不祥之器,非君子之器,不得已而用之,恬淡为上⑤。

【注释】

①居:平时。贵左:以左边为贵。古人认为左阳右阴,阳代表生,阴代表杀。所以平时以居左为贵,战争为杀人之事,所以战时以居右为贵。

②非君子之器也：不是君子应该使用的器物啊。君子，指有道之人。甲、乙本中的"故兵者，非君子之器也。兵者，不祥之器也，不得已而用之"这几句话，王本作"兵者，不祥之器，非君子之器，不得已而用之"，甲、乙本不仅多出"故""也"及后面的"兵者"二字，而且"不祥之器，非君子之器"两句的句序也与王本不同。

③铦袭为上：最好漠然处之。铦袭，通王本的"恬淡"。高明《帛书老子校注》："今本'恬淡'二字或作'恬惔'，或作'恬憺'；帛书《甲》本作'铦袭'，《乙》本作'铦㤔'。帛书《甲》本注：'"铦""恬"古音同，"袭""淡"古音相近。'《乙》本注：'㤔，《甲》本作"袭"；此从心，盖即"袭"之异体，与"憎"音义略同。"铦㤔"读为"恬淡"。'……诚如帛书组所注，《甲》本'铦袭'与《乙》本'铦㤔'，均当从今本作'恬淡'。"

④铦㤔：假借为"恬淡"。详见上一条注。

⑤恬淡为上：最好漠然处之。即不要热衷于战争。恬淡，淡漠，不热衷于。

【译文】

甲本、乙本：

君子平时以左边为高贵，作战时却以右边为高贵。所以说兵器这种器物，不是君子应该使用的器物。兵器这种器物，是一种不吉祥的器物，迫不得已时才去使用它，最好漠然处之。

王本：

君子平时以左边为高贵，作战时却以右边为高贵。兵器这种器物，是不吉祥的器物，不是君子应该使用的器物，迫不得已时才去使用它，最好漠然处之。

甲本　勿美也①，若美之，是乐杀人也。夫乐杀人，不可以得志于天下矣②。

乙本　勿美也,若美之,是乐杀人也。夫乐杀人,不可以得志于天下矣。

王本　胜而不美,而美之者③,是乐杀人。夫乐杀人者,则不可以得志于天下矣。

【注释】

①勿美也:不要去赞美。指不要去赞美胜仗。美,用如动词,赞美,炫耀。

②得志于天下:实现统一天下的志向。也可理解为治理好天下的志向。

③而:如果。

【译文】

即使战胜了也不应该赞美胜利,如果赞美战争的胜利,这就是以杀人为快乐。以杀人为快乐的人,不可能实现统一天下的志向。

甲本　是以吉事上左①,丧事上右。是以便将军居左②,上将军居右③,言以丧礼居之也④。

乙本　是以吉事[上左,丧事上右]。是以偏将军居左,而上将军居右,言以丧礼居之也。

王本　吉事尚左⑤,凶事尚右。偏将军居左,上将军居右,言以丧礼处之⑥。

【注释】

①上:崇尚,以……为贵。与上文的"贵"、下文的"尚"义同。

②便将军:即乙本、王本的"偏将军"。副将。便,假借为"偏"。

③上将军:主将。

④言以丧礼居之也：这是说要用办理丧事的礼节去处理战争的事情。居，安置，处理。

⑤尚：崇尚。与上文的"贵""上"同义。

⑥处：处理，安排。

【译文】

因此办理吉庆之事时以左边为高贵，办理凶丧之事时以右边为高贵。打仗时副将居于左边，主将居于右边，这是说要用办理丧事的礼节去处理战争的事情。

甲本　杀人众①，以悲依立之②；战胜，以丧礼处之。

乙本　杀〔人众，以悲依〕立之；〔战〕朕③，而以丧礼处之。

王本　杀人之众，以哀悲泣之④；战胜，以丧礼处之。

【注释】

①杀人众：指战争杀人太多。

②以悲依立之：要带着悲哀的心情参与战争。依，假借为"哀"。高明《帛书老子校注》："'依'字假为'哀'。"立，假借为"莅"。莅临，参与。

③朕：假借为"胜"。乙本本段所缺字，据甲本、王本补。

④泣：假借为"莅"。到，参加。高亨《老子正诂》："亨按：'泣'段为'竦'。古书多作'莅'。"一说为"莅"之讹误。罗运贤《老子余义》："'泣'当为'莅'讹。"

【译文】

战争杀人众多，要带着悲哀的心情参与战争；战胜了，也要用办理丧葬事的礼节去处理它。

三十二章（王本三十二章）

【题解】

本章首先指出，大道虽然看不见、摸不着，但没有任何人能够改变大道、违背大道。君主只要能够遵循大道，国家自然安定，百姓自然宾服。在本章最后，老子还提醒人们在发展生产、制造工具、建立各种规章制度时，要做到"守中"原则，适可而止，也即要把握好适当的度。

本章各本不同处主要有：第一，甲、乙本分别作"道恒无名，楃唯小，而天下弗敢臣"与"道恒无名，朴唯小，而天下弗敢臣"，王本作"道常无名，朴虽小，天下莫能臣也"。第二，甲、乙本分别作"天地相谷，以俞甘洛"与"天地相合，以俞甘洛"，王本作"天地相合，以降甘露"。第三，甲、乙本作"知止所以不殆"，王本作"知止可以不殆"。第四，甲、乙本分别作"俾道之在天下也，犹小浴之于江海也"与"卑道之在天下也，犹小浴之于江海也"，王本作"譬道之在天下，犹川谷之于江海"。

甲本　道恒无名①，楃唯［小②，而天下弗敢臣］③。

乙本　道恒无名，朴唯小，而天下弗敢臣。

王本　道常无名，朴虽小，天下莫能臣也④。

【注释】

①道恒无名：大道永远处于一种看不见、摸不着的虚无状态。恒，
常，永远。无名，不可名状，虚无。大道作为规律，当然是处于一
种看不见、摸不着的虚无状态。

②楃唯小：大道虽然像未加工过的原木那样微不足道。楃，乙本、
王本均作"朴"。一说"楃"假借为"朴"。朴，未加工过的木材。
即原木。唯，假借为"虽"。小，道作为规律，本无所谓大或小，这
里用"小"来形容道，主要是从大道主观上不去做万物的主宰者
的角度而言。详见三十四章。

③而天下弗敢臣：而天下没有任何人敢于把大道作为自己的臣仆。
实际上，应该是没有人能够役使、改变大道，而不是敢不敢的问
题，所以王本作"天下莫能臣"。

④天下莫能臣：天下没有人能够支配、改变它。莫，没有人。臣，用
如动词。臣服，役使。无论任何一种规律，人们都无法改变它，所
以说"天下莫能臣"。

【译文】

甲本、乙本：

大道永远处于一种看不见、摸不着的虚无状态，它好像未加工过的原
木一样，虽然看似微不足道，但是天下没有任何人敢于役使它、改变它。

王本：

大道永远处于一种看不见、摸不着的虚无状态，它好像未加工过的
原木一样，虽然看似微不足道，但是天下没有人能够役使它、改变它。

甲本　[侯]王若能守之①，万物将自宾②。天地相
谷③，以俞甘洛④；民莫之[令⑤，而自均]焉⑥。

乙本　侯王若能守之，万物将自宾。天地相合，以俞甘
洛；[民莫之]令，而自均焉。

王本　侯王若能守之，万物将自宾。天地相合，以降甘露；民莫之令，而自均。

【注释】

①侯王：王公大人。这里泛指统治者。守之：坚守大道，遵循大道。

②宾：宾服，服从。

③天地相谷：天之气和地之气相互交融。谷，依据乙本与王本，应为"合"字之误。古人认为，天地形成之后，天气（又称"阳气"）下降，地气（又称"阴气"）上升，天地二气相互交融，于是生出万物。

④以俞甘洛：而降下甘露。俞，假借为"雨"。落下。高明《帛书老子校注》："愚以为'俞'字当借为'雨'。'俞'古为喻纽侯部字，'雨'在匣纽鱼部，'喻''匣'双声，'鱼''侯'旁转，音同通假。'雨'字作动词则有'降'义。"甘洛，即"甘露"。"洛"应为"露"，一说可假借为"露"。甜美的露水。这两句属于"天人感应"思想。古人认为，社会政治清明，百姓心情舒畅，就会对自然界的阴阳二气产生良好的影响，于是冷热合时，风调雨顺，并出现各种祥瑞。而甘露就属于祥瑞之一。

⑤民莫之令：即"民莫令之"，没有人指使他们。古代"民"与"人"通用。之，代指人们。本段所缺字，据乙本、王本补。

⑥而自均焉：而自然而然地均平安定。

【译文】

王侯如果能够遵循大道，万物将会自然而然地宾服于他。天之气和地之气就会相互交融，以降下甘露一类的美好事物；没有人指使人们该如何做，而人们自然而然变得均平安定。

甲本　始制有［名①，名亦既］有②，夫［亦将知止，知止］所以不［殆］③。

乙本　始制有名，名亦既有，夫亦将知止，知止所以不殆。

王本　始制有名，名亦既有，夫亦将知止，知止可以不殆。

【注释】

①始制有名：人们开始制作各种有名称的工具器物、规章制度。制，制作，这里泛指人类活动。有名，有名称的东西，泛指各种器物，也包括各种有名称的规章制度。甲本所缺字，据乙本补。

②名亦既有：各种有名称的器物和制度出现以后。既，已经。

③知止所以不殆（dài）：知道适可而止，就是能够避免各种危险的原因。所以，……的原因。王本作"可以"。殆，危险。从"始制有名，名亦既有，夫亦将知止，知止可以不殆"这几句话可以看出，老子对待人们制造器物、建立制度这些事，是抱着"过犹不及"的态度的。他并不反对人们使用某些器物，但要求人们在制作器物时要适可而止，有一个限度，不要无止限地发展下去。这个限度就是以吃饱穿暖为准，也即老子说的"圣人为腹不为目"（十二章），"甘其食，美其服"（八十章），因此农具、织机一类的东西大概不在老子的反对之列，而乐器、甲兵、车船以及文字等，老子是不赞成使用的（见八十章），因为它们不是谋衣求食的必需品。老子的"知止可以不殆"思想与全书的"物壮则老"思想是一致的。

【译文】

甲本、乙本：

人们开始制作各种各样有名称的器物和制度，各种器物和制度出现以后，也应该知道适可而止；知道适可而止，就是能够避免各种危险的原因。

王本：

人们开始制作各种各样有名称的器物和制度,各种器物和制度出现以后,也应该知道适可而止;知道适可而止就能避免危险。

甲本　俾道之在〔天下也①,犹小〕浴之与江海也②。

乙本　卑〔道之〕在天下也③,犹小浴之与江海也。

王本　譬道之在天下④,犹川谷之于江海⑤。

【注释】

①俾道之在天下也:打个比方,大道与天下万物之间的关系。俾,假借为"譬"。比如,打比方。高明《帛书老子校注》:"《甲》本假'俾'字为'譬'。"

②犹小浴之与江海也:就好像小河流要流向大江大海一样。浴,假借为"谷"。高明《帛书老子校注》:"《甲》《乙》本又同用'浴'字假借为'谷'。"最后这两句是个比喻,它形象地说明了万物与大道之间的关系,万物好像小河流,大道好像大江大海,万川都要归向江海,万物都要遵循大道。这与朱熹讲的"理一分殊"是同一个道理。既然万事万物都从属于"道",那么老子关于侯王要遵循大道的要求,也就是顺理成章的事了。

③卑:假借为"譬"。打比方。高明《帛书老子校注》:"《乙》本假'卑'字为'譬'。"

④譬(pì):比喻,打比方。

⑤犹川谷之于江海:就好像川谷的小河流要流向大江大海一样。本句中的"川谷",甲、乙本作"小浴",含义一样。

【译文】

甲本、乙本：

打个比方,大道与天下万物之间的关系,就好像小河流要流向大江大海一样。

　　王本：

　　打个比方，大道与天下万物之间的关系，就好像川谷的小河流要流向大江大海一样。

三十三章（王本三十三章）

【题解】

本章主要提醒包括君主在内的人们四个问题：第一，要求人们既能做到"知人"，又能做到"自知"。第二，提醒人们不仅能够"胜人"，更重要的还要"自胜"。第三，提醒人们"知足者富"。第四，提醒人们要遵循大道行事，只有如此，才能够做到死而不亡，精神长存。

本章各本文字差异很少，主要有：第一，甲、乙本每句话都比王本多一语气词"也"字。第二，甲、乙本作"知人者知也"，王本作"知人者智"。第三，乙本作"朕人者有力也，自朕者强也"，甲本、王本作"胜人者有力也，自胜者强（也）"与"胜人者有力，自胜者强"。第四，甲、乙本作"死不忘者寿也"与"死而不忘者寿也"，王本作"死而不亡者寿"，甲本脱一"而"字。

甲本　知人者知也①，自知[者明也②。胜人]者有力也，自胜者[强也]。

乙本　知人者知也，自知明也。朕人者有力也，自朕者强也③。

王本　知人者智，自知者明。胜人者有力，自胜者强。

【注释】

①知人者知也：能够认识别人的人是睿智的。知，第一个"知"是知道、认识的意思。第二个"知"同"智"。智慧，睿智。"知人"既重要又困难，因此是本书要讨论的重点。关于善于知人、用人，是涉及每个人的大问题，而这个问题，对于君主尤为重要。

《荀子·大略》说："主道知人（做君主的主要任务是知人用人），臣道知事（做大臣的主要任务是懂得如何做事）。故舜之治天下，不以事诏（不去具体指示如何做事）而万物成。农精于田而不可以为田师（农官），工贾亦然（工匠与商人也是如此）。"知人是一件非常重要的事情，也是一件极为困难的事情。《庄子·列御寇》说：

> 人心险于山川，难于知天。

句中的"险"是"险峻""险阻"的意思。由于古代科技不发达，人们要想认识大山大川，要想认识上天，十分困难。但庄子认为，由于人心的隐蔽性和多变性，对人心的认识比对山川、上天的认识更为困难。后来白居易在《天可度》中阐述了同样的道理：

> 天可度，地可量，唯有人心不可防。但见丹诚赤如血，谁知伪言巧似簧。劝君掩鼻君莫掩，使君夫妇为参商。劝君掇蜂君莫掇，使君父子成豺狼。海底鱼兮天上鸟，高可射兮深可钓，唯有人心相对时，咫尺之间不能料。君不见：李义府之辈笑欣欣，笑中有刀潜杀人？阴阳神变皆可测，不测人间笑是瞋（愤怒）。

这首诗歌涉及三个历史典故：

第一个典故："劝君掩鼻君莫掩，使君夫妇为参商"讲的是楚怀王等人的故事。《战国策·楚策四》记载，魏王送给楚怀王一个美人，楚怀王非常宠爱。怀王的夫人郑袖看到丈夫宠爱这个美人，于是就表现得比怀王更爱美人：把最好的衣服玩好、宫室卧具等等都让给这个美人。怀王看到这种情况十分高兴,说:"妇人事奉丈夫,靠的是美色;而嫉妒,则是妇人的常情。现在郑袖知道寡人爱这个美人,结果比我更爱她,郑袖对待我,就像孝子对待父母、忠臣对待君主一样啊!"郑袖看到怀王认为自己不嫉妒了,便开始施展阴谋。她对美人说:"大王很爱你的美丽,就是有点讨厌你的鼻子,以后你见大王时,最好把鼻子捂着,大王就会更爱你了。"魏美人不知是阴谋,于是每次见怀王时就把自己的鼻子捂住。次数多了,怀王感到奇怪,就问郑袖说:"美人每次见寡人,总是捂住鼻子,为什么?"郑袖回答:"我知道原因,但不必讲了。"怀王说:"即使难听也要讲。"郑袖说:"她好像是讨厌君王身上的气味。"怀王听后大怒:"真是个悍妇啊!"当即命令武士把美人的鼻子给割了。没有鼻子的女子再也得不到男人的宠爱了。

第二个典故:"劝君掇蜂君莫掇,使君父子成豺狼"讲的是西周宣王的重臣尹吉甫的故事。尹吉甫前妻去世,后妻为了诬陷前妻的儿子伯奇,便把一只毒蜂放在自己的衣领上,令伯奇摘掉它。尹吉甫从远处看到伯奇把手伸到后妻的脖子上,误以为伯奇在调戏后母,大怒,便把伯奇流放到远方去了。

第三个典故:李义府在唐高宗时任中书令(相当于宰相),时人评价他是:"义府貌状温恭,与人语必嬉怡微笑,而褊忌阴贼。既处权要,欲人附己,微忤意者,辄加倾陷。故时人言义府笑中有刀,又以其柔而害物,亦谓之'李猫'。"(《旧唐书·李义府列传》)李义府与人相处,表面上恭敬温柔,满面笑容,背后害人十分残酷,后被流放巂州(今四川西昌),五十余岁时死于此地。"笑里藏刀"一词即出于此。

白居易时代,人们对天地的了解依然甚少,也可以说对当时的人来说,天不可度,地不可量,然而诗人认为,人心比天地更难猜度。白居易的"天可度,地可量,唯有人心不可防"这一结论与

"人心险于山川"是一样的。

虽说是"人心险于山川"，但也有不少古人认为通过某种方法，人心在某种程度上还是可知的。如庄子在"人心险于山川"的下文就提出一系列考察人的方法。由于原文难懂，这里直接翻译出来：

> 有时让他到远方办事以考察他对自己是否忠诚，有时让他在身边办事以考察他时间久了对自己是否恭敬，有时给他安排许多任务以考察他是否有能力，有时突然提问以考察他是否有智慧，有时交给他期限紧迫的工作以考察他是否能够守信用按时完成，有时把财产托付给他管理以考察他是否廉洁，有时把危难处境告诉他以考察他是否能够坚守节操，有时把他灌醉以考察他醉后能否坚持正确原则，有时让他与女人杂处以观察他是否好色。

庄子认为，通过这一系列的考察，一个人品质的好坏就会显露无遗。孔子也认为人心是可知的，但其考察方法不同。《论语·为政》说：

> 子曰："视其所以，观其所由，察其所安，人焉廋哉？人焉廋哉？"

把这段话翻译出来就是："孔子说：'考察一个人的行为目的（动机），观察他为达到这一目的所使用的方法，了解他办事的最后结果。那么这个人又如何能够隐瞒自己的真实品德呢？这个人又如何能够隐瞒自己的真实品德呢？'""视其所以，观其所由，察其所安"这几句话，包含了观察一个人做事的三个阶段：行为目的的确定，为实现目的所采取的方式，最后所安于的状态（也即办事的结果）。孔子认为，通过这三个阶段的考察，一个人的好坏就能显露出来。

孟子继承了孔子的思想，也认为人心是可知的，不过他的方法不是通过观察一个人的言行，而是观察他的眸子。《孟子·离娄上》说：

> 存乎人者，莫良于眸子。眸子不能掩其恶。胸中正，则眸子瞭焉；胸中不正，则眸子眊焉。听其言也，观其眸子，人焉廋哉？

孟子认为，观察一个人，最好去观察他的眸子（瞳仁、眼睛）：品行端正，思想高尚，其眼睛是明亮的；反之，眼睛就是浑浊的。与人交往时，一边听他的言谈，一边紧盯着他的眼睛，通过对方眸子的明亮与否，来判断这个人的品质是否高尚，用心是否端正。

《吕氏春秋·季春纪》则提出了"八观六验"的知人方法：

> 当一个人生活得意时，观察他尊敬什么人；
>
> 当一个人掌握大权时，观察他举荐什么人；
>
> 当一个人十分富有时，观察他赡养什么人；
>
> 当一个人侃侃而谈时，观察他的实际行为；
>
> 当一个人居家生活时，观察他的兴趣爱好；
>
> 当一个人读书学习时，观察他的谈论内容；
>
> 当一个人穷困潦倒时，观察他不接受什么；
>
> 当一个人地位低贱时，观察他拒绝做什么；
>
> 有时让一个人得意扬扬，以检验他的操守如何；
>
> 有时让一个人快乐无比，以检验他的缺点毛病；
>
> 有时让一个人怒气冲天，以检验他的节制能力；
>
> 有时让一个人恐惧万分，以检验他的胆量大小；
>
> 有时让一个人忧伤悲哀，以检验他的仁爱之心；
>
> 有时让一个人受苦受难，以检验他的志向高低。

实际上，知人的方法还很多，比如观察一个人对待亲人、朋友的态度等等。除了以上所述，古人还特别强调考察人要假以时日，不可过早下结论。白居易有一首《放言》：

　　赠君一法决狐疑，不用钻龟与祝蓍。试玉要烧三日满，辨材须待七年期。周公恐惧流言后，王莽谦恭未篡时。向使当初身便死，一生真伪复谁知？

　　意思是说，考察一个人的好坏，不用占卜问卦，最好的方法就是拉长一点考察的时间。玉石质量好坏，要烧烤三天；树木能否成材，要观察七年。周公对成王忠心耿耿，却有人放出流言，说他有篡位之心；王莽在篡夺汉朝政权之前，却被人们赞誉为谦恭仁爱的圣人。如果周公去世于流言四起之时，王莽死亡于篡汉夺权之前，那么他们品质的好坏，又有谁分辨得清楚呢？

　　用今天的话讲，考察人是一个"系统工程"。从横向讲，对人要全方位考察；从纵向讲，对人要长期考察。知人难，是从古至今公认的事实。但要想治理好一个国家和单位，又无法回避这一难题，只能迎难而上，尽可能地把德才兼备的人选拔出来，重用他们，这是国家昌盛、企业兴旺的唯一途径。

②自知者明：能够认识自我的人更为明智。根据上下文，本句与上句有递进关系。认识别人不易，认识自我更难。齐湣王是齐宣王之子，他在位早期，齐国比较强盛，于是他四处出击，先后进攻秦、楚等国，灭宋，曾称"东帝"。因其自矜骄暴，处处树敌，诸侯忍无可忍，于是燕国联合各国伐齐，攻入齐国都城临淄，齐湣王出逃，后被号称前来救援的楚将淖齿所杀。看看他逃亡时的表现：

　　　齐湣王亡居于卫，昼日步足（一本作"走"，逃跑），谓公玉丹曰："我已亡矣，而不知其故。吾所以亡者，果何故哉？我当已。"公玉丹答曰："臣以王为已知之矣，王故尚未之知邪？王之所以亡也者，以贤也。天下之王皆不肖，而恶王之贤也，因相与合兵而攻王，此王之所以亡也。"湣王慨焉太息曰："贤固若是其苦邪？"（《吕氏春秋·审己》）

　　　齐湣王亡居卫，谓公玉丹曰："我何如主也？"王丹对曰：

　　"王,贤主也。臣闻古人有辞天下而无恨色者,臣闻其声,
于王而见其实。王名称东帝,实辨(治理)天下。去国居
卫,容貌充满,颜色发扬,无重国之意。"王曰:"甚善!丹知
寡人。寡人自去国居卫也,带益三副矣。"(《吕氏春秋·过
理》)

　　文中说的"公玉丹"与"公王丹"是同一人,古代"玉"与
"王"相通。齐湣王已经亡国,却不知道自己亡国的原因,还误以
为是因为自己才华出众、贤良无比,故而引起各国君主的嫉妒,
才遭此厄运。正是因为齐湣王自以为贤良,对亡国之事"问心无
愧",所以逃亡期间,心宽体胖,体重不断增加,不得不连续三次加
长自己的腰带。齐湣王可以说至死也没能做到"自知"。

③朕人者有力也,自朕者强也:能够战胜别人的人是有力量的,能够
　战胜自我的人则更为强大。这两句也是递进关系,意思是说,战
　胜自我比战胜别人更为困难。朕,假借为"胜"。

【译文】

　　能够认识别人的人是聪明的,能够认识自我的人则更为睿智。能够
战胜别人的人是有力量的,能够战胜自我的人则更为强大。

　　甲本　[知足者富]也①,强行者有志也②。不失其所者
久也③,死不忘者寿也④。

　　乙本　知足者富也,强行者有志也。不失其所者久也,
死而不忘者寿也。

　　王本　知足者富,强行者有志。不失其所者久,死而不
亡者寿。

【注释】

①知足者富也：知道满足的人才是真正富有的人。"满足"是人幸福的基点，然而这个基点，我们在物质世界里是找不到的，因为如果不进行适当的心理调整，人的物质欲望永远也无法得到满足。因此，这个幸福的基点，我们只能到精神世界中去寻找。老子说：

> 祸莫大于不知足，咎莫大于欲得。故知足之足，常足矣！（《老子》四十六章）

老子认为，最大的灾祸就是不知足，就是贪得无厌，懂得满足的"满足"，才是一种真正的、永恒的满足。

《高士传》记载了一个知足、不知足与贫富关系的故事。说是在汉代的时候，蜀地成都有一位高士，名叫严君平，才高德厚，名声极大。他平时以占卜为职业，每当挣的钱够自己花销之后，就关门读书、著述。家中除了一床书之外一无所有。当地有一位名叫罗冲的大富翁，对严君平很钦佩，同时也希望严君平能够通过自己的资助去取得一官半职，以便自己将来也好有个靠山。于是他就向严君平提出，愿意出一笔钱帮助严君平出门游仕求官。没想到严君平却说："我比你富有，怎好让钱不够用的你来资助钱用不完的我呢？"罗冲说："我家有万金（汉代一斤黄金为一金），而你家没有一石粮食的储蓄，却说你比我有钱，你说错了吧？"严君平说："你说得不对。我有一天留宿在你家里，夜深人静，成都所有的人都休息了，而你们全家人还在忙忙碌碌地商量如何赚钱，这不说明你家特别缺钱吗？我以占卜为业，不出门而钱自至，现在还剩余了数百钱，上面落满了一寸厚的尘埃，我都不知该怎么花出去，这不是说明我有余钱而你的金钱不足吗？"罗冲听后十分惭愧。这个故事说明，是贫是富，既有客观标准，也有主观标准。大富翁可能会整天受着"贫穷"的煎熬，而穷人可能会过着自感非常富有的生活。

　　一般说来，人的欲望不仅是与生俱来的，而且是无止境的，"欲壑难填"这个词可能适用于每一个人。《殷芸小说》记载了这样一个小故事："有客相从（几个人聚会），各言所志：或愿为扬州刺史，或愿多资财，或愿骑鹤上升（骑仙鹤升天成仙）。其一人曰：'腰缠十万贯，骑鹤上扬州。'欲兼三者。"明代朱载堉有一首小曲，题目叫《山坡羊·十不足》：

　　　　逐日奔忙只为饥，才得有食又思衣。置下绫罗身上穿，抬头又嫌房屋低。盖下高楼并大厦，床前缺少美貌妻。娇妻美妾都娶下，又虑出门没马骑。将钱买下高头马，马前马后少跟随。家人招下十数个，有钱没势被人欺。一铨铨到知县位，又说官小势位卑。一攀攀到阁老位，每日思想要登基。一日南面坐天下，又想神仙下象棋。洞宾与他把棋下，又问哪是上天梯？上天梯子未做下，阎王发牌鬼来催。若非此人大限到，上到天上还嫌低。

　　这首通俗易懂的小曲生动准确地揭示出一般人的共同心理状态，具有极大的警世作用。如果不对这种心态进行适当的调整，那么无论物质生活状况如何优越，我们也都将在欲望的煎熬中度过自己的一生。

　　关于知足，苏东坡有一首《薄薄酒》写得极好，前有一序："胶西先生赵明叔，家贫好饮，不择酒而醉。常云薄薄酒，胜茶汤；丑丑妇，胜空房。其言虽俚，而近乎达，故推而广之，以补东州之乐府。"诗说：

　　　　薄薄酒，胜茶汤；粗粗布，胜无裳；丑妻恶妾胜空房。五更待漏靴满霜，不如三伏日高睡足北窗凉。珠襦玉匣万人祖送归北邙，不如悬鹑百结独坐负朝阳。生前富贵，死后文章。百年瞬息万世忙，夷齐盗跖俱亡羊。不如眼前一醉，是非忧乐都两忘。

薄酒胜过喝茶汤，粗衣胜过无衣裳，丑妻胜过守空房。五更即起、霜满朝靴、等待进朝的官员，不如在凉爽的窗下睡足睡够的普通百姓；死后穿上缀满珠玉的衣服、躺在玉棺中被万人簇拥着送往墓地，不如穿得破破烂烂活着在那里晒太阳。用这种心态去看问题，自然能省却许多烦恼。明代人陈继儒《岩栖幽事》中有一首关于知足的更通俗的诗歌：

> 莫言婚嫁早，婚嫁后，事不少；莫言僧道好，僧道后，心不了。唯有知足人，鼾鼾直到晓；惟有偷闲人，憨憨直到老。

可以说，古人几乎都认为知足是幸福快乐的前提，对于一个贪得无厌的人来说，他永远处于一种四处奔走经营的生活之中，根本没有闲暇的时间和心情去享受生活。

②强行者有志也：遵循大道坚持力行的人是有志的。强行，坚持力行。指努力地按照大道做人做事。

③不失其所者久也：不违背大道的人能够长久生存。失，丧失，引申为违背。其所，他所依赖的。根据全书的思想，人们所依赖的事物是"道"。本句的意思与十六章的"道乃久"一样。

④死不忘者寿也：身死而道存的人才是真正的长寿。忘，假借为"亡"。死亡。另外，与乙本、王本相比，脱一"而"字。本句类似今天讲的"身死而精神长存的人才是真正长寿之人"。一说本句指到死都没有失去道的人长寿。儒、释、道三家都追求不朽：道家发展到道教，追求的是肉体成仙；佛教追求的是死后成佛；儒家则追求"三不朽"——立德、立功、立言。

【译文】

知道满足的人是富有的，遵循大道坚持力行的人是有志的。不违背大道的人就能长久生存，死而精神永存的人是真正的长寿之人。

三十四章（王本三十四章）

【题解】

本章又一次描述大道的几个特性：第一，大道体现在任何事物之中，可以说是无处不在。第二，大道虽然能够支配天地间的万事万物，但自己却没有任何欲望。第三，大道能够做到"万物归焉而不为主"，不做任何事物的主宰者。从大道不做任何事物的主宰者这一角度看，大道的地位是卑微的，因此可以说是"小"；但换一个角度看，又可以把大道叫作"大"，因为任何事物都不能违背大道。

本章的不同点很多：第一，甲、乙本分别作"道泛呵，其可左右也"与"道渢呵，其可左右也"，王本作"大道泛兮，其可左右"。第二，王本比甲、乙本多出"万物恃之而生而不辞"一句。第三，甲、乙本作"成功遂事而弗名有也，万物归焉而弗为主，则恒无欲也"，王本作"功成而不名有，衣养万物而不为主，常无欲"。第四，甲、乙本分别比王本多出"是以声人之能成大也"与"是以即人之能成大也"一句。第五，甲、乙本作"以其不为大也，故能成大"，王本作"以其终不自为大，故能成其大"。

> 甲本　道［泛呵①，其可左右也］②。
>
> 乙本　道渢呵③，其可左右也。

王本　大道泛兮，其可左右。

【注释】

①道泛呵：大道无处不在啊。泛，广泛，普遍。大道作为规律，可以
体现在各种事物之中，所以说"道泛呵"。关于大道无处不在的
道理，《庄子·知北游》有一段对话讲得更为形象生动：

> 东郭子问于庄子曰："所谓道，恶乎在？"庄子曰："无所
> 不在。"东郭子曰："期而后可。"庄子曰："在蝼蚁。"曰："何
> 其下邪？"曰："在稊稗。"曰："何其愈下邪？"曰："在瓦甓。"
> 曰："何其愈甚邪？"曰："在屎溺。"东郭子不应。

东郭子向庄子请教说："您所说的大道，究竟存在于什么地
方？"庄子说："大道无处不在。"东郭子说："一定要指明一个具体
的地方才行啊！"庄子说："存在于蝼蛄和蚂蚁身上。"东郭子说：
"怎么会存在于如此卑下的地方呢？"庄子说："还存在于野草身
上。"东郭子说："怎么越说越卑下了呢？"庄子说："还存在于砖瓦
之中。"东郭子说："怎么说的更卑下了呢？"庄子说："还存在于屎
尿里。"东郭子听了没再吭声。

东郭子之所以不再回应，是因为他认为庄子在拿他开心，实
际上庄子是在认真地回答他的疑问。砖瓦有砖瓦的形成规律，野
草有野草的成长规律，同样的道理，虫蚁、鸟兽、人类也有各自的
生存规律，推而广之，上至宇宙运行，下至社会治理，也都有自己
的规律，所有这些规律，老庄用一个"道"字把它们统统囊括起
来，所以说大道无处不在。

本章提出的大道无处不在的观点，客观上提醒人们，只要留
意，在万物中、甚至在极为卑微的物体中，都可以领略到大道。

老庄的这一思想对后世影响极为广泛，如著名书法家怀素从
"夏云之奇峰"中学习草书（见《艺概·书概》），归终居士从自然

的各种声响中懂得了天理人情（见《意气谱·反菜根谭》），高启在泉水那里悟得大道（见《碧泉铭》）等等。

禅宗在老庄的大道无处不在这一思想基础之上，提出了一个颇富诗意的著名命题：

青青翠竹，尽是真如；郁郁黄花，无非般若。（《祖堂集》卷三）

这就是说，大自然中的一草一木，一山一水，无不体现了佛家真理。因此有不少高僧信士都曾通过观察大自然而获益匪浅，而苏东坡就是其中的一位。据《五灯会元》卷十七记载，苏东坡夜宿东林寺，于水声山色中领悟了佛法，于是第二天就写了一首偈：

溪声便是广长舌，山色岂非清静身？夜来八万四千偈，他日如何举似人？（《赠东林总长老》）

据说佛祖的异相之一就是舌头又宽又长，善于说法。而苏东坡认为潺潺的水声就是佛祖的说法声，起伏的山峦就是佛祖的清静法身，他从中获得了许许多多的启示和心得，这些心得是如此之多，又是如此精妙，以至于他无法用语言表达给别人听。

②左右：泛指各处各地。

③汜：假借为"泛"。

【译文】

大道的作用是那样的广大而普遍，可以说无处不在。

甲本　［成功］遂事而弗名有也①，万物归焉而弗为主②，则恒无欲也。

乙本　成功遂［事而］弗名有也，万物归焉而弗为主，则恒无欲也。

王本　万物恃之而生而不辞③，功成不名有，衣养万物而不为主④,常无欲。

【注释】

①成功遂事而弗名有也:成就了万事万物而不去求名、不去占有。
　成、遂,都是做成、促成的意思。功、事,指万事万物。名有,求名
　与占有。名,求名。有,占有。

②万物归焉而弗为主:万物都归向大道而大道不去做他们的主宰
　者。焉,代指大道。

③恃:依赖。不辞:不拒绝,不限制。本句为甲、乙本所无。

④衣养:保护养育。衣,用如动词。覆盖,保护。

【译文】

甲本、乙本:

大道成就了万事万物而从来不去求名、不去占有,万物都归向大道
而大道不去做他们的主宰者,大道是永远没有欲望的。

王本:

万物依靠它才能生存,而它从不限制万物,大功告成也不去求名、不
去占有,护养了万物而不做万物的主宰者,永远没有什么欲望。

甲本　可名于小①,万物归焉[而弗]为主;可名于大②,
是[以]声人之能成大也③,以其不为大也④,故能成大。

乙本　可名于小,万物归焉而弗为主;可命于大⑤,是
以耵人之能成大也⑥,以其不为大也,故能成大。

王本　可名于小,万物归焉而不为主;可名为大,以其
终不自为大⑦,故能成其大。

【注释】

①可名于小：可以把大道叫作"卑微""渺小"。因为大道从来不去做万物的主宰者，从这一角度看，可以把它叫作"小"。

②可名于大：也可以把它叫作伟大。虽然大道从来不去做万物的主宰者，但没有任何事物能够违背大道，从这一角度看，又可以把它叫作"大"。

③是以声人之能成大也：因此那些能够按照大道做事的圣人能够成为伟大之人。声人，即"圣人"。声，假借为"圣"。本句为王本所无。

④以其不为大也：因为他们从来不去追求成为伟大者。以，因为。

⑤命：假借为"名"。也可理解为"命名"。

⑥耵：同"圣"。

⑦自为大：自己追求成为伟大者。为，追求。"以其终不自为大，故能成其大"的道理与第七章"天地所以能长且久者，以其不自生，故能长生"的道理一致。

【译文】

甲本、乙本：

可以把大道看作是渺小的，因为虽然万物都归依于它，而它却不当万物的主宰者；也可以把大道看作是伟大的，因为那些按照大道做事的圣人之所以能够成为伟大之人，就是因为他们主观上像大道那样不去追求成为伟大之人，所以才能够成为伟大之人。

王本：

可以把道看作是渺小的，因为虽然万物都归附于它，而它却不当万物的主宰者；也可以把它看作是伟大的，因为它始终不追求成为伟大者，所以才能成为伟大者。

三十五章（王本三十五章）

本章指出，如果君主遵循大道，就能够获得民众的拥护，其恩德也会惠及包括君主在内的所有人。然而安逸的生活往往会绊住君主寻求大道的脚步。本章告诉我们，追求安逸生活是人之常情，但如果处理不当，安逸的生活会成为君主学习大道、皈依大道的绊脚石。本章虽然是针对君主而言，但也适用于普通民众。

本章文字较少，各本不同处也较少，主要有：第一，甲、乙本作"过格止"，王本作"过客止"。第二，甲、乙本作"故道之出言也"，王本作"道之出口"。第三，甲、乙本分别作"曰谈呵其无味也"与"曰淡呵其无味也"，王本作"淡乎其无味"。第四，在第二段中，甲、乙本每句话都比王本多一"也"字。这些差异都不影响各本内涵的一致。

甲本　执大象①，[天下]往②，往而不害，安平太③。乐与饵④，过格止⑤。

乙本　执大象，天下往，往而不害，安平太。乐与[饵]，过格止。

王本　执大象，天下往，往而不害，安平太。乐与饵，过客止。

【注释】

①执大象：掌握了大道。执，掌握。大象，最大的形象，指大道。

②往：依归，归附。

③安平太：三字同义，都是太平安乐的意思。太，顺利，安宁。《广韵·泰韵》："泰，通也。古作太。"

④乐与饵（ěr）：音乐与美食。这里泛指各种生活享受。饵，糕饼。这里泛指美食。

⑤过格：过路人。这里指归往"大象"的人。格，一说通"客"。高明《帛书老子校注》："《甲》《乙》本俱假'格'字为'客'。"一说"格"为"客"字之误。许抗生《帛书老子注译与研究》："'格'实为'客'之误。""乐与饵，过客止"是说人们本来是要归向"大象"、遵循大道的，但往往受到各种享乐生活的引诱，半途而废。关于"乐与饵，过客止"的情况，这里举晋文公重耳当君主前的事例。

　　由于晋献公后妻骊姬想让自己的儿子替代前妻之子太子申生去继承君位，于是就迫害前妻留下的几个儿子，使晋国发生了严重内乱。申生被迫自杀后，其弟重耳也受到连累，只得带着舅舅子犯等人流亡国外，目的是要争取各国的支持，以便自己能够回国当君主。请看他逃亡到齐国时发生的一件事情：

　　　　及齐，齐桓公妻之，有马二十乘，公子安之。从者以为不可。将行，谋于桑下。蚕妾在其上，以告姜氏。姜氏杀之，而谓公子曰："子有四方之志，其闻之者，吾杀之矣。"公子曰："无之。"姜曰："行也。怀与安，实败名。"公子不可。姜与子犯谋，醉而遣之。醒，以戈逐子犯。（《左传·僖公二十三年》）

　　重耳是一位很有作为的政治家，他后来返晋为君，成为春秋五霸之一。但当他流亡于齐国时,因为有了一个妻子和数十匹马的家产,就贪图安逸日子,不想离开齐国了,自然也就不再追求什么政治理想了。最后,妻子和舅舅只好合谋把他灌醉,然后放在车上,把他拉离了安乐窝。重耳醒后,十分生气,还拿起武器追杀舅舅。一个颇有作为的政治家尚且如此,更何况一般人!

【译文】

如果君主掌握了大道,天下人都会归附于他,归附他不会有任何害处,都能过上太平安乐的好生活。然而由于贪图诸如音乐美食等各种安逸的生活,往往会使那些皈依大道的人半途而废。

甲本　故道之出言也①,曰谈呵其无味也②,[视之]不足见也③,听之不足闻也,用之不可既也④。

乙本　故道之出言也,曰淡呵其无味也,视之不足见也,听之不足闻也,用之不可既也。

王本　道之出口,淡乎其无味,视之不足见,听之不足闻,用之不足既。

【注释】

①故道之出言也:大道这种事物从口中说出。出言,即王本的"出口"。

②曰谈呵其无味也:可以说是淡淡的没有任何味道。谈,假借为"淡"。高明《帛书老子校注》:"《甲》本又假'谈'字为'淡'。"

③视之不足见也:看它又看不见。不足,不能,无法。

④既:尽、完。大道是规律,而规律是无法用完的。一条规律,一人可用,十人可用,千万人也可用,而且用不完。用不完的东西,往往不被珍惜。

【译文】

甲本、乙本：

大道这种事物从口中说出来，可以说是淡淡的没有任何味道，看它又看不见，听它又听不到，用它也用不完。

王本：

大道这种事物从口中说出来，淡淡的没有任何味道，看它又看不见，听它又听不到，用它也用不完。

三十六章（王本三十六章）

【题解】

　　老子在本章提出"将欲歙之，必固张之；将欲弱之，必固强之"等一系列的斗争策略，进而提出"柔弱胜刚强"的著名主张，本章最后还告诫人们，在使用这些斗争策略时，既要注意特殊的客观条件，又要注意保密。正因为这个原因，"世之观此章，皆谓老子用机智"（憨山德清《老子道德经解》），说老子善于使用权谋。

　　本章各本不同处主要有：第一，甲、乙本分别作"将欲拾之，必古张之"与"将欲捨之，必古张之"，王本作"将欲歙之，必固张之"。第二，甲、乙本作"将欲去之，必古与之"，王本作"将欲废之，必固兴之"。第三，甲、乙本作"将欲夺之，必古予之"，王本作"将欲夺之，必固与之"。第四，甲、乙本分别作"是胃微明，㠯弱胜强"与"是胃微明，柔弱朕强"，王本作"是谓微明，柔弱胜刚强"。第五，甲、乙本分别作"鱼不可脱于潚，邦利器不可以视人"与"鱼不可说于渊，国利器不可以示人"，王本作"鱼不可脱于渊，国之利器不可以示人"。如此等等。

　　甲本　将欲拾之①，必古张之②；将欲弱之，[必古] 强之；将欲去之③，必古与之④；将欲夺之，必古予之⑤。

　　乙本　　将欲擒之⑥,必古张之;将欲弱之,必古强之;将欲去之,必古与之;将欲夺之,必古予之。

　　王本　　将欲歙之⑦,必固张之⑧;将欲弱之,必固强之;将欲废之,必固兴之⑨;将欲夺之,必固与之。

【注释】

①将欲拾之:将要收缩自己的对手。拾,假借为"翕"。收缩。高明《帛书老子校注》:"《甲》本'拾'字与《乙》本'擒'字,均当假为'翕'。"

②必古张之:一定要暂时让对手扩张开来。古,假借为"固"。一定。高明《帛书老子校注》:"'古'字均当假为'固'。"另外,依据王本,"固"又可假借为"姑",姑且,暂时。考虑到"古"前已有"必"字,"古"假借为"姑",似更为合理。

③将欲去之:将要消除他。去,去掉,消除。

④必古与之:一定要先赞美、帮助他。与,赞美,帮助。一说"与"假借为"举"。举荐,支持。"将欲去之,必古与之"与王本的"将欲废之,必固兴之"文字虽有不同,但含义非常接近。

　　通过本章阐述的这些手段可以看出,老子在理论上可以混混沌沌,善恶兼容,然而一接触现实,他就不能不讲究斗争策略了。关于"将欲去之,必古与之"的策略,这里试举"杀君马者,路旁儿也""看杀卫玠"、公孙弘举荐董仲舒三例予以说明。

　　有人总结说,与人斗争或竞争的时候,通常有两种手段,一是棒杀,二是捧杀。所谓棒杀,就是在力量允许的情况下,一棍子将对方置于死地;在无法采取强硬措施时,就用捧杀的手段,先把对方捧得高高的,然后让他跌下摔死。所谓捧杀,就是老子说的"必古与之"。

　　当然，在现实生活中，捧杀分善意的和恶意的两种。即使善意的吹捧，也难以让人招架。《风俗通义·佚文》有这么一句话：

　　杀君马者，路旁儿也。

　　害死你的马的人，是那些路边喝彩的年轻人。这个故事是这样的，有位官员，家庭富有，养的马又肥又壮，跑得也快。有一次，官员骑马在路上飞奔，路两边的人看到后，齐声喝彩。大家越喝彩，官员越得意，打着马跑得越快；跑得越快，大家就越喝彩，如此陷入"恶性循环"，结果官员把自己的马累死了。人们不仅能够把马"捧"死，还能够把人"捧"死。晋代有一位名叫卫玠的人，长得非常漂亮，从小就被人称为"玉人"，是闻名全国的美男子。有一次，卫玠到建邺（今南京，一说是到南昌）去，建邺人听说"玉人"来了，都想一睹风采，结果把道路围得水泄不通，当时是阴历六月，天气很热，卫玠本来身体就比较虚弱，结果又被人围观于太阳之下，中暑生病，不久就因病去世，时年二十七岁。时人说"看杀卫玠"（《晋书·卫瓘列传》）。

　　这还是善意的捧，因为马主人在心理上没有承受住人们的"捧"，自己的马被捧杀了；卫玠在身体上没有承受住人们的"捧"，自己被捧杀了。如果是恶意的捧，其结果会更糟。

　　汉武帝时有两位大儒，一位是罢黜百家、独尊儒术的首倡者董仲舒，一位是公孙弘。公孙弘的道德、学问皆不如董仲舒，但他善于揣摩上意，位至宰相。董仲舒为人正直，就批评公孙弘善于阿谀奉承，投机取巧。公孙弘为此非常痛恨董仲舒。当时的胶西王刘端是汉武帝的兄长，胶西王患上严重的男科疾病，导致心理变态，朝廷派去的官员，大多都被他以各种方式杀害了。在这种情况下，公孙弘就大肆赞扬董仲舒的才能，说只有他才有能力去辅佐胶西王，而实际目的是想借胶西王之手杀害董仲舒。武帝听信了公孙弘对董仲舒的"捧"，就派董仲舒去胶西当相国，虽然胶西王善待了董仲舒，但董仲舒还是担心这位喜怒无常的诸侯王随时可能会加害于自己，所以很快就借口生病辞职而归，从此以著述为生，再也没有踏入仕途。公孙弘就是用"与之"的手段把董仲舒彻底挤出政坛。

⑤予：给与。这里举例说明什么叫作"将欲夺之，必古予之"。《韩非子·说林下》记载：

> 知伯将伐仇由，而道难不通。乃铸大钟遗仇由之君，仇由之君大说，除道将内之，赤章曼枝曰："不可。此小之所以事大也，而今也大以来，卒必随之，不可内也。"仇由之君不听，遂内之。赤章曼枝因断毂而驱，至于齐七月，而仇由亡矣。

春秋时期，晋国是个强大的国家，有一段时间，知伯掌握了晋国政权。在执政期间，他特别想消灭一个诸侯国——仇由国（在今山西盂县东北）。仇由国不大，但处于深山之中，道路不通，军队无法进入。于是知伯就派使者对仇由国君说："我想送您一口大钟，不知您是否愿意接受。"仇由国君当然十分高兴，当时大钟是国家重器，小国是没有能力铸造的。青铜钟铸成之后，个头非常大，非常重，人抬不动。于是仇由国君就动员全国百姓修一条大路出去，想把大钟用车拉回来。仇由国君在修路时，大臣就反对，认为自己的国家很小，但相对还比较安全，原因就在于没有大路与外界交通，如果修了大路，国家就不安全了。但是仇由国君没有听从大臣劝告，修了一条大路出去。钟是拉回来了，但知伯的军队沿着这条大路也打进来了。史书记载，从仇由国君把钟拉回来，到这个国家的灭亡，只有几个月的时间。

⑥擒：假借为"禽"字。

⑦歙之(xī)：削弱自己的对手。歙，收缩，削弱。之，泛指自己的对手。

⑧必固张之：一定要暂时让对手扩张开来。固，通"姑"。姑且，暂时。如把"必固"看作同义词连用，解释为"一定要"，亦通。

⑨将欲废之,必固兴之:要想废除自己的对手,必须暂时让对手振兴
　起来。

【译文】

甲本、乙本:

　要想收缩自己的对手,必须暂时让对手扩张开来;要想削弱自己的
对手,必须暂时加强自己的对手;要想消除自己的对手,必须暂时去赞
美、帮助自己的对手;要想夺取自己对手的东西,必须暂时先赠予一些东
西给对手。

王本:

　要想收缩自己的对手,必须暂时让对手扩张开来;要想削弱自己的
对手,必须暂时加强自己的对手;要想废除自己的对手,必须暂时让对手
振兴起来;要想夺取自己对手的东西,必须暂时先赠予一些东西给对手。

　　甲本　是胃微明①,𣐧弱胜强②。鱼不[可]脱于渊③,
邦利器不可以视人④。

　　乙本　是胃微明,柔弱朕强⑤。鱼不可说于渊⑥,国利
器不可以示人。

　　王本　是谓微明,柔弱胜刚强。鱼不可脱于渊,国之利
器不可以示人。

【注释】

①是胃微明:这就叫作含而不露的聪明。是,代指以上策略。胃,通
　"谓"。叫作。微,幽暗不明。一说"微明"指先幽暗而后显明,
　即先处劣势而后处优势,与下文"𣐧弱胜强"的意思相似。

②𣐧弱胜强:王本作"柔弱胜刚强"。以柔弱的手段战胜刚强之
　人。𣐧,即"柔"字。高明《帛书老子校注》:"帛书《甲》本残

损一字，'柔'字写作''，帛书研究组读为'友'字，假借为'柔'。""柔弱胜刚强"是老子的重要处世原则，也是千古名言。庄子认为老子处世思想的核心就是"守柔"，是以柔克刚，《吕氏春秋》也说："老耽贵柔。"老耽即老子。

贵柔思想并非老子的首倡，远在商代，人们就提出"柔克"这一概念。具体到老子，他的守柔思想是来自他的老师常枞。《说苑·敬慎》记载，当常枞有病临死之前，老子去看望他：

> 常枞有疾，老子往问焉，曰："先生疾甚矣，无遗教可以语诸弟子者乎？"常枞曰："子虽不问，吾将语子。"常枞曰："过故乡而下车，子知之乎？"老子曰："过故乡而下车，非谓其不忘故耶？"常枞曰："嘻，是已。"常枞曰："过乔木而趋，子知之乎？"老子曰："过乔木而趋，非谓敬老耶？"常枞曰："嘻，是已。"张其口而示老子曰："吾舌存乎？"老子曰："然。""吾齿存乎？"老子曰："亡。"常枞曰："子知之乎？"老子曰："夫舌之存也，岂非以其柔耶？齿之亡也，岂非以其刚耶？"常枞曰："嘻，是已。天下之事已尽矣，无以复语子哉！"

常枞年龄很大，又得了重病，快要去世了。老子去看望他，希望常枞在去世之前再教育自己一次。于是常枞就在临死之前教育了老子三件事。

第一件事：常枞问老子："我们路过故乡时，一定要下车步行，你知道这是什么道理吗？"步行路过故乡是对故乡的尊敬，乘车路过是不尊敬。老子说："我懂了，路过故乡一定要下车，这是提醒我们一定要'不忘故'。""不忘故"的字面意思是不要忘记故乡，其实它的含义很丰富，比如不要忘记老熟人、老朋友，不要忘记历史等等。我们现在人讲"忘记历史，就意味着背叛"，古人早有这一思想。常枞说："你理解得对。"接着教育了老子第二件事。

第二件事：常枞问老子："我们路过外面的大树、古树时，一定要'趋'，你知道这是什么道理吗?"所谓"趋"，就是小步快走，这是古人规定的最尊重人的一种走法。老子回答说:"我懂了，这是提醒我们一定要'敬老'。""敬老"的字面意思是尊重老人，实际还包括尊重旧有习俗、传统文化的含义。常拟说:"你理解得对。"接着教育了老子第三件事。

第三件事:常拟把自己的嘴巴张开，让老子看，问道:"你看看我的舌头还在不在?"老子说:"还在，您的舌头完好。"常拟接着问:"你再看看我的牙齿还在不在?"老子说:"您的牙齿没有了，全部掉光了。"常拟又问:"那么你知道这是什么道理吗?"老子说:"我懂了，舌头之所以完好存在，是因为它柔;牙齿之所以掉光了，是因为它太刚强。"于是道家就得出这样的结论:"柔弱胜刚强。"

《列子·黄帝》也有一段论述"守柔"的话，讲得很有道理，原文是:"天下有常胜之道，有不常胜之道。常胜之道曰柔，常不胜之道曰强。二者亦知，而人未之知。故上古之言:强，先不己若者;柔，先出于己者。先不己若者，至于若己，则殆矣。先出于己者，亡所殆矣。"翻译成白话为:

天下有常胜的方法，有不常胜的方法。常胜的方法是柔弱，不常胜的方法是刚强。……刚强，可以战胜那些力量不如自己的人;柔弱，则可以战胜那些力量超过自己的人。刚强可以战胜那些力量不如自己的人，但遇上力量同自己一样的人，那就危险了。柔弱可以战胜那些力量超过自己的人，因此就不会遇到任何危险。

简单地总结一下列子的思想，就是:

刚强:非常胜之道。

柔弱:常胜之道。

列子认为，我们与别人竞争也好，斗争也好，一般有两种手段，一是刚强，一是柔弱。他说，用刚强的手段对付对手，非常胜之道。为什么？用刚强的手段对付对手，就是比力量的大小，比拳头的大小。如果你遇到一个力量比你小的，拳头比你小的，那么你赢了，对方输了。如果你遇到一个力量比你大的，拳头比你大的，那么你输了，对方赢了。所以用刚强的手段对付对手，不是"常胜之道"。为什么说用柔弱的手段对付对手是"常胜之道"呢？因为用柔弱的手段，可以战胜力量比自己强大的人。

关于守柔、以柔克刚的例子，这里举刘邦的事迹为例。

刘邦首先率领义军进入关中，占领了秦朝都城咸阳。他为了能够在八百里秦川称王，就派兵坚守函谷关。但函谷关很快就被项羽攻破。当项羽来到鸿门后，他要做的第一件事情就是下令："旦日飨士卒，为击破沛公军！"当时项羽军队四十万，刘邦只有十万。在此危急时刻，刘邦开始示弱，他请项羽的叔叔项伯转告项羽说：

> 吾入关，秋豪不敢有所近，籍吏民，封府库，而待将军。所以遣将守关者，备他盗之出入与非常也。日夜望将军至，岂敢反乎！愿伯具言臣之不敢倍德也。(《史记·项羽本纪》)

刘邦请求项伯转告项羽："我进入关中之后，秋毫财富不敢侵占，我登记了官民名字，封存了秦朝府库，天天盼望着将军的到来，之所以派军队把守函谷关，是为了防备盗贼出入，是为了社会治安。我永远是忠于您的，绝对不会背叛您。"第二天，刘邦还亲自到鸿门向项羽表示忠心，从而赢得项羽的谅解。后来的结果我们知道，刘邦逐渐壮大自己的势力，最后反制项羽，逼项羽乌江自杀，统一了天下。

就是这位善于"以柔克刚"的开国皇帝，后来又被别人的"示弱"假象所欺骗。刘邦即位后的第七年，发生了一件让汉朝廷痛彻心扉的事情：

> 使人使匈奴。匈奴匿其壮士肥牛马，但见老弱及羸畜。使者十辈来，皆言匈奴可击。……遂往。至平城，匈奴果出奇兵围高帝白登，七日然后得解。（《史记·刘敬列传》）

刘邦即位的第七年，他手下的诸侯王韩王信反叛，并且联合匈奴，共同进攻汉朝。刘邦非常生气，于是亲自率领军队反击。在他出兵之前，就派十几批使者出使匈奴，名义上是为了相互沟通，实际是去探察匈奴人的虚实。

匈奴人也知道刘邦的用意，于是就把自己的精兵强将全部隐藏起来，让使者看到的都是一些老弱病残的将士，是一些瘦弱的战马，结果把使者骗住了。使者回来报告，都认为此时匈奴十分衰弱，可以与匈奴一战。刘邦信以为真，便率领军队，一直向北打到平城（今山西大同一带）。此时，匈奴的精锐军队出现了，把刘邦团团包围在大同附近的白登山上，时间长达七天七夜。当时是冬天，刘邦军队不少人的手脚都被冻坏了，失去了战斗力。最后是通过外交手段，实际就是贿赂的方法，使匈奴"解围之一角"，刘邦才安全脱险。

看看这两次"示弱"：

> 刘邦向项羽示弱，是以弱示弱（刘邦是真的弱小，不得不示弱）。

> 匈奴向刘邦示弱，是以强示弱（匈奴是强大，示弱是为了诱骗）。

虽然两者示弱的基础不同，但他们都达到了自己的目的，战胜了对方。

③鱼不可脱于渊：鱼不可以离开水。脱，脱离，离开。渊，假借为"渊"。深水。这里泛指水。高明《帛书老子校注》："假'渊'字为'渊'。"实际上，"渊"字本身就有深水的意思。《说文·水部》：

"澞,深清也。""鱼不可脱于渊"是比喻,字面意思是说鱼不可离开水,一旦离开水,则必死无疑。其要说明的道理是,在使用"将欲歙之,必固张之"这些策略时,必须有一定的客观条件,否则,这些做法势必会失败,就像鱼离开水注定要死亡一样。老子知道,如果不顾客观条件,一味地去加强敌人,无疑是自取灭亡,因此他用"鱼不可脱于渊"去加以强调。

④邦利器不可以视人:这些策略也像国家的优良武器一样,不能让别人知道。邦,国家。利器,优良的武器。这里指以上所述的策略。视,假借为"示"。示人,让人看到。"邦利器不可以示人"的意思是说,使用这些策略时,要注意保密,不能让对手知道,一旦天机泄露,"张之"就未必能达到"歙之"的目的。

⑤朕:假借为"胜"。

⑥说:假借为"脱"。高明《帛书老子校注》:"假'说'字为'脱'。"渊:深渊。这里泛指水。

【译文】

这就叫作含而不露的聪明,也即以柔弱的手段战胜刚强之人的策略。使用这些策略时要像鱼那样不能脱离一定的客观条件,也像国家的优良武器一样,不能让别人知道。

三十七章（王本三十七章）

【题解】

本章提醒君主,只要自己做到清静无为,国家就会富强;当国家富强之后,君主依然要遵循大道,不可多欲多事。只有如此,百姓才能生活富裕,国家才能安定祥和。

本章各本最大的不同,就是王本有"道常无为而无不为"一句,甲、乙本无此句,代之以"道恒无名"。其他不同处还有:第一,甲本"侯王若守之",与乙本、王本相比,脱一"能"字。第二,甲本作"万物将自恖",乙本、王本作"万物将自化"。第三,甲、乙本分别作"恖而欲作,吾将阒之以无名之楃"与"化而欲作,吾将阒之以无名之朴",王本作"化而欲作,吾将镇之以无名之朴"。第四,甲、乙本作"夫将不辱",王本作"夫亦将无欲"。第五,甲、乙本分别作"不辱以情,天地将自正"与"不辱以静,天地将自正",王本作"不欲以静,天下将自定"。

甲本　道恒无名^①。侯王若守之^②,万物将自恖^③。

乙本　道恒无名。侯王若能守之,万物将自化。

王本　道常无为而无不为^④。侯王若能守之,万物将自化。

【注释】

①道恒无名：大道永远处于一种看不见、摸不着的虚无状态。恒，
常，永远。无名，无可名状，虚无。大道作为规律，当然是处于一
种看不见、摸不着的虚无状态。王本的本章无此句。

②侯王：泛指统治者。

③万物将自㓝：百姓将会自然而然地发展生产。万物，这里主要指
人。自㓝，自我化育发展。指百姓自己能够发展生产，搞好生活。
㓝，假借为"化"。高明《帛书老子校注》："《甲》本又假'㓝'字
为'化'。'㓝'字从心为声，'为'字属匣纽歌部，'化'字在晓纽
歌部，'为''化'二字古音同通用。"

④道常无为而无不为：大道永远是清静无为的，然而却又做好了所
有的事情。常，永远。无为，顺应万物而为，不掺进任何主观意
志。无不为，没有什么事情做不好。甲、乙本无此句。

【译文】

甲本、乙本：

大道永远处于一种看不见、摸不着的虚无状态。王侯如果能够遵循
它，百姓将会自然而然地发展生产。

王本：

大道永远是清静无为的，然而却又成就了万事万物。王侯如果能够
遵循它，百姓将会自然而然地发展生产。

　　甲本　㓝而欲〔作①，吾将闐之以无〕名之楃②。〔闐之
以〕无名之楃，夫将不辱③。不辱以情④，天地将自正⑤。

　　乙本　化而欲作，吾将闐之以无名之朴⑥。闐之以无名之
朴，夫将不辱。不辱以静，天地将自正。《道》二千四百廿六⑦。

　　王本　化而欲作，吾将镇之以无名之朴⑧。无名之朴，

夫亦将无欲,不欲以静,天下将自定^⑨。

【注释】

①忽而欲作:生产发展繁荣之后将会有欲望产生。欲,本章皆作"欲望"解。作,兴起,产生。生产发展了,生活富裕了,各种欲望也就自然产生了。本段所缺字,据乙本补。

②吾将阗之以无名之椁:我将用无形无象的大道去说服他们清静下来。阗,假借为"镇"。镇,使安定下来。高明《帛书老子校注》:"假'阗'字为'镇'。"椁,乙本、王本均作"朴"。一说"椁"假借为"朴"。朴,未加工过的木材。即原木。无名之朴,无形无象的道。无名,虚无,不可名状。朴,未加工过的原木,这里比喻"道"。未加工过的原木与"道"有许多相似之处:原木可以加工成各种各样的器具,而"道"可以分散为各种各样的具体事物的规律;原木是各种器物的本源,"道"是各种具体规律的本源;原木无人工痕迹,"道"同样是原始自然而不掺入任何人工痕迹。所以老子用"朴"比喻"道"。

③夫将不辱:也就是让人们没有欲望。辱,假借为"欲"。高明《帛书老子校注》:"《甲》《乙》本假'辱'字为'欲',当作'夫将不欲'。……'辱''欲'二字古为双声叠韵,音同互假。"

④不辱以情:没有欲望而安静下来。以,而。情,假借为"静"。

⑤天地将自正:天地万物将会自然而然地安定下来。正,假借为"定"。朱谦之《老子校释》:"谦之案:'正',诸王本与宋刊河上本作'定',王羲之本、傅、范本、高翿本及诸石本皆作'正'。'正''定'义通,定从正声,形亦近同。"

　　本章主要是讲君主如何治理国家。大道运行,是无目的的、无欲望的,就主观来说,大道并不想有所作为,然而客观上却成就了万物,所以说它是"无为而无不为"。老子认为,君主如果能效法大道，坚持无为政治，自然也能把国家治理好。"化而欲作"是说天下安定、国家繁荣以后，万物、主要是指包括国君在内的人，可能会产生多为的欲望，如大兴土木、发动战争等等。此时再用大道来说服他们，使他们清净下来，像大道那样永远"无为而无不为"。

西汉中期以前的政治情况很类似老子所描述的这一过程。《汉书·食货志四上》记载：

> 汉兴，接秦之弊，诸侯并起，民失作业，而大饥馑。凡米石五千，人相食，死者过半。……天下既定，民亡盖臧，自天子不能具醇驷，而将相或乘牛车。……
>
> 至武帝之初七十年间，国家亡事，非遇水旱，则民人给家足，都鄙廪庾尽满，而府库余财。京师之钱累百巨万，贯朽而不可校。太仓之粟陈陈相因，充溢露积于外，腐败不可食。众庶街巷有马，仟伯之间成群，乘牸牝者摈不得会聚。

从汉初到汉景帝刘启，一直执行无为政策，终于摆脱了"人相食，死者过半"的困境，使国家经济繁荣起来，有吃不完的粮食和花不完的金钱，确实达到了"无不为"的程度。这就是老子说的"侯王若能守之，万物将自化"。

汉武帝凭借这一国富民强的基础，欲望膨胀起来，他对外用兵，对内改制，忙忙碌碌，真可谓"化而欲作"。可惜的是，此时老子早已去世，无人去"镇之以无名之朴"。汉武帝数十年的"多为"，使中国再次陷入"海内虚耗，人复相食"（《汉书·食货志四上》）、户口减半、义军蜂起的混乱局面，"无不为"的大好局面被"多为"给葬送了。

到了武帝晚年，面对破败不堪的局面，他开始自我反省，认真悔过，颁布了著名的轮台罪己诏，"深陈既往之悔。……由是不复出军。而封丞相车千秋为富民侯，以明休息，思富养民也"

（《汉书·西域传下》）。武帝再次恢复文景时期无为而治的政策，使国家逐渐安定下来。这就是老子说的"不欲以静，天下将自定"。

⑥无名之朴：比喻大道。详见注释②。

⑦《道》二千四百廿六：《道经》共二千四百二十六字。本句应为抄写者对《道经》字数的统计，非《老子》原文。故甲本、王本无此句。

⑧镇：压下去，使安定下来。

⑨天下将自定：天下将自然会太平安定。自定，自然安定祥和。本句与甲、乙本不同处，甲、乙本讲的是整个天地万物，而王本主要指天下百姓。但二者含义没有本质区别。

【译文】

甲本、乙本：

生产发展繁荣之后如有欲望产生，我将用无形无象的大道去说服他们清净下来。用无形无象的大道去说服他们清净下来，也不过就是消除人们的欲望而已。如果人们消除欲望而做到了清净无为，那么整个天地万物都将会自然而然地安定下来。

王本：

生产发展繁荣之后如有欲望产生，我将用无形无象的大道去说服他们清净下来。无形无象的大道也不过就是没有欲望而已，如果人们没有欲望而做到了清净无为，天下将自然会太平安定。

附录

帛书《老子》残卷原貌与王弼本原文对照

（左列为帛书甲本，中间列为帛书乙本，右列为王弼本）

德　经

38　□□□□□ □□□□□□□□□ □□德。	38　上德不德， 是以有德；下德不失 德，是以无德。	38　上德不德， 是以有德；下德不失 德，是以无德。
上德无□□无 以为也，上仁为之 □□以为也，上义为 之而有以为也，上礼 □□□□□□□□攘 臂而乃之。	上德无为而无以 为也，上仁为之而无 以为也，上德为之而 有以为也，上礼为 之而莫之瘾也，则 攘臂而乃之。	上德无为而无以 为，下德为之而有以 为。上仁为之而无以 为，上义为之而有以 为，上礼为之而莫之 应，则攘臂而扔之。
故失道而后德， 失德而后仁，失仁而 后义，□□□□□□ □□□□□□而乱 之首也。	故失道而后德， 失德而句仁，失仁而 句义，失义而句礼。 夫礼者，忠信之泊也， 而乱之首也。	故失道而后德， 失德而后仁，失仁而 后义，失义而后礼。 夫礼者，忠信之薄，而 乱之首。

□□□道之华也,而愚之首也。是以大丈夫居其厚而不居其泊,居其实不居其华。故去皮取此。

前识者,道之华也,而愚之首也。是以大丈夫居□□□居其泊,居其实而不居其华。故去罢而取此。

前识者,道之华而愚之始。是以大丈夫处其厚,不居其薄;处其实,不居其华。故去彼取此。

39 昔之得一者:天得一以清,地得□以宁,神得一以霝,浴得一以盈,侯□□□而以为□□正。

39 昔得一者:天得一以清,地得一以宁,神得一以霝,浴得一盈,侯王得一以为天下正。

39 昔之得一者:天得一以清,地得一以宁,神得一以灵,谷得一以盈,万物得一以生,侯王得一以为天下贞。

其致之也,胃天毋已清,将恐□;胃地毋□□,将恐□;胃神毋已霝,□恐歇;胃浴毋已盈,将恐渴;胃侯王毋已贵□□□□□。

其至也,胃天毋已清,将恐莲;地毋已宁,将恐发;神毋□□□恐歇;谷毋已□,将渴;侯王毋已贵以高,将恐欮。

其致之,天无以清,将恐裂;地无以宁,将恐发;神无以灵,将恐歇;谷无以盈,将恐竭;万物无以生,将恐灭;侯王无以贵高,将恐蹶。

故必贵,而以贱为本,必高矣,而以下为基。夫是以侯王自胃□、寡、不稟,此其□□□□□□? 故致数与无与。是故不欲□□若玉,硌□□□。

故必贵,以贱为本;必高矣,而以下为基。夫是以侯王自胃孤、寡、不稟,此其贱之本与,非也? 故至数舆无舆。是故不欲禄禄若玉,硌硌若石。

故贵以贱为本,高以下为基。是以侯王自谓孤、寡、不穀,此非以贱为本邪? 非乎? 故致数舆无舆。不欲琭琭如玉,珞珞如石。

40 □□□□□
□□□□□□□
□□□□□□□□
□□□□□□□

□□□□□□
□□□□□□□□
□□也。

□□□□□□
□□□□□□□
□□□□□□□
□□□□□□□
□□□□□□□
道,善□□□□。

41 □□□道之
动也;弱也者,道之
用也。
天□□□□□
□□□□。

42 □□□□□
□□□□□□□□□
□□□□□□中气以
为和。
天下之所恶,唯

---

40 上□□道,
堇能行之;中士闻道,
若存若亡;下士闻道,
大笑之,弗笑,□□以
为道。
是以建言有之
曰:明道如费,进道
如退,夷道如类。
上德如浴,大白
如辱,广德如不足,建
德如□,质□□□。
大方无禺,大器免成,
大音希声,天象无刑。
道褒无名,夫唯道,善
始且善成。

41 反也者,道
之动也;□□者,道之
用也。
天下之物生于
有,有□于无。

42 道生一,一
生二,二生三,三生
□□□□□□□□
□□以为和。
人之所亚,唯□、

---

41 上士闻道,
勤而行之;中士闻道,
若存若亡;下士闻道,
大笑之,不笑,不足以
为道。
故建言有之:明
道若昧,进道若退,夷
道若纇。
上德若谷,大白
若辱,广德若不足,建
德若偷,质真若渝,大
方无隅,大器晚成,大
音希声,大象无形。
道隐无名,夫唯道,善
贷且成。

40 反者,道之
动;弱者,道之用。
天下万物生于
有,有生于无。

42 道生一,一
生二,二生三,三生万
物。万物负阴而抱
阳,冲气以为和。
人之所恶,唯孤、

孤、寡、不彀，而王公
以自名也。

勿，或敚之□□
□之而敚。

故人□□教，夕
议而教人："故强良者
不得死。"我□以为
学父。

43　天下之至
柔，□骋于天下之致
坚，无有入于无间。
五是以知无为□□益
也；不□□教，无为之
益，□下希能及之矣。

44　名与身孰
亲？身与货孰多？得
与亡孰病？

甚□□□□□
□□亡。

故知足不辱，知
止不殆，可以长久。

45　大成若缺，
其用不币；大盈若盉，
其用不鄣。

寡、不彀，而王公以
自□□。

□□□□□云，
云之而益。

□□□□□□
□□□□□□□
□□将以□□父。

43　天下之至
□，驰骋乎天下□□
□□□□□无间。吾
是以□□□□□□
也；不□□□□□□
□□□□□□□矣。

44　名与□□
□□□□□□□□
□。

□□□□□□□
□□□□
□□□□□□□
□□□□□□□

45　□□□□□
□□□□盈如冲，其
□□□。

寡、不毂，而王公以为
称。

故物，或损之而
益，或益之而损。

人之所教，我亦
教之："强梁者不得其
死。"吾将以为教父。

43　天下之至
柔，驰骋天下之至坚，
无有入无间。吾是以
知无为之有益。不言
之教，无为之益，天下
希及之。

44　名与身孰
亲？身与货孰多？得
与亡孰病？

是故甚爱必大
费，多藏必厚亡。

知足不辱，知止
不殆，可以长久。

45　大成若缺，
其用不弊；大盈若冲，
其用不穷。

大直如诎,大巧如拙,大赢如炳。

趮胜寒,靓胜炅,请靓可以为天下正。

46 天下有□□走马以粪;天下无道,戎马生于郊。

罪莫大于可欲,䄖莫大于不知足,咎莫憯于欲得。□□□□□恒足矣。

47 不出于户,以知天下;不规于牖,以知天道。

其出也弣远,其□□□□□□□□□□□□□为而□。

48 □□□□□□□□□□□□□□□□□□□□□

取天下也,恒□□□□□□□□

□□□□□如拙,□□□绌。

趮朕寒□□□□□□□□□□。

46 □□□道,却走马□粪;无道,戎马生于郊。

罪莫大可欲,祸□□□□□□□□□□□□□□足矣。

47 不出于户,以知天下;不规于□□知天道。

其出也筮远者,其知筮□□□□□□□□□而名,弗为而成。

48 为学者日益,闻道者日云。云之有云,以至于无□□□□□□。

取天下,恒无事;及其有事也,□足以

大直若屈,大巧若拙,大辩若讷。

躁胜寒,静胜热,清静为天下正。

46 天下有道,却走马以粪;天下无道,戎马生于郊。

祸莫大于不知足,咎莫大于欲得。故知足之足,常足矣。

47 不出户,知天下;不窥牖,见天道。

其出弥远,其知弥少。是以圣人不行而知,不见而名,不为而成。

48 为学日益,为道日损,损之又损,以至于无为。无为而无不为。

取天下常以无事,及其有事,不足以

□□□。	取天□。	取天下。

49　□□□□□以百□之心为□。

善者，善之；不善者，亦善□□□□□□□□□□信也。

□□之在天下，惵惵焉，为天下浑心。百姓皆属耳目焉，圣人□□□。

49　□人恒无心，以百省之心为心。

善□□□□□□□□□善也。信者，信之；不信者，亦信之，德信也。

耵人之在天下也，欱欱焉，□□□□□□皆注其□□□□□□□。

49　圣人无常心，以百姓心为心。

善者，吾善之；不善者，吾亦善之，德善。信者，吾信之；不信者，吾亦信之，德信。

圣人在天下，歙歙为天下浑其心，□□□□□□□圣人皆孩之。

50　□生□□□□□□有□□□徒十有三，而民生生，动皆之死地之十有三。夫何故也？以其生生也。

盖□□执生者，陵行不□矢虎，入军不被甲兵。矢无所楇其角，虎无所昔其蚤，兵无所容□□□何故也？以其无死地焉。

50　□生入死，生之□□□□□之徒十又三，而民生生，僮皆之死地之十有三。□何故也？以其生生。

盖闻善执生者，陵行不辟㹜虎，入军不被兵革。㹜无□□□□□□其蚤，兵□□□□□也？以其无□□□。

50　出生入死，生之徒十有三，死之徒十有三，人之生、动之死地亦十有三。夫何故？以其生生之厚。

盖闻善摄生者，陆行不遇兕虎，入军不被甲兵。兕无所投其角，虎无所措其爪，兵无所容其刃。夫何故？以其无死地。

51　道生之，而

51　道生之，德

51　道生之，德

德畜之,物刑之,而器成之。

　　是以万物尊道而贵□□之尊,德之贵也,夫莫之时,而恒自然也。

　　道生之畜之,长之遂之,亭□□□□□□□□□弗有也,为而弗寺也,长而宰也,此之谓玄德。

52　天下有始,以为天下母。惢得其母,以知其□,复守其母,没身不殆。

　　塞其闷,闭其门,终身不堇。启其闷,济其事,终身□□。

　　□小曰□,守柔曰强;用其光,复归其明,毋遗身央,是胃袭常。

53　使我摞有知,□□大道,唯□□

畜之,物刑之,而器成之。

　　是以万物尊道而贵德。道之尊也,德之贵也,夫莫之爵也,而恒自然也。

　　道生之畜之,□□□之,亭之毒之,养之复之。□□□□□□□□□□□弗宰,是胃玄德。

52　天下有始,以为天下母。既得其母,以知其子;既知其子,复守其母,没身不佁。

　　塞其垸,闭其门,冬身不堇。启其垸,齐其□□□不棘。

　　见小曰明,守□□强;用□□□□□□□遗身央,是胃□常。

53　使我介有知,行于大道,唯他是

畜之,物形之,势成之。

　　是以万物莫不尊道而贵德。道之尊,德之贵,夫莫之命而常自然。

　　故道生之,德畜之,长之育之,亭之毒之,养之覆之。生而不有,为而不恃,长而不宰,是谓玄德。

52　天下有始,以为天下母。既得其母,以知其子;既知其子,复守其母,没身不殆。

　　塞其兑,闭其门,终身不勤。开其兑,济其事,终身不救。

　　见小曰明,守柔曰强;用其光,复归其明,无遗身殃,是为习常。

53　使我介然有知,行于大道,唯施是

第一列

□□□甚夷,民甚好解。

朝甚除,田甚芜,仓甚虚。服文采,带利□□□食,□□□□□□□!

54　善建□□拔,□□□□□子孙以祭祀□□。

□□□□□□□□□□□余;修之□□□□□□□□□□□□□□□。

以身□身,以家观家,以乡观乡,以邦观邦,以天□□□□□□□□□□□□。

55　□□之厚□,比于赤子。逢㙡螟地弗螫,攫鸟猛兽弗搏。骨弱筋柔而

第二列

畏。大道甚夷,民甚好僻。

朝甚除,田甚芜,仓甚虚。服文采,带利剑,猒食而赀财□□。是谓盗桍,非□□□!

54　善建者□□□□□□□子孙以祭祀不绝。

修之身,其德乃真;修之家,其德有余;修之乡,其德乃长;修之国,其德乃夆;修之天下,其德乃博。

以身观身,以家观□□□□国,以天下观天下。□□□□天下之然兹?以□。

55　含德之厚者,比于赤子。蜂疠虺蛇弗赫,据鸟孟兽弗捕。骨筋弱柔而

第三列

畏。大道甚夷,而民好径。

朝甚除,田甚芜,仓甚虚。服文彩,带利剑,厌饮食,财货有余。是谓盗夸,非道也哉!

54　善建者不拔,善抱者不脱,子孙以祭祀不辍。

修之于身,其德乃真;修之于家,其德乃余;修之于乡,其德乃长;修之于国,其德乃丰;修之于天下,其德乃普。

故以身观身,以家观家,以乡观乡,以国观国,以天下观天下。吾何以知天下然哉?以此。

55　含德之厚,比于赤子。蜂虿虺蛇不螫,猛兽不据,攫鸟不搏。骨弱筋柔而

握固。

未知牝牡□□□□□，精□至也。终日号而不发，和之至也。和曰常，知和曰明，益生曰祥，心使气曰强。

□□即老，胃之不道，不道□□。

56　□□弗言，言者弗知。

塞其闷，闭其□□其光，同其塾；坐其阅，解其纷。是胃玄同。

故不可得而亲，亦不可得而疏；不可得而利，亦不可得而害；不可□而贵，亦不可得而浅。故为天下贵。

57　以正之邦，以畸用兵，以无事取天下。

吾何□□□□也

握固。

未知牝牡之会而朘怒，精之至也。冬日号而不嚘，和□□□。□□□常，知常曰明，益生□祥，心使气曰强。

物□则老，胃之不道，不道蚤已。

56　知者弗言，言者弗知。

塞其垸，闭其门；和其光，同其尘；锉其兑，而解其纷。是胃玄同。

故不可得而亲也，亦□□□而□□□□而利，□□□得而害；不可得而贵，亦不可得而贱。故为天下贵。

57　以正之国，以畸用兵，以无事取天下。

吾何以知其然

握固。

未知牝牡之合而全作，精之至也。终日号而不嗄，和之至也。知和曰常，知常曰明，益生曰祥，心使气曰强。

物壮则老，谓之不道，不道早已。

56　知者不言，言者不知。

塞其兑，闭其门；挫其锐，解其分；和其光，同其尘。是谓玄同。

故不可得而亲，不可得而疏；不可得而利，不可得而害；不可得而贵，不可得而贱。故为天下贵。

57　以正治国，以奇用兵，以无事取天下。

吾何以知其然

哉？夫天下□□□，而民弥贫；民多利器，而邦家兹昏；人多知，而何物兹□□□□□盗贼□□。 □□□□。 "我无为也，而民自化；我好静，而民自正；我无事，民□□□□□□□□□□。"	也才？夫天下多忌讳，而民弥贫；民多利器，□□□□昏；□□□□□□□□□物兹章，而盗贼□□。 是以□人之言曰："我无为，而民自化；我好静，而民自正；我无事，而民自富；我欲不欲，而民自朴。"	哉？以此：天下多忌讳，而民弥贫；民多利器，国家滋昏；人多伎巧，奇物滋起；法令滋彰，盗贼多有。 故圣人云："我无为，而民自化；我好静，而民自正；我无事，而民自富；我无欲，而民自朴。"
58　□□□□□□□□其正察察，其邦夬夬。祸，福之所倚；福，祸之所伏。□□□□？ □□□□□□□□□□□□□□□□□□□□□□□□ □□□□□□□□□□□□□□□□□□	58　其正阆阆，其民屯屯；其正察察，其□□□。□□□□□□□□□□孰知其极？ □无正也，正□□□，善复为□□之佻也，其日固久矣。 是以方而不割，兼而不刺，直而不绁，光而不眺。	58　其政闷闷，其民淳淳；其政察察，其民缺缺。祸兮，福之所倚；福兮，祸之所伏。孰知其极？ 其无正，正复为奇，善复为妖。人之迷，其日固久。 是以圣人方而不割，廉而不刿，直而不肆，光而不耀。
59　□□□□□□□□□□□□□□□□□□□□□□□□□□□□□□□□□□□	59　治人、事天莫若啬。夫唯啬，是以蚤服。蚤服是胃重积□。重积□□□□	59　治人、事天莫若啬。夫唯啬，是谓早服。早服谓之重积德，重积德则无不

□□□□

□□□可以有国。有国之母，可以长久。是胃深楋固氏□□□□□道也。

60 □□□□□□

□□□天下，其鬼不神。非其鬼不神也，其神不伤人也。非其申不伤人也，圣人亦弗伤□□□不相□□德交归焉。

61 大邦者，下流也，天下之牝。天下之郊也，牝恒以靓胜牡，为其靓□□宜为下。

大邦□下小□，则取小邦；小邦以下大邦，则取于大邦。故或下以取，或下而取。

□大邦者，不过欲兼畜人；小邦者，不

□□□□□莫知其□。

莫知其□□□有国。有国之母，可□□□。是胃□根固氏、长生久视之道也。

60 治大国若亨小鲜。

以道立天下，其鬼不神。非其鬼不神也，其神不伤人也。非其神不伤人也，□□□弗伤也。夫两□相伤，故德交归焉。

61 大国□□□□□□□牝也。天下之交也，牝恒以静朕牡，为其静也，故宜为下也。

故大国以下□国，则取小国；小国以下大国，则取于大国。故或下□□□下而取。

故大国者，不□欲并畜人；小国，不过

克，无不克则莫知其极。

莫知其极，可以有国。有国之母，可以长久。是谓深根固柢、长生久视之道。

60 治大国若烹小鲜。

以道莅天下，其鬼不神。非其鬼不神，其神不伤人。非其神不伤人，圣人亦不伤人。夫两不相伤，故德交归焉。

61 大国者下流，天下之交。天下之牝，牝常以静胜牡，以静为下。

故大国以下小国，则取小国；小国以下大国，则取大国。故或下以取，或下而取。

大国不过欲兼畜人，小国不过欲入事

过欲入事人。夫皆得其欲，□□□为下。

62 □者，万物之注也，善人之蕵也，不善人之所蕵也。

美言，可以市；尊行，可以贺人。人之不善也，何□□有！

故立天子、置三卿，虽有共之璧以先四马，不善坐而进此。

古之所以贵此者何也？不胃□□得，有罪以免舆？故为天下贵。

63 为无为，事无事，味无未，大小多少，报怨以德。

图难乎□□□□□□□。天下之难作于易，天下之大作于细。是以圣人冬不为大，故能□□□。□□□□□□必多难。是□□

欲入事人。夫□□其欲，则大者宜为下。

62 道者，万物之注也，善人之蕵也，不善人之所保也。

美言，可以市；尊行，可以贺人。人之不善，何□□□！

□立天子、置三乡，虽有□□璧以先四马，不若坐而进此。

古□□□□□□□？不胃求以得，有罪以免与？故为天下贵。

63 为无为，□□□□□□□□□□□□。

□□□□□□□□乎其细也。天下之□□□易，天下之大□□□□□□□□□□□□。

夫轻若□□信，多易必多难。是以耶

人。夫两者各得其所欲，大者宜为下。

62 道者，万物之奥，善人之宝，不善人之所保。

美言，可以市；尊行，可以加人。人之不善，何弃之有！

故立天子，置三公，虽有拱璧，以先驷马，不如坐进此道。

古之所以贵此道者何？不曰以求得，有罪以免邪？故为天下贵。

63 为无为，事无事，味无味，大小多少，报怨以德。

图难于其易，为大于其细。天下难事必作于易，天下大事必作于细。是以圣人终不为大，故能成其大。

夫轻诺必寡信，多易必多难。是以圣

人犹难之,故终于无难。

64　其安也,易持也;□□□□□□□□□□□□□□□□□□□□□□□□□□□□□□□。
□□□□□□毫末;九成之台,作于赢土;百仁之高,台于足□。
□□□□□□□□□□□□□□也,□无败□;无执也,故无失也。
民之从事也,恒于其成事而败之。故慎终若始,则□□□□。
□□□□欲不欲,而不贵难得之朓;学不学,而复众人之所过;能辅万物之自□□弗敢为。

65　故曰:为道

64　□□。
□□□木,生于毫末;九成之台,作于累土;百千之高,始于足下。
为之者败之,执者失之。是以耵人无为□□□□□□□□□□□□□。
民之从事也,恒于其成而败之。故曰:慎冬若始,则无败事矣。
是以耵人欲不欲,而不贵难得之货;学不学,复众人之所过;能辅万物之自然,而弗敢为。

65　古之为道

64　其安易持,其未兆易谋,其脆易泮,其微易散。为之于未有,治之于未乱。
合抱之木,生于毫末;九层之台,起于累土;千里之行,始于足下。
为者败之,执者失之。是以圣人无为,故无败;无执,故无失。
民之从事,常于几成而败之。慎终如始,则无败事。
是以圣人欲不欲,不贵难得之货;学不学,复众人之所过;以辅万物之自然,而不敢为。

65　古之善为道

者,非以明民也,将以愚之也。民之难□□□□知也。

故以知知邦,邦之贼也;以不知知邦,□□德也。

恒知此两者,亦稽式也;恒知稽式,此胃玄德。玄德深矣、远矣,与物□矣,乃至大顺。

66　□海之所以能为百浴王者,以其善下之,是以能为百浴王。

是以圣人之欲上民也,必以其言下之;其欲先□□,必以其身后之。

故居前而民弗害也,居上而民弗重也,天下乐隼而弗猒也。

非以其无静与,□□□□□□□静。

者,非以明□□□□□之也。夫民之难治也,以其知也。

故以知知国,国之贼也;以不知知国,国之德也。

恒知此两者,亦稽式也;恒知稽式,是胃玄德。玄德深矣、远矣,□物反矣,乃至大顺。

66　江海所以能为百浴□□□其□下之也,是以能为百浴王。

是以耵人之欲上民也,必以其言下之;其欲先民也,必以其身后之。

故居上而民弗重,居前而民弗害,天下皆乐谁而弗猒也。

不以其无争与,故□下莫能与争。

者,非以明民,将以愚之。民之难治,以其智多。

故以智治国,国之贼;不以智治国,国之福。

知此两者亦稽式,常知稽式,是谓玄德。玄德深矣、远矣,与物反矣,然后乃至大顺。

66　江海所以能为百谷王者,以其善下之,故能为百谷王。

是以欲上民,必以言下之;欲先民,必以身后之。

是以圣人处上而民不重,处前而民不害,是以天下乐推而不厌。

以其不争,故天下莫能与之争。

67　小邦寡民。使十百人之器毋用，使民重死而远徙。

有车周，无所乘之；有甲兵，无所陈□□□□□□用之。

甘其食，美其服，乐其俗，安其居。𨛜邦相望，鸡狗之声相闻，民至□□□□□。

68　□□□□□不□□者不博，□者不知；善□□□□者不善。

圣人无积，□以为□□□□□□□□□。

□□□□□□□□□□□□。

69　□□□□□□□□□□夫唯□，故不宵；若宵，细久矣。

67　小国寡民。使有十百人器而勿用，使民重死而远徙。

又周车，无所乘之；有甲兵，无所陈之；使民复结绳而用之。

甘其食，美其服，乐其俗，安其居。婴国相望，鸡犬之□□闻，民至老死，不相往来。

68　信言不美，美言不信；知者不博，博者不知；善者不多，多者不善。

耶人无积，既以为人，己俞有；既以予人矣，己俞多。

故天之道，利而不害；人之道，为而弗争。

69　天下□胃我大，大而不宵。夫唯不宵，故能大；若宵，

80　小国寡民。使有什伯之器而不用，使民重死而不远徙。

虽有舟舆，无所乘之；虽有甲兵，无所陈之；使人复结绳而用之。

甘其食，美其服，安其居，乐其俗。邻国相望，鸡犬之声相闻，民至老死，不相往来。

81　信言不美，美言不信；善者不辩，辩者不善；知者不博，博者不知。

圣人不积，既以为人，己愈有；既以与人，己愈多。

天之道，利而不害；圣人之道，为而不争。

67　天下皆谓我道大，似不肖。夫唯大，故似不肖；若肖，

第一栏：

我恒有三葆,之:一曰兹,二曰检,□□□□□□□。

□□□□□□故能广;不敢为天下先,故能为成事长。

今舍其兹,且勇;舍其后,且先,则必死矣。

夫兹,□□则胜,以守则固。天将建之,女以兹垣之。

70　善为士者不武,善战者不怒,善胜敌者弗□,善用人者为之下。

□胃不诤之德,是胃用人,是胃天,古之极也。

71　用兵有言曰:"吾不敢为主而为客,吾不进寸而芮尺。"

是胃行无行,襄

第二栏：

久矣其细也夫!

我恒有三琛,市而琛之:一曰兹,二曰检,三曰不敢为天下先。

夫兹,故能勇;检,敢能广;不敢为天下先,故能为成器长。

今舍其兹,且勇;舍其检,且广;舍其后,且先,则死矣。

夫兹,以单则朕,以守则固。天将建之,如以兹垣之。

70　故善为士者不武,善单者不怒,善朕敌者弗与,善用人者为之下。

是胃不争□德,是胃用人,是胃肥天、古之极也。

71　用兵又言曰:"吾不敢为主而为客,不敢进寸而退尺。"

是胃行无行,攘

第三栏：

久矣其细也夫!

我有三宝,持而保之:一曰慈,二曰俭,三曰不敢为天下先。

慈,故能勇;俭,故能广;不敢为天下先,故能成器长。

今舍慈且勇,舍俭且广,舍后且先,死矣。

夫慈,以战则胜,以守则固。天将救之,以慈卫之。

68　善为士者不武,善战者不怒,善胜敌者不与,善用人者为之下。

是谓不争之德,是谓用人之力,是谓配天、古之极。

69　用兵有言:"吾不敢为主而为客,不敢进寸而退尺。"

是谓行无行,攘

无臂,执无兵,乃无敌矣。

鼷莫于于无适;无适,斤亡吾葆矣。故称兵相若,则哀者胜矣。

72 吾言甚易知也,甚易行也;而人莫之能知也,而莫之能行也。

言有君,事有宗。夫唯无知也,是以不□□。

□□□□□我贵矣。是以圣人被褐而裹玉。

73 知不知,尚矣;不不知知,病矣。

是以圣人之不病,以其□□□□□□。

74 □□□畏畏,则大□□□矣。

毋闸其所居,毋

无臂,执无兵,乃无敌。

祸莫大于无敌;无敌,近亡吾琛矣。故抗兵相若,则依者朕□。

72 吾言易知也,易行也;而天下莫之能知也,莫之能行也。

夫言又宗,事又君。夫唯无知也,是以不我知。

知者希,则我贵矣。是以耵人被褐而裹玉。

73 知不知,尚矣;不知知,病矣。

是以耵人之不□也,以其病病也,是以不病。

74 民之不畏畏,则大畏将至矣。

毋伸其所居,毋

无臂,扔无敌,执无兵。

祸莫大于轻敌,轻敌几丧吾宝。故抗兵相加,哀者胜矣。

70 吾言甚易知,甚易行;天下莫能知,莫能行。

言有宗,事有君。夫唯无知,是以不我知。

知我者希,则我者贵。是以圣人被褐怀玉。

71 知不知,上;不知知,病。

夫唯病病,是以不病。圣人不病,以其病病,是以不病。

72 民不畏威,则大威至。

无狎其所居,无

猒其所生。夫唯弗
猒，是□□□。
　　□□□□□□□
□□□□□□而不自
贵也。故去被取此。

75　勇于敢者，
□□□于不敢者，则
栝。□□□□□□□
□□□□□□□□?

　　□□□□□□□
□不言而善应，不召
而自来，弹而善谋。
□□□□□□□。

76　□□□□□
□□奈何以杀惎之
也？若民恒是死，则
而为者，吾将得而杀
之，夫孰敢矣！
　　若民□□必畏
死，则恒有司杀者。夫
伐司杀者杀，是伐大
匠斫也。夫伐大匠斫

猒其所生。夫唯弗
猒，是以不猒。
　　是以耵人自知，
而不自见也；自爱，而
不自贵也。故去罢而
取此。

75　勇于敢，则
杀；勇于不敢，则栝。
□两者，或利或害，天
之所亚，孰知其故?

　　天之道，不单而
善朕，不言而善应，弗
召而自来，单而善谋。
天罔袼袼，疏而不失。

76　若民恒且
畏不畏死，若何以杀
曜之也？使民恒且畏
死，而为畸者，□得而
杀之，夫孰敢矣！
　　若民恒且必畏
死，则恒又司杀者。
夫代司杀者杀，是代
大匠斫。夫代大匠

厌其所生。夫唯不
厌，是以不厌。
　　是以圣人自知，
不自见；自爱，不自
贵。故去彼取此。

73　勇于敢，则
杀；勇于不敢，则活。
此两者，或利或害。
天之所恶，孰知其故?
是以圣人犹难之。

　　天之道，不争而
善胜，不言而善应，不
召而自来，繟然而善
谋。天网恢恢，疏而
不失。

74　民不畏死，
奈何以死惧之？若
使民常畏死，而为奇
者，吾得执而杀之，孰
敢！
　　常有司杀者杀。
夫代司杀者杀，是谓代
大匠斫。夫代大匠斫
者，希有不伤其手矣。

者,则□不伤其手矣。

77　人之饥也,以其取食逍之多也,是以饥;百姓之不治也,以其上有以为□,是以不治;民之圣死,以其求生之厚也,是以圣死。

夫唯无以生为者,是贤贵生。

78　人之生也柔弱,其死也楦仞贤强。万物草木之生也柔脆,其死也柕槀。

故曰:坚强者,死之徒也;柔弱微细,生之徒也。

兵强则不胜,木强则恒。强大居下,柔弱微细居上。

79　天下□□□□□者也。高者印之,下者举之;有余者敚之,不足者补之。

斫,则希不伤其手。

77　人之饥也,以其取食跣之多,是以饥;百生之不治也,以其上之有以为也,□以不治;民之轻死也,以其求生之厚也,是以轻死。

夫唯无以生为者,是贤贵生。

78　人之生也柔弱,其死也髓信坚强。万□□木之生也柔椊,其死也柕槀。

故曰:坚强,死之徒也;柔弱,生之徒也。

□以兵强则不朕,木强则竞。故强大居下,柔弱居上。

79　天之道,酉张弓也。高者印之,下者举之;有余者云之,不足者□□。

75　民之饥,以其上食税之多,是以饥;民之难治,以其上之有为,是以难治;民之轻死,以其求生之厚,是以轻死。

夫唯无以生为者,是贤于贵生。

76　人之生也柔弱,其死也坚强。万物草木之生也柔脆,其死也枯槀。

故坚强者,死之徒;柔弱者,生之徒。

是以兵强则不胜,木强则兵。强大处下,柔弱处上。

77　天之道,其犹张弓与? 高者抑之,下者举之;有余者损之,不足者补之。

故天之道，猷有□□□□□□□□不然，猷□□□奉有余。

孰能有余而有以取奉于天者乎？□□□□□

□□□□□□□□□□□□□见贤也。

□□□云有余而益不足；人之道，云不足而奉又余。

夫孰能又余而□□□奉于天者？唯又道者乎？

是以耴人为而弗又，成功而弗居也，若此，其不欲见贤也。

天之道，损有余而补不足，人之道则不然，损不足以奉有余。

孰能有余以奉天下？唯有道者。

是以圣人为而不恃，功成而不处，其不欲见贤。

80　天下莫柔□□□□坚强者莫之能□也，以其无□易□□。

□□□□□□胜强，天□□□□□□□行也。

故圣人之言云曰："受邦之诟，是胃社稷之主；受邦之不祥，是胃天下之王。"□□若反。

80　天下莫柔弱于水，□□□□□□□□以其无以易之也。

水之朕刚也，弱之朕强也，天下莫弗知也，而□□□也。

是故耴人之言云曰："受国之诟，是胃社稷之主；受国之不祥，是胃天下之王。"正言若反。

78　天下莫柔弱于水，而攻坚强者莫之能胜，其无以易之。

弱之胜强，柔之胜刚，天下莫不知，莫能行。

是以圣人云："受国之垢，是谓社稷主；受国不祥，是为天下王。"正言若反。

81　和大怨，必有余怨，焉可以为善？

是以圣右介，而

81　禾大□□□□□□□为善？

是以圣人执左

79　和大怨，必有余怨，安可以为善？

是以圣人执左

不以责于人。故有德司介，□德司彻。

夫天道无亲，恒与善人。

芥，而不以责于人。故又德司芥，无德司彻。

□□□□□□□□

契，而不责于人。有德司契，无德司彻。

天道无亲，常与善人。

道　经

1　道可道也，非恒道也；名可名也，非恒名也。

无名，万物之始也；有名，万物之母也。

□恒无欲也，以观其眇；恒有欲也，以观其所噭。

两者同出，异名同胃。玄之有玄，众眇之□。

1　道可道也，□□□□□□□□恒名也。

无名，万物之始也；有名，万物之母也。

故恒无欲也，□□□□恒又欲也，以观其所噭。

两者同出，异名同胃。玄之又玄，众眇之门。

1　道可道，非常道；名可名，非常名。

无名，天地之始；有名，万物之母。

故常无欲，以观其妙；常有欲，以观其徼。

此两者同出而异名，同谓之玄。玄之又玄，众妙之门。

2　天下皆知美为美，恶已；皆知善，訾不善矣。

有无之相生也，难易之相成也，长短之相刑也，高下之相盈也，意声之相和也，先后之相隋，恒也。

2　天下皆知美之为美，亚已；皆知善，斯不善矣。

□□□□生也，难易之相成也，长短之相刑也，高下之相盈也，音声之相和也，先后之相隋，恒也。

2　天下皆知美之为美，斯恶已；皆知善之为善，斯不善已。

故有无相生，难易相成，长短相较，高下相倾，音声相和，前后相随。

是以声人居无为之事，行□□□。

□□□□□也，为而弗志也，成功而弗居也。夫唯□居，是以弗去。

3 不上贤，□□□□□□□□□民不为□□□□□民不乱。

是以声人之□□□□□□□□□，强其骨。

□使民无知无欲也，使□□□□□□□□□□□。

4 □□□□□□□盈也。

潚呵，始万物之宗：锉其，解其纷；和其光，同□□。

□□□或存。吾不知□□□子也，象帝之先。

是以耵人居无为之事，行不言之教。

万物昔而弗始，为而弗侍也，成功而弗居也。夫唯弗居，是以弗去。

3 不上贤，使民不争；不贵难得之货，使民不为盗；不见可欲，使民不乱。

是以耵人之治也：虚其心，实其腹；弱其志，强其骨。

恒使民无知无欲也，使夫知不敢，弗为而已，则无不治矣。

4 道冲，而用之有弗盈也。

渊呵，似万物之宗：锉其兑，解其芬；和其光，同其尘。

湛呵，似或存。吾不知其谁之子也，象帝之先。

是以圣人处无为之事，行不言之教。

万物作焉而不辞，生而不有，为而不恃，功成而弗居。夫唯弗居，是以不去。

3 不尚贤，使民不争；不贵难得之货，使民不为盗；不见可欲，使民心不乱。

是以圣人之治：虚其心，实其腹；弱其志，强其骨。

常使民无知无欲，使夫智者不敢为也。为无为，则无不治。

4 道冲，而用之或不盈。

渊兮，似万物之宗：挫其锐，解其纷；和其光，同其尘。

湛兮，似或存。吾不知谁之子，象帝之先。

【第一栏】

5　天地不仁，以万物为刍狗；声人不仁，以百省□□狗。

天地□□□犹橐籥与？虚而不淈，蹱而俞出。多闻数穷，不若守于中。

6　浴神□死，是胃玄牝。玄牝之门，是胃□地之根。绵绵呵若存，用之不堇。

7　天长地久。天地之所以能□且久者，以其不自生也，故能长生。

是以声人芮其身而身先，外其身而身存。不以其无□舆？故能成其私。

8　上善治水。水善利万物而有静，居众之所恶，故几于道矣。

【第二栏】

5　天地不仁，以万物为刍狗；即人不仁，□百姓为刍狗。

天地之间，其犹橐籥与？虚而不淈，勤而俞出。多闻数穷，不若守于中。

6　浴神不死，是胃玄牝。玄牝之门，是胃天地之根。绵绵呵其若存，用之不堇。

7　天长地久。天地之所以能长且久者，以其不自生也，故能长生。

是以即人退其身而身先，外其身而身先，外其身而身存。不以其无私舆？故能成其私。

8　上善如水。水善利万物而有争，居众人之所亚，故几于道矣。

【第三栏】

5　天地不仁，以万物为刍狗；圣人不仁，以百姓为刍狗。

天地之间，其犹橐籥乎？虚而不屈，动而愈出。多言数穷，不如守中。

6　谷神不死，是谓玄牝。玄牝之门，是谓天地根。绵绵若存，用之不勤。

7　天长地久。天地所以能长且久者，以其不自生，故能长生。

是以圣人后其身而身先，外其身而身存。非以其无私邪？故能成其私。

8　上善若水。水善利万物而不争，处众人之所恶，故几于道。

居善地,心善潚,
予善信,正善治,事善
能,蹱善时。夫唯不
静,故无尤。

9 揷而盈之,不
□□□□□兑□之,
□可长葆之。

金玉盈室,莫之
守也。贵富而骄,自
遗咎也。功述身芮,
天□□。

10 □□□□□
□□□□□□能
婴儿乎?脩除玄蓝,
能毋疵乎?

□□□□□□□
□□□□□□□
□□□□□□□

生之畜之,生而
弗□□□□□□□
□德。

11 卅□□□□
□其无,□□之用□;

居善地,心善渊,
予善天,言善信,正善
治,事善能,动善时。
夫唯不争,故无尤。

9 揷而盈之,不
若其已;掘而兑之,不
可长葆也。

金玉□室,莫之
能守也。贵富而骄,
自遗咎也。功遂身
退,天之道也。

10 载营袙抱
一,能毋离乎?枂气
至柔,能婴儿乎?脩
除玄监,能毋有疵乎?

爱民栝国,能毋
以知乎?天门启阖,
能为雌乎?明白四
达,能毋以知乎?

生之畜之,生而
弗有,长而弗宰也,是
胃玄德。

11 卅福同一
毂,当其无,有车之用

居善地,心善渊,
与善仁,言善信,正善
治,事善能,动善时。
夫唯不争,故无尤。

9 持而盈之,不
如其已;揣而梲之,不
可长保。

金玉满堂,莫之
能守。富贵而骄,自
遗其咎。功遂身退,
天之道。

10 载营魄抱
一,能无离乎?专气
致柔,能婴儿乎?涤
除玄览,能无疵乎?

爱民治国,能无
知乎?天门开阖,能
无雌乎?明白四达,
能无为乎?

生之畜之,生而
不有,为而不恃,长而
不宰,是谓玄德。

11 三十辐共
一毂,当其无,有车之

燃埴为器,当其无,有埴器□□□□当其无,有□□用也。

故有之以为利,无之以为用。

12　五色使人目明,驰骋田腊使人□□□,难得之赍使人之行方,五味使人之口啝,五音使人之耳聋。

是以声人之治也,为腹不□□,故去罢耳此。

13　龙辱若惊,贵大梡若身。

苟胃"龙辱若惊"? 龙之为下,得之若惊,失□若惊,是胃"龙辱若惊"。

何胃"贵大梡若身"? 吾所以有大梡者,为吾有身也;及吾无身,有何梡?

也;燃埴而为器,当其无,有埴器之用也;凿户牖,当其无,有室之用也。

故有之以为利,无之以为用。

12　五色使人目盲,驰骋田腊使人心发狂,难得之货使人之行仿,五味使人之口爽,五音使人之耳□。

是以耵人之治也,为腹而不为目,故去彼而取此。

13　弄辱若惊,贵大患若身。

何胃"弄辱若惊"? 弄之为下也,得之若惊,失之若惊,是胃"弄辱若惊"。

何胃"贵大患若身"? 吾所以有大患者,为吾有身也;及吾无身,有何患?

用;埏埴以为器,当其无,有器之用;凿户牖以为室,当其无,有室之用。

故有之以为利,无之以为用。

12　五色令人目盲,五音令人耳聋,五味令人口爽,驰骋畋猎令人心发狂,难得之货令人行妨。

是以圣人为腹不为目,故去彼取此。

13　宠辱若惊,贵大患若身。

何谓"宠辱若惊"? 宠为下,得之若惊,失之若惊,是谓"宠辱若惊"。

何谓"贵大患若身"? 吾所以有大患者,为吾有身;及吾无身,吾有何患?

故贵为身于为天下,若可以迱天下矣;爱以身为天下,女可以寄天下。

14 视之而弗见,名之曰㿟;听之而弗闻,名之曰希;捪之而弗得,名之曰夷。

三者不可至计,故囿□□。

一者,其上不攸,其下不忽。寻寻呵!不可名也,复归于无物。

是胃无状之状,无物之□□□□□□□□□□□而不见其首。

执今之道,以御今之有,以知古始。是胃□□。

15 □□□□□□□□□□深不可志。夫唯不可志,故强为之容:

故贵为身于为天下,若可以橐天下□;爱以身为天下,女可以寄天下矣。

14 视之而弗见,□之曰微;听之而弗闻,命之曰希;捪之而弗得,命之曰夷。

三者不可至计,故绲而为一。

一者,其上不谬,其下不忽。寻寻呵!不可命也,复归于无物。

是胃无状之状,无物之象,是胃沕望。随而不见其后,迎而不见其首。

执今之道,以御今之有,以知古始。是胃道纪。

15 古之善为道者,微眇玄达,深不可志。夫唯不可志,故强为之容:

故贵以身为天下,若可寄天下;爱以身为天下,若可托天下。

14 视之不见,名曰夷;听之不闻,名曰希;搏之不得,名曰微。

此三者不可致诘,故混而为一。

其上不皦,其下不昧,绳绳不可名,复归于无物。

是谓无状之状,无物之象,是谓惚恍。迎之不见其首,随之不见其后。

执古之道,以御今之有,能知古始。是谓道纪。

15 古之善为士者,微妙玄通,深不可识。夫唯不可识,故强为之容:

曰:与呵,其若冬
□□□□□畏四□
□□其若客;

涣呵,其若凌泽;
𤣩呵,其若楃;湷□□
□□□□若浴。

浊而情之余清,
女以重之余生。

葆此道不欲盈,
夫唯不欲□□□□
□□成。

16 至虚极也,
守情表也。万物旁
作,吾以观其复也。

天物云云,各复
归于其□□□□。
静,是胃复命。复命,
常也。

知常,明也;不知
常,市,市作,凶。

知常容,容乃公,
公乃王,王乃天,天乃
道,□□□汤身不怠。

曰:与呵,其若冬
涉水;犹呵,其若畏四
㑚;严呵,其若客;

涣呵,其若凌泽;
沌呵,其若朴;湷呵,
其若浊;浤呵,其若浴。

浊而静之徐清,
女以重之徐生。

葆此道□欲盈,
是以能嫳而不成。

16 至虚极也,
守静督也。万物旁
作,吾以观其复也。

天物忹忹,各复归
于其根,曰静。静,是
胃复命。复命,常也。

知常,明也;不知
常,芒,芒作,凶。

知常容,容乃公,
公乃王,□□天,天乃
道,道乃□,没身不殆。

豫焉,若冬涉川;
犹兮,若畏四邻;俨
兮,其若容;

涣兮,若冰之将
释;敦兮,其若朴;旷
兮,其若谷;混兮,其
若浊。

孰能浊以(止)?
静之徐清;孰能安以
久? 动之徐生。

保此道者不欲
盈,夫唯不盈,故能蔽
不新成。

16 致虚极,守
静笃。万物并作,吾
以观复。

夫物芸芸,各复
归其根。归根曰静,
是谓复命,复命曰常。

知常,曰明;不知
常,妄作,凶。

知常容,容乃公,
公乃王,王乃天,天乃
道,道乃久,没身不殆。

17　太上，下知有之；其次，亲誉之；其次，畏之；其下，母之。

信不足，案有不信。□□其贵言也。成功遂事，而百省冒"我自然"。

18　故大道废，案有仁义；知快出，案有大伪。

六亲不和，案有畜兹；邦家闷乱，案有贞臣。

19　绝声弃知，民利百负；绝仁弃义，民复畜兹；绝巧弃利，盗贼无有。

此三言也，以为文未足，故令之有所属：见素抱□□□□□□□□□。

20　唯与诃，其相去几何？美与恶，

17　太上，下知又□□□，亲誉之；其次，畏之；其下，母之。

信不足，安有不信。犹呵，其贵言也。成功遂事，而百姓冒"我自然"。

18　故大道废，安有仁义；知慧出，安有□□。

六亲不和，安又孝兹；国家闷乱，安有贞臣。

19　绝耶弃知，而民利百倍；绝仁弃义，而民复孝兹；绝巧弃利，盗贼无有。

此三言也，以为文未足，故令之有所属：见素抱朴，少私而寡欲，绝学无忧。

20　唯与呵，其相去几何？美与亚，

17　太上，下知有之；其次，亲而誉之；其次，畏之；其次，侮之。

信不足焉，有不信焉。悠兮，其贵言。功成事遂，百姓皆谓"我自然"。

18　大道废，有仁义；慧智出，有大伪。

六亲不和，有孝慈；国家昏乱，有忠臣。

19　绝圣弃智，民利百倍；绝仁弃义，民复孝慈；绝巧弃利，盗贼无有。

此三者，以为文不足，故令有所属：见素抱朴，少私寡欲，绝学无忧。

20　唯之与阿，相去几何？善之与

其相去何若？人之□□，亦不□□□□□□□□□

众人熙熙，若乡于大牢，而春登台；我泊焉，未佻，若□□□。累呵，如□□□。

□□皆有余，我独遗。我禺人之心也，惷惷呵。鬻□□□□□□闿呵！鬻人蔡蔡，我独闷闷呵！忽呵，其若□；望呵，其若无所止。

□□□□□□□以悝。我欲独异于人，而贵食母。

21　孔德之容，唯道是从。

道之物，唯望唯忽。□□□呵，中有象呵；望呵忽呵！中有物呵。

潀呵鸣呵，中有请吔。其请甚真，其

其相去何若？人之所畏，亦不可以不畏人。望呵！其未央才！

众人熙熙，若乡于大牢，而春登台；我博焉，未挑，若婴儿未咳。累呵，似无所归。

众人皆又余，我愚人之心也，湷湷呵。鬻人昭昭，我独若闷呵！鬻人察察，我独闽闽呵！沕呵！其若海；望呵！若无所止。

众人皆有以，我独园以鄙。吾欲独异于人，而贵食母。

21　孔德之容，唯道是从。

道之物，唯望唯沕。沕呵望呵，中又象呵；望呵沕呵，中有物呵。

幼呵冥呵，其中有请呵。其请甚真，

恶，相去若何？人之所畏，不可不畏。荒兮，其未央哉！

众人熙熙，如享太牢，如春登台。我独泊兮，其未兆，如婴儿之未孩。儽儽兮，若无所归！

众人皆有余，而我独若遗。我愚人之心也哉，沌沌兮！俗人昭昭，我独昏昏；俗人察察，我独闷闷。澹兮，其若海；飂兮，若无止。

众人皆有以，而我独顽似鄙。我独异于人，而贵食母。

21　孔德之容，惟道是从。

道之为物，惟恍惟惚。惚兮恍兮，其中有象；恍兮惚兮，其中有物。

窈兮冥兮，其中有精。其精甚真，其

中□□。

自今及古,其名不去,以顺众仪。吾何以知众仪之然? 以此。

22 炊者不立,自视不章,□见者不明,自伐者无功,自矜者不长。

其在道,曰粭食赘行,物或恶之,故有欲者□居。

23 曲则金,枉则定;洼则盈,敝则新;少则得,多则惑。

是以声人执一,以为天下牧。不□视,故明;不自见,故章;不自伐,故有功;弗矜,故能长。

夫唯不争,故莫能与之争。古□□□□□□□语才? 诚金归之。

其中有信。

自今及古,其名不去,以顺众父。吾何以知众父之然也? 以此。

22 炊者不立,自视者不章,自见者不明,自伐者无功,自矜者不长。

其在道也,曰粭食赘行。物或亚之,故有欲者弗居。

23 曲则全,汪则正;洼则盈,緊则新;少则得,多则惑。

是以取人执一,以为天下牧。不自视,故章;不自见也,故明;不自伐,故有功;弗矜,故能长。

夫唯不争,故莫能与之争。古之所胃"曲全"者,几语才? 诚全归之。

中有信。

自古及今,其名不去,以阅众甫。吾何以知众甫之状哉? 以此。

24 企者不立,跨者不行;自见者不明,自是者不彰,自伐者无功,自矜者不长。

其在道也,曰余食赘行,物或恶之,故有道者不处。

22 曲则全,枉则直;洼则盈,敝则新;少则得,多则惑。

是以圣人抱一,为天下式:不自见,故明;不自是,故彰;不自伐,故有功;不自矜,故长。

夫唯不争,故天下莫能与之争。古之所谓"曲则全"者,岂虚言哉? 诚全而归之。

24　希言自然。飘风不冬朝,暴雨不冬日。

孰为此? 天地□□□□□□□□□?

故从事而道者同于道,德者同于德,者者同于失。同□□□道亦德之;同于□者,道亦失之。

25　有物昆成,先天地生。绣呵缪呵,独立□□□可以为天地母。

吾未知其名,字之曰"道",吾强为之名曰"大"。大曰筮,筮曰□□□□。

□□天大,地大,王亦大。国中有四大,而王居一焉。

人法地,地法

24　希言自然。剿风不冬朝,暴雨不冬日。

孰为此? 天地,而弗能久,有兄于人乎?

故从事而道者同于道,德者同于德,失者同于失。同于德者,道亦德之;同于失者,道亦失之。

25　有物昆成,先天地生。萧呵漻呵,独立而不玹,可以为天地母。

吾未知其名也,字之曰"道",吾强为之名曰"大"。大曰筮,筮曰远,远曰反。

道大,天大,地大,王亦大。国中有四大,而王居一焉。

人法地,地法天,

23　希言自然。故飘风不终朝,骤雨不终日。

孰为此者? 天地。天地尚不能久,而况于人乎?

故从事于道者,道者同于道,德者同于德,失者同于失。同于道者,道亦乐得之;同于德者,德亦乐得之;同于失者,失亦乐得之。信不足焉,有不信焉。

25　有物混成,先天地生。寂兮寥兮,独立不改,周行而不殆,可以为天下母。

吾不知其名,字之曰"道",强为之名曰"大"。大曰逝,逝曰远,远曰反。

故道大,天大,地大,王亦大。域中有四大,而王居其一焉。

人法地,地法天,

□□□□□□□。

26 □为圣根，清为趮君。

是以君子众日行，不离其甾重，唯有环官，燕处□□若。

若何万乘之王，而以身圣于天下？圣则失本，趮则失君。

27 善行者，无勶迹；□言者，无瑕适；善数者，不以梼筭。

善闭者，无阘籥而不可启也；善结者，□□约而不可解也。

是以声人恒善怵人，而无弃人，物无弃财，是胃愧明。

故善□□□之师；不善人，善人之赍也。

不贵其师，不爱其赍，唯知乎大眯。是胃眇要。

天法道，道法自然。

26 重为轻根，静为趮君。

是以君子冬日行，不远其甾重，虽有环官，燕处则昭若。

若何万乘之王，而以身轻于天下？轻则失本，趮则失君。

27 善行者，无达迹；善言者，无瑕适；善数者，不用梼筭。

善闭者，无关籥而不可启也；善结者，无缫约而不可解也。

是以耵人恒善怵人，而无弃人，物无弃财，是胃曳明。

故善人，善人之师；不善人，善人之资也。

不贵其师，不爱其资，虽知乎大迷。是胃眇要。

天法道，道法自然。

26 重为轻根，静为躁君。

是以圣人终日行，不离辎重，虽有荣观，燕处超然。

奈何万乘之主，而以身轻天下？轻则失本，躁则失君。

27 善行，无辙迹；善言，无瑕谪；善数，不用筹策。

善闭，无关楗而不可开；善结，无绳约而不可解。

是以圣人常善救人，故无弃人；常善救物，故无弃物，是谓袭明。

故善人者，不善人之师；不善人者，善人之资。

不贵其师，不爱其资，虽智大迷。是谓要妙。

28　知其雄,守其雌,为天下谿;为天下谿,恒德不鸡;恒德不鸡,复归婴儿。

知其日,守其辱,为天下浴;为天下浴,恒德乃□;恒德乃□□□□□。

知其,守其黑,为天下式;为天下式,恒德不贷;恒德不贷,复归于无极。

楃散□□□□人用则为官长。夫大制无割。

29　将欲取天下而为之,吾见其弗□□□□□□器也,非可为者也。为者败之,执者失之。

□物或行或随,或炅或□□□□□或杯或擑。

是以声人去甚,去大,去楮。

28　知其雄,守其雌,为天下鸡;为天下鸡,恒德不离;恒德不离,复□□□□。

□其白,守其辱,为天下浴;为天下浴,恒德乃足;恒德乃足,复归于朴。

知其白,守其黑,为天下式;为天下式,恒德不贷。恒德不贷,复归于无极。

朴散则为器,即人用则为官长。夫大制无割。

29　将欲取□□□□□□□□□□得已。夫天下,神器也,非可为者也。为之者败之,执之者失之。

故物或行或隋,或热或碰,或陪或堕。

是以即人去甚,去大,去诸。

28　知其雄,守其雌,为天下谿;为天下谿,常德不离,复归于婴儿。

知其白,守其黑,为天下式;为天下式,常德不忒,复归于无极。

知其荣,守其辱,为天下谷;为天下谷,常德乃足,复归于朴。

朴散则为器,圣人用之则为官长。故大制不割。

29　将欲取天下而为之,吾见其不得已。天下神器,不可为也。为者败之,执者失之。

故物或行或随,或歔或吹,或强或羸,或挫或隳。

是以圣人去甚,去奢,去泰。

30　以道佐人主，不以兵□□天下。□□□□□ □所居，楚朸生之。	30　以道佐人主，不以兵强于天下。其□□□□□ □□□棘生之。	30　以道佐人主者，不以兵强天下。其事好还：师之所处，荆棘生焉；大军之后，必有凶年。
善者果而已矣，毋以取强焉。果而毋骗，果而勿矜，果而□□，果而毋得已居，是胃□而不强。	善者果而已矣，毋以取强焉。果而毋骄，果而勿矜，果□□伐，果而毋得已居，是胃果而强。	善有果而已，不敢以取强。果而勿矜，果而勿伐，果而勿骄，果而不得已，果而勿强。
物壮而老，是胃之不道，不道蚤已。	物壮而老，胃之不道，不道蚤已。	物壮则老，是谓不道，不道早已。
31　夫兵者，不祥之器□，物或恶之，故有欲者弗居。	31　夫兵者，不祥之器也，物或亚□□□□□□□。	31　夫佳兵者，不祥之器，物或恶之，故有道者不处。
君子居则贵左，用兵则贵右。故兵者，非君子之器也。□□不祥之器也，不得已而用之，铦袭为上。	□□居则贵左，用兵则贵右。故兵者，非君子之器。兵者，不祥□器也，不得已而用之，铦恦为上。	君子居则贵左，用兵则贵右。兵者，不祥之器，非君子之器，不得已而用之，恬淡为上。
勿美也，若美之，是乐杀人也。夫乐杀人，不可以得志于天下矣。	勿美也，若美之，是乐杀人也。夫乐杀人，不可以得志于天下矣。	胜而不美，而美之者，是乐杀人。夫乐杀人者，则不可以得志于天下矣。
是以吉事上左，丧事上右。是以便将	是以吉事□□□□□□。是以偏将	吉事尚左，凶事尚右。偏将军居左，

军居左,上将军居右,言以丧礼居之也。

杀人众,以悲依立之;战胜,以丧礼处之。

32　道恒无名,椢唯□□□□□□。

□王若能守之,万物将自宾。天地相谷,以俞甘洛;民莫之□□□□焉。

始制有□□□有,夫□□□□□所以不□。

俾道之在□□□□□浴之与江海也。

33　知人者知也,自知□□□□□者有力也,自胜者□□。

□□□□也,强行者有志也。不失其所者久也,死不忘者寿也。

军居左,而上将军居右,言以丧礼居之也。

杀□□□□立之;□朕,而以丧礼处之。

32　道恒无名,朴唯小,而天下弗敢臣。

侯王若能守之,万物将自宾。天地相合,以俞甘洛;□□□令,而自均焉。

始制有名,名亦既有,夫亦将知止,知止所以不殆。

卑□□在天下也,犹小浴之与江海也。

33　知人者知也,自知明也。朕人者有力也,自朕者强也。

知足者富也,强行者有志也。不失其所者久也,死而不忘者寿也。

上将军居右,言以丧礼处之。

杀人之众,以哀悲泣之;战胜,以丧礼处之。

32　道常无名,朴虽小,天下莫能臣也。

侯王若能守之,万物将自宾。天地相合,以降甘露;民莫之令,而自均。

始制有名,名亦既有,夫亦将知止,知止可以不殆。

譬道之在天下,犹川谷之于江海。

33　知人者智,自知者明。胜人者有力,自胜者强。

知足者富,强行者有志。不失其所者久,死而不亡者寿。

34　道□□□□□□。

□□遂事而弗名有也，万物归焉而弗为主，则恒无欲也。

可名于小，万物归焉□□为主；可名于大，是□声人之能成大也，以其不为大也，故能成大。

35　执大象，□□往，往而不害，安平太。乐与饵，过格止。

故道之出言也，曰谈呵其无味也，□□不足见也，听之不足闻也，用之不可既也。

36　将欲拾之，必古张之；将欲弱之，□□强之；将欲去之，必古与之；将欲夺之，必古予之。

是胃微明，柔弱

34　道沨呵，其可左右也。

成功遂□□弗名有也，万物归焉而弗为主，则恒无欲也。

可名于小，万物归焉而弗为主；可命于大，是以耴人之能成大也，以其不为大也，故能成大。

35　执大象，天下往，往而不害，安平太。乐与□，过格止。

故道之出言也，曰淡呵其无味也，视之不足见也，听之不足闻也，用之不可既也。

36　将欲擒之，必古张之；将欲弱之，必古强之；将欲去之，必古与之；将欲夺之，必古予之。

是胃微明，柔弱

34　大道泛兮，其可左右。

万物恃之而生而不辞，功成不名有，衣养万物而不为主，常无欲。

可名于小，万物归焉而不为主；可名为大，以其终不自为大，故能成其大。

35　执大象，天下往，往而不害，安平太。乐与饵，过客止。

道之出口，淡乎其无味，视之不足见，听之不足闻，用之不足既。

36　将欲歙之，必固张之；将欲弱之，必固强之；将欲废之，必固兴之；将欲夺之，必固与之。

是谓微明，柔弱

胜强。鱼不□脱于沶，邦利器不可以视人。

　　37　道恒无名。侯王若守之，万物将自忿。

　　忿而欲□□□□□□名之楃。□□□无名之楃，夫将不辱。不辱以情，天地将自正。

朕强。鱼不可说于渊，国利器不可以示人。

　　37　道恒无名。侯王若能守之，万物将自化。

　　化而欲作，吾将阗之以无名之朴。阗之以无名之朴，夫将不辱。不辱以静，天地将自正。《道》二千四百廿六。

胜刚强。鱼不可脱于渊，国之利器不可以示人。

　　37　道常无为而无不为。侯王若能守之，万物将自化。

　　化而欲作，吾将镇之以无名之朴。无名之朴，夫亦将无欲，不欲以静，天下将自定。

中华经典名著
全本全注全译丛书
（已出书目）